HARTMUT GESE

VOM SINAI ZUM ZION

*Beiträge zur evangelischen Theologie*
*Theologische Abhandlungen. Begründet von Ernst Wolf*
*Herausgegeben von Eberhard Jüngel und Rudolf Smend*

Band 64

HARTMUT GESE

# Vom Sinai zum Zion

Alttestamentliche Beiträge zur biblischen Theologie

CHR. KAISER VERLAG MÜNCHEN

1974

© 1974 Chr. Kaiser Verlag München. ISBN 3-459-00866-0
Alle Rechte vorbehalten, auch die des auszugsweisen Nachdrucks,
der fotomechanischen Wiedergabe und der Übersetzung.
Einbandentwurf und Umschlag: Claus J. Seitz.
Gesamtherstellung: Graph. Betriebe Friedrich Pustet, Regensburg.
Printed in Germany

HERRN
PFARRER WILHELM SCHMIDT
SCHÖNINGEN UND BREMEN-HORN
IN DANKBARKEIT GEWIDMET

# VORWORT

Kollegen, Pfarrer und Studenten baten mich, verschiedene Aufsätze in einem Sammelband neu zu veröffentlichen, und als der Chr. Kaiser Verlag mir einen Nachdruck von sich aus anbot, sagte ich zu, obwohl kein besonderer Grund dazu besteht, gerade jetzt eine solche Zusammenfassung vorzunehmen. Aber manches ist schwer zugänglich, Zusammengehöriges verstreut, und nichts ist einzeln erhältlich.

Diese Zusammenstellung umfaßt vor allem diejenigen Aufsätze, die über exegetische, archäologische oder religionsgeschichtliche Beobachtungen hinaus für den an einer biblischen Theologie Interessierten Stoff bieten. Den Eingang bildet ein Aufsatz zur Grundlegung einer biblischen Theologie. In drei Aufsätzen werden zunächst Probleme und Materialien der Sinaiüberlieferung behandelt; denn in der Sinaiüberlieferung scheint mir der traditionsgeschichtliche Kern des Alten Testaments gegeben zu sein. Zwei Aufsätze beschäftigen sich sodann mit dem Geschichtsdenken des Alten Testaments und der theologischen Arbeit am ältesten Geschichtswerk, zwei weitere mit der theologischen Neuorientierung, die durch die Zionstheologie möglich wurde und die in das Neue Testament hinein in ganz besonderer Weise fortwirkte. Daran schließen sich zwei Aufsätze an, die eine Redaktionsgeschichte des im Jerusalemer Kult entwickelten Psalters entwerfen. Ein Aufsatz ist der späteren Weisheitsliteratur, Koheleth, gewidmet. Die letzten drei Aufsätze beschäftigen sich mit der apokalyptisch geprägten Theologie, die schon die Nähe des Neuen Testaments spüren läßt und Einblicke in die neutestamentliche Theologie gestattet. Ursprünglich beabsichtigte ich, noch zwei Vorträge, die sich mit der paulinischen und der johanneischen Theologie befassen, in diese Sammlung mit aufzunehmen, aber die gegenüber dem Aufsatz freiere Vortragsform ließ eine gesonderte Veröffentlichung richtiger erscheinen.

Diese alttestamentliche Aufsatzsammlung zur biblischen Theologie trägt den Titel „Vom Sinai zum Zion". Er soll den Weg des Alten Testaments kennzeichnen. Am Anfang steht die Offenbarung Gottes auf dem Sinai, das Alte Testament schreitet fort zur kultischen Präsenz Gottes auf dem Zion und erwartet am Ende die Offenbarung Gottes auf dem Zion. Wenn Paulus in Gal 4,21ff vom Sinai, vom irdischen und vom himmlischen Jerusalem spricht, steht er durchaus in der Tradition des Alten Testaments, das nicht in sich selbst ruht, sondern einen Weg, den Weg zum Neuen Testament hin, beschreibt.

Die Aufsätze erscheinen in ihrer ursprünglichen Form, lediglich Versehen und Druckfehler wurden beseitigt; in den Literaturangaben wurden spätere Nachdrucke angegeben. Bei der Manuskriptvorbereitung und der Registerherstellung hat mir dankenswerterweise Herr Bernd Janowski geholfen, ebenso beim Korrekturlesen zusammen mit den Herren Eberhard Grötzinger und Bruno Schrade.

Mein besonderer Dank gilt Herrn Kollegen Eberhard Jüngel, der sich für den Abdruck der Aufsätze eingesetzt hat, und dem Evangelischen Oberkirchenrat in Stuttgart, der die Herausgabe durch einen Druckkostenzuschuß erleichtert hat.

Dieses Buch sei dem Pfarrer gewidmet, der in einer Zeit allgemeiner Not und Armut die Kraft fand, mich in die biblischen Sprachen und in den Reichtum der Überlieferung einzuführen.

Tübingen, Advent 1973                                                    H. G.

# INHALT

## ABKÜRZUNGSVERZEICHNIS

Die Abkürzungen stimmen mit denen des Lexikons »Die Religion in Geschichte und Gegenwart«, [3]1957 ff, überein.

Außerdem wurden benutzt:

AHw    *W. v. Soden*, Akkadisches Handwörterbuch, 1958 ff
AS    Assyriological Studies
ASTI    Annual of the Swedish Theological Institute in Jerusalem
Bell.    Türk Tarih Kurumu. Belleten
BeO    Bibbia e Oriente
BHS    Biblia Hebraica Stuttgartensia, hg. v. *K. Elliger, W. Rudolph*, 1968ff
BL    *H. Bauer-P. Leander*, Historische Grammatik der hebräischen Sprache des Alten Testamentes, 1922
BuL    Bibel und Leben
CTA    *A. Herdner*, Corpus des tablettes en cunéiformes alphabétiques découvertes à Ras Shamra-Ugarit de 1929 à 1939, 1963
EstBíb    Estudios Bíblicos
RM    Die Religionen der Menschheit, hg. v. *C. M. Schröder*
SBS    Stuttgarter Bibelstudien, hg. v. *H. Haag, R. Kilian, W. Pesch*
THAT    Theologisches Handwörterbuch zum Alten Testament, hg. v. *E. Jenni*, unter Mitarbeit von *C. Westermann*, 1971 ff
WBTh    Wiener Beiträge zur Theologie, hg. v. der Kath.-theol. Fakultät der Universität Wien
YOS    Yale Oriental Series, Babylonian Texts

Die Transskription des Hebräischen erfolgt nach den Regeln von ZAW.

# ERWÄGUNGEN ZUR EINHEIT DER BIBLISCHEN THEOLOGIE[1]

## I. Die Einheit des biblischen Traditionsprozesses

Es bedarf keiner Begründung, daß es zu den fundamentalen Aufgaben christlicher Theologie gehört, das gegenseitige Verhältnis vom Alten und Neuen Testament zu bestimmen. Von dieser Verhältnisbestimmung wird das Verständnis des Neuen Testaments unmittelbar betroffen, da es sich ja stets auf das Alte Testament zurückbezieht, und nur im Rahmen einer solchen Verhältnisbestimmung kann die Geltung des Alten Testaments in der christlichen Kirche begründet werden. Diese Kardinalfrage biblischer Theologie muß immer wieder neu bedacht werden, da jedes vertiefte Verständnis der biblischen Überlieferung für diese Frage relevant wird.

Es steht eine Fülle von Konzeptionen zur Verfügung, das Verhältnis der beiden Größen Altes und Neues Testament zu bestimmen, und doch vermag keine so recht zu befriedigen. Es kann die Auslegung des Alten Testaments vom Neuen aus vorgenommen werden in verschiedener Weise: in allegorischen Umdeutungen oder in typologischen Bezügen; aber dabei besteht die Gefahr, die ursprüngliche, im Rahmen des Alten Testaments gültige Bedeutung eines Textes zu verlieren. Es kann das Neue Testament im Schema von Weissagung und Erfüllung auf das Alte Testament bezogen werden; aber damit rückt das Alte Testament in eine so einseitige Perspektive, daß es weithin bedeutungslos wird. Was soll die Weissagung, wenn alles erfüllt ist, was die Vorausdarstellung, wenn die Sache selbst vor aller Augen steht? Man kann das Alte Testament als Dokument des historischen Weges zum Neuen Testament betrachten, besonders als Dokument einer Heilsgeschichte, die aber dann doch durch | das Neue Testament nicht nur abgeschlossen, sondern auch überwunden ist. Versucht man den Lehrcharakter des Alten Testaments als doctrina zu fassen, so wird er gegenüber dem Neuen Testament irrelevant, während das Alte Testament als brutum factum einer heilsgeschichtlichen

---

[1] Die folgenden Ausführungen werden mit Bedacht nur als Erwägungen bezeichnet, sie sind ein Provisorium und bedürften vielfacher Präzisierung. Auf Nachweise wurde fast ganz verzichtet, da es weder die Aufgabe dieses Aufsatzes ist, in Auseinandersetzungen einzutreten, noch exegetische Sachverhalte zu erläutern; beides hätte den Rahmen dieses Aufsatzes gesprengt.

Konzeption von vornherein zum Schweigen verurteilt ist. Der ge-
legentliche Versuch, dem Alten Testament gegenüber dem Neuen
eine Bedeutung im Sinne eines Korrektivs einzuräumen, vermag
erst recht nicht zu befriedigen, weil wohl niemals das Neue Testament so vom Alten her verstanden sein will.

In neuerer Zeit ist besonders durch von Rads Theologie des Alten
Testaments[2] ein Weg beschritten worden, der über die alten Aporien
hinaus weiterzuführen scheint. Von Rad lehnt es ab, von vornherein
eine »Mitte« des Alten Testaments zu bestimmen[3], die in eine proble-
matische Relation zum Neuen Testament gesetzt wird, sondern versucht die Vielgestaltigkeit des Alten Testaments in einer Überlieferungsgeschichte zu fassen, die eben dann auch für neue Überlieferung, wie sie im Neuen Testament vorliegt, offen ist. Damit sind
allerdings neue Fragen gestellt. Wie verhält sich die neutestamentliche
Überlieferung zum inneralttestamentlichen Überlieferungsprozeß, der
als in sich abgeschlossene Größe betrachtet wird? Wird im Neuen
Testament an Bestimmtes angeknüpft, oder besteht allgemeine Struk-
turverwandtschaft? Worin besteht in beiden Fällen der Unterschied
zum Neuen Testament? Was besagt der Wahrheitsanspruch des Neuen
Testaments gegenüber einer vielschichtigen alttestamentlichen Überlieferung? Es besteht die Gefahr, daß alle solche Fragen falsch gestellt
sind, weil sie eine bestimmte Unterscheidung von Altem und Neuem
Testament aus inhaltlichen Gründen voraussetzen, die bei der Bestimmung eines traditionsgeschichtlichen Zusammenhangs zunächst
unerheblich ist.

Eine Verhältnisbestimmung von Altem und Neuem Testament
wird nämlich dadurch erschwert, daß das auf theologische *Inhalte*
bezogene Koordinatensystem alter und neuer Bund leichthin auf
Überlieferungskorpora übertragen wird. Das ist geschehen, wenn
sich aus der Unterscheidung von altem und neuem Bund bei Paulus
2Kor 3 die Zusammenfassung des vorchristlichen Traditionskorpus
als Altes Testament hergeleitet hat. Paulus setzt in seiner Argumentation theologische Materialien gegeneinander: γράμμα – πνεῦμα,
κατάκρισις – δικαιοσύνη usw., nicht aber Traditionskomplexe. Auch
wenn er von der Toravorlesung spricht und sie | die Verlesung des
alten Bundes nennt, so doch nur in einer Metabasis eis allo genos,
insofern die Hörer der Verstockung der Sinne verfallen sind, verfallen
mußten. Daß das Traditionskorpus, das wir Altes Testament zu nennen pflegen, über den Bereich dessen, was Paulus alten Bund nennt,

---

[2] *G. v. Rad*, Theologie des Alten Testaments, Bd. I, (1957) [6]1969 ; Bd. II,
(1960) [5]1968.
[3] Bd. II, S. 376, 5. Aufl. S. 386.

hinausragt und damit nicht zur Deckung zu bringen ist, ergibt sich
1. daraus, daß Paulus seine Ausführungen als Midrasch zu Ex 34 entwickelt, also gerade aus dem alten Traditionskorpus exegetisch gewinnt; 2. deutet das καλυμμα-Motiv selbst auf das Befangensein im
alten Bund, der vergeht, hin und weist damit andererseits über sich
hinaus; 3. gewinnt Paulus seine Entgegensetzung alter – neuer Bund
in bewußtem Anschluß an Jer 31. Es dürfte vom Alten Testament als
Traditionskorpus also nur in einer bestimmten Beziehung gesprochen
werden, nämlich in der Beziehung auf die Verwirklichung des Heils,
die in dem Wirklichwerden des neuen Bundes geschieht, nicht grundsätzlich als Inhaltsbestimmung; denn im Alten Testament ist vom
neuen Bund die Rede[4], hier wird die Begrenzung und damit die Hin-
fälligkeit und Vorläufigkeit des alten Bundes gezeigt. Wenn man das
nur als Weissagung bezeichnen möchte, so beurteilt man es doch
damit nur unter dem Gesichtspunkt heilsgeschichtlicher Verwirklichung und stellt zurück die für eine traditionsgeschichtliche Perspek-
tive gerade wesentliche Bestimmung eines Theologumenon durch
den Ort seines Entstehens und seiner Tradition. Es ist nicht ganz
unproblematisch, ein Traditionskorpus Altes Testament zu nennen,
das das Thema des neuen Bundes begründet und entfaltet. Aber diese
Übertragung berechtigter paulinischer Sachunterscheidungen auf
literarische Größen kann und soll natürlich nicht rückgängig gemacht werden. Da also zunächst offen bleiben sollte, was inhaltlich
das Alte Testament vom Neuen unterscheidet, wenden wir uns der
Frage nach dem traditionsgeschichtlichen, ja dem kanongeschicht-
lichen Verhältnis beider Größen zu.

Die Kanonisierung des alttestamentlichen Traditionsstoffes hat sich
sukzessive vollzogen. Im 5. Jahrhundert wird der Pentateuch kanoni-
siert, der wiederum aufgrund der verschiedensten Traditionszusam-
menfassungen in einem langwierigen Prozeß entstanden ist. Die Pen-
tateuchkanonisierung hat keinen exklusiven Charakter gehabt, wie die
Übernahme des Deuteronomiums aus dem Komplex des deuteronomistischen Geschichtswerks zeigt – eine Herübernahme unter inhaltlichen Gesichtspunkten, die eine Anerkennung der im deuteronomistischen Geschichtswerk zusammengefaßten Traditionen impli-
ziert[5]. So war der Pentateuch | schon auf eine Fortsetzung hin ange-
legt, die im 3. Jahrhundert in der Kanonisierung der Propheten
erfolgte. Aber die Tradition sollte damit ebensowenig abgeschlossen
sein wie durch den Pentateuch; lediglich das bei Sacharja angedeutete

---

[4] Jer 31,31ff; Ez 36,26f; 37,26; Jes 55,3ff; 59,21; 61,8 u.a.
[5] Das ergibt sich auch unabhängig von der These eines deuteronomistischen
Geschichtswerks aus der theologischen Verwandtschaft des Deuteronomiums.

Ende der prophetischen Zeit hatte den Abschluß eines zweiten Kanonteils nach sich gezogen. Psalmen, der Weisheitskomplex, die Fülle der apokalyptischen Traditionen wuchsen weiter und wurden im Traditionsprozeß der dauernden Selektierung, Aktualisierung und Neuinterpretation langsam einer Kanonreife entgegengeführt. Ja, Gestalt und Bereich dieses Traditionskomplexes waren noch völlig offen zur Zeit des neutestamentlichen Geschehens. Im Neuen Testament wird entweder auf den Pentateuch und die Propheten als die beiden Kanonteile, die abgeschlossen sind, verwiesen[6] oder aber noch grundsätzlich auf die Psalmen als prima pars pro toto[7]. Die neutestamentliche Traditionsbildung greift also in eine noch lebendige Traditionsbildung ein, d. h. wir haben es eben nur mit *einer*, der biblischen Traditionsbildung zu tun. Entscheidend aber ist, daß dadurch, daß das neutestamentliche Geschehen der gesamten alttestamentlichen Offenbarung entgegentrat, die alttestamentliche Traditionsbildung abgeschlossen wurde. Wie noch zu begründen sein wird, mußte die Tratition vom neutestamentlichen Geschehen notwendig den gesamten Traditionsprozeß zu Ende führen. Wir kommen zu der These: das Alte Testament entsteht durch das Neue Testament; das Neue Testament bildet den Abschluß eines Traditionsprozesses, der wesentlich eine Einheit, ein Kontinuum ist[8].

Zwei Einwände könnte man gegen diese Sicht eines einheitlichen Traditionsprozesses erheben: 1. die griechische Sprache der Schriften des Neuen Testaments, 2. die Zitierung des Alten Testaments im Neuen. Der erste Einwand ist leicht zu entkräften, denn Sprachübergänge begegnen schon im Alten Testament. Im Esra/Nehemia-Buch und teilweise auch im Danielbuch sind es zwar Quellen, die aramäisch zitiert werden, aber im Danielbuch zeigt sich daneben eine bewußte und endgültige Anwendung des Aramäischen in Kapitel 2, 6 und 7. Und der Übergang zum Griechischen findet sich verschiedentlich in den hellenistischen Teilen der Tradition, z. B. in der Weisheit Salomos, und ist hier keine Zufällig- | keit, sondern auch im Wesen solchen Schrifttums begründet. Die Tradition hat sich also durchaus nicht an eine bestimmte Sprache geklammert, wenn auch der gedankliche Hintergrund bis in späteste Zeiten entscheidend vom Hebräischen bestimmt wird.

---

[6] Mt 5,17; 7,12; Lk 24,27.

[7] Lk 24,44.

[8] Der innere Zusammenhang zwischen alt- und neutestamentlicher Traditionsbildung, das Ineinander beider wird durch eine Randerscheinung besonders deutlich: die christliche Redaktion später alttestamentlicher Schriften, die noch nicht den Status der Unveränderlichkeit erreicht hatten, z. B. Ascensio Isaiae, Sibyllinen, wahrscheinlich auch manches in der Henochtradition, 4. Esra, Testamente der zwölf Patriarchen u.a.

Beim zweiten Einwand, der Zitierung des Alten Testaments im Neuen, ist zu unterscheiden zwischen dem mit der Zitierung verbundenen ausdrücklichen oder impliziten Hinweis und Beweis der Erfüllung im neutestamentlichen Ereignis und der einfachen zitathaften Aufnahme alttestamentlichen Stoffes, etwa in der apokalyptischen Beschreibung der eschatologischen Ereignisse. Das erste ist selbstverständlich neutestamentliche Eigenart und erklärt sich inhaltlich aus dem Abschlußcharakter der neutestamentlichen Tradition, es ist nicht begründet in einer künstlichen Aufnahme fremder Tradition. Das zweite ist uns alttestamentlich in dem Augenblick bekannt, wo nicht mehr mündliche Tradition, sondern abgeschlossene, fertige Texte vorliegen, also in später Zeit, insbesondere bei den Apokalypsen. Diese Einwände können uns also nicht hindern, eine traditionsgeschichtliche Einheit des Alten und Neuen Testaments festzustellen.

Ein letzter Einwand freilich liegt auf der Grenze der im Augenblick zu behandelnden äußeren traditionsgeschichtlichen Verbindung Altes und Neues Testament: man könnte von vornherein der Meinung sein, daß die *inhaltliche* Differenz zwischen den Testamenten einen solchen Bruch darstellt, daß man ein traditionsgeschichtliches Kontinuum nicht voraussetzen darf. In diesem Einwand spricht sich natürlich eine bestimmte inhaltliche Beurteilung des Neuen Testaments aus, die über das hinausgeht, was wir unter dem Begriff der Abschlußfunktion meinen subsumieren zu können, und diese Beurteilung bedürfte der Verifizierung. Aber es sollte doch von vornherein deutlich sein, welche inneren Brüche innerhalb des alttestamentlichen Traditionsprozesses, dessen Einheit niemand in Frage stellt, vorliegen. Es sei hier nur verwiesen auf die Übernahme der Tradition von den Erzvätern durch Israel, auf die Interpretation dieser den Gott Israels noch nicht kennenden religiösen Tradition durch den Jahwismus; ferner auf die starken Differenzen, die zwischen dem zionistischen Davidismus mit seiner Vorstellung einer göttlichen Einwohnung auf dem Zion und den älteren Traditionen liegen, Differenzen, die den Unterschied zwischen Nord- und Südreich stets bestimmt haben, so daß wir sagen könnten, mit der starken Wirkungsgeschichte des Davidismus vollzieht sich der geistige Untergang der Stämme, die an dem Namen Israel festgehalten hatten (später haben die Samaritaner ihre entscheidende Differenz mit dem antiken Judentum in dem Verhältnis zu der das Zionsheiligtum konstituierenden Lade von Silo mit ihrem Priester Eli | gesehen[9]). Es sei hingewiesen auf die

---

[9] Vgl. z.B. die 2. Samaritanische Chronik Ri § Kff (ed. *J. Macdonald*, The Samaritan Chronicle No. II, 1969, S. 110ff).

schriftprophetische Verkündigung, die zu Beginn bei Amos die alte
heilsgeschichtliche Tradition auf das Verletzendste abweisen konnte:

> »Seid ihr mir nicht wie die Kuschiten, ihr Israeliten?
> Habe ich Israel nicht aus Ägypten geführt,
> die Philister aus Kaphtor und Aram aus Kir?«[10]

und die den Kult, die Grundlage der Verbindung Israels mit Jahwe,
unter Hohnworten ad absurdum führte, die bei Ezechiel sogar
Sinaioffenbarung als »Satzungen, die nicht gut waren, Gesetze, durch
die sie nicht leben sollten«[11] bezeichnen konnte. Es fällt nicht schwer,
eine lange Reihe von Brüchen und Umwälzungen innerhalb der alttestamentlichen Tradition aufzuzählen, die nur für die oberflächlichste
Betrachtung ein einheitlicher Block ist, dem sich das Neue Testament entgegenstellt. Beachtet man dagegen, wie diese vielschichtige
Tradition vom Neuen Testament aufgenommen und an ihr Ende geführt werden konnte, so kommt in diesem Phänomen des Abschlusses und Telos viel stärker das alles Vorherige Transzendierende zum
Ausdruck als in einer bloßen Entgegensetzung, die sich ja nur auf
Einzelnes beziehen könnte. Das Neue Testament ist mehr als ein
Bruch mit dem Alten Testament, es ist seine Vollendung.

Es hat von jüdischer Seite aus keine größere Anerkennung des neutestamentlichen Geschehens erfolgen können als der Abschluß der
Traditionsbildung auf der Ebene des Alten Testaments. Gewiß haben
bei der ca. 100 n. Chr. durchgeführten Kanonisierung des Alten Testaments eine ganze Reihe von Faktoren, die Absetzung vom Esse-
nismus, vom Zelotismus, von hellenisierenden wie apokalyptischen
Kreisen, eine Rolle gespielt, aber dieser Abschluß der gesamten alten
Tradition im Alten Testament und der Neubeginn in der halachischen
und haggadischen Traditionsbildung geschah im Rahmen einer umfassenden Neubegründung des Judentums als pharisäisches Spät-
judentum nach der Krisis des Frühjudentums, die zu der politischen
Katastrophe des Jahres 70 geführt hatte, und diese Krisis hängt mit
dem neutestamentlichen Geschehen und seinen Folgen im Innersten
zusammen. Es wird antiapokalyptische, antisapientiale, vornehmlich
aber antichristliche Polemik[12] gewesen sein, | wenn in diesem Tra-
ditionsabschluß 100 n. Chr. ein entscheidender Teil eliminiert wurde,
nämlich ein Großteil des apokalyptischen und sapientialen Materials.
Ein christlicher Theologe darf den masoretischen Kanon niemals

---

[10] 9,7.

[11] 20,25.

[12] Dieser polemische Charakter kann an der neben diese Kanonreduktion tre-
tenden Reduktion und Festlegung der Interpretation kritischer kanonischer
Stücke, wie z.B. Jes 53 und verschiedene Psalmstellen, abgelesen werden.

gutheißen; denn der Kontinuität zum Neuen Testament wird hier in bedeutendem Maße Abbruch getan. Mir scheint unter den Einwirkungen des Humanismus auf die Reformation die eine verhängnisvolle gewesen zu sein, daß man die pharisäische Kanonreduktion und die masoretische Texttradition, auf die man als »humanistische« Quelle zurückgriff, miteinander verwechselte und Apokryphen aussonderte.

Mit der These von der wesentlichen Einheit des Alten und Neuen Testaments, von der *einen*, der biblischen Traditionsbildung, erledigt sich die prekäre Frage nach der christlichen Interpretation des Alten Testaments. Der übliche Weg, eine christliche Theologie des Alten Testaments zu beschreiben, besteht in einer Selektion. Entweder geschieht das in der Weise, daß nur bestimmte Teile des Alten Testaments für christlich relevant gehalten werden. Zumeist fällt das gesamte nachdeuterojesajanische Material dahin. Daß es gerade die späten Teile des Alten Testaments sind, die der Kritik nicht standhalten, sollte den Historiker sehr skeptisch stimmen. Oder man betreibt die Selektion in der Weise, daß man von einer bestimmten, nicht im Alten Testament begründeten hermeneutischen Methode aus die Theologie des Alten Testaments entwickelt. In jedem Fall ist diese Selektion methodisch höchst zweifelhaft, da jedes Kriterium theologischer Relevanz durch das Neue Testament, genauer gesagt: durch eine bestimmte Theologie vom Neuen Testament, gesetzt wird. D.h. aber letztlich, daß das Alte Testament irrelevant ist und bestenfalls als historisches Proömium zum Neuen Testament bestehen mag. Ich meine dagegen, daß es weder eine christliche, noch eine jüdische Theologie des Alten Testaments gibt, daß es eben nur *eine* Theologie des Alten Testaments gibt, die sich in der alttestamentlichen Traditionsbildung verwirklicht und die aus und an dieser entwickelt werden muß. Es kann sich eben nur vom Neuen Testament aus herausstellen, ob diese Theologie des Alten Testaments sozusagen eine christliche ist, d.h. ob sie vom Neuen Testament weiter und zu Ende geführt wird. Nicht das Alte Testament hat sich gegenüber dem Neuen zu rechtfertigen, sondern umgekehrt, das Neue Testament bezieht sich auf das Alte zurück. Das Neue Testament hat die alttestamentliche Traditionsbildung zum Ende, zum Abschluß geführt, die biblische Traditionsbildung ist damit als Ganzes abgeschlossen und damit erst in einem tieferen Sinne kanonisch. Die in den Schriften Qumrans vorliegende Traditionsbildung stellt wohl eine Weiterführung der älteren Traditionen dar, aber sie übernimmt nicht die Abschlußfunktion. Die ausstehende Heilsverwirklichung läßt diese Weiter- | bildung absterben, so wie es ja auch vorher in der Geschichte Israels sehr viele Traditionsentwicklungen gegeben hat, die im Gesamttraditionsprozeß ausgeschieden und damit unfruchtbar wurden. Die pharisäische, aus antiapokalyptischem, aber zum Teil auch aus antisapientialem Geiste erfolgte Reduktion des Traditionsmaterials verzichtet auf eine Vollendung des Traditionsprozesses, um einen neuen, nicht weiterführenden, sondern auf einer anderen Ebene liegenden beginnen zu können[13].

## II. Theologie als Traditionsbildung

Mit dem bisher Ausgeführten verschiebt sich das Problem des Verhältnisses vom Alten zum Neuen Testament zum Problem des Offenbarungskontinuums und seines Abschlusses und Zieles. Versuchen wir zunächst das Phänomen des Kontinuums näher zu bestimmen und sehen wir von dem Abschluß durch das neutestamentliche Geschehen ab! Die Entwicklung der form- und traditionsgeschichtlichen Forschung in der alttestamentlichen Wissenschaft hat mit aller wünschenswerten Deutlichkeit den Zusammenhang der kerygmatischen »Inhalte« mit den Formen der Überlieferung aufgewiesen. Das Alte Testament als literarisches Werk entwickelt sich aus kerygmatischen Intentionen. Die Formgeschichte kann weithin die kerygmatische Struktur der Überlieferungsmaterialien freilegen. Eine Darstellung der durch die moderne Formgeschichte erarbeiteten Traditionen führt von selbst zu einer Darstellung des alttestamentlichen Kerygmas. Die Unterscheidung von Traditionsform und kerygmatischem Inhalt wird weithin unmöglich. Diese Erkenntnis, die von Rads Darstellung der Theologie des Alten Testaments entscheidend bestimmt, beendet alle zweifelhaften Versuche, die Darstellung der alttestamentlichen Traditionen durch eine Geschichte des Jahweglaubens zu ersetzen, indem innerer Gehalt und äußere Form unterschieden werden in der Meinung, jedes menschliche Phänomen lasse sich als Ausdruck einer dahinterstehenden Haltung erfassen. Die Überlieferungen Israels sind nicht Ausdruck seiner Frömmigkeit.

Der Grundsatz vom Zusammenhang von Traditionsform und kerygmatischem Inhalt bedarf aber noch einer Ergänzung: das Tradieren geschieht in einem Geschichtsprozeß dauernder Uminterpretation, Selektion und Aktualisierung. Das Kerygma ist keine statische Größe, sondern wächst fortwährend mit dem geschichtlichen Prozeß des Tradierens. Bei | von Rad tritt dieses Phänomen des Zusammenhangs von Geschichte und Offenbarung zurück zugunsten einer Lehre von der *inhaltlichen* Geschichtsbezogenheit des alttestamentlichen Ke-

---

[13] Wie sehr er nach einer Weiterführung drängte, zeigt sich an dem immer stärker werdenden Vorstoßen der frühen, dann besonders der klassischen Kabbala.

rygmas. Ein solcher materialer Geschichtsbezug der alttestamentlichen Traditionen ist weithin nicht zu erweisen. Von Rad selbst
erwähnt dies bei Hiob, Kohelet und, mit Einschränkungen, bei
Psalmen[14]. Die Apokalyptik grenzt er aus, weil hier angeblich der
existentiale Geschichtsbezug verloren ist, weil hier aus einem Transzendentalismus heraus an die Stelle geschichtlichen Erlebens eine
übergeschichtliche Systematik tritt[15]. Wir müßten, strenggenommen,
ausgrenzen den gesamten Weisheitskomplex, die Priesterschrift[16], ja
die Sinaitradition überhaupt. Aber auch dort, wo das Alte Testament
zunächst Geschichtsschreibung zu sein scheint, wäre noch zu fragen,
inwiefern hier nicht von vornherein geschichtstranszendierende
Koordinaten zugrunde gelegt sind, die man die eschatologischen Elemente genannt hat. Daher kommt von Rad nicht nur zu einer Minder-
bewertung einzelner Traditionskomplexe wie der Apokalyptik,
sondern vor allem zu einer Darstellung, die man als theologische
»Einleitung« in das Alte Testament bezeichnen könnte, er kommt
nicht zu einer Darstellung der Entwicklung der alttestamentlichen
Traditionen[17]. Man sollte aber festhalten: Das Alte Testament ist
Zeugnis im Traditionsprozeß, und die Darstellung der Theologie des
Alten Testaments ist die Darstellung der Traditionsbildung. Nur
traditionsgeschichtlich kann das Kerygma entfaltet werden. Das Alte
Testament ist nicht zu fassen als doctrina einer Systematik, noch als
factum einer Religionsgeschichte, sondern nur als Prozeß einer Traditionsbildung, die auch das eigentliche Wesen der Geschichte Israels
ausmacht.

Das kann im einzelnen hier nicht näher ausgeführt werden. Nur
auf drei mögliche Einwände sei der Deutlichkeit halber eingegangen.
Man könnte 1. fragen: Kommt nicht jede historische Darstellung
einer Theologie zu einem Relativismus? Wo bleibt die Verbindlichkeit der einzelnen Tradition? Diese Frage verwechselt den Traditionsprozeß mit der Aufeinanderfolge verschiedener theologischer
Anschauungen. Vielmehr stehen die Einzeltraditionen in einem
organischen Verhältnis; es handelt sich | um einen Entwicklungs-
prozeß. – 2. Man könnte fragen: Ist nicht das Ziel das Wesentliche,
so daß das Vorhergehende als Vorform bedeutungslos wird? Rosen-

---

[14] Bd. I, S. 112, 6. Aufl. S. 118.
[15] Bd. II, S. 317f, 5. Aufl. S. 321f.
[16] Sie geht mit der Beschreibung des Sinaigeschehens von den Dimensionen
eines Geschichtsweges in die einer Ordnungsoffenbarung über.
[17] Bezeichnenderweise geht er in seiner Theologie der prophetischen Überlieferungen von der kanonischen Anordnung der Bücher ab und kommt zu einer
historisch begründeten Reihenfolge der Darstellung; aber die historische Darstellung im Sinne einer traditionsgeschichtlichen Entfaltung des Kerygmas wird
nicht methodisches Prinzip.

zweig nannte R, das Siglum für den Redaktor, Rabbenu, »unser Lehrer«[18]. Es wird hierbei nicht gesehen, daß der Traditionsprozeß ja das Alte beibehält, daß auf der neuen Stufe nicht das Alte verdrängt wird. Das Alte gehört zur Aussage des Neuen. Es wird durch die spätere Stufe nicht überholt, vielmehr entsteht auf diese Weise erst ein mehr oder weniger kontinuierlicher Kanonisierungsprozeß. – 3. Verdrängt die Aneignung der Tradition im Prozeß nicht den eigentlichen Inhalt einer Überlieferung? Die Aussage der Einzelstoffe wird doch relativiert, d. h. in Beziehung gesetzt zur späteren Aussage. Dagegen ist zu sagen: Es soll nicht herausdestilliert werden ein hinter dem Prozeß stehendes Allgemeines und Absolutes, das sich in dem Prozeß verwirklicht. Nicht ein solches postuliertes Absolutes, nämlich die Offenbarung schlechthin, nicht etwas Zeitloses verwirklicht sich, sondern im Gegenteil, das Entscheidende liegt im Prozeß, im procedere auf ein Zukünftiges hin. Gerade der tiefste Zusammenhang von Tradition und Geschichte weist auf das Ziel der Vollendung.

Allerdings ist für ein solches Verständnis der Theologie als Traditionsbildung unerläßlich, daß die Traditionsgeschichte eine über das Normale hinausgehende Erweiterung und Vertiefung erfährt. Schon jetzt wird Traditions- oder Überlieferungsgeschichte in zweifachem Sinne gebraucht. Einerseits versteht man darunter einfach die Nachzeichnung des vorliterarischen Werdens eines *Textes*, also seine vor der literarischen Fixierung liegende Vorgeschichte, andererseits die Darstellung der Entwicklung einer *geformten Aussage*. Wir werden zu beachten haben, daß nicht nur ein Formuliertes Gegenstand des Weitergebens ist, sondern alles Gestaltete, also auch eine ausgeprägte Vorstellung oder ein theologischer Inhalt, wenn er zu einem Gedanken formenden Thema geworden ist. Die Traditionsgeschichte muß sich auch mit der Ausgestaltung der theologischen Denkformen befassen, ohne in eine Theologiegeschichte älterer Methodik zurückzufallen, in der durch Anwendung moderner theologischer Gesichtspunkte die biblische Überlieferung bestimmten Schemata unterworfen wird[19]. Kann man nun solche Überlieferungsprozesse beschreiben, so wird sich immer herausstellen, daß erst in ihnen und | nicht in einer theologischen Einzelerscheinung das Ganze zu greifen ist und das Wesen sich enthüllt.

---

[18] *M. Buber*, Zu einer Verdeutschung der Schrift, 1954, S. 7 Anm. 1.

[19] Besonders in der Form der Begriffsgeschichte hat man eine solche erweiterte Art von Überlieferungsgeschichte schon zu beschreiben versucht. Freilich muß hier beachtet werden, daß herausgegriffene Elemente nicht an sich Gegenstand der Überlieferung sind, sondern nur im Rahmen der organischen Zusammenhänge, in denen sie stehen.

Nur andeutungsweise sei als Beispiel auf folgendes hingewiesen: Den Kern alttestamentlicher Tradition finden wir in der Geschichte von der Offenbarung des Jahwe-Namens an eine Gruppe verschiedener Stämme, die sich in bezug auf diesen Gott als Israel zusammenschließen. Dieses Urisrael der Leastämme ist älter als das Gesamtisrael, in dem die Rahelstämme ein entscheidender Teil sind, die die Exodusüberlieferung einbringen, aber die Namen Jahwe und Israel voraussetzen[20]. Das Zentrale des Sinaigeschehens ist die Offenbarung eines Gottes, der im Gegensatz zur mythischen Epiphanie sich selbst offenbart, indem er sein Gegenüber in ein exklusives Verhältnis zu sich setzt, es ist Offenbarung in der Beziehung, im Verhältnis zueinander. Es ist kein mit göttlicher Epiphanie verbundener Einzelbefehl eines Gottes im Rahmen des Götterkosmos, sondern die Offenbarung einer Person, die eine andere in ein ausschließliches Verhältnis zu sich setzt, ja geradezu erst – eben als Israel – konstituiert. Es ist Offenbarung in der Relation eines Ich-Du-Bezuges, und das übermittelte Heil mußte sich in die Form der Anrede des ausschließlichen Gottes an sein Gegenüber gestalten, wie es dann später die Dekalogformulierungen deutlich zeigen. Dieses Gegenüber der Offenbarung in Personalität und Exklusivität ist wohl Israel, und doch tritt schon in der ältesten Überlieferung hier eine einzelne Person für Israel als Personrepräsentant ein, wird Gottes Redepartner, wird der personale Empfänger der Offenbarung. Die überragende Bedeutung dieser Mosegestalt zeigt sich daran, daß sie das verbindende Glied in Israels Vorgeschichte geworden ist und auch die Exodusüberlieferung beherrscht. Diese Repräsentation Israels in einer Person als Empfänger der Offenbarung, als Gegenüber zu Gott, als Vertrautem Gottes, ist später in die Vorstellung vom Gottesknecht gefaßt worden. Mose ist gegenüber jedem anderen Propheten der, mit dem Gott »von Mund zu Mund redet«, »der die Gestalt Jahwes schaut«, der als sein Hausknecht »mit seinem ganzen Haus vertraut ist«[21]. In der Eliaüberlieferung wird Elia als Moses redivivus dargestellt. In dieser ganz andersartigen theologischen Welt, in der so viel Wert auf die Transzendenz Gottes gelegt wird, in der z. B. die Sinaitheophanie ganz umgeformt wird[22], erscheint der Gottesknecht als der das Jahwe-Wort repräsentierende Mensch, und die Jenseitigkeit Gottes wird im Gegenwärtigsein des *dabar* im prophetischen Gottesknecht auf- | gehoben. Wenn Deuterojesaja Israel in seiner zum Leiden, ja zum Tode

---

[20] Vgl. Bemerkungen zur Sinaitradition, ZAW 79, 1967, 137–154 [=u. S. 31 ff].

[21] Num 12,7f; in diesem Text wird eine ätiologische Deutung des so gefüllten Begriffes Knecht gegeben.

[22] 1Kön 19,11f.

führenden Geschichte als den Gottesknecht deutet, der die Gottesoffenbarung der ganzen Ökumene vermittelt, dann mußte er zwar
wegen des Bezuges zu den Völkern in erster Linie an die Überlieferung
vom Davidbund anknüpfen, und doch kommt in dieser Konzeption
all das zum Tragen, was Repräsentation in Israel war, was man unter
'æbæd verstehen konnte. In einem solchen Traditionsprozeß entfaltet
sich die Offenbarung.

Israel hat in seinem Gegenüber zu Gott das Sein in der Welt im Gegensatz zum mythischen Weltverständnis in einer neuen Weise als
*geschichtliches* Sein erfahren. Dieses neue Sein ist aber nicht auf die
menschliche Welt des Historischen allein bezogen. Auch das im
mythischen Weltverständnis gegebene Verhältnis zur Natur wird in
ein neues Verständnis der Welt als *Schöpfung auf den Menschen hin* ver-
wandelt. Wird das Wesen des geschichtlichen Erlebens gekennzeichnet durch die volle Partizipierbarkeit des Menschen am entscheidungs-
vollen Geschehen, so ist für Israels Erfahrung der Schöpfung konstitutiv die volle und verantwortliche Partizipierbarkeit am Kosmos.
Die in der sogenannten Weisheit sich eröffnende Partizipation an der
Welt im Verstehen der Ordnung führt daher in Israel zum personalen
Verstehen dieser Ordnung, d. h. die Weisheit tritt prophetisch in
Gottes Autorität, als Person der Person, dem Menschen gegenüber[23].
Besonders in der Anthropologie, die im Rahmen der Kosmologie
im Schöpfungsdenken entfaltet werden kann, findet die Partizipation
ihren Ausdruck. Es kommt auch hier zu einem charakteristischen Re-
präsentationsgedanken, der sich mit der imago dei-Vorstellung ver-
bindet (der Mensch als König der Schöpfung) und sogar mit dem
Wesen menschlicher Sprache gedeutet werden kann[24]. Es ist nicht
ohne Grund, daß der der priesterwissenschaftlichen Tradition verbundene Ezechiel, der höchsten Offenbarung gewürdigt, sich als
»Menschensohn«, d. h. einzelner Mensch (Vertreter der Gattung
Mensch), angeredet weiß[25]. Er, der wie der 'æbæd Mose und Elia das
göttliche Wort Israel gegenüber repräsentiert und in dem andererseits
Israel Gott gegenübertritt (beides verbindet sich in dem »Wächter«-
oder, besser, »Späher«-Amt Ezechiels), erfährt sich, | vor Gott ste-

---

[23] Spr 1 ff.

[24] Ps 8,2 f; *mippî* 'ôl*e*lîm w*e*jon*e*qîm ist zu V. 2 zu stellen: die jenseitige *('æl
hâššamâjim)* Gottesherrlichkeit wird von den Letzten und Schwächsten der
Menschheit, den kleinen Kindern, gepriesen *(tunnâ).*

[25] Das konzentrierte Auftreten in 2,1–3,11 im Zusammenhang der großen
Offenbarung von c. 1 und der daraus folgenden Beauftragung läßt den Ausdruck
schwerlich nur negativ als Niedrigkeitsaussage deuten, vielmehr spiegelt sich
darin positiv die Bedeutung der Offenbarung der göttlichen Transzendenz an den
Menschen.

hend, nicht als Israelit, nicht als bloßes Du, sondern als Mensch. Der
Verfasser des Danielbuches, der, wie 8,16 zeigt – Daniel wird hier
beim Offenbarungsempfang als Menschensohn tituliert –, dieses
Selbstverständnis dessen teilt, der in den höchsten Offenbarungskreis
gelangt, weiß, daß die eschatologische βασιλεία τοῦ θεοῦ über die
Welt nach der Vernichtung der durch mythische Tierwesen darge-
stellten Mächte dem Menschensohn übergeben wird[26], mit dem das
Gottesvolk geheimnisvoll identisch ist. Für das apokalyptische Ineinander von Geschichte und Kosmos repräsentiert sich Gott im Menschen. Auch hier kommt die vorhergehende Überlieferung in ihrer
Gesamtheit zum Tragen. Die Bezüge zum Neuen Testament liegen
bei diesen Beispielen auf der Hand.

### III. Das Wesen des Traditionsprozesses und sein Telos

lst erkannt, daß sich die Offenbarung mit dem Prozeß der Tradition
verbindet, so stellt sich die Frage, in welcher Weise sich das Fort-
schreiten der Offenbarung auswirkt und inwiefern sie zu einer Vollendung gelangen kann. Ich gehe dabei von der These aus: die Offenbarung setzt die Realität, in der sie sich als Offenbarung erweist, sie
schreitet fort, indem sie diese Realität entwickelt, werden läßt. Dazu
möchte ich folgendes ausführen: Für die richtige Beurteilung eines
Textes, einer theologischen Aussage oder Vorstellung an ihrem historischen Ort bedarf es der Analyse der dem Text zugrunde liegenden ontologischen Struktur, d.h. der Struktur der Wirklichkeit, die
der Text aussagt, aus der heraus er konzipiert ist. Die Geschichte der
Traditionsbildung ist in gewisser Weise eine Geschichte des die
Offenbarung erfahrenden Bewußtseins, an dem sich eine ungeheure
Aufweitung des Wirklichkeitsfeldes vollzieht.

Zwei einfache Beispiele können das hier mit ontologischer Struktur
Bezeichnete verdeutlichen. Man betont gerne bei der Exegese von
Psalm 51, daß hier eine »neutestamentliche Höhe« erreicht sei. In der
Tat, in diesem Klagepsalm wird keine »äußere« Not beklagt, sondern
Not ist allein die Sünde, und es kommt dem Beter auf nichts anderes
an als auf das persönliche Gottesverhältnis. Eine genauere, von der
Formgeschichte ihren Ausgang nehmende Strukturanalyse würde
zeigen, daß die hier vorliegende Ontologie scharf zwischen einer
äußeren Scheinwelt und einem inneren, wahren Sein, das verborgen
ist, unterscheidet. Dieses wahre Sein ist die Beziehung Gott – Seele.
Dem entspricht die höchste Spiritualisierung des Sündenbegriffes

---

[26] Dan 7,13f.

(Sünde gegen Gott allein, »persön- | lich« gesündigt), die sola gratia-Konzeption der Sündenvergebung, die einer geistig-spirituellen Neuschaffung in aktiver, »mystischer« Selbsthingabe, die Umdeutung des Opfers als Erkenntnis der Gottferne usw., ontologische Strukturen, die bei Jeremia vorbereitet werden. Hier sollte man nicht »frömmigkeitsgeschichtlich« urteilen, mehr oder weniger hohe Stufen konstatieren, sondern erkennen, wie sich hier ein Vorstoßen der alttestamentlichen Tradition in neue Wirklichkeitsformen vollzieht (die mit anderen nicht verglichen werden dürfen). Die Dynamik der Gottesoffenbarung läßt im Alten Testament kein ontologisch statisches Verhältnis aufkommen.

Man bedauert gewöhnlich das niedrige geistig-religiöse Niveau des Wunderglaubens in den Elia- und Elisageschichten. Was für einen Sinn haben diese Wunderberichte? Man wird das erst erkennen, wenn man sieht, wie es in diesen Geschichten um den Kampf mit dem Naturalismus des baalistischen Synkretismus geht mit seiner fast magisch konzipierten Immanenz der Gotteskräfte. Es geht um das Erkennen der Direktheit des göttlichen Wirkens und um die Transzendenz Gottes: die Widernatürlichkeit des Wunders wird Hinweis auf diese Transzendenz[27]. Daß das in diesen Geschichten parallel läuft mit der Auflösung des National- und Volksbegriffes, mit dem Universalismus, mit der Konzeption der Offenbarung als jenseits menschlicher Sinnenempfindung stehend, mit einem neuen Begriff des Wortes Gottes, daß hier die Ferne Gottes in der Transzendenz gleichzeitig zu einer ungeheuren Nähe in einer neuen Auffassung des Propheten als des Gottesknechtes wird, all das hat nur im Zusammenhang seinen Sinn, und diesen Zusammenhang hätte die ontologische Untersuchung aufzuweisen.

Diese beiden Beispiele genügen, um anzudeuten, worauf es bei der Strukturanalyse ankommt. Im Gegensatz zu jeder frömmigkeitsgeschichtlichen Betrachtungsweise geht es nicht darum, bestimmte religiöse Höhenlagen zu messen, vielmehr darum, Wahrnehmungskategorien am jeweiligen Text zu entwickeln. Es kommt auf die Wirklichkeit an, die ein Text aussagt. Die Koordinaten des jeweiligen Wirklichkeitsfeldes sind aus dem Text zu ziehen. Die Strukturen, die sich hier zeigen, sind ontologische Strukturen; denn es geht um Formen des Seins, und nur in ihnen wird das Seiende als solches ergriffen.

---

[27] Der »Blitz« ohne Gewitter und ohne Wolken in 1Kön 18,38 ist eben ein transzendenter »Blitz« und wird ja auch nicht als Blitz, sondern als Jahwe-Feuer (in Anknüpfung an die Opferfeuer-Überlieferung Lev 10,2; Ri 6,21, vgl. auch Ri 13,20 usw.) bezeichnet.

Es müssen hier wieder drei mögliche Einwände abgewiesen und festgestellt werden: 1. Diese ontologische Betrachtungsweise hat nichts mit | einer stets methodisch höchst problematischen »Geistesgeschichte« zu tun. Nur wo ein Überlieferungswerk vorliegt, ein in sich geschlossener Traditionsprozeß gegeben ist, kann eine solche Interpretation zu geschichtlichen Entwicklungslinien ausgezogen werden. – 2. Dies alles hat nichts mit einer hegelianisch verstandenen Entwicklung zu tun, denn diese ist metaphysisch postuliert, ihr liegt daher gerade eine statische Ontologie zugrunde. Es handelt sich nicht um eine Entwicklung des subjektiv verstandenen Bewußtseins, sondern um ein reales Geschehen der Seinsaufweitung. – 3. Es lassen sich ähnliche kulturgeschichtliche Prozesse außerhalb des Alten Testaments beobachten. So mag z.B. auf den ersten Blick die Urbild-*(täbnît-)*Konzeption der Priesterschrift von der der Idee hundert Jahre später bei Plato gar nicht so leicht zu unterscheiden sein. Zeigen sich hier ähnliche ontologische Strukturen? Vielleicht; Israel existiert nicht isoliert. Aber es kommt gar nicht auf die ontologischen Strukturen als solche an, sondern auf den Prozeß, auf die Dynamik, mit der die Offenbarung das jeweils Vorfindliche transzendiert und neue Räume des Seins erschließt, ja ganz eigentlich, es kommt auf die inhaltliche Wirklichkeit an, die in dem Seinsraum herrscht.

Kombinieren wir nun die strukturgeschichtliche und die überlieferungsgeschichtliche Betrachtung – das mag sich zunächst fast wie formale und materiale Betrachtung verhalten –, so zeigt sich, daß beides aufs engste zueinander gehört und sich gegenseitig durchdringt: die Überlieferungsgeschichte vollzieht sich in einer ontologischen Entwicklung, sie zeigt eine ontologische Dynamik. Objektiv gesprochen geht es um ein Hereinbrechen, um ein Offenbarwerden neuer Wirklichkeit. Das müßte in einer traditionsgeschichtlich geprägten Darstellung der biblischen Theologie deutlich werden. Im Rahmen dieses Aufsatzes kann der Prozeß nur andeutungsweise skizziert werden. Der Kürze halber setze ich gleich beim Ausgang des 8. Jahrhunderts ein; für die ältere Zeit, Israel als Stämmeverband, die Zeit der Staatenbildung, die Rezeption der jerusalemischen Tradition (z.B. mit der so neuen Vorstellung von der Einwohnung Gottes auf dem Zion) usw., ließe sich der Prozeß entsprechend verdeutlichen.

Ende des 8. Jahrhunderts geht der Staat bzw. die staatliche Selbständigkeit (von ephemeren Erscheinungen abgesehen) ein für allemal verloren. Die Propheten in dieser Zeit zeigen in diesem Geschehen das Gericht Jahwes an, das aber in diesen Ereignissen nicht vollendet wird, sondern das weiter wirkt und von jetzt ab jeglicher Existenz in einer äußerlich faßbaren Form einen vorläufigen Charakter gibt. Es verschiebt sich damit das Verhältnis Jahwe – Israel von der äußerlich faßbaren Form im Staat, im Kult stets weg auf eine andere Ebene des Eigentlichen. An die Stelle des | Volkes tritt in der Prophetie des 8. Jahrhunderts die Gemeinschaft derer, die sich für Jahwe entscheiden, die *ᵃnijjîm*, anstelle der kultischen und anderer Lebensformen, in denen der Mensch sich birgt, finden wir hier die Forderung eines bewußten Gott-Gegenübertretens: *dã‘ãt ’œlohîm, hãṣneᵃ‘ lœkœt*, Stillesein vor Gott. Aber nicht ein Ethos schiebt sich an die Stelle einer durch den Jahwe-Stämmeverband gegebenen Lebensform, vielmehr werden die heilsgeschichtlichen Traditionen auf einen neuen Raum bezogen, aus dem Israel κατὰ σάρκα, dem Staat, herausgehoben in eine neue Wirklichkeit. Die Jahwe-Offenbarung transzendiert das vorfindliche Sein. Es kommt im Prophetismus nicht nur zu einer Eschatologisierung, vielmehr geht diese Hand in Hand mit einer ontologischen Umorientierung. Und dieser Hinweis des Prophetischen auf das ganz andere als das Vorfindliche führt die Jahwe-Offenbarung als die Offenbarung des neuen Seins immer weiter und läßt sie nicht im Empirischen beschlossen und begrenzt werden.

Der ersten großen alttestamentlichen Traditionszusammenfassung, die sich im 7. Jahrhundert vollzieht und die wir der deuteronomischen Bewegung zuschreiben, ist eine erstaunliche Künstlichkeit eigen, die die Voraussetzung einer solchen Zusammenfassung ist. Die Objektivierung der gesamten heilsgeschichtlichen Tradition in der *tôrā*-Konzeption des Deuteronomiums ist nicht denkbar ohne einen entsprechenden Subjektivismus im Volksbegriff. Dieser *‘ãm* ist kein Volk im vorfindlichen Sinne mehr, es ist ein künstliches Gebilde, eine Summe von Einzelpersonen, die je für sich verantwortlich existieren und handeln. Auch der Kultbegriff hat sich erheblich verschoben. Diese künstlich als Programm entwickelte »Reformamphiktyonie« setzt eine ganz eigenartige Spiritualisierung in den ontologischen Strukturen voraus. Erst von hier aus konnte ein zusammenfassendes Geschichtswerk entworfen werden, das die vielfältigen Traditionen in einer Geschichtssystematik bewältigte, die weniger naiv als abstrakt ist.

Nur in Stichworten können hier die wichtigsten Strukturveränderungen aufgezählt werden, die sich bei Jeremia beobachten lassen: Die Gottesoffenbarung verschiebt sich auf die Ebene der verinnerlichten, intimen Gotteserfahrung, dem entspricht die Konzeption des fernen, jenseits aller menschlichen Erfahrbarkeit stehenden Gottes. Die Sünde wird als gegen Jahwe selbst gerichtet verstanden, sie ist nicht ein Ordnungs-, sondern ein Verhältnisdelikt; alle Sünde kann unter dem Begriff des Verlassens Gottes zusammengefaßt werden, dem entspricht der Begriff der Rückkehr. Umkehr zu Gott aber ist Erkenntnis des Abfalls. Diese Umkehr wiederum ist nur durch Jahwe gewirkt. Daraus ergibt sich eine sola gratia-Konzeption für das Verhältnis Gott – Mensch. Alles ist be- | stimmt von der radikal dualistischen Ontologie Innen – Außen, Sein – Schein. Da die Heilsweissagung (zunächst für das Nordreich) neben die Unheilsweissagung tritt, beides in ein und denselben geschichtlichen Raum fällt, treibt die eschatologische Komponente im Prophetismus zur Konzeption einer jenseits der Heilsweissagung liegenden Eschatologie, in der die geschichtlichen Dimensionen der vorfindlichen »Scheinwelt« gesprengt werden[28].

Es kann auch nur vage angedeutet werden, welche entscheidenden strukturellen Veränderungen bei Ezechiel durch die Aufnahme des priesterlichen Traditionsgutes entstehen, und wie mit dem Subjektivismus, der sich bei Ezechiel wie bei Jeremia findet[29], hier in ein neues Feld vorgestoßen wird: Die objektiven *tôrā*-Traditionen bekommen zeichenhaften, symbolischen Charakter. Im Sinne des Transzendentalismus vollzieht sich eine neue Subjekt-Objekt-Zuordnung. Ezechiel stößt vor zu der Konzeption einer zeichenhaften Wirklichkeit[30]. Diese neue Ontologie bildet die Grundlage für die Projektion des bei Jeremia als transzendent erkannten Eschatologischen ins geschichtliche Sein[31]. Der Transzendentalismus Ezechiels kann Geschichte und Übergeschichte vereinen. Er liefert die ontologische Begründung der Apokalyptik.

Deuterojesaja stellt den Abschluß der eigentlichen prophetischen Entwicklung dar. Überlieferungsgeschichtlich gesehen finden wir hier die größte prophetische Traditionszusammenfassung. Jede Geschichtskonzeption kommt hier an ihr radikales Ende durch den Bezug der Eschatologie auf die Protologie. Der Geschichtskosmos ist abgeschlossen, es wird mit dem Weissagungsbeweis operiert. Durch den m.E. auf Israel zu deutenden *'æbæd jhwh*-Begriff, durch den das heilsgeschichtliche Verhältnis Israel – David – Jahwe uminterpretiert wird auf das Verhältnis die Völker – Israel – Jahwe, kommt es

---

[28] So transzendiert z.B. die Vorstellung vom neuen Bund die historischen Heilsweissagungen für Nordisrael in c. 30f. Wenn man Stücke dieser Struktur Jeremia abspricht, verschiebt man nur das Problem auf die »Schule«.

[29] Man vgl. z.B. den individuellen Schuld- und Vergeltungsbegriff.

[30] Als Beispiel sei hingewiesen auf c. 8, wo die »historische« Beschreibung eines Weges in den inneren Hof des Tempels sich mit einer doppelpaarig gesteigerten Systematik von Greueln (öffentliches Eiferbild – geheimer Bilderkult, Verehrung der chthonischen Gottheit durch Frauen – der astralen Gottheit durch Männer) verbindet: zwischen historischer Beschreibung und systematischer Schau ist nicht zu trennen.

[31] So kann z.B. die Schule im Verfassungsentwurf »Ideal« und Wirklichkeit verbinden.

zur universalen Ausweitung des Gesichtsfeldes auf die gesamte
Ökumene.

Das Geschichtswerk der Priesterschrift läßt den Geschichtskreis im |
Abrahambund begründet sein und geht mit der Beschreibung der
eigentlichen Heilsoffenbarung aus einer Geschichtsbeschreibung in
eine Ordnungsbeschreibung über. Das aufgrund des transzendenten
himmlischen Urbildes hergestellte Heiligtum ist symbolischen Charakters. Opfer ist Sühnung, Sühnung ist Weg zu Gottes *kabôd*, Opfer
zu Gott hin. In der Durchführung dieses Kultes wird diese Wirklichkeit zelebriert, die höchste Form, die wahre Natur des Menschseins.
Hier haben wir die Ontologie einer zeichenhaften Wirklichkeit und
die Konzeption einer symbolischen Teilhabe.

Die nachexilischen Texte lassen, obwohl sie eine Formenvielfalt
ohnegleichen aufweisen, eine zunehmende Verschmelzung der Tra-
ditionskreise erkennen. So treten in einen engen Zusammenhang das
apokalyptische Element, das sich in der Ausarbeitung und Ausma-
lung des Eschaton in der nachprophetisch-apokalyptischen Traditionsbildung findet, und das gesetzliche Element: das Gesetz als die
transzendente Ordnung, die es abzubilden gilt, sei es daß diese Ord-
nungsabbildung die Voraussetzung für den Einbruch der anderen
Welt darstellt, sei es daß das gesetzliche Abbild die Vorausbildung
des Zukünftigen ist (Gesetzesfrömmigkeit hat in den Ursprüngen
nichts mit Selbstrechtfertigung des Menschen zu tun). Zu *tôrā* und
nachprophetischer Apokalyptik tritt als dritter Traditionskreis die
Weisheit, die sich mit beiden aufs engste verbindet. Über Hiob und
Kohelet stößt die Weisheitstradition zu einer theologischen Neuinterpretation vor auf der Grundlage des seit Ezechiel und besonders
im P-Stratum auftretenden Transzendentalismus. Die Weisheit wurde
zur präexistenten Ordnung der Schöpfung, abbildhaft liegt sie jeder
menschlichen Ordnung zugrunde, ja sie ist identisch mit dem mosaischen Gesetz, sie wird als göttliche Hypostase personifiziert. Die Weis-
heitslehre wurde zur *tôrā*-Lehre, zur Gnosis schlechthin. Aber auch
die Apokalyptik tritt in eine enge Beziehung zur Weisheit. Verfolgt
man den Weg Jes 34f – Joel – Jes 24–27 – Daniel – Henoch, so sieht
man, wie der wissenschaftliche Charakter immer stärker wird. Es
kommt zur weisheitlichen apokalyptischen Konstruktion, zur Welt-
und Zeitenbeschreibung im Sinne eines dualistischen Transzendentalismus. Dabei zeichnet sich eine immer stärker werdende Entreali-
sierung des Voreschatologischen ab: es bahnt sich die Defuturisierung
des Eschatologischen an.

Der gesamten heilsgeschichtlichen Tradition in ihrer futurischen
Erwartung des Anderen, in ihrem Abstand zum Heil trat entgegen
Jesus von Nazareth in der Verkündigung des Heils hic et nunc. Einer

apokalyptischen Erwartung der Zukunft setzte das einen ebensolchen Ziel- und Endpunkt wie der *tôrā* und der weisheitlichen Konzeption einer symbolischen, abbildhaften Heilspartizipation. Es ist hier nicht im einzelnen zu | zeigen, wie in der Verkündigung Jesu die Gegenwart des Heils nicht nur angezeigt wird, sondern sich auch vollzieht; es sei nur auf Folgendes hingewiesen: 1. Die Verkündigung geschieht in eigener Autorität, das könnte aber nur Gottes Autorität sein. Es gibt keine Berufung, keine pseudepigraphische Inspiration. 2. Der am Sinaigeschehen orientierte Kanon jeglicher Offenbarung wird aufgesprengt: »Ihr habt gehört, daß zu den Alten gesagt ist...., ich aber sage euch...«; so könnte nur Gott sprechen. 3. Die eschatologische Verkündigung bedeutet die Offenbarung alles Verborgenen, sie hat deswegen öffentlichen Charakter. Aber diese Offenbarung alles Verborgenen kann nur durch Gott geschehen. 4. Jesus weist die menschlichen Heilsmittel und das menschliche Tun vor Gott ab, wendet sich dem Verachteten und Sünder zu und vergibt die Sünde wie Gott. 5. Er zeigt sich als Herr über den Sabbat, der auf der Trennung von Welt und Mensch beruht[32], und gibt andere Zeichen seiner göttlichen Autorität. 6. Er ruft zur Nachfolge auf. »Nachfolgen« kann man aber nur Gott (bzw. fremden Göttern). Die Verkündigung Jesu führt zu einer Realisierung des Eschatologischen. Diese Realisierung mußte die Grenzen jeder Verkündigung aufheben. Das trat ein in der Antwort der Hörer, die, schwankend zwischen Wahn und Wirklichkeit, in diesem Gegenwärtigwerden die völlige Zerstörung des Futurischen wie des Abstandes vom Heiligen sahen: Passion und Tod Jesu aber haben die Grenzen von Sein und Nichtsein aufgesprengt, der Auferstandene hat die Welt überwunden. Um dieses Auferstehungsgeschehen geht es, ob es als Inthronisation ( = Himmelfahrt), ob es als Geistausgießung oder als eingetretenes Weltende erfahren wird.

Es wäre die Christologie des Neuen Testaments traditionsgeschichtlich zu untersuchen. Es wäre ein Leichtes zu zeigen, wie hier alle alttestamentlichen Aussagen aufgenommen werden, ob Davidide, *mašîa[h]*/χριστός, ob προφήτης und *ᶜæbæd*, ob Menschensohn oder die im Rahmen einer priesterlichen Schöpfungslehre entworfene Königsanthropologie, ob *ḥåkmā*, λόγος oder Inkarnationschristologie, nur dürfte man selbstverständlich nicht alttestamentliches Material der hellenistischen Zeit (als sei dies weniger alttestamentlich als das der assyrischen oder persischen Zeit) ausschließen. Es wäre ein Leich-

---

[32] Der Sabbat ist restitutio mundi in integrum, indem die Eingriffe des Menschen in die natürliche Welt (wie sie z. B. im Ährenausraufen exemplarisch hervortreten) unterbleiben. Die Übertretung des Sabbatgebotes durch Jesus ist mehr als eine Auseinandersetzung mit dem jüdischen Gesetz, sie ist die endzeitliche Aufhebung des Bruches zwischen Mensch und Welt.

tes zu zeigen, wie in bezug auf dies *eine* Geschehen alles zum Abschluß, zur Einheit, zu einer Interpretation gelangt, die aber auch alles vorher Ausgesagte im Wesen »aufhebt«. Die | neutestamentliche Theologie, d. h. die Christologie, ist die Theologie des Alten Testaments, die das neutestamentliche Geschehen, d. i. das Einbrechen des Heils, die Realisierung des Eschaton, die Gegenwart Gottes beschreibt. Mit ihr nehmen die Zeugen der Auferstehung, die Apostel (und ihre Tradition) dieses Geschehen wahr. Das Neue Testament an sich ist unverständlich, das Alte Testament an sich ist mißverständlich. Das neutestamentliche Geschehen hat die alttestamentliche Traditionsbildung notwendigerweise abgeschlossen, d. h. jetzt war erst ein Ganzes entstanden. Aber dieses Abschließen heißt nicht Ersetzen, ebensowenig wie das Neue Testament eine Addition zum Alten Testament ist. Vielmehr enthält das Neue Testament das Alte. Es kommt nur darauf an, wie man dieses »Enthalten« versteht, es heißt nicht, daß man es subtrahieren könnte.

Die Offenbarung ist ein Prozeß, und nur im Ganzen ist der Prozeß zu greifen. Der Offenbarungsprozeß setzt einen ontologischen Prozeß, der sich in dem Ereignis von Tod und Auferstehung Jesu vollendet, in welchem die Grenzen von Sein und Nichtsein fallen. Das Sein wird, und die Wahrheit ist geschichtlich geworden.

# BEMERKUNGEN ZUR SINAITRADITION

Die Probleme, die uns die Sinaitradition stellt, sind in der neueren Diskussion wieder stärker in den Vordergrund getreten[1]. Einerseits beginnt sich das Verständnis der Amphiktyonie Israel von einem gewissen Schematismus zu befreien[2], der sich notwendigerweise einstellen mußte, als man nach der epochemachenden Arbeit *Noths*[3] auf diese Institution wies, wenn man die Frage nach dem »Sitz im Leben« für die verschiedensten alttestamentlichen Traditionen beantworten wollte. Andererseits wird das Verhältnis der Sinaitradition zu der seinerzeit von *Galling*[4] als primär herausgearbeiteten Exodustradition über ein einfaches *pro* und *contra* gegenüber den in gewissem Sinn extremen Thesen *von Rads*[5] (Zuweisung der verschiedenen Traditionen an zwei verschiedene kultische Haftpunkte: zwei Feste, zwei Kultorte; J für den Einbau der Sinaitradition in die herkömmliche Heilsgeschichtsdarstellung verantwortlich) hinaus untersucht[6]. Die Isolation der Sinaiüberlieferung ist ja schon von *Wellhausen* erkannt und seitdem verschieden erklärt worden[7]. Es sollen hier nun | nicht

---

[1] Vgl. besonders *W. Beyerlin*, Herkunft und Geschichte der ältesten Sinaitraditionen, 1961; *G. Fohrer*, Überlieferung und Geschichte des Exodus, 1964; *A. Gunneweg*, Mose in Midian, ZThK 61, 1964, S. 1 ff; *H. B. Huffmon*, The Exodus, Sinai, and the Credo, CBQ 27, 1965, S. 101 ff; *Herb. Schmid*, Der Stand der Moseforschung, Judaica 21, 1965, S. 194 ff; *H. Seebass*, Mose und Aaron, Sinai und Gottesberg, 1962; *R. Smend*, Jahwekrieg und Stämmebund, 1963; weitere Literatur in den folgenden Anmerkungen.

[2] Vgl. besonders *Smend* a Anm. 1 a O; *S. Herrmann*, Das Werden Israels, ThLZ 87, 1962, Sp. 561 ff; *J. Maier*, Das altisraelitische Ladeheiligtum, 1965, besonders S. 20 ff.

[3] *M. Noth*, Das System der zwölf Stämme Israels, 1930.

[4] *K. Galling*, Die Erwählungstraditionen Israels, 1928, besonders S. 5 ff.

[5] *G. v. Rad*, Das formgeschichtliche Problem des Hexateuch, 1938 [= Gesammelte Studien zum Alten Testament, ThB 8, ³1965, S. 9 ff].

[6] Die Argumente gegen die Trennung der Sinaiüberlieferung von der Exodusüberlieferung richten sich bei *A. Weiser*, Einleitung in das Alte Testament, zuletzt 5. Aufl. 1963, § 13, und bei *A. S. van der Woude*, Uittocht en Sinaï, 1960, im wesentlichen gegen *von Rad*, obwohl schon *M. Noth*, Überlieferungsgeschichte des Pentateuch, 1948, diese These in einer Form darbietet, die die Anstöße beträchtlich vermindert.

[7] *J. Wellhausen*, Die Composition des Hexateuchs und der historischen Bücher des Alten Testaments, ³1899, S. 108; Prolegomena zur Geschichte Israels, ⁵1899, S. 347 ff; *Ed. Meyer*, Die Israeliten und ihre Nachbarstämme, 1906, S. 60 ff; *H. Gressmann*, Mose und seine Zeit, 1913, S. 389 ff.

die Gründe für diese Sonderstellung der Sinaitradition wiederholt
werden. Schon rein historische Überlegungen machen Moses Hin
und Her zwischen Ägypten und Midian und besonders Israels seltsame »Digression zum Sinai« auch bei einem aufs äußerste reduzierten
Grundbestand des Exodusbuchtextes unwahrscheinlich, abgesehen
davon, daß das alles von einer Größe Israel erzählt wird, die sich
ja erst im Kulturland gebildet hat[8]. Auch der Hinweis auf Kadesch
als Ort einer frühen Zusammenarbeitung von Exodus- und Sinaitradition[9] hilft wenig weiter, wenn man nicht von einer »Kadesch-
gemeinde« wie von einer Amphiktyonie *en miniature* sprechen will.
Gewiß ist das durch seine eigenen sakralrechtlichen Traditionen
berühmte Kadesch als Ausgangspunkt zum Sinai und grundsätzlich
als Verbindungspunkt zum Süden der Ort mancher Überlieferungs-
verschmelzungen, aber es ist doch die Frage, ob hier *vor* dem Kulturland eine Gesamtüberlieferung des alten Israel sich hat ausformen
können[10]. Schließlich kann auch das formgeschichtliche Argument
der Parallelität des Sinaibundes mit den hethitischen Suzeränitäts-
verträgen nicht die ursprüngliche Verbindung von Exodus- und
Sinaitradition erweisen. Gewiß mögen Gattungsmerkmale des Staats- |
vertrages auf die Darstellung der Sinaitradition eingewirkt haben, je
stärker sie vom Bundesgedanken her strukturiert wurde, und etwa

---

[8] *Fohrer*, a Anm. 1 aO, besonders S. 52f, wendet sich entschieden gegen die
traditionsgeschichtlichen Hypothesen und beschränkt sich auf den Hinweis, wie
nahe der rekonstruierte ursprüngliche Erzählungsablauf den tatsächlichen historischen Vorgängen kommt; man vgl. auch die Rekonstruktion *Schmids*, a Anm. 1
aO S. 215ff. Während *Fohrer* sich im wesentlichen auf die Exoduseregnisse beschränkt, geht *Schmid* mehr auf die späteren Ereignisse des »historischen Mose«
ein. Das läuft natürlich auf die grundsätzliche Frage hinaus, inwieweit man bei der
vorliterarischen Überlieferungsbildung den Kompositionszusammenhang für ursprünglich halten kann, bzw. ob ein zusammengesetztes Erzählungsziel (Befreiung
von den Ägyptern/Jahweverehrung) ursprünglich sein kann.

[9] So zuletzt *Beyerlin* a Anm. 1 aO S. 166ff.

[10] Daß man aus Ex 15,25b.26 auf eine grundsätzliche Konkurrenz von Kadesch zum Sinai schließen kann (vgl. noch *v. Rad*, a Anm. 5 aO S. 13 [=a Anm.
5 aO S. 21f]), möchte ich bestreiten. Diese Sätze tragen frühdeuteronomischen
Charakter (vgl. *G. Beer*, Exodus, 1939, S. 84, 86; *Noth* a Anm. 6 aO S. 32 Anm. 108)
und stammen wie viele deuteronomische Bemerkungen, gerade im Exodusbuch,
doch wohl von dem/n in frühdeuteronomischen Kreisen zu suchenden Redak-
tor(en) von JE oder doch von den darauffolgenden Bearbeitern. Ex 15,22aβ.
b–25a bezieht sich auf die erste Wüstenerfahrung Israels nach dem Schilfmeer-
durchzug. Das dreitägige Dürsten und die Errettung aus dieser Not hat der
Redaktor oder Bearbeiter ganz im Sinn von Dtn 8,2ff verstanden: das *nissā*
(Dtn 8,2.16) und die Erziehung auf Gesetzesbewahrung hin (Dtn 8,5f) hat er
interpretierend eingetragen. Wegen des im Zusammenhang mit der Konfron-
tation des Furchtbaren, Bedrohlichen und Entsetzlichen in der deuteronomischen
Sprache auftretenden *nissā* braucht man in Ex 15,25b.26 keine Massa-Kadesch-
Überlieferung zu erblicken.

beim Deuteronomium wäre ein Einfluß assyrischer Vasallitätsver-
träge auf die Form der Darstellung plausibel; aber der neuerdings[11]
so beliebte Verweis auf die spätbronzezeitlichen hethitischen Su-
zeränitätsverträge, deren Spezifikum ein historischer Rückblick auf die
Beziehungen der vertragschließenden Staaten ist[12], kann kein Argument für die ursprüngliche Verbindung von Exodus- und Sinaitradition des nach Untergang des hethitischen Großkönigtums in die
Geschichte eintretenden Israel sein: Abgesehen von der Frage, ob
das Sinaiereignis von Anfang an die Gestalt eines Staatsvertragsab-
schlusses angenommen haben könnte, bleibt es unerklärlich, wie ein
Spezifikum hethitischer Staatsverträge Raum und Zeit überspringen
und in die völlig andere Welt eines Gott-Stämmebund-Verhältnisses
eindringen konnte. Die historische Präambel ist seit der Telipinus-
Proklamation eine Eigentümlichkeit aller hethitischen Königserlasse,
also auch der Staatsverträge, und muß wegen ihres rechtfertigenden
Charakters in einer besonderen hethitischen Auffassung der Verant-
wortlichkeit des Königs begründet sein. Sie ist also nicht im Staats-
vertrag als solchem verankert, noch ist ihre Tendenz in einer Gottesrede möglich. Wir setzen also bei den nun folgenden Erwägungen
eine ursprüngliche Trennung der Exodus- und Sinaitradition voraus.
Aber in welchem Verhältnis stehen sie zueinander?

In dem Satz, der die Exodustradition zusammengefaßt enthält,
»Jahwe hat Israel aus Ägypten geführt« stammen zwei Größen aus
einer anderen Überlieferung: 1. Israel und 2. Jahwe. Daß Israel, der
Name des Stämmeverbandes, erst mit der Identifikation der am
Schilfmeer Geretteten mit Israel, d. h. historisch: mit dem Aufgehen
der Exodusgruppe in den Stämmeverband, in dieses Bekenntnis eingetragen wurde, ist ein selbstverständlicher Vorgang und bedarf
keiner besonderen Beachtung. Dagegen ist Israel in der Sinaiüberlieferung, da diese ja die Ätiologie des Jahwe-Israel-Verhältnisses
darstellt, von jeher zu Hause. Da nichts dafür spricht, daß diese
Ätiologie sekundären Charakters ist, und da für die Konzeption
dieser Amphiktyonie eine solche Ätiologie konstitutiv ist, zeichnet
sich hier eine Priorität der Sinaiüberlieferung vor der auf Israel
bezogenen Exodusüberlieferung ab[13]. Noch deutlicher scheint mir

---

[11] Seit *G. E. Mendenhall*, Ancient Oriental and Biblical Law, BA 17, 1954,
S. 26 ff, und Covenant Forms in Israelite Tradition, BA 17, 1954, S. 50 ff.

[12] So z. B. *Beyerlin* a Anm. 1 aO S. 190 f; zuletzt *Huffmon* a Anm. 1 aO *passim*.

[13] Warum die Sinaiüberlieferung erst gesamtisraelitisch möglich sein soll
(*Smend* a Anm. 1 aO S. 85), also die Exodusgruppe schon voraussetzt, vermag ich
nicht einzusehen, im Gegenteil: das Urisrael wird ja doch durch ein bestimmtes
Verhältnis zu seinem Gott konstituiert, und darüber muß es eine Überlieferung
gegeben haben; andernfalls müßten wir einen totalen Bruch zwischen Urisrael
und Israel postulieren.

das | im Fall des Gottesnamens Jahwe zu sein. Die Argumente sind bekannt[14]: Die Sinaiüberlieferung hat als Inhalt die Offenbarung des Jahwe-Gottes (seine Theophanie, Aussprechen des Namens, »Vorübergehen« usw.); Jahwe kann einfach *zæ sînăj* genannt werden (Ps 68,9; Ri 5,5); Jahwe kommt vom Sinai (Dtn 33,2; Ri 5,4f; Hab 3,3; Ps 68,18); die religionsgeschichtliche Beziehung zu den Midianitern/Kenitern und die Lage des Sinai im midianitischen Gebiet; dazu kommt die von *Gunneweg* vollzogene[15], an *Noth* anknüpfende Interpretation der von ihm sogenannten Midianschicht, d. h die inhaltliche Zuordnung von Ex 2,11–4,20 (21–31); 18 zur Sinaiüberlieferung, wenn auch formal, im jetzigen überlieferungsthematischen Kontext, diese Stücke aus der Sinaitradition herausgenommen sind, und seine einleuchtende Erklärung, warum Midian in der eigentlichen Sinaischicht nicht erwähnt und an den Rand der Sinaiüberlieferung gedrängt wird, indem man vom Gottesberg spricht. Die ursprüngliche Exodustradition zeigt also keine Verbindung zu Midian. Wenn die Exoduserzählungen Mose die Jahwe-Botschaft aus Midian bringen lassen, geben sie Zeugnis von dem ursprünglichen Haftpunkt der Jahwe-Offenbarung. Demgegenüber hat die jetzt von *Smend*[16] vertretene ursprüngliche Verbindung Jahwe-Exodus gegen sich, daß das Schilfmeerereignis allein, ohne göttliche Selbstvorstellung bzw. an die Ausziehenden gerichtete Theophanie schwerlich genügt, eine neue Gottheit zu offenbaren. Was sich an Theophanieelementen in der Darstellung des Schilfmeerereignisses findet, stammt aus der Sinaiüberlieferung. Andererseits spricht die alttestamentliche Überlieferung dagegen, daß die Jahwe-Gottheit den Exodusgruppen schon vor den Auszugsereignissen bekannt war, so daß das Schilfmeerereignis von vornherein entsprechend interpretiert werden konnte und Theophanie und Selbstvorstellung der Gottheit unnötig wären. Vor | allem aber bliebe die enge Verbindung Jahwes zum Sinai unerklärlich, wenn die Jahwe-Offenbarung allein im Schilfmeerereignis begründet

---

[14] Vgl. *Noth* a Anm. 6 aO S. 63 ff, 220; Geschichte Israels, 1950, S. 130, und, besonders zu Ex 2,11– c. 4, *Gunneweg* a Anm. 1 aO *passim*.

[15] A Anm. 1 aO *passim*. Die Herausarbeitung einer besonderen Gottesbergschichte durch *Seebass* (a Anm. 1 aO S. 83 ff) erweist sich damit als unnötig. Das Bekenntnis Jethros Ex 18,11 soll doch die Priorität des Jahwe-Israel-Verhältnisses unterstreichen und ursprünglich midianitische Beziehungen zu Jahwe in den Hintergrund treten lassen bzw. ablehnen.

[16] A Anm. 1 aO S. 84f. Die Aussage Hos 12,10; 13,4, Jahwe sei der Gott Israels von Ägypten her, ist außerdem geprägt von einer bei Hosea belegbaren Zusammenfassung der Anfänge des Jahwe-Israel-Verhältnisses zu einer idealen Urzeit. S. darüber unten. Gerade wenn die Lade in der Exodusgruppe zu Hause ist (*Smend* a Anm. 1 aO S. 93 f), man denke an Jos 3f, spricht die alte Bezeichnung *'arôn ha'ᵃelohîm* eher gegen eine ursprüngliche Beziehung zur Jahwe-Gottheit.

wäre. Daß die Jahwe-Theophanie am Sinai ursprünglich von einer anderen Gottheit hergeleitet worden ist, ist doch angesichts der Verankerung des Jahwe-Namens in dieser Überlieferung und der religionsgeschichtlichen Verbindung zu Midian undenkbar[17]. Freilich ist das Schilfmeerereignis sehr früh als Wirken der Jahwe-Gottheit interpretiert worden[18] – *terminus ad quem* wäre ohnehin die Gleichsetzung der Exodusgruppe mit Israel –, so daß eine solche Interpretation durchaus schon vor dem Kulturlandstadium der Exodusgruppe möglich gewesen wäre. Ja, es wäre sogar zu fragen, ob diese Gruppe überhaupt im »Glauben« an eine bestimmte Gottheit dieses Wunder erfahren hat oder ob nicht viel eher dieses Ereignis erst die Frage nach der unbekannten Rettergottheit hervorgerufen hat, die sich dann noch während des nomadischen Stadiums durch Kunde von der Sinaigottheit und entsprechende Kontakte beantwortete[19]. Durch die Einfügung der Größen Israel und Jahwe ist also *materialiter* die Exodusüberlieferung aufs engste mit der Sinaiüberlieferung verknüpft worden, man könnte sogar sagen, daß durch die Interpretation des Auszugswunders als Wirken der Jahwe-Gottheit die Exodusüberlieferung eigentlich erst entstanden ist. Jedenfalls setzt die Exodusüberlieferung, die sich im AT greifen läßt, die Sinaiüberlieferung voraus.

Die Sinaiüberlieferung enthält die Begründung des Verhältnisses Jahwe-Israel. Es ist schlechterdings kein durch dieses Exklusivitätsverhältnis konstituiertes Israel denkbar, das nicht den wesentlichen Inhalt der Sinaiüberlieferung in einer Urform impliziert. Woher der Name Israel des Jahwe-Stämmeverbandes stammt, läßt sich natürlich nicht ermitteln; das theophore Element 'el in diesem übernommenen Personennamen kann wegen des frühen appellativischen Charakters von 'el kein Hinweis auf eine ursprüngliche | nichtjahwistische Bindung sein[20]. Das uns im AT entgegentretende Israel ist charakteri-

---

[17] *S. Herrmann* hat neuerdings (Der alttestamentliche Gottesname, EvTh 26, 1966, S. 281ff) auf die *šꜣśw jhwꜣ*, die Beduinen von (?) Jhwꜣ, verwiesen, die jetzt aus der Zeit Amenophis' III. belegt sind. Allerdings ist seine Folgerung, daß die Exodusgruppen wahrscheinlich schon vor ihrem Einzug in Ägypten von der Jahwe-Gottheit Kenntnis gehabt hätten (S. 290), durch nichts in der alttestamentlichen Überlieferung gestützt. Andererseits sind die Anfänge der Jahwe-Verehrung bei einer Annahme der durch die alttestamentlichen Hinweise auf die Midianiter nahegelegten Midianiter/Keniter-Hypothese doch längst vor der Begründung eines Israel anzusetzen, und ein Beleg aus der Zeit Amenophis' III. bedarf keiner Erklärung.

[18] Das heißt freilich noch nicht, daß das Meerwunder schon ursprünglich als Chaosüberwindung verstanden wurde, wie *Seebass* a Anm. 1 aO S. 132 will.

[19] Damit würden sich *Smends* (a. Anm. 1 aO S. 84f) Einwände gegen *Noth* erledigen.

[20] Gegen *Smend* a Anm. 1 aO S. 85 Anm. 32.

siert, ja definiert, durch das besondere, exklusive Verhältnis zu
Jahwe. Im Gegensatz zu den zum Vergleich mit Israel herangezo-
genen Amphiktyonien[21] wird der Stämmeverband Israel nicht definiert
durch die Aufrechterhaltung eines bestimmten Heiligtums, sondern
durch die ausschließliche Beziehung zu Jahwe, zu deren Ausdruck sich
schon früh eine besondere Form des *berît*-Begriffes herausgebildet
hat[22]. Sichem hat nach allem, was wir wissen, in der Frühzeit als zentrales Heiligtum eine bedeutende Rolle gespielt, aber das sagt noch
nicht, daß es ein Zentralheiligtum im Sinne der Amphiktyonien gewesen ist. Schon der Wechsel des Zentralheiligtums zeigt, daß für
Israel nicht das Zentralheiligtum als solches konstitutiv gewesen ist.
Das gilt *mutatis mutandis* auch für das Ladeheiligtum, das ja nach dem
Untergang von Silo keine Rolle mehr gespielt hat und erst durch
David eine recht künstliche Erneuerung erfuhr[23]; eine ursprüngliche
Verbindung der Lade mit dem Zentralheiligtum ist ohnehin nach
*Smends* Darlegungen fraglich geworden[24]. Es ist also das Israel-Jahwe-
Verhältnis so, wie diesem in der Sinaitradition ursprünglich Ausdruck
verschafft worden ist, bzw. so, wie der Sinaitradition eine kultische
Repräsentation entspräche, das Konstitutivum des internationalen
Verbandes Israel. Bei der Exklusivität dieses Verhältnisses ist es un-
wahrscheinlich, daß es ein sekundäres Verhältnis gewesen sein könnte.
Wenn wir nicht annehmen wollen, daß das Urisrael sich total von dem
alttestamentlichen Israel unterschieden hat, muß die Urform der
Sinaitradition der Urform Israels entsprochen haben.

Nun hat *Smend* durch neue Beobachtungen die bekannte Hypothese, in der Exodusgruppe seien die Vorläufer der späteren Rahelstämme zu sehen, sehr wahrscheinlich gemacht[25]. Die dadurch im
Grunde nur bestätigte These *Noths* von der ursprünglichen Sechser-
amphiktyonie der Leastämme[26] erlaubt es, die ursprüngliche Sinaitradition diesem Urisrael der Leastämme zuzuordnen. Da die Vorläufer der Rahelstämme frühestens gegen Ende der Regierungszeit
Ramses' II. aus Ägypten gezogen sind, kann das schon in den zwan-
ziger Jahren des 13. Jahrhunderts belegte Israel der Merneptah-Stele,|
das im Parallelismus membrorum zu dem die einheimische Bevöl-

---

[21] Vgl. *Noth* a Anm. 3 aO S. 46ff.

[22] Vgl. *Jepsen*, Berith, in: Verbannung und Heimkehr, Festschrift *W. Rudolph*,
hg. v. *A. Kuschke*, 1961, S. 161ff, bes. S. 168ff.

[23] Vgl. *Gese*, Der Davidsbund und die Zionserwählung, ZThK 61, 1964, S. 13f
[=u. S. 115ff].

[24] Nach *Smend* a Anm. 1 aO S. 56ff, 93f, wäre die Lade als Palladium des Heiligen Krieges ursprünglich gerade kein gesamtisraelitisches Heiligtum.

[25] A Anm. 1 aO S. 81ff.

[26] A Anm. 3 aO S. 75ff.

kerung des gesamten Südsyrien-Palästina umfassenden *Ḥr* steht, nicht allein aus der Exodusgruppe hervorgegangen sein, es wird vielmehr im wesentlichen aus den Leastämmen bestanden haben. Und eine längere Geschichte der Leastämme läßt sich ja auch aus den bekannten[27] alttestamentlichen Angaben über die ursprünglichen Sitze von Ruben, Simeon, Levi und Issakar[28] erschließen. Diesem Urisrael müssen wir die ursprüngliche Sinaitradition zuweisen.

Es sei hier am Rande noch auf die Frage, mit welcher Überlieferung Mose ursprünglich verbunden ist, eingegangen. Mit der überlieferungsgeschichtlichen Vorordnung der Sinaitradition vor der Exodustradition[29] wird die heute so beliebte Zuordnung Moses zur Exodustradition[29] fraglich. Zwar wird *Smend* im Recht sein, wenn er Ex 5, 3–19 als Hinweis auf eine Überlieferung, die Mose in der Exodustradition noch nicht kennt, ablehnt[30], aber die Verhandlungen mit Pharao und die Plagen gehören ohnehin nicht zum ursprünglichen Erzählungsablauf[31]. Subtrahiert man ferner die zur »Midianschicht« gehörenden Teile Moses Flucht nach Midian und Moses Berufung[32], sowie das Wandermotiv vom ausgesetzten Heldenkind, so bleibt nur noch eine allgemeine Führerrolle beim Auszugsgeschehen übrig, die außerdem noch recht passiv ist und im wesentlichen in der Vermittlung der Jahwe-Rede besteht, d. h. in eben der Funktion, die uns vom Sinaigeschehen her bekannt und dort sehr wohl begründet ist. Dagegen spielt Mose in der Sinaitradition eine größere Rolle als die eines Führers des Volkes: er ist der Empfänger der Offenbarung Jahwes, an ihn allein richtet sich die Jahwe-Rede, und aus dieser Stellung des Redepartners Jahwes leiten sich die weiteren Funktionen, wie die des Bundesmittlers, ab. Trotz der im Laufe der Zeit stärker werden-

---

[27] Vgl. z. B. *Noth* a Anm. 3 aO S. 77 f.

[28] Zu letzterem vgl. Num 26,24; Ri 10,1 f für eine Siedlung auf dem Gebirge Ephraim.

[29] *F. Schnutenhaus*, Die Entstehung der Mosetraditionen, Diss. Heidelberg 1958; *Smend* a Anm. 1 aO S. 87 ff; *Gunneweg* a Anm. 1 aO S. 9.

[30] A Anm. 1 aO S. 90 ff.

[31] Vgl. die Analyse *Fohrers* a Anm. 1 aO S. 116 f; zur überlieferungsgeschichtlichen Entwicklung der Plagenerzählungen aus dem Bericht über die Tötung der Erstgeburt vgl. *Noth* a Anm. 6 aO S. 70 ff.

[32] *Gunneweg* nimmt trotz seiner Interpretation der »Midianschicht« als Vermittlung zwischen Exodus- und Sinaitradition zur Jahwesierung der Exodustradition an, daß Mose ursprünglich der Exodustradition zugehört. Damit könnte er zwar noch das Auftreten des Mose in der »Midianschicht« erklären (wenn es auch wahrscheinlicher ist, daß der Einfluß der Sinaitradition sich in einem von der Sinaitradition ausgehenden Wandern einer Gestalt ausdrückt), nicht aber die eminente Rolle, die Mose in der Sinaitradition spielt, die doch von den Überlieferungsinhalten der Exodustradition bis auf formelhafte Wendungen (Ex 20,2b) oder deuteronomistische Rede (z. B. Ex 19,4) merkwürdig frei bleibt.

den | Hochschätzung des Mose lief die Entwicklung der Erzählungs-
gestaltung in die Richtung, Mose aus der Rolle des ausschließlichen
Offenbarungsempfängers zu verdrängen, weil späterer Theologie die
Direktheit des Verhältnisses Jahwe-Israel durch das Dazwischen-
stehen Moses gefährdet erschien und Israel in eine merkwürdig
passive Rolle am Sinai gedrängt war. So wurde dann wenigstens die
Grundoffenbarung des Dekalogs als an Israel direkt gesprochen von
der Mose allein zuteil gewordenen Ergänzungsoffenbarung abgesetzt
(Dtn 4 f, Umstellung von Ex 20,18–21 und die damit zusammenhängende Einarbeitung des Bundesbuches)[33]. Um so mehr müssen wir
die Offenbarungsfunktion Moses für ursprünglich halten. Kam somit
Mose in dem für Israel konstitutiven Sinaigeschehen die Mittlerfunk-
tion zu, so konnte er schlechterdings nicht in den mit dem Sinaithema zusammengeschlossenen Themen Exodus und Wüstenführung,
die diese Begründung Israels in ein historisches Geschehen einordnen,
einfach fehlen; ganz abgesehen davon, daß er in dem aus der Sinaitradition stammenden Bindeglied Ex 2,11–c. 4 erscheinen mußte. Daß
schließlich die Angaben über seine midianitische Verschwägerung,
die nicht Erfindungen einer Zeit sein können, in der man mit Midian
in einem Spannungsverhältnis steht, gerade zum Sinai weisen, ergibt
sich aus der Zuordnung der sog. Midianschicht.

Die oben herausgestellte inhaltliche, *materiale* Abhängigkeit des
Exodusthemas vom Sinaithema sagt aber noch nichts über einen
*formalen* Zusammenhang dieser Themen in der Überlieferung. Von so
gegensätzlichen Beurteilern wie *von Rad* und *Weiser* wird der struk-
turelle Unterschied der Themen betont, »daß nämlich der Inhalt
der Sinaiüberlieferung nicht geschichtliches Ereignis in demselben
Sinn ist wie die geschichtlichen Ereignisse beim Auszug und Einzug«[34]. Die nahe Beziehung, die zwischen dem Sinaiereignis und
einem kultischen Geschehen besteht, ist seit *Mowinckels* Arbeit »Le
décalogue« (1927) bekannt, und schon allein von daher wird ver-

---

[33] Es könnte durchaus sein, daß die allgemein für besonders alt gehaltene Stelle
Ex 24,1 f. 9–11 schon im Dienste der Tendenz steht, die Verbindung Jahwe-Israel
durch die Erzählung von einem Bundesmahl mit den Volksrepräsentanten als so
eng wie nur möglich zu beschreiben. Daraus erklärt sich der Gebrauch mytholo-
gisierender Rede, der ja im AT durchaus nicht sicheres Anzeichen hohen Alters
ist. Auf keinen Fall sollte die Darstellung des Gemeinschaftsmahles mit den
Volksvertretern, das den Bundesschluß inauguriert, als Überlieferungsstück ohne
Mose gedeutet werden, der ja doch selbst hier als Mittler fungiert (*Noth* a Anm. 6
aO S. 178); denn es handelt sich ja nicht um einen Bund mit Mose, sondern mit
Israel. Gerade diese Unterscheidung, die Mose eher zwischen Jahwe und Israel
als auf die Seite Israels stellt (vgl. V. 11a), betont die merkwürdig starke Heraushebung Moses, die sich dann weiter in der Konzeption des Ebed auswirkt.
[34] *Weiser* a Anm. 6 aO S. 83

ständlich, | daß 1. ein Akt, in dem das Jahwe-Israel-Verhältnis im
Sinn des Sinaigeschehens voll zur kultischen Repräsentation gelangt,
nicht in einem Geschichtsbekenntnis das Sinaigeschehen mit aufführen kann, wenn anders dieser Akt Präsenz des Sinaigeschehens
bedeutet. Und es wird verständlich, daß 2. die erzählerische Ausgestaltung des Sinaiberichtes einen viel jüngeren Eindruck macht, als
es das traditionsgeschichtliche Postulat seines hohen Alters zunächst
erwarten läßt.

Die Einordnung des Sinaigeschehens in einen umfassenden Ge-
schichtsbericht, wie er in den alten Pentateuchquellen vorliegt, stellt
eine erstaunliche Lösung des Sinaithemas vom kultischen Geschehen
dar und bedeutet gewissermaßen eine Profanisierung, wie sie allerdings gerade der ältesten Pentateuchquelle nicht fremd ist. Das
profane universalgeschichtliche Interesse des Jahwisten: seine Übernahme des universalgeschichtlichen Entwurfs der offiziellen sumerischen Geschichtsschreibung als Grundlage der »Urgeschichte«[35]
und sein Interesse an der außerisraelitischen Geschichte kennzeichnen
das »aufgeklärte«[36] Klima, in dem eine solche Umgestaltung möglich
war. Wenn auch *von Rads* Versuch, eben diesem Jahwisten den Ein-
bau der Sinaitradition zuzuschreiben[37], nicht überzeugt, da J, wie
besonders an der Erzvätergeschichte deutlich wird, schon eine recht
spezielle Darstellung der Geschichte von Israels Entstehung ist, so
dürfte doch diese Einbeziehung der Sinaitradition in die Geschichtsdarstellung in die Zeit etwa Ende des 11. Jh. fallen, in der durch die
beginnende Staatenbildung der Stämmeverband in den Hintergrund
trat. In Jerusalem wurde dann auch der Israelbund durch den Davidbund ganz zurückgedrängt[38], und man kann aus der verhältnismäßig umfangreichen echten Jesajaüberlieferung zurückschließen,
wie wenig von den »amphiktyonischen« Traditionen in Jerusalem
vor dem letztlich durch den Untergang des Israelstaates hervorge-
rufenen deuteronomischen Umschwung eine Rolle gespielt hat[39].

Der konservativere Norden, der sich Israel nannte, muß wenigstens zum Teil die Sinaitradition besser bewahrt haben, wie wir aus

---

[35] Vgl. *Gese*, Geschichtliches Denken im alten Orient und im Alten Testament
ZThK 55, 1958, S. 142 [=u. S. 95f].

[36] *v. Rad*, Theologie des Alten Testaments, I 1957, S. 56ff.

[37] *v. Rad* a Anm. 5 aO S. 48ff [=a Anm. 5 aO S. 59ff].

[38] Erst eine Theologie mit deuteronomischen Tendenzen hat eine gegenseitige
Zuordnung vollzogen, wie 2Sam 7 zeigt; vgl. *Gese* a Anm. 23 aO S. 25f [=
u. S. 127ff].

[39] Man sollte sich davor hüten, die Theophanieformulierungen in vordeuteronomischen jerusalemischen Psalmen einfach aus der Sinaitradition zu erklären, vgl. *F. Schnutenhaus*, Das Kommen und Erscheinen Gottes im Alten Testament, ZAW 76, 1964, S. 1ff, bes. S. 12ff.

Hosea und indirekt aus dem beginnenden Deuteronomismus schließen können. Aber schon im 9. Jh., in der Eliaüberlieferung, können wir | eine gewisse Uminterpretation bemerken: 1. wird an der lokalen Bezogenheit Jahwes auf den Horeb Anstoß genommen, 2. an der Theophanieüberlieferung. Jahwe offenbart sich vor der durch seinen Ebed[40], dem Elia als Moses redivivus, versammelten Israelgemeinschaft[41] auf dem kanaanäischen Götterberg des Karmel und weist andererseits den Horebwallfahrer ab mit den Worten: »Was willst du hier?«[42]. Die traditionellen Theophanieerscheinungen werden von der übersinnlichen Jahwe-Offenbarung, *qôl demamā dăqqā*[43] getrennt. Hier soll auf die transzendentalisierende Tendenz dieser Theologie mit ihrem Interesse am supranaturalen Wunder nicht weiter eingegangen werden; es soll nur darauf hingewiesen werden, daß diese Uminterpretationen bei einer stärkeren Weiterentwicklung der theologischen Struktur neue und stärkere Umdeutungen erwarten lassen. Das läßt sich ein Jahrhundert später bei dem ersten Auftreten der von *Bach* herausgearbeiteten und von ihm sogenannten Fundtradition[44] belegen.

Die »Fundtradition«, d.h. die Überlieferung von einer idealen Urzeit Israels in der Wüste, in der Jahwe Israel »gefunden« hat, tritt uns im AT in leicht variierender Gestalt am häufigsten bei Hosea, deutlich aber auch noch bei Jeremia und in Dtn 31,10, abklingend in Ez 16[45] entgegen. Vermutet man für das Moselied eine zeitliche und theologische Nähe zum Deuteronomium, wofür viel spricht[46], so wird deutlich, daß alle Belege der Fundtradition in einen verhältnismäßig eng umgrenzten theologiegeschichtlichen Bereich des AT fallen: die Beziehungen Hoseas zu Jeremia und das Verhältnis

---

[40] 1Kön 18,36.

[41] Vgl. 1Kön 18,31f mit Ex 24,3ff; Dtn 11,29f; 27,2ff; Jos 4,1ff; 8,30ff; 24,25ff.

[42] 1Kön 19,9 = 13.

[43] 1Kön 19,12.

[44] *R. Bach*, Die Erwählung Israels in der Wüste, Diss. Bonn 1952. *passim.*

[45] Hier sekundär auf Jerusalem bezogen und ganz auf das Gleichnis vom Findelkind hin angelegt; vgl. *Bach* a Anm. 44 aO S. 30ff.

[46] Man vgl. Dtn 32,8f mit Dtn 4,19; 29,25; Dtn 32,11 mit Ex 19,4; der weisheitliche Stil der deuteronomischen Predigten ist bekannt, für besondere stilistische Beziehungen vgl. *N. Lohfink*, Das Hauptgebot, 1963, S. 135f. Die fast schon apokalyptisch anmutenden Farben, in denen die Katastrophe des Gerichts gemalt wird, und das Verhältnis Jahwes zur Strafmacht setzen doch wohl die prophetische Verkündigung des 8. Jh. und die Erfahrung der assyrischen Überwältigung voraus. Der für die sich prophetisch und weisheitlich gebende Poesie typische Gebrauch seltener Wörter und ihre Vorliebe für dunkle Anspielungen sollte nicht zu Frühdatierungen verführen; hier kann weniger aus dem Stil als aus dem Inhalt geschlossen werden.

des Deuteronomismus zu beiden bedürfen hier keiner näheren Bestimmung[47]. Da *Bach* die »Fundtradition« für eine sehr alte und im
Laufe der Zeit stark zurückgedrängte Überlieferung | hält, scheint
er das Problem der zeitlichen und theologischen Eingeschränktheit
ihrer Belege gar nicht zu sehen. Der Möglichkeit, daß hier eine Umformung der Sinaitradition vorliegen könnte, geht er nur ganz am
Rande und mit negativem Ergebnis nach[48].
Welche Beziehungen bestehen zwischen der sogenannten Fundtradition und der Sinaitradition? Die drei wesentlichen Charakteristika
der Fundtradition weisen auf die Sinaitradition als ihr Vorbild: 1. Die
Ortsbestimmung »in der Wüste«. 2. Das Ereignis der Begegnung
Jahwe-Israel. Diese Begegnung wird zwar dreimal mit dem Wort
*mṣ'* »finden« bezeichnet (Dtn 32,10; Hos 9,10; Jer 31,2 *text. em.*), aber
daneben erscheinen eine ganze Reihe weiterer Ausdrücke, bisweilen
mit *mṣ'* zusammen, wie *r'h* »sehen« (Ez 16,6; Hos 9,10), *nr'h* »erscheinen« (Jer 31,3), *'br* »vorübergehen« (Ez 16,6; Hos 10,11), *jd'*
»erkennen« (Hos 13,5)[49], oft wird diese Begegnung breiter ausgemalt

---

[47] Vgl. z. B. *H. W. Wolff*, Hoseas geistige Heimat, ThLZ 81, 1956, Sp. 83ff
[=Gesammelte Studien zum Alten Testament, ThB 22, ²1973, S. 232ff].
[48] A Anm. 44 aO S. 41 f. Als hinderlich erweist sich die vorausgesetzte Priorität
der Exodustradition vor der Sinaitradition und die angeblich späte Verbindung
beider Überlieferungen. In Anm. 127, S. 69, geht er dann aber noch einmal dem
Problem nach; die Stelle sei zitiert, da die wichtige Arbeit so schwer zugänglich
ist: »Daß die Fundtradition nicht eine sekundäre Ausgestaltung der Sinaitradition
sein kann, ist wohl deutlich. Dazu weicht sie mindestens von der heutigen Gestalt
der Sinaitradition zu stark ab. In der Sinaitradition kommt das Volk zu Jahwe, in
der Fundtradition kommt umgekehrt Jahwe an Israel vorüber und findet es. –
Nun findet sich zwar in der Sinaitradition auch gelegentlich der
Zug, daß Jahwe »vorübergeht« (Ex 33,19.20; 1 Kön 19,11) oder »kommt«
(Dtn 33,2; Ri 5,4; Hab 3,3). Aber die Sphäre, in der dieser Zug zu Hause ist
(kultisch-mythologisch; Theophanie), ist so verschieden von der Welt der Fundtradition, daß man auf diesen äußeren Anklang keine weiteren Schlüsse gründen
kann . . . – Eine andere Frage, die man zwar stellen, aber vorerst kaum beantworten kann, ist die, ob die Fundtradition im Zusammenhang steht mit einem der
Urelemente der ja sehr komplexen Sinaiüberlieferung. Aber dazu müßten wir das
Wesen der Sinaiüberlieferung erst viel klarer erkannt haben, als es heute noch
trotz mancher wertvollen Untersuchungen der Fall ist. – Nicht ganz ausgeschlossen ist es auch, daß die zur traditionellen Formel erstarrte Aussage, Jahwe habe
Israel in der Wüste gefunden, nachträglich mit der Sinaiüberlieferung in Verbindung gebracht wurde. Das ließe sich etwa für Hos 13,5 erwägen.«
[49] So MT, der der LXX-Vorlage *re'îtîka* vorzuziehen ist, denn diese Lesart ist
durch *kemār'îtam* (V. 6) hervorgerufen, während das *jedă'tîka* (V. 5) in engem Zusammenhang mit dem *teda'* (V. 4) steht, wo der Subjektwechsel als beabsichtigte
künstlerische Form zu beurteilen ist. Ebenso entscheidet sich *Bach* a Anm. 44 aO
S. 36f. Das *kemār'îtam* bedarf keines vorangehenden *re'îtîka* (so zuletzt *H. W.
Wolff*, Hosea, BK XIV/1, ²1965, z. St.), da das *wăjjîšba'û* das *kemār'îtam* hinlänglich verständlich macht; plötzlich auftretende Bilder sind ja typisch für die hebräische Poesie.

(z. B. Dtn 32,10; Hos 11,1ff) oder durch ein Bild engen persönlichen Kontaktes ersetzt (z. B. Jer 2,2f; Hos 2,16f). Gerade in der Bezeichnung der Begegnung bzw. des Kontaktes herrscht also eine außerordentliche Variationsbreite. Man sollte also nicht das *mṣ'* einseitig | hervorkehren und von einer »Fundtradition« sprechen; denn die starke Variation spricht nicht für eine ursprünglich feste Formulierung, zumal ja neben *mṣ'* andere Ausdrücke an derselben Stelle erscheinen. Während das *mṣ'* reichlich allgemeinen Charakter hat, wenn man nicht das »beim Umhergehen zufällig auf etwas stoßen« hineinlegen will[50], was aber eher *qrh* heißt, finden sich andererseits Verben, die auf die Sinaioffenbarung weisen wie *jd'*, *nr'h* und besonders *'br* (vgl. Ex 33,19f; 1Kön 19,11). Bei letzterem hat *Bach* eine Beziehung zum *terminus technicus* der Sinaioffenbarung ausdrücklich abgelehnt[51]. Aber daß hier eine Anspielung auf die im »Vorübergehen« sich ereignende Erscheinung Jahwes vorliegt, kann man kaum ausschließen; und daran, daß hier nicht archaisch kultisch-mythologisch, sodern im verhältnismäßig freien poetischen Bild gesprochen wird, darf man nicht Anstoß nehmen: das ist charakteristisch für alle Texte der »Fundtradition«. 3. Israel befindet sich in einem Idealverhältnis zu Jahwe, gestaltet in den Bildern eines personalen Gegenübers (Brautbild, Kindesbild, Sohnesbild o. ä.). Es geht hier also nicht nur um eine Beziehung Jahwe-Israel an sich, sondern um ein inneres, intimes Verhältnis. Die Idealität dieses Verhältnisses schließt irgendeinen Gedanken an Untreue oder Abfall aus.

Fernerhin ist die »Fundtradition« dadurch charakterisiert, daß eine ideale Urzeit konzipiert wird, die die gesamte Existenz Israels vor der Landnahme umfaßt. Die Entstehung dieser Tradition setzt also schon eine lange Existenz im Kulturland voraus: aus weitem Abstand und nach Erfahrungen, die das Gegenteil dieses Ideals bedeuten, wird hier auf eine Urzeit zurückgeblickt. Wir sind deswegen berechtigt, die Konzeption der israelitischen Heilsgeschichte für die »Fundtradition« als gegeben vorauszusetzen, so daß wir die ideale Urzeit als Wüstenzeit vom Exodus an definieren können. Die Nennung der Exodustradition unmittelbar neben der »Fundtradition« bedeutet also keine Zusammenstellung sich ausschließender erstarrter Traditionselemente (z.B. Hos 2,16f; 11,1ff; 13,4f). Aber neben einer Andeutung irgendeines Abfalls von Jahwe in der Wüste (Motiv des »Murrens« usw.) fehlt auch ein *klarer* Hinweis auf die Theophanie und den Bundesschluß vom Sinai. An die Stelle der herkömmlichen Beschreibung der Jahweoffenbarung am Sinai sind die

---

[50] Vgl. *Bach* a Anm. 44 aO S. 40.
[51] Vgl. oben Anm. 48.

Bilder der personalen Selbsterschließung Jahwes getreten, statt der Theophanie wird theozentrisch vom Sehen, Finden, Erkennen, Vorübergehen Jahwes gesprochen, statt des Bundes vom Ehe-, Braut- und Kindesverhältnis. Selbstverständlich wird der Ort Sinai bzw. Horeb nicht erwähnt, so daß wir also konstatieren können, daß die in 1Kön 18 und besonders 19 zu beobachtende Tendenz, Jahwes | Beziehung zum Sinai/Horeb und die seiner Offenbarung zur Theophanie aufzuheben, in der »Fundtradition« zu einer grundsätzlich neuen Konzeption geführt hat. An die Stelle eines Ortes tritt die Wüste allgemein als Urzeitstadium Israels, und das Offenbarungsereignis wird zur intimen Personalbeziehung verinnerlicht.

Diese Uminterpretation, die die Sinaitradition in einem erstaunlichen Maße erneuert, ist in dem festumrissenen theologiegeschichtlichen Raum zu Hause, der durch die Größen Hosea, Jeremia, Moselied markiert wird. In diesen Raum gehört vor allem das Deuteronomium, jedenfalls in seinen Anfängen, und wir sollten uns nicht wundern, wenn wir dieses neue Verständnis der Sinaitradition hier wiederfinden.

Der unmittelbar vor dem Einzug ins Kulturland mit Israel in Moab vorgenommene Bundesschluß, der allein in der deuteronomischen Überlieferung bezeugt ist, ist nicht einfach zu erklären. Soll hier wegen des Abfalls der Wüstengeneration ein Neuanfang gesetzt werden? Aber warum ist dann in der deuteronomischen Tradition diese Erneuerung des Horebbundes so stark in den Vordergrund getreten, daß sich an sie und nicht an den eigentlichen Horebbund die Überlieferung des Gesetzesmaterials anschloß? Sollte hier nur die Wüstenzeit mit einem Bundesschluß ihr Ende finden, so wie die Zeit nach der Landnahme ihren Anfang mit dem Akt in Sichem? Aber für einen aus irgendwelcher heilsgeschichtlichen Systematik entworfenen Bundesschluß ist doch hier die Überlieferung viel zu stark angeschwollen. Läßt sich der Moabbundesschluß aus dem im deuteronomistischen Geschichtswerk bekannten Schema der Abschiedsrede erklären? Aber gerade dort wachsen sich solche Reden ja auch nicht zu ganzen Bundesschlüssen aus. Sollte die mündliche Offenbarung von der schriftlichen des Dekalogs deutlich abgesetzt werden? Aber kann diese Einschränkung – um nicht zu sagen: Deklassifizierung – in der Traditionsbildung zu einem solchen Ausmaß führen? Der Priesterkodex hat außerordentlich viel neues Material in die Sinaitradition einbauen können; warum hat das Deuteronomium nicht diesen Weg beschritten?

Man muß auf die Urform des Deuteronomiums zurückgreifen, um das mit dem Moabbundesschluß gestellte Problem zu lösen. Zum ursprünglichen Deuteronomium, worunter das 622 vorliegende

Deuteronomium verstanden sein soll, gehört nach allgemeiner An-
sicht[52] die singularische Umrahmung Dtn *6,4–9,6, mit der Schluß- |
paränese *10,12–11,1, und *27,1–28,68. In diesem ursprünglichen
Deuteronomium fällt zunächst auf, daß der Moabbundesschluß,
speziell Dtn 26,16ff, sich mit keinem Wort als Wiederholung oder
Erneuerung des Horebbundesschlusses gibt. Selbst wenn wir für das
relativ späte ursprüngliche Deuteronomium noch das archaische Verständnis einer kultischen Identität von Urhandlung und Kultakt
voraussetzen könnten, wäre doch in diesem Bundesschluß diese
Identität mit dem Horebereignis durch keinen Hinweis auf den
Horeb zum Ausdruck gebracht. Liest man das ursprüngliche Deuteronomium unvoreingenommen, so erscheint der Moabbundesschluß
als der einzige Bundesschluß; der Horeb wird niemals erwähnt[53], der
Horebsituation niemals gedacht. Das Wort *berît* als Jahwe-Bund[54]
erscheint im ursprünglichen Deuteronomium nur im Sinne der Erzväterverheißung (7,9[55]; 7,12; 8,18), lediglich im Gesetzeskorpus wird
in 17,2 der Religionsbruch einmal als '*abar berîtô* (*scil.* Jahwes) bezeichnet, aber der Abschnitt 16,21–17,7 ist bekanntlich eingeschoben[56] –
abgesehen davon, ist durch diesen Ausdruck ja noch kein Hinweis auf
den Horebbund gegeben. Dabei ist dieses ursprüngliche Deuteronomium mit historischen Hinweisen nicht sparsam: wiederholt wird

---

[52] Vgl. 2Kön 22,11ff, wo auch entsprechende Rahmenstücke vorausgesetzt
sein müssen. *Lohfinks* Versuch, das Nebeneinander von singularischen und pluralischen Texten zu erklären (a Anm. 46 aO S. 239ff), in dem der pluralische Stil dem
historischen Bericht zugeordnet wird, kann nicht überzeugen. Zwar enthält die
pluralische Schicht weithin historischen Stoff, aber das erklärt sich, wie unten zu
zeigen sein wird, aus der Grundtendenz dieser Schicht. Andererseits ist auf die
historischen Bezüge in der singularischen Schicht, besonders in 8,2ff, zu verweisen. Grundsätzlich ist natürlich der Numeruswechsel stilistisch begründet: es
sollen Einschnitte markiert werden, der Text soll gegliedert werden. Aber das
gilt natürlich u. U. auch von einer Neubearbeitung, wenn sie sich als neuer Rahmen stilistisch absetzen will. So hat man stets zu fragen, ob der Numeruswechsel
einen primären oder einen sekundären Absatz markiert. Hinzu kommen die
Glossen, die ja auch gerne als betonte Sätze die Aufmerksamkeit auf sich lenken
wollen und deswegen vom Numeruswechsel Gebrauch machen. Schließlich ist
noch das Verschwimmen der Numeruswechselgrenzen zu berücksichtigen, das
sich ja schon rein textkritisch bemerkbar macht. Trotz dieser komplizierten
Situation lassen sich deutlich singularische und pluralische Schicht trennen, und,
das ist das Entscheidende, diese Trennung wird durch inhaltliche Unterschiedenheit bestätigt.
[53] Dtn 18,16ff ist ein Zusatz, der deutlich auf die pluralische Einleitung 5,20ff
zurückgreift.
[54] In 7,2 handelt es sich um einen Bund Israels mit der palästinischen Bevölkerung.
[55] Für 7,9 ergibt sich das aus 7,8 und der Parallele in V. 12, vgl. 8,18.
[56] Das Richtergesetz 16,18–20 wird in 17,8ff fortgesetzt.

der Erzväter gedacht (6,10.18.23; 7,8.12; 8,1; 9,5; 10,15...), des
Exodusereignisses (6,12.21f; 7,8.18; 8,14...), ausführlich der Wüstenzeit (8,2ff.15f), und auf die Landnahme wird verständlicherweise
oft vorausgewiesen, zumeist in Verbindung mit der Verheißung der
Landgabe an die Erzväter (6,10ff.18.23; 7,1ff.16ff; 8,1.7; 9,1ff...).
Nun fehlt aber nicht nur jeder Hinweis auf die Horebereignisse, es
wird auch die Wüstenzeit als ideale Urzeit verstanden: In der Wüste,
die | wie in dem die »Fundtradition« beinhaltenden Stück Jer 2,2–13[57]
als höchst bedrohliches Jenseitsgelände gezeichnet wird, wird Israel
von Gott auf wunderbare Weise geleitet, beschützt und erzogen, »wie
jemand seinen Sohn erzieht« (8,5, vgl. 8,2–5.15f). Zu dieser Erziehung des Sohnes gehören auch die Versuchungen, denen Israel von
Gott ausgesetzt wird (*nsh*, 8,2.16), d.h. die Nöte, die zur Offenbarung
der göttlichen Wunderkraft führen[58]. Mit keinem Wort wird angedeutet, daß Israel dieser Erziehung nicht gerecht geworden, den Versuchungen erlegen sei, oder daß sogar Israel Jahwe untreu geworden
wäre[59]. Bei | der Ausführlichkeit der Schilderung der Wüstenzeit wäre

---

[57] Jer 2,2–13 stellt eine Einheit dar, wie der formgeschichtliche Vergleich mit
Jes 1,2f zeigt:
A I Rechtsaufweis              Jes 1,2bα ≙ Jer 2,2f
  II Anklage, *rîb*-Begründung durch anklagenden Erweis des
     Rechtsbruches              Jes 1,2bβ ≙ Jer 2,4–9
B I Rechtsbegründung       Jes 1,3a ≙ Jer 2,10f
    (bei Jes durch Verweis auf das Arbeitstier, bei Jer durch Verweis auf die
    Völkerwelt)
  II Schuldspruch            Jes 1,3b ≙ Jer 2,13
Bei Jes steht die »Forumsanrufung« vor dem Ganzen (1,2a), bei Jer vor dem
Schlußteil B II (2,12). Die Proklamationsformel vor der Anklage in Jer 2,4 ist gut
verständlich und bedeutet keine Einleitung einer ursprünglich selbständigen Einheit.
[58] Vgl. den *mǎssā*-Begriff Dtn 4,34; 7,19; 29,2.
[59] Es gibt drei Ausnahmen:
  1. Dtn 6,16 ist pluralischer Einschub. Daß in 6,16f in den ursprünglichen Text
eingegriffen ist, ergibt sich a) aus der sekundären Aufzählung *miṣwot JHWH*
*ʾælohêkæm wᵉʿedotâw wᵉḥuqqâw*, in die der Numeruswechsel fällt: *ʿedot* fungiert in der
Aufzählung der Gesetzestermini sonst stets als Zusammenfassung (4,45; 6,20) und
kann nicht mitten in der Aufzählung erscheinen; b) aus dem Gebrauch des Per-
fektums im »Promulgationssatz« (vgl. *Lohfink* a Anm. 46 aO S. 59ff) *ṣiwwak*,
das ja auf geschehene Gesetzesverkündigung zurückblickt: in der singularischen
Gesetzeseinleitung wird bezeichnenderweise stets das Partizipium *mᵉṣǎwwǣ* im
»Promulgationssatz« gebraucht (6,6; 7,11; 8,1.11; 10,13) mit Ausnahme von
6,20.25, das ja auf eine zukünftige Situation vorausblickt, wobei die Gegenwart
als Vergangenheit erscheinen muß.
  2. 9,7 gehört deutlich zum pluralischen Abschnitt 9,8ff, wenn auch der Anfang des Verses wegen des vorhergehenden singularischen Abschnittes noch singularisch erscheint. 9,6b klappt nach und ist Vorwegnahme von 9,13. Wahrscheinlich ist 9,6 überhaupt Hinzufügung: Die Rede 9,1ff läuft der 8,7ff parallel,

Anlaß genug gewesen, auf die bekannten Überlieferungen vom Abfall Israels in der Wüste, vom »Murren« Israels usw. hinzuweisen. So werden wir diese Beobachtung eines idealen Israel in der Wüste nicht als *argumentum e silentio* abtun können. Außerdem weisen sowohl die Zeichnung der Wüste als auch das Sohnesbild positiv auf die sogenannte Fundtradition.

Nach dem ursprünglichen Deuteronomium ergibt sich also folgendes Bild für die Urzeit Israels: Das aus Ägypten in die furchtbare Wüste geführte Israel wird hier auf wunderbare Weise erzogen und bereitet wie ein Sohn Gottes. Am Abschluß dieser Initiation durch Wasser und Feuer offenbart Gott durch seinen Sprecher Mose die Gebote für das Leben im Lande, die zu halten sich Israel verpflichtet[60]. Dann wird ihm das Land geschenkt. Auf diese Weise macht Jahwe die Erzväterverheißung ( = *berît*) wahr. Die alte Sinaitradition ist hier also auf genau dieselbe Weise umgebildet wie in der »Fundtradition«. Die Offenbarung ist zu einer Personalbeziehung (Erziehung) verinnerlicht, die Urzeit Israels vom Exodus an ist zusammengefaßt zu einer Idealzeit. Die in der Sinaitradition wenigstens in spätererZeit verankerte Gebotskundgabe stellt jetzt lediglich den Abschluß der Initiation dar in dem Zeitpunkt, als Israel von dem Jenseits der Wüste in das Diesseits des Landes übertritt.

Die Überarbeitung, die das ursprüngliche Deuteronomium nach der Katastrophe von 587 erfuhr, besteht vor allem in einem zweiten, pluralisch abgefaßten Rahmen, der sich um das ursprüngliche Deuteronomium legt. Diese Überarbeitung dient vor allem dazu, die herkömmliche Konzeption der Urzeit Israels wieder einzuführen, die alten Überlieferungen über die Sinai/Horebereignisse und die Wüstenzeit wieder einzuarbeiten. Ausführlich ist von den Horebereignissen (Kap. 5, vgl. ferner die Nennung des Horeb 4,10.15; 9,8; 28,69 und

---

beide gipfeln in dem Abweis einer nach der Landnahme möglichen Hybris gegenüber Jahwe (*we'amärta bilbabæka* 8,17 ≙ *'äl to'mär bilbabeka* 9,4), um mit der Herleitung der Landgabe aus der Erzväterverheißung zu schließen (*lemä'än haqîm 'æt berîtô/häddabar 'ašær nišbä'* 8,18 ≙ 9,5). In 9,5 ist die Formel durch Nennung der drei Erzväter besonders feierlich und wirkt als Finale. 9,6 dagegen greift auf 9,4 zurück, um zu dem pluralischen Abschnitt 9,7ff überzuleiten und verschiebt dabei die Pointe: Was als Versuchung zur Hybris nach der Landnahme auftreten könnte, erscheint nun schon vor der Landnahme als Unwahrheit.

3. 10,6 ist pluralischer Einschub; über die inhaltliche Sonderstellung vgl. *A. Bertholet*, Das Deuteronomium, 1899; *C. Steuernagel*, Das Deuteronomium, 1923, z. St.

[60] Wenn man von 17,2 absieht (s. o. S. 44) wird der *berît*-Begriff mit Ausnahme der Erzväterverheißung nicht gebraucht. Das wird schwerlich Zufall sein und muß ähnlich beurteilt werden wie das entsprechende Phänomen im Priesterkodex (vgl. *W. Zimmerli*, Sinaibund und Abrahambund, ThZ 16, 1960, S. 268ff [ = Gottes Offenbarung. Gesammelte Aufsätze, ThB 19, 1963, S. 205ff].

den Gebrauch von b^e^rît im Sinn von Horebbund bzw. Dekalog 4,13.23; 5,2f; 9,15; 10,8; 28,69) und vom Abfall von Jahwe in der Wüste (9,7–10,11, was sogar in den alten singularischen Rahmen eingearbeitet wird) die Rede. Der Moabbundesschluß wird ausdrücklich als eine Wiederholung des Horebbundesschlusses erklärt (28,69). Die Theorie von der Unterscheidung einer unmittelbar an Israel ergangenen Dekalogoffenbarung und einer zunächst allein an Mose ergangenen | Ergänzungsoffenbarung (5,20ff) dient nun dazu, die Doppelung der Offenbarung und damit den doppelten Bundesschluß zu begründen. Die Einarbeitung des Bundesbuches in Ex 20 mit Hilfe derselben Theorie zeigt, daß diese auch zu einem anderen Ergebnis führen kann, so daß man daraus den Moabbund überlieferungsgeschichtlich eben nicht herleiten kann.

Doch kehren wir zurück zum ursprünglichen Deuteronomium! Es enthält zwei kurze Zusammenfassungen der Heilsgeschichte, die die Sinai/Horebereignisse – wir möchten jetzt sagen: selbstverständlich – nicht erwähnen, und die deswegen seit der bedeutenden Untersuchung *von Rads* über »Das formgeschichtliche Problem des Hexateuch« als wichtige Zeugen für eine Trennung der sogenannten Landnahmetradition von der Sinaitradition in der alttestamentlichen Forschung ihre Rolle gespielt haben, Dtn 6,20–24 und besonders das sogenannte kleine geschichtliche Credo Dtn 26,5b–9. Die deuteronomische Sprache dieser Stücke ist bekannt; ob es sich dabei nur um Übermalungen oder ursprüngliche deuteronomische Formulierung handelt, kann hier dahingestellt bleiben[61]. Sollten hier wirklich ältere Texte vorliegen, so hat man sich doch nicht gescheut, die Formulierungen kräftig dem deuteronomischen Stil anzupassen; die Texte wären dann eben nicht als zu konservierende unantastbare Überlieferungen angesehen worden, so daß auch eine inhaltliche Anpassung erwartet werden müßte. D.h. wir können aus Dtn 6,20ff und 26,5bff nichts über alte Traditionsformen erschließen in den Punkten, in denen sie mit der Ansicht des ursprünglichen Deuteronomium übereinstimmen, also auch im Fall der Nichterwähnung des Sinai/Horeb.

Weitere von *von Rad* in diesem Zusammenhang herangezogene kultlyrische Texte, die die Sinaitradition innerhalb des heilsgeschichtlichen Aufrisses nicht erwähnen, zeigen eine mehr oder weniger große Nähe zum Deuteronomium: für 1Sam 12 ist das bekannt[62], Jos 24 enthält wenigstens *eine* deuteronomistische Überarbeitung[63], Ps 105 erreicht mit einer deuteronomischen Formulierung seine

---

[61] Zu Dtn 26,5ff vgl. vor allem *L. Rost*, Das kleine Credo, 1965, S. 11ff.
[62] Vgl. z. B. *Noth*, Überlieferungsgeschichtliche Studien, ²1957, S. 5 Anm. 2.
[63] Vgl. z. B. *Noth*, Josua, ²1953, S. 135f.

Klimax[64], Ps 136 ist sicherlich nicht vordeuteronomisch; es bliebe als alter Beleg nur Ex 15,1 ff, wo noch nicht ausgemacht ist, ob das innerhalb des Themas Wüstenführung auftretende *nᵉwē qådšᵉka* (V. 13) trotz Ps 83,13 nicht doch den Sinai meint[65]. Allerdings ist es unwahrscheinlich, daß alle diese Texte, 1Sam 12; Jos 24; Ps 105 und 136, gerade von der im ursprünglichen Deuteronomium vertretenen Auffassung bestimmt oder danach korrigiert wären, während das für | Dtn 6,20 ff und 26,5 bff zumindest sehr nahe liegt. Auf jeden Fall muß sich die These von der ursprünglichen Trennung der Sinaitradition von der Exodustradition auf die überlieferungsgeschichtliche Analyse der Pentateuchstoffe gründen und sollte hierbei, wie oben ausgeführt, materiale und formale Trennung unterscheiden. Die Last eines Beweises, daß noch in staatlicher Zeit Sinai- und Exodustradition formal getrennt waren, können diese kultlyrischen Texte schwerlich tragen, während eine materiale Trennung der beiden Traditionen von vornherein unwahrscheinlich ist.

---

[64] V. 45; vgl. z. B. *Kraus*, Psalmen, BK XV, ³1966, z. St.
[65] *Van der Woude* a Anm. 6 aO S. 18 Anm. 29.

Τὸ δὲ ῾Αγὰρ Σινὰ ὄρος ἐστὶν ἐν τῇ ᾿Αραβίᾳ (Gal 4,25)

In einer Reihe von Aufsätzen hat neuerdings *J. Koenig* das Problem der Lokalisierung des Sinai wieder aufgegriffen[1]. Mit seinem Vorschlag, den Sinai mit dem Vulkan *ḥala' l-bedr* in der Hochebene *el-ǧaw*[2] zwischen der *ḥarrat er-rḥa* im Nordwesten und der *ḥarrat el-'awēreḏ* im Osten und Südosten zu identifizieren, schließt er sich *A. Musil*, der den Berg zuerst beschrieben hat[3], und *W.J.T. Phythian-Adams*[4] an und im weiteren Sinn all den Forschern, die seit dem ausgehenden 19. Jh. den Sinai östlich vom Golf von *el-'aqaba* gesucht haben[5]. Die Argumente für eine solche Lokalisierung des Sinai sollen hier nicht im einzelnen aufgeführt werden. Die Vulkanhypothese, die in der Forschung so viel diskutiert wird, ist dabei noch eines der schwächeren Argumente; abgesehen davon, daß Übertragungen vulkanischer Phänomene auf eine Theophanie, die an einem nichtvulkanischen Berg haftet, immerhin möglich wären, hat diese Hypothese | zu manchen rationalisierenden Exegesen geführt, die diskreditierend wirken mußten. Wichtiger ist die Verbindung des Sinai mit Midian,

---

[1] La localisation du Sinaï et les traditions des scribes, RHPhR 43, 1963, S. 2 ff; 44, 1964, S. 201 ff; Itinéraires sinaïtiques en Arabie, RHR 166, 1964, S. 121 ff; Le Sinaï montagne de feu dans un désert de ténèbres, RHR 167, 1965, S. 129 ff.

[2] Nach der Karte 1 : 1 000 000 von Sa'ūdisch Arabien aus dem Jahr 1942 wohl irrtümlich *el-ǧaw*.

[3] Anzeiger d. kais. Akad. d. Wiss., philos.-hist. Kl., Wien 1911, S. 137 ff, besonders S. 154. *Musil* hat die Gegend 1910 besucht. In seiner endgültigen Veröffentlichung der Ergebnisse dieser Forschungsreise, The Northern Ḥeǧâz, 1926, geht er auf die Identifikation von 1911 nicht mehr ein und schlägt statt dessen einen Punkt etwa 20 km nördlich *'ainūna* in der Nähe des *še'ib el-ḥrob* vor (S. 269). *Musil* kommt zu dieser neuen Ansetzung durch eine von traditionsgeschichtlichen oder auch nur literarkritischen Gesichtspunkten freie Argumentation, wonach eben (vgl. Ex 19,2) der Sinai in unmittelbarer Nähe von Rephidim (von *Musil* mit *er-rafîd* identifiziert) und überhaupt nahe am midianitischen Zentrum bei *el-bed'* gelegen haben muß.

[4] The Mount of God, PEFQSt 1930, S. 135 ff, 192 ff.

[5] Z. B. *Sayce*, Imper. and Asiatic Quaterly Statement 1893, S. 149 ff; The Higher Criticism and the Verdict of the Monuments, 1894, S. 271 f; *J. Wellhausen*, Prolegomena zur Geschichte Israels, ⁶1905, S. 343 Anm. 1; *Ed. Meyer*, Die Israeliten und ihre Nachbarstämme, 1906, S. 69; *P. Haupt*, Midian und Sinai, ZDMG 63, 1909, S. 506 ff; *H. Gressmann*, Mose und seine Zeit, 1913, S. 409 ff; *M. Noth*, Der Wallfahrtsweg zum Sinai (4. Mose 33), PJ 36, 1940, S. 5 ff [= Aufsätze zur biblischen Landes- und Altertumskunde, hg. v. *H. W. Wolff*, Bd. I (1971), S. 55 ff].

dessen eigentliches Gebiet nach antiken Zeugnissen[6], arabischen Überlieferungen[7] und modernen Forschungen[8] östlich des Golfes von el-ʿaqaba liegt, und entscheidend sind die alten Angaben des AT Ri 5,4f; Dtn 33,2f (1 $m^e$ribät qadeš), Hab 3,7[9], wo der Weg Jahwes vom Sinai über das Gebiet östlich der ʿaraba (und gegebenenfalls erst von dort in das mit alten Jahwe-Überlieferungen eng verknüpfte und als Ausgangsort zum Sinai berühmte Kadesch) führt. Dem entspricht die Nennung von Ezjon-Geber zwischen Kadesch und Sinai in Num 33[10] und schließlich auch die Angabe Dtn 1,2, daß der (Wallfahrts-)Weg zwischen Kadesch und Sinai über das Seïr-Gebirge führt und elf Tagereisen lang ist – eine Glosse, die zu den vielen archäologisch wertvollen Bemerkungen in Dtn 1–3 gehört und die genaueste Angabe des AT zur Lokalisierung des Sinai darstellt[11]. Wie groß ist das Tagespensum eines ḥaǧǧ? Wir müssen annehmen, daß nur kräftige Männer daran teilnehmen und daß die täglich zu bewältigenden Strecken schon aus Proviantgründen möglichst groß gehalten sind, abgesehen davon, daß aus Sicherheitsgründen eine schnelle Bewegung nötig ist. Nach den Angaben Musils[12] haben wir für den nördlichen ḥeǧāz mit 45–55 km als durchschnittliches Tagespensum zu rechnen. Nur in diesem Sinne kann jôm eine Maßeinheit darstellen. Nehmen wir als Weg den darb el-ǧazze von Kadesch nach Ezjon-Geber (Num 33,35) an, dann den Auf- | stieg auf das Seïr-Gebirge (Dtn 1,2) bis el-kiṭara und von dort nach Süden in das midianitische

---

[6] Ptolemaeus VI 7,2.27; Eusebius, Onomasticon, ed. *Klostermann*, S. 124. Auf die bekannten biblischen und assyrischen (*D. D. Luckenbill*, Anc. Records of Ass., 1927, I § 778f.818; II § 17.118) Quellen soll hier nicht weiter eingegangen werden. Sie bestätigen, daß das midianitische Zentrum südlich von Edom und östlich vom älanitischen Meerbusen lag.

[7] Zusammengestellt von *A. Musil*, The Northern Ḥeǧâz, S. 279ff.

[8] Übersicht bei *A. Grohmann*, Arabien, 1963, S. 41f.

[9] Zu Kuschan vgl. Num 12,1.

[10] Man beachte auch die Nennung von jăm sûp, V. 10f, auf dem Hinweg! Abgesehen vom Ort des Meerwunders wird jăm sûp stets, auch im Zusammenhang mit der Wüstenführung, im Sinne des älanitischen Meerbusens gebraucht (Ex 13,18; 23,31; Num 14,25; 21,4; Dtn 1,40; 2,1; Ri 11,16, abgesehen von 1Kön 9,26; Jer 49,21). Daß der Golf von Suez jemals jăm sûp genannt worden ist, läßt sich nicht erweisen.

[11] Dtn 1,2 spielt im Zusammenhang mit der Frage nach der Sinailokalisierung in der Forschung eine seltsame Rolle, vgl. *J. Koenig*, RHPhR 43, S. 28 Anm. 100, RHR 166, S. 125 Anm. 5; *A. Musil*, aaO Anm. 7 S. 297. jôm als Angabe einer Weglängeneinheit wird nie ernstgenommen, sondern man geht immer von einer »elftägigen Reise« aus. Unabhängig davon, wie lange man an einem Tage auf Grund der gegebenen Umstände tatsächlich läuft, kann die Längeneinheit jôm nur den Weg bezeichnen, den man zurücklegen würde, wenn man einen grnzen Tag über (von morgens bis abends) liefe, d. i. ca. 50 km.

[12] AaO Anm. 7 S. 322, 328.

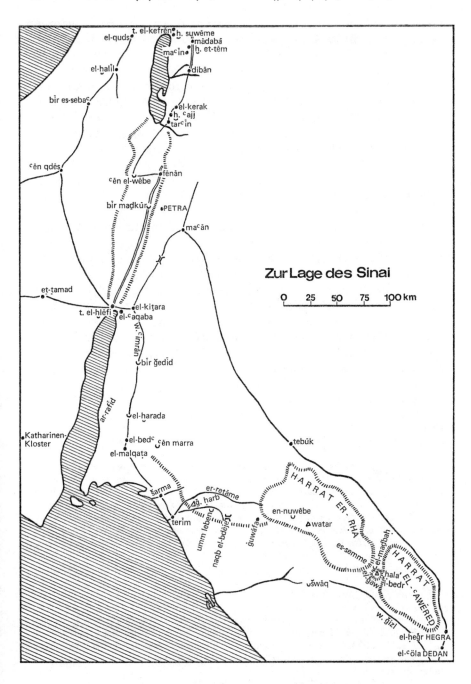

Zur Lage des Sinai

0    25    50    75    100 km

Gebiet[13] und über die Oasen von *šarma* und *terīm* in den Osten und Südosten durch das Gebiet der *ḥarrat er-rḥa*[14], so erreichen wir nach 560 km den *ḥala' l-bedr*. In dieser Entfernung von Kadesch müssen wir den Sinai suchen, wenn wir Dtn 1,2 richtig interpretieren. Nun will ich mich hier auf den *ḥala' l-bedr* nicht festlegen, wenn auch erstaunlich viel für diesen Berg als den Sinai spricht: 1. seine Lage in einer Ebene zwischen den Gebieten der *ḥarrat er-rḥa* und der *ḥarrat el-'awēreḍ*, so daß ein Grenzheiligtum vorliegen könnte, 2. seine damit zusammenhängende Isolation von anderen Vulkankegeln, 3. seine besondere Gestalt (auf dem grauen Tafelberg *ṭadra* der schwarze Vulkankegel)[15], 4. die verhältnismäßig fruchtbare Umgebung[16], 5. sein Tabucharakter[17], 6. sein Heiligtum *el-manḥal* (»*and upon it are twelve stones known as al-Maḍbaḥ, where the Beli still offer up sacrifices when they are encamped here*«)[18], wo Zeichen und Inschriften auf Opfersteinen angebracht sein sollen[19], 7. die Überlieferung eines Vulkanausbruchs[20], 8. die reiche arabische Folklore[21], 9. sein Name »Vollmondkrater« (vgl. Sin). Da trotz der Reisen von *H. St. J. Philby*[22] das *ḥarra*-Gebiet zwischen *tebūk* und *el-'öla'* noch nicht durchforscht ist und die angeblichen Inschriften von *el-manḥal* noch unbekannt sind, wird man besser auf eine Lokalisierung des Sinai vorläufig verzichten. Daß der Sinai jedoch tatsächlich im vulkanischen Gebiet zu suchen sein wird, scheint die Entfernungsangabe Dtn 1,2 nahezulegen. Somit dürften auch die vulkanischen Züge der Sinai- | theophanie ältere

---

[13] Über *bir ǧedīd, el-ḥarada, el-bed'* und *el-malqaṭa*, vgl. *M. Noth*, aaO S. 22ff [=a Anm. 5 aO S. 69ff].

[14] Über *umm leben* im *w. terīm, naqb el-bdēje, ǧuwāfa, en-nuwēbe, watar, es-semme*.

[15] *Musil*, aaO Anm. 7 S. 214.

[16] »*The valley broadens out into a basin enclosed on all sides by low, but steep, slopes, and known as al-Ǧaw (the watering place) because it contains many mšāše, or rain water wells. The plain is covered with a fairly deep layer of clay in which various plants thrive luxuriantly. ... The guide proudly pointed out to us the abundant withered pasturage through which we were passing and asked whether throughout our journey from Tabûk we had seen so many and such various plants. ... On the western slope (of Ṭadra) there used to flow a spring now said to have been clogged up by the collapse of a rock.*« *Musil*, aaO S. 214 Anm. 7.

[17] Vieh darf an den Hängen der *ṭadra* nicht weiden; *Musil*, aaO S. 215 Anm. 7.

[18] *Musil*, aaO Anm. 7 S. 214.

[19] *Musil*, aaO Anm. 7 S. 216.

[20] *Musil*, aaO Anm. 7 S. 215.

[21] Darunter die Erklärung der Höhlen des in der Nähe gelegenen *el-'āṣi* als »Höhlen der Mosediener«, die sich hier aufhielten, als Mose bei Allah weilte (*Musil*, aaO S. 214 Anm. 7) – eine wohl auf die zahlreichen Juden im nördlichen *ḥeǧāz* zurückgehende Legende, die selbstverständlich keine ursprünglichen Überlieferungen enthält.

[22] Vgl. *H. St. J. Philby*, The Land of Midian, 1957.

Überlieferungen des Sinaiberges selbst oder seiner nächsten Umgebung sein und nicht Übertragungen auf einen nichtvulkanischen Berg. Angesichts der erst im 4. nachchristlichen Jh. sicher bezeugten Lokalisierung des Sinai im Süden der sogenannten Sinaihalbinsel und des problematischen Charakters der nabatäischen Sinai-Inschriften des 2. und 3. nachchristlichen Jh.[23] wird man die Lokalisierung des Sinai in *madjān* bevorzugen.

Doch seit welcher Zeit hat man den Sinai auf der Sinaihalbinsel gesucht? *Koenig* möchte den jüdischen Gelehrten der Perserzeit, die den Pentateuch kompilierten, die Annahme einer südlichen Route auf der Sinaihalbinsel als Weg Israels aus Ägypten über den Sinai nach Kadesch zuschreiben und damit die geographische Umdeutung des Sinai[24]. Aber können wir das den spärlichen Itinerarangaben entnehmen? Zunächst könnte man ja vermuten, daß mit der Einarbeitung der Sinaiüberlieferung in eine Geschichtsdarstellung vom Auszug aus Ägypten bis zur Landnahme eine solche Verlegung des Sinai erfolgt sei, die sich dann schon bei dem Jahwisten belegen lassen müßte. Aber wie wir nun auch die Itinerarangaben zwischen Ex 12,37 und 19,2 literarkritisch verteilen, diese Angaben sind viel zu spärlich, als daß sich von daher die Frage der Lage des Sinai westlich oder östlich des Golfes von *el-ʿaqaba* entscheiden ließe. Mit der bisweilen vertretenen Gleichsetzung von Elim mit Elat/Elot[25] käme man in das östliche Gebiet; aber das bleibt unsicher, abgesehen von der Frage, ob nicht doch erst die P-Quelle Elim erwähnt. Auch für Pg läßt sich die Frage nicht mit irgendwelcher Sicherheit entscheiden. Wie für Dtn 1–3 ist erst der Rückweg von Kadesch an einigermaßen rekonstruierbar.

Wie steht es aber nun mit Num 33? Für diese späte Kompilation, die JEP voraussetzt und das letzte Zeugnis des Pentateuch über den Wüstenweg Israels darstellt, läßt sich die Auffassung, der Sinai liege östlich des Golfes von *el-ʿaqaba*, zumindest sehr wahrscheinlich machen. Der gelehrte Kompilator übernimmt grundsätzlich die Itinerarangaben von JEP und setzt in diese, unmittelbar bevor sie Kadesch bzw. die Steppe Pharan bei Kadesch erreichen (Num 12,16; 13,26; *ḥᵃṣerôt* Num 11,35 wird in Num 33,17 noch erwähnt, mit *midbār ṣin hiw' qadeš* Num 20,1 in Num 33,36 fortgefahren), das Ortsverzeichnis des Wallfahrtsweges Kadesch-Sinai in umgekehrter Rei-

---

[23] *J. Koenig* wendet sich gegen den angeblich kultischen Charakter der Sinai-Inschriften, den *B. Moritz*, Der Sinaikult in heidnischer Zeit, 1916, herausstellte, mit gewichtigen Argumenten (RHPhR 43, S. 6ff).

[24] RHPhR 43, S. 11f.

[25] Vgl. *J. Koenig*, RHPhR 43, S. 15 Anm. 57. M. W. findet sich diese Gleichsetzung zuerst bei *A. Musil*, aaO Anm. 7 S. 268.

henfolge (Num 33,18–35) ein[26]. Schon die Fülle dieser Namen, die jedoch alle südlich | Ezjon-Geber gesucht werden müssen, spricht nicht gerade für die Ansetzung des Sinai auf der Sinaihalbinsel (auf 18 Namen[27] käme dann höchstens eine Strecke von 150 km Luftlinie) – jedenfalls nicht nach dem ursprünglichen Sinn des Stationenverzeichnisses. Vor allem aber zeigt die Nennung von Ezjon-Geber vor der von Kadesch, daß die Route südöstlich von *el-'aqaba* verläuft. Das muß doch wohl auch dem Kompilator von Num 33 deutlich gewesen sein. Jedenfalls hat er auffälligerweise gegen die Itinerarangaben von JEP *jăm sûp*, d.h. älanitischer Meerbusen[28], zwischen Elim und Sin-Wüste für den Hinweg zum Sinai eingesetzt und auch die unverhältnismäßig große Zahl der Stationsnamen für den Rückweg zwischen Sinai und Ezjon-Geber noch durch die Einsetzung zweier

---

[26] *Noth* (aaO) möchte durch rein mechanische Subtraktion der Pentateuch-Ortsnamen von der Liste Num 33 als Quelle von Num 33 ein Stationenverzeichnis ermitteln; aber er muß dabei dem Verfasser von Num 33 eine so unsinnige Arbeitsweise zumuten, daß Orte des Stationenverzeichnisses einerseits an die Sin-Wüste angehängt sind und damit *vor* den Sinai gestellt werden, andererseits aber dem Sinai *nach*geordnet werden. Wenn *Noth* im Recht wäre, wenn er V. 36f für sekundär hält (warum sollte aber der Kompilator auf einen Teil der Pentateuch-Ortsnamen verzichtet haben?), müßte der Wallfahrtsweg zum Sinai nicht über Kadesch laufen (gegen Dtn 1,2 und indirekt gegen Dtn 33,2f; Hab 3,3), sondern durch die *'araba*, noch dazu in dem seltsamen Hin und Her *'ēn el-wēbe* (Oboth) – *fēnān* (Phinon), abgesehen davon, daß ein solches Stationenverzeichnis den hinlänglich bekannten Weg bis nach Ezjon-Geber nicht zu enthalten brauchte. Es ist doch eher anzunehmen, daß die Einfügung von je einem Ortsnamenpaar nach *midbăr sîn* (V. 12f), nach *hor hahar* (V. 41f) und nach *'ijjî ha'abarîm* (V. 45f) bestimmten Motiven entspricht und daß das Stationenverzeichnis in seiner Gesamtheit an dem Punkt überliefert wird, wo die Pentateuchangaben auf Kadesch übergehen.

[27] Das Nebeneinander von Namen wie *tahăt* und *tarăh* mag immerhin auf das Konto einer Textverderbnis in der dem Kompilator von Num 33 vorliegenden Liste zu setzen sein (vgl. *M. Noth*, aaO S. 20 Anm. 2 [=a Anm. 5 aO S. 67 Anm. 41]), aber die Nennung der Namen in V. 30–33, die ihre Parallele in Dtn 10,6f finden, kann (gegen *Noth* aaO S. 20 Anm. 1 [=a Anm. 5 aO S. 67 Anm. 40]) wohl kaum als Eintragung verstanden werden, da nicht nur die Reihenfolge, sondern auch die Namensformen abweichen (zwar hält *Noth hor hăggidgăd* für ursprünglich, aber man vgl. *msrwt* mit *mwsrh*, *bnj j'qn* mit *b'rt bnj j'qn*) und außerdem die Überlieferung von Dtn 10,6 mit der in Num 33,38f, sei letztere in Num 33 primär oder sekundär, konkurriert. Es ist doch plausibler, daß in Dtn 10,6f unabhängig von Num 33 vier Ortsnamen überliefert sind, die man mit dem Weg zum Horeb/Sinai verbunden wußte. Es muß sich um Orte handeln, die auf dem Gebirge nicht weit südöstlich von *el-'aqaba* zu suchen sein werden (vgl. *'aqăn* Gen 36,27, wofür *jă'aqăn* 1Chr 1,42, unter den Hurritern von Seir; zu Hor-Gidgad vgl. *Noth*, aaO S. 23 [=a Anm. 5 aO S. 69f]) und die man daher noch am ehesten aus dem midianitischen Gebiet nennen konnte.

[28] Vgl. Anm. 10. An eine Rückkehr zum Ort des Meerwunders kann, solange man mit einem Minimum an Realismus rechnet, nicht gedacht sein.

ihm bekannter Orte der Sin-Wüste, Dophka (oder Raphka, vgl. ⑭) und Alusch, beim Hinweg wenigstens etwas kompensiert[29]. Diese Einfügung von (wenigstens) zwei Namen | zwischen Sin-Wüste und Rephidim war für den Kompilator von Num 33 offenbar durch die Angabe * lᵉmăsʿêhæm* in Ex 17,1 gefordert, die in den Itinerarangaben des Pentateuch nur hier (und Num 10,12, was sich aber durch Num 11,35; 12,6 explizieren läßt) auftritt und die für die Num 33 zugrunde liegende Theorie (vgl. V. 1f) von größter Bedeutung ist. Noch an zwei anderen Stellen hat der Kompilator in die Itinerarvorlage von JEP durch Einfügung je zweier Ortsnamen eingegriffen, und zwar jedesmal veranlaßt durch eine Wegangabe in der Vorlage: Die Angabe *dæræk jăm sûp* Num 21,4 (vgl. Dtn 2,8) wird von ihm konkretisiert durch die Nennung zweier Orte auf der Straße am Ostrand der ‘*araba*, Zalmona[30] und Phinon. Die Nennung von Phinon als Nordpunkt auf dieser Straße ergibt sich aus der Itinerarangabe Oboth Num 21,10, das genau »gegenüber« Phinon liegt[31]. Den Itinerarangaben folgt der Kompilator bis Num 21,11 Ijje-Abarim, das für ihn an der Grenze Moabs liegt. Die nun sich anschließenden Itinerarangaben werden aber von ihm übergangen. Nahal-Sered Num 21,12 würde ohnehin etwas südlich von Ijje-Abarim liegen[32], auf jeden Fall aber mit Ijje-Abarim konkurrieren und außerdem sehr unbestimmt sein. Der volkstümliche Charakter der Angaben Num 21,16ff widersprach völlig der Dogmatik des Heiligen Krieges, der ja mit dem Übertritt über den Arnon in das Gebiet Sichons beginnt (Num 21,21ff; vgl. auch die besondere Bedeutung dieses Krieges als Vorbild der Landeroberung durch den Jahwe-Krieg nach Dtn 2,24ff). Da Israel *bᵉdæræk hămmælæk* durch das Land Sichons ziehen will (Num 21,22), werden als Stationen vom Verfasser von Num 33 eben Süd- und Nordpunkt des Marsches auf dieser Straße genannt. Durch den Südpunkt Dibon-Gad konnte dabei das »jenseits des Arnon« von Num 21,16 ebenso als erledigt gelten wie das Nahal-Sered durch das Ijje-Abarim. Der Nordpunkt ergab sich durch das Ziel in den »Gefilden

---

[29] Es ist müßig zu fragen, woher er die Kenntnis dieser beiden Namen hat. Die Sache liegt ganz ähnlich in Dtn 10,6f. Die Annahme, daß die beiden Orte im Stationenverzeichnis enthalten waren, läßt nur die neue Frage entstehen, warum er diese beiden Namen hat abtrennen und an ganz anderer Stelle hat unterbringen können.

[30] Die Lage von Zalmon ist unbekannt. Nach *F.-M. Abel*, Géographie, II S. 442f, wäre an *bir maḍkûr* zu denken, vgl. aber *A. Alt*, ZDPV 58, 1935, S. 26, 36. Vermutlich liegt nach der Theorie von Num 33 (vgl. oben zu Phinon, Dibon-Gat und Almon-Diblathaim) der Ort auf derselben Höhe wie Hor. Sollte hier etwa schon die Überlieferung von Josephus, Ant. IV 82 gelten?

[31] *fēnân* gegenüber *ʿēn el-wēbe*.

[32] Zu Ijje-Abarim = *ḫirbet ʿajj* vgl. *M. Noth*, aaO S. 15f [=a Anm. 5 aO S. 63f].

der Moabiter«: Beth-Diblathaim wird für den Kompilator ebenso »gegenüber« dem Lagerplatz zwischen Beth-Jesimoth und Abel-Sittim[33] gelegen haben | wie Phinon »gegenüber« Oboth. Suchen wir Beth-Diblathaim mit *M. Noth*[34] bei *ḫirbet et-tēm* 2 km südwestlich von *mādeba*, so paßt das vorzüglich. Almon-Diblathaim könnte den Punkt an der östlich von Beth-Diblathaim vorbeiführenden Königsstraße bezeichnen[35]. In Num 33 sind also die Itinerarangaben von JEP grundsätzlich übernommen und systematisch korrigiert worden; ein Stationenverzeichnis des Wallfahrtsweges Kadesch-Sinai wurde in V. 18–35 eingearbeitet. Die Erwähnung von Ezjon-Geber in letzterem und die Einfügung von *jǎm sûp* in V. 10 lassen darauf schließen, daß der Verfasser von Num 33 im 5. Jh. den Sinai noch in *madjān* gesucht hat. Damit fällt auch die These von *Koenig* hin, daß die Kompilatoren des Pentateuch in der Perserzeit als erste den Sinai auf der Sinaihalbinsel gesucht hätten.

Leider stehen uns für die nächsten Jahrhunderte nur ganz vereinzelte Zeugnisse zur Verfügung, die die Frage, wann und in welchem Zusammenhang die geographische Umdeutung des Sinai stattgefunden hat, beantworten lassen. Daß die jüdischen Quellen über die Lage des Sinai schweigen, ist nicht weiter verwunderlich. Schon im Nordreich im 8. Jh. und dann im beginnenden Deuteronomismus des 7. Jh. läßt sich die Tendenz nachweisen, gerade aus Hochschätzung des mit der Sinai/Horeb-Tradition gegebenen theologischen Inhalts den Ort Sinai/Horeb aus der Überlieferung völlig zu verdrängen[36]. Diese extreme Tendenz konnte sich zwar auf die Dauer nicht durchsetzen, der Umbruch zu Beginn des 6. Jh. wirkte stark konservativ, aber eine geographische Relevanz kam dem Sinai nicht mehr zu: seine theologische Systematik widersprach seiner geographischen Kontingenz; als heiliger Ort durfte außerdem nichts neben dem Zion bestehen, so daß im Judentum die Frage nach der Lage des Sinai einen rein historischen Charakter hatte. Eine Antwort auf diese Frage bekommen wir daher erst bei den jüdischen und heidnischen Historikern.

---

[33] Die besondere Nennung von Beth-Jesimoth gegenüber der Pentateuchüberlieferung erklärt sich wohl aus der Systematik, den Südpunkt des Jordangrabens einzubeziehen. Jedenfalls ist nicht einzusehen, daß als Ausgangspunkt einer Wallfahrt ein Jordan*abschnitt* genannt wird. Die Form Abel-Sittim gegenüber dem Sittim des Pentateuch braucht nicht auf eine alte Vorlage zu verweisen (so *Noth*, aaO S. 9 Anm. 2 [=a Anm. 5 aO S. 59 Anm. 6]), wenn die Form Abel später üblich wird (Josephus, Ant. IV 176 u.ö.).

[34] AaO S. 12f [=a Anm. 5 aO S. 60f]; auf Grund der Mesa-Inschrift Z. 30 scheint Beth-Diblathaim zwischen *mādeba* und *maʿin* zu liegen.

[35] Vgl. arabisch *ʿalam* »Zeichen«, »Wegzeichen«, »Wegweiser«? So *KBL* s. v.

[36] Nachweis in meinem Aufsatz »Bemerkungen zur Sinaitradition« [s. o. S. 31ff].

Aus dem Ende des 3. Jh. v. Chr. in Ägypten entstandenen Werk Περὶ τῶν ἐν τῇ ᾿Ιουδαίᾳ βασιλέων des Demetrius ist uns zwar keine direkte Aussage über den Sinai erhalten, aber aus den Angaben, die über den Aufenthalt Moses in Midian gemacht werden, können wir schließen, daß der Sinai wahrscheinlich im Gebiet östlich des Golfes von *el-ʿaqaba* gesucht wird: κατοικεῖν δ᾿αὐτοὺς (Μωσῆς und Σεπφώρα) Μαδιὰμ πόλιν, ἣν ἀπὸ ἑνὸς τῶν ᾿Αβραὰμ παίδων ᾿ονομασθῆναι (vgl. Gen 25, 2). | φησὶ γὰρ τὸν ᾿Αβραὰμ τοὺς παῖδας πρὸς ᾿ανατολὰς (!) ᾿επὶ κατοικίαν πέμψαι…[37]. Die antike Überlieferung von der Polis Madian (vgl. Ptolemaeus VI 7,2.27), die zuletzt zitierte Angabe der Namensätiologie und Demetrius' Herleitung des Jethro von Dedan[38] weisen auf den Osten.

Der zur Zeit des Augustus[39] schreibende Pompeius Trogus, der mit seinen 44 Büchern Historiae Philippicae Livius' römischer Geschichte eine außerrömische Weltgeschichte entgegenstellen wollte, denkt sich den Sinai in der Damascena: *Itaque Moyses Damascena antiqua patria repetita montem Sinam occupat, in quo septem dierum ieiunio per deserta Arabiae cum populo suo fatigatus cum tandem venisset, septimum diem more gentis Sabbata appellatum in omne aevum ieiunio sacravit, quoniam illa dies famam illis erroremque finierat*[40]. Bei der Angabe, der Sinai liege in der Damascena, der *patria* des Mose, braucht es sich nicht um einen »*singulière erreur géographique*« zu handeln, wie *Th. Reinach* kommentiert[41]. Die Damascena wird das midianitische Gebiet umfaßt haben (*patria* des Mose), d.h. Pompeius versteht darunter ein Gebiet, das ungefähr dem Nabatäerreich entspricht. 85 v. Chr. hatte Aretas III. Damaskus besetzt, kurz bevor die Römer davon Besitz ergriffen. Pompeius Trogus wird als Historiker über die römisch-nabatäischen Kontakte, die ja gerade zu seiner Zeit sehr vielfältig waren, gut informiert gewesen sein. Das Nabatäergebiet reichte damals bis über Hegra hinaus, so daß auch hier noch die Lage des Sinai in *madjān* vorausgesetzt zu sein scheint. Die *südliche* Sinaihalbinsel wird hier nicht in die Damascena einbezogen sein, zumal sich hier die Nabatäer erst nach der Auflösung ihres Reiches durch Trajan finden. Pompeius Trogus denkt sich ja den Sinai in einem Gebiet fester naba-

---

[37] Eusebius, P. E. 9, 29, 3 (*Jacoby*, FGrHist, 722 F 2).

[38] Eusebius, P. E. 9, 29, 1.

[39] Letzter Fixpunkt der Historiae Philippicae 20/19 v. Chr. (*Seel* in: Lexikon der Alten Welt, Sp. 2407).

[40] Justin XXXVI 2,14 (*Jacoby*, FGrHist, 737 F 17c).

[41] *Th. Reinach*, Textes d'auteurs grecs et romains relatifs au Judaïsme, 1895, S. 254 Anm. 2; *Jacoby*, aaO z. St.:»Mißverständnis; richtig etwa *Damascenam antiquam patriam repetens*«. *Jacoby* übersieht völlig die überall vorausgesetzte Tradition von Ex 3,1 und die Ansicht des Verfassers, daß mit der Erreichung des Sinai *famam illis erroremque* (!) *finierat*.

täischer Ortschaften, in das man von Ägypten nach einwöchiger Reise durch die *deserta Arabiae*, d.h. durch die Sinaihalbinsel, gelangt. Er wird sich also den Sinai als einen Berg irgendwo zwischen Petra und Hegra vorgestellt haben.

Josephus zitiert man oft als Kronzeugen für die Ansicht, der Sinai habe auf der Sinaihalbinsel gelegen[42]. Aber die Ansicht des Josephus | ist gar nicht einfach zu ermitteln. Er bezeichnet den Sinai als den höchsten Berg der Gegend, in der die πόλις Μαδιανή, πρὸς μὲν τῇ Ἐρυθρᾷ θαλάσσῃ κειμένη(!) ἐπώνυμος δ' ἑνὸς τῶν Ἀβράμῳ γενομένων ἐκ Κατούρας υἱῶν (vgl. die oben zitierte Stelle aus Demetrius!) gelegen habe[43]. Daß Josephus diese uns von Ptolemaeus (VI 7,2) als am östlichen Ufer des älanitischen Meerbusens gelegen bezeugte Polis sich tatsächlich nicht auf der Sinaihalbinsel vorstellte, wird durch die in Ant. VI 140 gegebene Definition des midianitischen Gebietes deutlich. Josephus referiert hier 1Sam 15,6: νικήσας δὲ Σαοῦλος ἅπαντας τοὺς ἀπὸ Πηλουσίου τῆς Αἰγύπτου καθήκοντας ἕως τῆς Ἐρυθρᾶς θαλάσσης διέφθειρε πολεμίους, παραλιπὼν τὸ τῶν Σικιμιτῶν ἔθνος· οὗτοι γὰρ ἐν τῇ Μαδιανῇ χώρᾳ μέσοι κατώκηνται (pf., also »wohnen (jetzt, nach der Umsiedlung)« und damit nicht mehr in dem Gebiet zwischen Ägypten und dem älanitischen Meerbusen). πρὸ δὲ τῆς μάχης πέμψας παρήγγειλεν αὐτοῖς ἀναχωρεῖν, μὴ τοῖς Ἀμαληκίταις κοινωνήσωσι συμφορᾶς[44]. Dem scheint die Angabe c. Ap. II 25 zu widersprechen: τὸ μεταξὺ τῆς Αἰγύπτου καὶ τῆς Ἀραβίας ὄρος, ὃ καλεῖται Σίναιον. Dabei ist nun zu beachten, daß es sich um ein Zitat seines Gegners Apion handelt, bei dem es darum geht, den Sinai als Station auf dem Weg zwischen Ägypten und Judäa zu verstehen: die Dauer des Aufenthaltes am Sinai müsse logischerweise kürzer sein als die Dauer des Marsches Ägypten–Judäa. Hier kann natürlich nicht im strengen Sinn an eine Grenzlinie zwischen Ägypten und Arabien gedacht sein, auf der der Sinai liegt, sondern es wird ein mehr oder weniger breites Zwischenstück angenommen. Hat dieses nur die Sinaihalbinsel umfaßt oder auch die östlich angrenzenden Teile des südlichen Edom und *madjān*, so daß Arabien hier im Gegensatz zur Wüste die Agrikulturgebiete Transjordaniens meint, die den Ausgangspunkt für die Landnahme bilden, d. h. Ägypten und Arabien sind hier als Anfangs- und Endpunkt der Wanderung genannt? Gewiß spricht manches für das erste, aber auch die Sinaihalbinsel gehört ebenso wie das östlich an-

---

[42] Z.B.G. *Hölscher*, Sinai und Choreb, in: Festschrift R. Bultmann, 1949, S. 132.

[43] Ant. II 264, III 76 in Verbindung mit II 257.

[44] Der Hinweis auf Raguel im Folgenden widerspricht nicht der Ansetzung der Midianiter im *madjān*-Gebiet, wie Ant. V 127 zeigt: τὴν γὰρ πατρίδα καταλιπόντες (sc. Midianiter) ἠκολουθήκεσαν ἐκείνοις (sc. den Israeliten) καὶ συνῆσαν αὐτοῖς ἐπὶ τῆς ἐρήμου.

grenzende Gebiet zur Arabia, so daß wir in jedem Fall eine wenig präzise Ausdrucksweise vor uns haben, der es, wie gesagt, mehr auf das zeitliche Einbeschlossensein des Sinaiaufenthaltes ankommt. Nimmt man an, daß c. Ap. II 25 die Ansetzung des Sinai auf der Sinaihalbinsel tatsächlich bezeugt, so stellt sich die Frage, wie die anderen Stellen Josephus'[45] zu verstehen sind. Meint Josephus, daß der Bereich der Polis | Madiane auf die südliche Sinaihalbinsel hinüberreicht, obwohl er die eigentliche Μαδιανὴ χώρα nur jenseits von *el-ʿaqaba* kennt (VI 140)? Man wird die Frage nicht endgültig entscheiden können und sich damit begnügen, eine sichere Bezeugung Midians östlich von *el-ʿaqaba*, aber eine gewisse Undeutlichkeit der Lage des Sinai zu konstatieren.

Vor Josephus aber lebte Paulus, der zwar nicht als Historiker über den Sinai referiert, jedoch in einem Midrasch in Gal 4,21–31 eine Aussage über den Sinai macht, die man zunächst als eine geographische Bestimmung ansprechen muß: τὸ δὲ Ἁγὰρ Σινὰ ὄρος ἐστὶν ἐν τῇ Ἀραβίᾳ (V. 25a); denn das ἐν τῇ Ἀραβίᾳ einfach als ἀραβιστί zu verstehen und auf das arabische Wort *ḥaǧar* »Stein« zu verweisen[46], ist keine Erklärung dieser problematischen[47] Stelle. Abgesehen von der kühnen Gleichsetzung ἐν τῇ Ἀραβίᾳ = ἀραβιστί, ist trotz aller exegetischen Freiheiten des Midrasch weder das Überspringen in eine fremde Sprache, die selbst die arabischen Nabatäer dem Aramäischen unterordneten, noch das Heranziehen eines Wortes plausibel, das mit dem Sinai nur soviel gemein hat, daß dieser, wie jeder Berg, eben aus Steinen besteht. Wir müssen daher von einer geographischen Bedeutung des ἐν τῇ Ἀραβίᾳ ausgehen. Aber nun den Satz mit *p*[46] *S G t lat sah Or Ambst Epiph Aug* u.a. auf die Aussage τὸ δὲ / γὰρ Σινὰ ὄρος ἐστὶν ἐν τῇ Ἀραβίᾳ zu reduzieren[48], macht die Sache zu simpel. Die bloße Angabe Arabiens kann nicht die Auslegung auf Hagar fordern, nur weil nach dem AT Ismaeliten *neben anderen* Arabien bevölkern. Paulus denkt ja auch nicht daran, die Ereignisse der Wüstenzeit auf Hagar zu deuten. Der schwierigere Text mit der Aussage, daß Hagar der Sinaiberg in Arabien sei, verdient den Vorzug.

Es liegt nahe, hierbei an Εγρα ἐν τῇ Ἀραβίᾳ zu denken. Εγρα (Ptolemaeus VI 7,29, Stephanus Byz. I 260)[49], *H(a)egra* (Plinius, nat.

---

[45] Die Auskunft, c. Ap. II 25 sei nur die Ansicht Apions, hilft nicht weiter, da Josephus gegen diese Ortsbestimmung nicht polemisiert.

[46] Vgl. die bei *E. Lohse*, ThW s. v. Σινᾶ VII S. 285 Anm. 35 zitierte Literatur.

[47] »Eine wirklich befriedigende Erklärung hat bis heute nicht gefunden werden können«, *E. Lohse*, aaO (1964).

[48] So *Mussner*, Hagar, Sinai, Jerusalem – zum Text von Gal 4,25a, ThQ 135, 1955, S. 56 ff.

[49] Über Εγρα in Strabos Bericht von der Expedition des Aelius Gallus (XVI 782) vgl. *Kammerer*, Pétra et la Nabatène, S. 201 f.

hist. VI 157)[50], nabatäisch-aramäisch *ḫgr'* (CIS II 212,6) = arabisch *el-ḥeǧr*, d.h. »der geschützte, unzugängliche Ort«[51], heute *madā'in | Ṣāliḥ*, »die Städte des (Propheten) *Ṣāliḥ* «[52], war neben Petra, dem es auch in der Anlage ähnelt, der bedeutendste Ort des Nabatäerreiches[53], der den gesamten Süden und damit *madjān* beherrschte[54]. Wie die Bauinschriften mit der Erwähnung Aretas' IV. (9 v.–40 n. Chr.), die bei weitem die Mehrheit in Hegra darstellen, beweisen, erlebte die Stadt zur Zeit des Paulus (vgl. 2Kor 11,32) eine besondere Blüte. Bekanntlich hat es jüdische Bevölkerung im nördlichen *ḥeǧāz* gegeben. In Hegra selbst lassen sich Juden relativ häufig nachweisen[55].

Man mag gegen die Gleichung Hagar-Hegra einwenden, daß die kleine Konsonantendifferenz *h-ḥ*[56] übersehen ist. Aber solche Abweichungen waren im Midrasch durchaus möglich, wie z. B. die GenR 45,1 (zu 16,1) vorliegende Erklärung des Namens Hagar durch *'ăgra'* »Lohn« zeigt. Wir werden uns daher nicht wundern, in arabischen Ortslegenden zu *el-ḥeǧr* die Hagargestalt (arabisch *H(!)āǧar*) zu finden. Wir erfahren aus dem *Ta'rīḫ* des Ṭabari[57] die eine Überlieferung, daß

---

[50] Die von Plinius VI 156 erwähnte Königsstadt der Laeaniten *Agra* (var. *Hagra*) wird mit Egra bzw. Egrakome identisch sein.

[51] Der Artikel, entsprechend dem arabischen *al-ḥiǧru*, wie es tatsächlich schon in dem *'lḥgrw* der Inschrift CIS II 271 (Z. 4) des Jahres 267 n. Chr. bezeugt ist (vgl. *M. Lidzbarski*, Ephemeris für sem. Epigr., III S. 86), gibt dem Ortsnamen einen appellativischen Charakter (vgl. *Th. Nöldeke* bei *Euting*, Nabatäische Inschriften aus Arabien, 1885, S. 53).

[52] Vgl. die Legende vom Untergang der Ṯamūd, der die große Ruinenstätte erklären soll (Qur'ān 7,71ff; 11,64ff; 15,80ff; 26,141; 27,46; 41,16; 54,23ff; 69,5; 91,11). Hierzu und zum Tabucharakter des Ortes, wie er sich in die Geschichte Mohammeds bezeugt und bis in die Moderne reicht, vgl. Shorter Encyclopaedia of Islam, ed. *Gibb* und *Kramers*, 1961, s. v. al-Ḥidjr S. 138f.

[53] Vgl. die zusammenfassende Darstellung *R. Dussauds*, La pénétration des Arabes en Syrie avant l'Islam, 1955, S. 47ff *(»Le système caravanier des Nabatéen ‹ était axé sur les deux places de Pétra et de Hégra.«)*, und *A. Grohmanns*, aaO S. 44 (»neben Petra der wichtigste Ort des nabatäischen Machtbereichs«). Über die antiken Zeugnisse s. *Tkač*, PW s. v. Egra 2, V 1905, Sp. 2006; *A. Musil*, aaO Anm. 7 S. 299–301, der auch die arabischen Zeugnisse zusammenstellt. Zusammenfassende archäologische Bestandsaufnahme bei *J. A. Jaussen – R. Savignac*, Mission archéologique en Arabie, I 1909, II 1 und 2 1914.

[54] In TosSchebiit 4,11 wird im Zusammenhang mit der Nennung der an Israel angrenzenden Gebiete Petra als zu Hegra gehörig bezeichnet (so auch SifDtn 11,24 zu lesen) in jSchebiit 36c (so auch TosSchebiit 4,11 var. zu lesen) sogar Raphia, d.h. in der Provinz Arabia bzw. an ihrer Grenze gelegene Orte werden nach dem nabatäischen Zentrum des Südens bestimmt.

[55] Vgl. *M. Lidzbarski*, aaO S. 88, 269, 271; siehe ferner Gittin 1,1 bJebamot 116a.

[56] Nicht *ḫ*! Man hat trotz der in der aramäischen Schrift unausdrückbaren Differenz *h-ḥ* in der Aussprache zwischen beiden Konsonanten unterschieden.

[57] At-Ṭabari, Abu Ǧaʿfar Muḥammad ibn Ǧarīr (gest. 923), *Ta'rīḫ ar-rusul wa-l-mulūk*.

sich in *el-ḥeǧr* die Trennung Abrahams von Hagar und Ismael auf Befehl des Engels Gabriel vollzogen hätte (vgl. Gen 16 // 21,8 ff)[58], und die andere, daß hier Hagar und Ismael begraben seien[59]. Daß diese Überlieferungen auf jüdische Ortslegenden zurückgehen, wird | grundsätzlich anzunehmen sein. Wir sind in der glücklichen Lage, dafür eine Bestätigung im Targum zu Gen 16 zu finden: die Ortsbestimmung »an der Quelle auf dem Weg nach Sur« (V. 7) wird in 𝔗 O und 𝔗 J I mit »an der Quelle auf dem Weg nach Hegra« wiedergegeben[60], und die von Beer-Lahai-Roi »zwischen Kadesch und Bered« (V. 14 )in 𝔗 O mit »zwischen Petra und Hegra«[61]. Die Gleichung Hagar-Hegra stammt also nicht von Paulus, sondern muß auf eine jüdische Ortslegende zurückgehen. Daß Paulus von der an Hegra haftenden jüdischen Hagartradition wußte, könnte vielleicht auf seinen längeren Aufenthalt in der Arabia (Gal 1, 17), d.h. doch wohl im nabatäischen Gebiet südlich von Damaskus, zurückzuführen sein. Paulus muß gewußt haben, daß der Sinai in der Nähe von Hegra zu suchen ist. Hegra liegt näher am *ḥala᾽ l-bedr* als jede andere nabatäische Stadt (näher als *tebūk*-Thapaua (?)[62], als *ǧuwāfa*-*'jph*[63] usw.). Aber auch wenn wir den Sinai nicht mit *ḥala᾽ l-bedr* identifizieren, sondern irgendwo im *ḥarra*-Gebiet südlich *tebūk* suchen, so ist doch Hegra, das Petra wenig nachstand, bei weitem die bekannteste und bedeutendste Stadt der nächsten Umgebung. Damit dürfte die schwierige Stelle Gal 4, 25 geklärt sein. Gleichzeitig stellen wir fest, daß noch Paulus den Sinai in *madjān* gesucht hat, was nach dem zu Demetrius, Pompeius Trogus und Josephus Bemerkten eigentlich erwartet werden konnte.

Durch die römische Annektion des Nabatäerreiches und die Errichtung der Provinz Arabia 105 und 106 n. Chr. wurde auch der Süden, *madjān*, zumindest in der zweiten Hälfte des 2 .Jh. von römi-

---

[58] Ed. *M.J. de Goeje*, 1879 ff, I (1) S. 278 f.

[59] S. 352. Eine sekundäre Form der *Hāǧar-el-ḥeǧr* Verbindung mag die Überlieferung darstellen, daß neben den Propheten auch Hagar im *ḥiǧr* des Heiligen Hauses in Mekka begraben sei (Shorter Encyclopedia of Islam, ed. *Gibb* und *Kramers*, 1961, s. v. Ismāʿil S. 179).

[60] 𝔗 O *'l 'jn' b'rḫ' dḫgr'*, 𝔗 J I *'l 'jn' db'wrḥ ḫgr'*. Im offiziellen Targum wird *šwr* an allen Stellen durch *ḫgr'* wiedergegeben (Gen 16,7; 20,1; 25,18; Ex 15,22; 1Sam 15,7; 27,8). Daß aber nicht auf Grund einer von vornherein feststehenden Gleichung *šwr-ḫgr'*, deren Bedeutung unerörtert bleiben kann (man vgl. Anm. 54), die Deutung in Gen 16 erfolgt, ergibt sich aus Gen 16,14.

[61] *bjn rqm wbjn ḫgr'*. Zu *rqm*=Petra vgl. Josephus, Ant. IV 161. »Petra und Hegra« wurde offenbar ein stehender Ausdruck zur Bezeichnung der Nabatena, vgl. Gittin 1,1.

[62] So *Musil*, aaO Anm. 7 S. 318.

[63] So *Musil*, aaO Anm. 7 S. 289 f..

schen Posten, die die Handelsstraßen kontrollierten, besetzt[64]. Aber nicht lange konnte der Süden der Nabatena von Rom beherrscht werden. Vom 3. Jh. an[65] liegt dieses Gebiet außerhalb des von Rom kontrollierten Bereichs[66]. Euagrius Ponticus und Nilus im 4. Jh. suchen den Sinai mit einer gewissen Folgerichtigkeit bei den von Trajan auf den ägyptisch-syrisch/arabischen Zwischenhandel zurück- | gedrängten Nabatäern der südlichen Sinaihalbinsel im wenigstens notdürftig kontrollierten Bereich Roms und Byzanz'. Hegra wurde verlassen und verfiel, und Mohammed sah in den Trümmern der großen Stadt nur noch das göttliche Strafgericht, das die Tamūd traf, die trotz der prophetischen Verkündigung nicht vom Götzendienst ließen und darum zugrunde gehen mußten wie Sodom und Gomorrha und wie die Midianiter vor ihnen (Sure *el-ḥeǧr*).

---

[64] *Seyrig*, Antiquités syriennes 37. Postes romains sur la route de Médine, Syria 22 (1941), S. 218 ff.

[65] Seit Caracalla, vgl. *Seyrig*, aaO S. 223.

[66] Auf die wirtschaftlichen Hintergründe, die Bevorzugung des Seeweges, braucht hier nicht weiter eingegangen zu werden.

# DER DEKALOG ALS GANZHEIT BETRACHTET[1]

Dem Dekalog kommt im Alten Testament eine außerordentliche Bedeutung zu. Er steht im Mittelpunkt des Themas der Offenbarung Jahwes auf dem Sinai, und dieses Thema hat, wenn es auch bei der verschiedenen Ausgestaltung der Traditionen im Alten Testament materialiter durch andere Themen überlagert werden kann, konstitutiven Charakter: im Rahmen dieses Themas hat die Offenbarung des Namens und damit des Wesens Jahwes seinen Ort ebenso wie die Begründung eines Israel coram Deo als Partner Jahwes. Zum Ausdruck dieses Verhältnisses wird früh der Bundesbegriff eingeführt und konsequenterweise der Bundesschluß als Sinaigeschehen überliefert.

Die älteste greifbare Sinaiüberlieferung kennt, soviel wir zu sehen vermögen, noch keine Dekalogkundgabe. Es wird vielmehr im Zusammenhang mit der Jahwe-Offenbarung davon gesprochen, daß eine Wechselrede zwischen Jahwe und Mose stattfand; dabei werden Termini technici der Orakelkundgabe verwendet (Ex 19,19 E). Aber schon für die Quelle J stehen im Zentrum der Jahwe-Offenbarung nicht nur das Aussprechen des Jahwe-Namens vor Mose und das geheimnisvolle »verborgene Erscheinen«, das »unsichtbare Sichtbarwerden« Jahwes vor Mose, sondern auch das Aufschreiben von zehn Geboten, die Jahwe dem Mose diktiert als für das Volk deutliches und greifbares Zeichen der eigentlichen Offenbarung[2]. Das, was uns allerdings bei J in Ex 34 als Dekalog überliefert ist, umfaßt weit mehr Gebote als zehn, die noch dazu in recht unterschiedlicher Formulierung erscheinen. Was auch immer der Jahwist als Dekalog überliefert haben mag, der sog. kultische Dekalog, so wie wir ihn jetzt vor uns haben, dürfte höchstens im Kern mit dem jahwistischen Dekalog übereinstimmen.|

Es muß in der alttestamentlichen Tradition mehrere Dekalogkompositionen gegeben haben, die in den Zusammenhang mit der Jahwe-Offenbarung (und damit mit dem Bundesschluß) gestellt worden sind. Obwohl diese Dekalogbildungen sogar noch in nachexilischer Zeit

---

[1] Wesentliche Teile der hier vorgelegten Untersuchung wurden auf dem Fourth World Congress of Jewish Studies, Jerusalem 1965, unter dem Titel »The Structure of the Decalogue« vorgetragen.

[2] Das gilt zumindest für die Schicht von J, die in Ex 34,27 f vorliegt.

nachweisbar sind[3], hat sich eine besondere Form des Dekalogs in der alttestamentlichen Tradition als *der* Dekalog durchgesetzt, diejenige, die im elohistischen Werk in Ex 20 überliefert ist, in der Urform also vor die Zeit zu datieren ist, in der E entstand (wohl im Nordreich während der Jehu-Dynastie)[4]. Allerdings haben Spätere hier in Ex 20 zweierlei Ergänzungen vorgenommen: Die im Laufe der Zeit, vornehmlich unter dem Einfluß deuteronomischer Theologie, zu den einzelnen Geboten entstandenen Exegesen, Paränesen usw. sind auch in die literarische Form bei E eingetragen, doch läßt sich die ursprüngliche Fassung der reinen zehn Gebote verhältnismäßig leicht rekonstruieren. Zweitens ist zu beachten, daß nach der ursprünglich elohistischen Erzählung Mose allein die Gebote offenbart werden mitsamt der einleitenden Selbstvorstellungsformel Jahwes »Ich bin Jahwe, dein Gott«, die für den Inhalt der Sinaioffenbarung konstitutiv ist[5]. Und erst durch den Offenbarungsmittler Mose kann Israel die göttlichen, an Israel gerichteten Worte vernehmen[6]. Als in späterer Zeit die Repräsentation Israels in *einer* Person, die als Redepartner Jahwes wie ein Du dem göttlichen Ich der Personoffenbarung gegenübertrat, mißverständlich wurde, so, als könne sich hier eine In- | stanz zwischen Jahwe und Israel schieben, obwohl es doch zum Wesen göttlicher Selbstoffenbarung gehören müßte, daß sie direkt sei, als in späterer Zeit eben diese Direktheit wesentlich wurde, lehrte man, daß Gott den Dekalog direkt zu Israel gesprochen habe, daß aber alle weitere Offenbarung, die als Ergänzungsoffenbarung von der

---

[3] Vgl. den sog. singularischen Dekalog Lev 19,13–18 und den sog. pluralischen Lev 19,3–12 und dazu *S. Mowinckel*, Zur Geschichte der Dekaloge, ZAW 55, 1937, S. 218–235.

[4] Da sich erst bei Hosea (s. u. bei Anm. 54) ein sicherer Hinweis auf den Dekalog Ex 20 findet, werden wir für die Datierung des sog. ethischen Dekalogs als Ganzem wohl kaum sehr viel über E hinausgehen können. Hier scheint schon durch J in Ex 34 ein Terminus a quo gesetzt zu sein; denn wenn einerseits so betont von »den zehn Worten« im Zusammenhang der Sinai-Offenbarung gesprochen wird, andererseits eine gewisse inhaltliche Übereinstimmung zwischen den Dekalogen Ex 34 und Ex 20 (vgl. zumindest das erste und zweite Gebot) gegeben ist, so liegt eine Konkurrenz vor. Diese kann doch wohl nicht dadurch erklärt werden, daß im Süden der sog. ethische Dekalog in der kultischen Verkündigung (diese vorausgesetzt) einmal durch Ex 34,14ff verdrängt worden sei. Die Annahme, daß Ex 34,14ff literarisch als inferiore Zweitoffenbarung den ethischen Dekalog ersetzt habe, ist durch die späte Bemerkung Ex 34,1b unmöglich gemacht. Es soll auf diese Fragen hier nicht weiter eingegangen werden, da sich durch die nachfolgende Untersuchung ein theologisch so durchreflektierter Aufbau des ethischen Dekalogs ergibt, daß dieser ohnehin eine längere theologische Arbeit voraussetzt.

[5] Vgl. Anm. 13.

[6] Ex 20,18–21 standen nach allgemeiner Ansicht ursprünglich vor Ex 20,1ff.

Grundoffenbarung abgesetzt wurde, der Mittlerschaft bedurft habe. Denn wie hätte Israel den Einbruch des Heiligen, die unmittelbare Rede Gottes, länger ertragen können als in diesem Augenblick der Dekalogkundgabe! Diese deuteronomistische Lehre von der Sinai-offenbarung (Dtn 5) ist auch später in Ex 20 eingetragen[7]. Aber ebenso für den Elohisten wie für die später so einflußreiche deutero-nomische Theologie gilt: die Selbstvorstellung Jahwes, die den Bundesgedanken impliziert, »Ich bin Jahwe, dein Gott«, zusammen mit der Dekalogkundgabe stellt den eigentlichen Inhalt der Offenbarung Jahwes am Sinai dar, ja stellt die Jahwe-Offenbarung schlechthin dar. Selbst die so andersartige Priesterschrift, für die die Offenbarung Jahwes die Offenbarung des Kultes ist, in dem der göttliche *kabôd* in Israel anwesend sein kann, behält den Dekalog insofern bei, als sie die (nun von Gott selbst beschriebenen) Tafeln am allerheiligsten Ort, in der Lade, weiß.

Da wir in unserer Untersuchung von der Urgestalt des nach E am Sinai/Horeb offenbarten Dekalogs ausgehen wollen, also von einer zehngliedrigen Komposition mit den in Ex 20,2–17 gegebenen Inhalten, und dabei die Funktion des Dekalogs als »Bundesurkunde« voraussetzen müssen, brauchen wir auf die Frage des formgeschicht-lichen Ursprungs und auf die Vorgeschichte des Dekalogs nicht näher einzugehen. Nach Alts grundlegender Herausarbeitung eines von ihm sog. apodiktisch formulierten Rechts (mit den Charakteristika »Du sollst«-Formulierung, Reihenbildung usw.)[8] wäre hier Wesentliches nachzutragen[9]. Nur auf eine Beobachtung soll hingewiesen werden, da sie auch für die in Ex 20 bei E vorliegende Verwendung des Dekalogs als Bundesurkunde von Bedeutung ist: Während für Alt das apodiktische Recht aus Rechtssätzen, d.h. Rechtsentscheiden wie das kasuistische Recht, besteht, so daß beide Größen in jeder Hinsicht vergleichbar sind, sollten diejenigen Stücke apodiktisch formulierten Rechts, die Rechtssätze sind, also dem kasuistischen Recht wesensmäßig entsprechen, als sekundäre Mischgebilde | beurteilt werden[10]. Dagegen ist die Grundform des apodiktischen Rechts mit dem kasuistischen Recht unvergleichbar: es gehört nicht zum Bereich des Rechts im Sinn der Rechtsfindung, des Richtens, als viel-

---

[7] Das geschah durch die Umstellung von Ex 20,18–21 im Zusammenhang mit der Einarbeitung des Bundesbuches als Ergänzungsoffenbarung.

[8] *A. Alt*, Die Ursprünge des israelitischen Rechts, BAL 86,1, 1934 [= Kleine Schriften zur Geschichte des Volkes Israel I, 1953, S. 278–332].

[9] Vgl. neuerdings besonders *E. Gerstenberger*, Wesen und Herkunft des »apo-diktischen Rechts«, WMANT 20, 1965.

[10] Vgl. dazu *H. Gese*, Beobachtungen zum Stil alttestamentlicher Rechtssätze, ThLZ 85, 1960, Sp. 147–150.

mehr zum Bereich der Rechtssetzung, der Ordnungskonstituierung, der Heilsgründung; es wird hier nicht gezeigt, wie gerichtet werden muß, sondern was Recht ist, es wird die Ordnung, der heilvolle Zustand, es wird *šalôm* gegeben.

Das wäre nun auch zu beachten bei der Frage des Verhältnisses des Dekalogs als Bundesurkunde, des »Gesetzes«, zum Bund. Die Verkündigung des Recht und Ordnung setzenden Dekalogs *nach* der das Bundesverhältnis implizierenden Selbstvorstellungsformel »Ich bin Jahwe, dein Gott« darf nicht als Bedingung oder Voraussetzung des Bundes verstanden werden. Wenn man heute gern den Bedingungscharakter des Gesetzes wegen der angeblichen Parallelität des »Bundesformulars« mit dem hethitischen Vasallitätsvertrag hervorhebt[11], so ist dabei wohl nicht genug beachtet, daß die Gesetze des Vasallitätsvertrages lediglich das vorausgesetzte und bekannte Vasallitätsverhältnis in der Funktion von *Einzel*bestimmungen nuancieren, daß dagegen der Dekalog in Ex 20 das Sein eines Israel coram Deo als Partner Gottes in aller Grundsätzlichkeit zu umreißen sucht. Das alttestamentliche Urgeschehen, die Selbstoffenbarung Gottes als Person und die Konstituierung eines Gegenübers als Israel coram Deo ist festgehalten in der Sinaiüberlieferung. Die geschichtliche Überlieferung ist Inhalt kultischer Gegenwart gewesen. Hier konnte das Geschehen seinen Ausdruck finden in der Verkündigung der Selbstvorstellung *Jahwes* als Israels Gott und der Heilsgründung *Israels* durch den Dekalog. Der Dekalog formuliert nicht ein Israel wesensmäßig fremdes Gesetz, das zu halten Voraussetzung für eine gnädige Zuwendung Gottes ist, sondern der Dekalog konstituiert jenen *šalôm*-Zustand, in dem sich Israel als Empfänger der Offenbarung befindet. Das Gesetz ist nicht die Bedingung des Bundes, sondern sein heilvoller Inhalt. Der Gedanke, daß diese Ordnungsoffenbarung sinnlos wäre, weil der Mensch in seiner Schwachheit nicht darin leben könnte, liegt der Sache ursprünglich völlig fern. Gott schenkt ein neues Sein, indem er es scheidet von der Heillosigkeit. Die Grenzen dieses Seins werden schützend abgesteckt; dadurch entsteht der Heilsbereich, in dem Israel leben kann. Wir wollen bei der folgenden Untersuchung des Deka- | logaufbaus im Hintergrund die Frage stehen lassen, wie denn im Dekalog eine Ordnungs- und Heilsabgrenzung erreicht wird.

Bei der Untersuchung kann von folgender Urform des Dekalogs[12] aus-

---

[11] Z. B. *W. Zimmerli*, Das Gesetz und die Propheten, 1963, S. 79 ff, gegen *G. v. Rad*.

[12] Auf die Urformen der einzelnen Gebote, soweit sie vor der in Ex 20 gegebenen Zehnerreihung liegen, kann selbstverständlich nicht eingegangen werden. Die Untersuchungen zum ethischen Dekalog werden nicht dadurch gefördert,

gegangen werden, die hier im einzelnen nicht näher begründet zu werden braucht:

Ich bin Jahwe, dein Gott[13].

   I. Du sollst keine anderen Götter vor meinem Angesicht haben[14].

  II. Mach dir kein Gottesbild.

 III. Sprich nicht den Namen Jahwes aus für Nichtiges.

 IV. Gedenke des Sabbattages, ihn zu heiligen.

  V. Ehre deinen Vater und deine Mutter. |

 VI. (?)[15] Morde nicht.

VII. (?)[15] Brich nicht in eine Ehe ein[16].

VIII. Stiehl keinen Menschen[17].

 IX. Sag nicht über deinen Nächsten aus als Lügenzeuge.

  X. Erstrebe nicht das Haus deines Nächsten.

---

daß man hypothetische Urformen der einzelnen Gebote einsetzt. Dabei wird stillschweigend vorausgesetzt, daß diese Urformen von jeher in eben dieser Zehnerkomposition überliefert worden sind. Bei der Vielzahl der überlieferten Reihungen ist das aber gar nicht einmal wahrscheinlich. Die Rekonstruktion der Urform von Ex 20 darf also über das am Text von Ex 20 Ablesbare nicht hinausgehen.

[13] Von der Selbstvorstellungsformel könnte abgesehen werden. Andererseits ist es aber unwahrscheinlich, daß die Verwendung des Dekalogs als Bundesurkunde oder jedenfalls als Inhalt der Sinai/Horeb-Offenbarung, wie in Ex 20, ohne die Selbstvorstellungsformel denkbar wäre. Erst diese macht ja aus den apodiktischen Sätzen eine Gottesrede (das *'äl panaj* in Ex 20,3 könnte u. U. sekundär sein).

[14] Eine ursprünglichere Formulierung des ersten Gebotes liegt sicherlich in Ex 34,14 vor (Ex 22,19 muß, da dort ein Rechtssatz vorliegt, außer Betracht bleiben); während die Formulierung Ex 34,14 den konkreten kultischen Akt des *hištaḥᵃwôt* ausschließt, wird hier allgemeiner vom Götter-Haben gesprochen, wobei das auf die kultische Sphäre weisende »vor meinem Angesicht« (*'äl panaj*) die Fremdgottheit von vornherein in ein Gegenüber zu Jahwe stellt. Man mag dabei mit *R. Knierim* (Das erste Gebot, ZAW 77, 1965, S. 20-39, S. 25) konkret an ein Aufstellen von Götterbildern vor Jahwes Angesicht denken, nur ist die Formulierung Ex 20,3 sowohl mit dem *'ᵉlohîm 'ᵃḥerîm* statt »Götterbilder« als auch mit dem *hjh l* statt »aufstellen« gerade nicht so konkret, sondern allgemeiner gehalten, wobei man dann auch das *'äl panaj* nicht konkret, etwa auf den Ort vor der Lade (*Knierim*, ebd.), deuten muß, sondern allgemein auf den »Raum« vor Jahwes Angesicht. Die Tendenz der Formulierung von Ex 20,3 im Vergleich mit Ex 34,14 ist also deutlich: man versucht, den Fall der Fremdgottverehrung allgemein und umfassend zu formulieren, und bringt gleichzeitig die Souveränität Jahwes in dem »vor meinem Angesicht« zum Ausdruck (letzteres könnte u. U. sekundär sein, vgl. Anm. 13). Ähnlich ist das *pæsæl* von Ex 20,4 allgemeiner als das *mässekä* von Ex 34,17, das nur die verhältnismäßig kleine metallene Statuette bezeichnet, die im Zentrum der Bildverehrung steht.

[15] Zur textkritischen Frage der ursprünglichen Reihenfolge s. u. S. 77f.

[16] Im Dekalog wird der vollberechtigte Kultteilnehmer, d. h. der erwachsene israelitische Mann, angeredet; vgl. u. S. 76f.

[17] Zur ursprünglichen Bedeutung von *gnb* vgl. u. S. 76.

Die Frage nach dem Aufbau dieses Dekalogs[18] wird wenig gestellt[19]. Man begnügt sich mit der Feststellung, daß die Gott betreffenden Gebote vorausstehen und die die Menschen betreffenden folgen. Seit Augustin wird entsprechend die Verteilung auf zwei Tafeln vorgenommen: fas auf der ersten, jus auf der zweiten Tafel (d. h. nach der altkirchlichen Zählung I–III und IV–X). Oft weist man darauf hin, daß innerhalb der beiden Gruppen die Schwere der verbotenen Vergehen die Reihenfolge bestimmt habe. Bei näherem Hinsehen läßt sich dieses Prinzip allerdings nicht verifizieren, ohne zu ganz gezwungenen Auslegungen Zuflucht zu nehmen – ganz abgesehen von der Verschiedenheit der Fälle, die unter ein Gebot subsumiert sind: falsche Aussage vor Gericht wiegt eben je nach Inhalt der Aussage ganz verschieden schwer (IX. Gebot). Es ist bei | der bedeutenden inhaltlichen Unterschiedenheit der Einzelgebote unmöglich, eine sozusagen quantitative Bemessung durchzuführen. Andererseits ist es aber für das Verständnis einer solchen Zusammenstellung von Geboten, wie sie im Dekalog vorliegt, unerläßlich, die Komposition zu durchschauen; nicht nur die Frage der Aneinanderreihung wird davon betroffen, auch die Frage, warum gerade diese Gebote und nicht andere zusammengestellt sind. Die Komposition muß als Ganzheit verstanden werden; nur als Ganzheit hat ein solches Dokument seinen Sinn.

---

[18] Die Hypothese einer Zusammenstellung des Dekalogs aus bestehenden apodiktischen Reihen, wie sie *G. Fohrer*, Das sogenannte apodiktisch formulierte Recht und der Dekalog, KuD 11, 1965, S. 49–74, vorgetragen hat, betrifft ein anderes Problem. Auch wenn wir diese Entwicklung des Dekalogs rekonstruieren könnten, erhebt sich die Frage, wie die jetzt vorliegende Komposition als solche verstanden werden kann.

[19] Ein ausführlicher Überblick über die neuere Forschung bis 1961 findet sich bei *J. J. Stamm*, Dreißig Jahre Dekalogforschung, ThR N. F. 27, 1961, S. 189–239. 281–305 und in seiner Monographie: Der Dekalog im Lichte der neueren Forschung, ²1962; vgl. ferner die hier in den Anmerkungen genannte neuere Literatur, soweit sie über Einzelfragen zum Dekalog hinausgeht. Nachträglich sei auch noch verwiesen auf *E. Nielsen*, Die zehn Gebote, Acta Theologica Danica 8, 1965, der wenigstens am Rande die Kompositionsfrage voranzutreiben sucht. Aber sein Ergebnis ist unbefriedigend (ebd. S. 69): »Daß man formal die Gebote in zwei Gruppen scheiden kann, eine, in der das Wort ›dein Nächster‹ vorkommt [Nach *Nielsens* Rekonstruktion des ursprünglichen Dekalogs auch im sechsten (*lʾ tnʾp ʾt ʾšt rᶜk*), siebenten (*lʾ tšpk ʾt dm rᶜk*) und achten (*lʾ tgnb ʾjš mrᶜk*) Gebot; aber dieser völlig hypothetische Ersatz der Formulierungen von Ex 20 ist mit allen Unsicherheiten belastet], und eine Gruppe ohne dieses Wort, darf das Faktum nicht verhehlen, daß die Worte drei Gebiete umspannen, 1. das kultisch-religiöse Gebiet (1–4), 2. die Achtung vor dem Leben und Wohlergehen im nächsten Umkreis (5–7) und 3. die Achtung vor der sozialen Integrität der Anderen (8–10). Aber diese Sonderung kann höchst theoretisch scheinen, namentlich ist es schwierig, zwischen der 2. und 3. Gruppe die Grenze zu ziehen.«

Alt hatte als typisches Merkmal des sog. apodiktisch formulierten Rechts die Reihung festgestellt[20], aber die Frage nach dem Prinzip einer solchen Reihung wurde von ihm nicht aufgeworfen. Nun kann natürlich eine solche Reihung aus der Sache heraus festgelegt sein wie bei der Aufzählung der verbotenen Verwandtschaftsgrade in Lev 18, 7–17 a[21]. Aber eine solche Zusammenstellung inhaltlich gleichartiger Gebote ist selten. In der Regel handelt es sich bei den Reihen um inhaltlich verschiedene Gebote, bei denen ein solches Sachprinzip nicht einfach anwendbar ist. Läßt sich hier ein Formprinzip erkennen, nach dem sich die Gestaltung der Reihen vollzogen hat? Als solches bietet sich die *paarweise Anordnung* an, die ja nicht nur die Grundlage der Poesie in der Form des Parallelismus membrorum bildet, sondern sich auch in der gehobenen Prosa häufig findet, wenn auch die zusammengestellten Paare nicht die strenge inhaltliche Bezogenheit aufzuweisen brauchen wie in dem besonderen Fall des poetischen Parallelismus. Auch die Tendenz des biblischen Hebräisch, ein Hendiadyoin zu bilden, weist auf dieses Formprinzip hin. Sog. apodiktisch formulierte Rechtssätze gehören ja zur geformten Sprache, in manchen Fällen[22] ist sogar rhythmische Formung nachzuweisen. Um so mehr sind wir berechtigt, von der Hypothese auszugehen, daß das Doppelungsprinzip der hebräischen Stilistik sich auch auf die Reihenkomposition auswirkt, freilich nicht in der extremen Form von synonymem und antithetischem Parallelismus; soll doch in diesen Reihen normalerweise möglichst viel Material komprimiert werden, und auch der rechtsetzende Charakter dieser Reihen läßt Parallelformulierungen nicht gerade wünschenswert erscheinen. Aber die paarweise Anordnung inhaltlich entsprechender Sätze sollte durchaus zu erwarten sein. Immerhin | ist es auffällig, daß die Poetisierung apodiktischer Satzreihen, und damit eine strenge Formulierung im Parallelismus membrorum, im Alten Testament tatsächlich vorkommt, wenn diese Erscheinung auch als formgeschichtlich sekundär zu beurteilen ist. So findet sich eine solche poetisierte Reihung in der von Gunkel Torliturgie genannten Gattung sowohl im Psalter (Ps 15; 24,3–6; 34,13–15) als auch im prophetischen Schrifttum

---

[20] A Anm. 8 aO S. 44 ff bzw. 311 ff.

[21] Vgl. *K. Elliger*, Das Gesetz Leviticus 18, ZAW 67, 1955, S. 1–25 [=Kleine Schriften zum AT, ThB 32, 1966, S. 232–259].

[22] Vgl. *Alt*, a Anm. 8 aO S. 41 f bzw. 308 über die *môt jûmät*-Reihe. Diese Reihe ist m. E. formgeschichtlich sekundär, insofern kasuistische Rechtssätze nach der Art der apodiktischen »Rechtssätze« formuliert sind (vgl. ThLZ 1960, Sp. 147 ff); aber gerade darum ist dieses Beispiel bezeichnend.

(Jes 33,14b–16; Ez 18,5–9[23]), wobei überall der Parallelismus membrorum durchgeführt ist, obwohl es nicht bei reiner Synonymität bleiben kann, sondern inhaltliche Entsprechung, der Bezug auf denselben Lebensbereich o.ä., parallelbildend wirkt.

Wir kommen unserer Frage etwas näher, wenn wir uns den Dekalogbildungen außerhalb von Ex 20/Dtn 5 zuwenden. Hier wäre zunächst auf die zwei von Mowinckel[24] herausgearbeiteten Dekaloge in Lev 19, den pluralischen in V. 3–12 und den singularischen in V. 13–18, zu verweisen. Der pluralische Dekalog ist allerdings nicht mehr mit Sicherheit zu rekonstruieren. Wir können lediglich in V. 3f und 11f Reste feststellen, die aber jeweils Anordnung in sachlich entsprechenden Paaren zeigen[25]. Um so sicherer läßt sich der Aufbau des singularischen Dekalogs beurteilen: jeweils paarweise zusammengestellt sind zwei Gebote über das Verhalten 1. V. 13, dem sozial Abhängigen gegenüber (wobei der erste Teil wiederum aus zwei Gliedern besteht); 2. V. 14, dem Tauben und Blinden gegenüber; 3. V. 15, beim Fällen des Rechtsentscheids (mit verallgemeinernder negativer und positiver Umrahmung); 4. V. 16, bei der juristi- | schen Verfolgung; 5. V. 17f, ganz allgemein und grundsätzlich in höchst kunstvoller, chiastischer Komposition a b1 b2–b2' b1' a'. Man mag einwenden, daß es sich im Fall von Lev 19 ja um recht sekundäre Gebilde handelt, in denen eine gewisse Poetisierung festgestellt werden kann, so daß die paarweise Anordnung darauf zurückgeführt werden könnte.

---

[23] Auch hier ist noch eine ursprünglich metrische Formung zu spüren (Sechser, 3+3 bzw. 2+2+2):
V. 5,3+3, allgemein;
V. 6a, 3+3, Götzendienst (der ezechielische Ausdruck *gillûlê bêt jiśra'el* tritt an die Stelle eines ursprünglichen, einhebigen Ausdrucks für Götze);
V. 6b, 3+3, Sexualverhalten;
V. 7a, 2+2+2, soziale Bedrückung (dl *ḥôb*);
V. 7b, 3+3, soziale Hilfe;
V. 8αβ, 3+3, Geschäftsleben;
V. 8αγb, 3+3, Rechtsleben (mit metrischer Verlängerung);
V. 9a, 2+2+2, allgemein.
Vgl. im einzelnen *W. Zimmerli*, Ezechiel, BK XIII/1, S. 404.
[24] A Anm. 3 aO.
[25] Zu V. 3, der die (umgekehrte – vgl. die Reihenfolge Mutter, Vater) Zusammenstellung des Sabbat- und Elterngebotes des ethischen Dekalogs voraussetzt, vgl. u. Anm. 56. V. 4 kombiniert Götzen- und Bilderdienst wie der ethische Dekalog, vgl. u. S. 73f. V. 11 zeigt in der ersten Hälfte (abα) eine Kombination von Stehlen und Lügen, die in der Parallele mit Betrügen zusammengefaßt wird. V. 12 bezieht sich auf das dritte Gebot des ethischen Dekalogs, wobei ebenfalls das parallele Glied verallgemeinernden Charakter hat (mit LXX ist pluralischer Text wiederherzustellen).

Eine solche sekundäre Parallelisierung wird man aber gewiß nicht
für den sog. Fluchdodekalog Dtn 27,15–26 in Anschlag bringen können, denn hier kann es sich bei dem zwölfmaligen *'arûr* nur um eine
einfache Reihung handeln, und in der Tat scheint bei der Zusammenstellung der zwölf fluchwürdigen Verbrechen nichts für Paarung zu
sprechen, wenn aufgezählt werden 1. Anfertigung eines Gottesbildes,
2. Elternverachtung, 3. Grenzverrückung, 4. Irreleitung eines Blinden
usw. Es war aber schon früh bemerkt worden, daß das zwölfte *'arûr*
nicht auf derselben Ebene liegt wie die elf vorangehenden Fluchworte. Im Gegensatz zu diesen enthält es nur eine Verfluchung dessen,
der die Gebote ganz allgemein nicht hält. In deuteronomistischer
Formulierung heißt es V. 26a: »Verflucht, wer nicht hält alle Worte
dieser Tora (womit die schriftliche Tora des Buches Deuteronomium gemeint ist), sie zu tun!« Alt schloß, daß hier entweder ein
zwölfter Satz dazugesetzt ist, oder, da doch schwerlich eine Reihe
aus elf Gliedern gebildet wird, daß vielmehr ein älterer Satz verdrängt ist[26]. Nun fällt aber auch das erste *'arûr*-Wort (V. 15), das
sich gegen die Anfertigung eines Gottesbildes wendet, aus dem Rahmen; es sondert sich nicht nur durch späte Formulierungen aus, sondern auch inhaltlich: als einziges Gott betreffendes Gebot ist es an
den Anfang der Reihe gestellt[27]. Reduzieren wir die Zwölferreihe um
diese beiden sekundären Elemente, so erhalten wir einen ursprünglichen Dekalog[28], in dem sich nun auch die paarweise Anordnung
nachweisen läßt. Beginnen wir am Ende: V. 24f betreffen Mord und
die Durchführung eines Mordes im Auftrag eines Dritten. Der Parallelismus ist deutlich, man hat sogar den Eindruck, als sei der zweite
Fall nur des Parallelismus wegen erwähnt. V. 20–23 betreffen den
sexuellen Verkehr. Dabei fällt die Reihenfolge auf: Verkehr mit der
Frau des Vaters, mit Vieh, mit der Halbschwester, mit der | Ver-
schwägerten. Da die letzten beiden Fälle gut parallelisiert werden
konnten (Verletzung der Ehe der Schwester und der Ehe des Bru-
ders), mußten Inzest und Sodomie zusammengestellt werden, was
vom Gesichtspunkt der Schwere gerade dieser Vergehen möglich
erschien. Rein sachlich wäre eine Reihenfolge dieser vier Fälle wohl

---

[26] A Anm. 8 aO S. 48 bzw. 313.

[27] Man beachte die späte Sprache *(mᵃᶜaśē jᵉdê haraś)* und die sekundäre Rücksicht
auf einen allgemeinen Charakter der Reihe als Aufzählung heimlicher Verbrechen
durch Aufnahme des *bássatær* von V. 24. Dtn 27,15 wurde schon von *J. Hempel*,
Die Schichten des Deuteronomiums, 1914, S. 80 ff, für sekundär gehalten.

[28] Das wurde schon von *F. Horst* erkannt: »Für den jetzigen Zusammenhang
wurde dieser Fluchkatalog am Anfang und Ende aus fremdem Bereich aufgefüllt
und auf eine Zwölfzahl gebracht.« (RGG³ II, 69 s. v. Dekalog; den Hinweis ver-
danke ich *U. Pfingsten*.) Eine Begründung gibt *Horst* nicht an.

so zu bestimmen, daß das Sodomieverbot an das Ende tritt. Es
kommt aber eben nicht auf eine lineare, sondern auf eine paarweise
Aufzählung an. V. 18 f betreffen den Umgang mit hilfsbedürftigen
Personen: die Irreleitung eines Blinden und die Bedrückung des
sozial Schwachen, des Fremdlings, der Waise und der Witwe. V. 16 f
endlich haben das Verhältnis zu den Eltern und zum Patrimonium[29]
zum Gegenstand. Die Paarung der Fluchworte II–III, IV–V, VI–VII,
VIII–IX, X–XI beweist, daß ursprünglich ein Dekalog vorliegt.
Überhaupt scheint, entgegen verbreiteter Ansicht, mit primären
Dodekalogen nicht gerechnet werden zu müssen. Es ist wichtig zu
sehen, daß trotz der einfachen Aneinanderreihung der Fluchsprüche,
die keine poetisierende Komposition zuließ, doch Paarung als Auf-
bauprinzip vorliegt.

Der sog. kultische Dekalog von Ex 34,14–26 ist so erweitert, daß
die zehn Gebote, die hier ja einmal erkennbar vorgelegen haben
müssen, wie sich aus dem Bezug auf »die zehn Worte« (V. 28) ergibt,
nicht mehr mit Sicherheit rekonstruiert werden können[30]. Aber das

---

[29] Daß sich das Grenzverrückungsverbot auf die *nāḥ°lā* bezieht, geht aus
Dtn 19,14 hervor. Für den Zusammenhang mit dem Elterngebot ist auch die
Formulierung Spr 22,28 interessant, wo gerade der zweite Teil der Aussage,
nämlich daß der *g°bûl* durch die Väter geschaffen ist, die israelitische Interpretation des aus Amenemope übernommenen weisheitlichen Mahnwortes ist. Der
Zusammenhang von Familie und Grundbesitz wird auch in Spr 15,25 im Parallelismus membrorum *bêt-g°bûl* zum Ausdruck gebracht und nicht zuletzt in der
Interpretation des Elterngebotes im Dekalog, wo vom langen Leben auf der
*'°damā* die Rede ist.

[30] Wie immer man eine Zehnzahl rekonstruieren mag, sicher wird man das
erste und zweite Gebot in V. 14a und V. 17 sehen, die inhaltlich mit dem ersten
und zweiten Gebot des ethischen Dekalogs übereinstimmen und deren Zusam-
mengehörigkeit sich ja schon aus der dort erfolgten gemeinsamen Kommentierung ergibt (vgl. u. Anm. 39). Das siebente und achte Gebot liegt in V. 25 vor und
betrifft das Passahopfer. Das neunte und zehnte findet sich in V. 26, wobei das
nicht leicht zu interpretierende Gebot V. 26b »Du sollst kein Böckchen in seiner
Muttermilch kochen« keinen einfachen Bezug zu V. 26a zeigt *H. Kosmala*, The
so-called Ritual Decalogue, ASTI 1, 1962, S. 31–61, möchte auch diese beiden Gebote auf das Passahfest beziehen. Wie immer nun auch V. 26b interpretiert wird, mit
oder ohne das ugaritische SS 14, wir können sicher sein, daß dieses Gebot gegen eine
kanaanäische Fruchtbarkeitsvorstellung im Zusammenhang mit einem besonderen
Opferritus gerichtet ist, und mit dem Gedanken der Fruchtbarkeit hängt ebenso die
in V. 26a gebotene Ablieferung der Erstlinge zusammen. Die Rekonstruktion eines
dritten bis sechsten Gebotes könnte sich entweder an Ex 23,15–17 orientieren,
und man würde einen viergliedrigen Aufbau erhalten, eine Aufzählung der drei
großen Jahresfeste samt einer besonderen Zusammenfassung als vierten Teil
(Ex 34,23), wenn man nicht das Sabbatgebot hineinnehmen will, dem aber sowohl
die Stellung in Ex 23,12 (abgetrennt von V. 15–17) wie hier in Ex 34,21 (eingeschoben in die Festgebote) widerrät. Oder, viel wahrscheinlicher, man würde
V. 19a, 20bβ, 21a und 23 als drittes bis sechstes Gebot ansehen (vgl. neuerdings

Prinzip der paar- | weisen Anordnung läßt sich leicht in anderen ver-
hältnismäßig alten Reihen apodiktischer Gebote erkennen, deren
Komposition nicht zu sehr durch Überarbeitungen gestört ist. So
zeigt in der das Verhältnis zu bestimmten Personen betreffenden
apodiktischen Gebotsreihe Ex 22, 17–30[31] der leicht erkennbare
Grundbestand deutlich eine Anordnung in sachlich korrespondieren-
den Paaren. Es werden parallelisiert: V. 17 und 19[32] Zauberin und
Götzendiener[33], V. 20[34] und 21 Fremdling und Witwe/Waise (vgl.
Dtn 27, 18 f), V. 24a und b[35] zwei Verbote des Zinsnehmens (... *lo' tihᵉjā*
und ... *lo' taśîm*[36] sind formal zwei Gebote!), V. 27 a und b Gott und der
*naśî'* (die seltsame und oft beachtete Parallelität ist durch das Fluch-
verbot in beiden Fällen gesichert), V. 28a und b[37] kultische Abgabe
und Erstgeburt (vgl. Ex 34, 19a + 20b ß[38]), V. 30a und b zwei Gebote die kultische Reinheit betreffend.

Doch wenden wir uns nun dem ethischen Dekalog Ex 20 zu! Schon
aus einem äußeren Grund sind hier das erste Gebot »Du sollst keine
anderen Götter vor meinem Angesicht haben« und das zweite »Mach
dir kein Gottesbild« miteinander zu verbinden: die nach einer Definition des Gottesbildes zitierte Exegese in V. 5 »Du sollst nicht vor
ihnen (!) niederfallen und ihnen (!) kultisch dienen« bezieht sich nicht
auf das | Gottesbild (Singular) des zweiten Gebotes, sondern, wie
Zimmerli[39] dargelegt hat, auf die Fremdgötter des ersten Gebotes
zurück; das zeigen die Suffixe, das zeigt aber auch der deuteronomistische
Sprachgebrauch der beiden Verben, der nur auf Götter, nicht auf ein
Bild bezogen, sich nachweisen läßt. Die Kommentierung zum ersten

---

*J. G. Torralba*, Decálogo ritual, Ex 34, 10–26, Est Bíb 20, 1961, S. 407–421,
nach vielen Vorgängern). Dann ergäbe sich die Parallelisierung von Erstgeburt und kultischer Abgabe (V. 20bß ist eine aus dogmatischen Gründen
sekundäre Formulierung: man will die Aussage vom Sehen des Jahwe-Angesich-
tes umgehen) einerseits und von Sabbat und Jahresfesten (aber die jetzige Formulierung von V. 23 kann nicht ursprünglich sein, man vgl. dagegen die Formulierung Ex 23, 14) andererseits.

[31] Vgl. dazu *Alt*, a Anm. 8 aO S. 50 bzw. 315 f.

[32] V. 18 gehört zur *môt jûmät*-Reihe.

[33] Es ist mit Sam LXX *'ᵃḥerîm* einzufügen (entsprechend ist V. 19b mit Sam zu
tilgen).

[34] V. 20b ist als Begründung abzusetzen.

[35] Die große Konditionalsatzperiode V. 22 f hebt sich schon rein stilistisch von
den apodiktisch formulierten Geboten ab. V. 25 f ist Ergänzung mit Begrüdung.

[36] Mit LXX (und Syr) ist Singular zu lesen.

[37] V. 29 ist deutlich Ergänzung zu V. 28b.

[38] S. o. Anm. 30.

[39] Vgl. *W. Zimmerli*, Das zweite Gebot, in: Festschr. für A. Bertholet, 1950,
S. 540–563 [= Gottes Offenbarung. Gesammelte Aufsätze, ThB 19, 1963, S.
234–248].

Gebot hängt sich also an das zweite, so beide Gebote zu einer höheren Einheit zusammenfassend. Die Paarung des ersten und zweiten Gebotes läßt sich auch aus inhaltlichen Gründen erweisen: das erste Gebot hat zum Gegenstand die Exklusivität, das zweite die Personalität Gottes, bezieht sich doch das Verbot der Gottesbildanfertigung auf das Jahwe-Bild. Wie schon länger erkannt[40], ist es nicht die »Geistigkeit der mosaischen Religion«, die eine »sinnliche« Vorstellung Gottes verbietet; das sind späte, unalttestamentliche Kategorien. Auch der antike Mensch wußte sehr wohl zwischen dem Gottesbild und dem »wirklichen« Gott zu unterscheiden. Aber in dem Bild schattete sich ab das übersinnliche Wesen des Gottes. In der kultischen Zeremonie konnte dem Gottesbild tiefste Verehrung zugewendet werden; wie in einer Puppe[41] wurde der der menschlichen Welt so ferne Gott nah und kontaktfähig und verfügbar. Die alttestamentliche Gottesoffenbarung unterschied sich aber darin von aller vorhergehenden und neben Israel bestehenden, daß nicht ein vielgestaltiges, allgestaltiges Göttliches in einer dem Menschlichen entzogenen Welt als Grundlage allen Seins erkannt wurde, so daß die Menschen wie das »Vieh der Götter« waren, sondern daß Gott als Person der Person gegenübertrat, *sich selbst* offenbarte. Die Völker durchbrachen die Ferne der Götter durch die Puppe, für Israel war die Nähe Gottes in der Personoffenbarung gegeben. Exklusivität und Personalität der Jahwe-Offenbarung sind zwei Seiten derselben Sache. Das erste und zweite Gebot gehören zusammen: »Gott selbst« ist das Thema.

Auch das neunte und zehnte Gebot sind schon rein textlich miteinander verbunden. »Sag nicht über deinen Nächsten aus als Lügenzeuge« und »Erstrebe nicht das Haus deines Nächsten« nennen beide den Bereich, auf den sie sich beziehen: den *re*a', den Mitbürger, den Menschen, mit dem man zusammen am selben Ort wohnt, mit dem man täglich zu tun hat, d.h. *die* menschliche Gesellschaft, in der man zu Hause ist. Wie gehören beide Gebote inhaltlich zusammen? Das neunte Gebot betrifft | den Schutz des Rechts, das dem »Nächsten« gilt. Die israelitische Gemeinde hatte Rechtshoheit. Im Tor versammeln sich die Ältesten zur Rechtsfindung, bei der der Zeuge eine wesentlich größere Rolle spielt als im modernen staatlichen Gerichtswesen, wo der Begriff praktisch auf den vor Gericht auf Aufforderung hin etwas Aussagenden beschränkt ist. Im biblischen Sprachgebrauch ist der Zeuge derjenige, der von etwas Kenntnis erhält,

---

[40] Vgl. z. B. *Zimmerli*, a Anm. 39 aO und jetzt auch *G. v. Rad*, Aspekte alttestamentlichen Weltverständnisses, EvTh 24, 1964, S. 57–73 [ = Gesammelte Studien zum Alten Testamen , ThB 8, ³1965, S. 311–331].
[41] Die Bildverehrung hat ihr Zentrum in den Riten, die mit der Schreingottheit vollzogen werden, vgl. *mǎssekā* Ex 34,17.

dadurch mit dieser Sache persönlich verbunden wird und für diese Sache nun mit seiner Existenz haftet. Z.B. hat ein Zeuge eines Mordes selbst dafür zu sorgen, daß die Blutschuld getilgt wird: er muß gegen den Mörder Anklage erheben, gegen ihn Zeugnis ablegen, den ersten Stein auf ihn werfen. Da somit jedes Rechtsverfahren in Israel aus Zeugenschaft besteht, wird mit dem neunten Gebot das gesamte Recht im Tor betroffen. Das zehnte Gebot formuliert auch sehr allgemein: »Bringe nicht, durch Machenschaften o.ä., an dich das Haus deines Nächsten.« *ḥmd* meint hier nicht einen rein geistigen Vorgang sondern, Innerliches und Äußerliches ungetrennt, die ganze Wirklichkeit des Angriffs gegen den Besitz des Nächsten[42]. Im letzten Paar der Dekaloggebote werden also Recht und Besitz des Nächsten geschützt.

Auch für das dritte und vierte Gebot, »Sprich nicht den Namen Jahwes aus für Nichtiges«, »Gedenke des Sabbattages, ihn zu heiligen«, kann man auf eine formale Verbindung hinweisen: sowohl auf Name als auch auf Sabbat kann die Terminologie »heiligen« (*qiddeš*) und »entweihen« (*ḥillel*) angewendet werden[43]. Dem entspricht natürlich eine inhaltliche Zusammengehörigkeit. Diese wird deutlicher bei einer weiteren Interpretation des Namengebotes, als sie gewöhnlich gegeben wird. Mag hier auch vornehmlich das falsche Schwören verboten sein – von Namenszauberei abgesehen, die man gerne aus der Urbedeutung von *šaw'* herleitet[44] –, so ist doch zu beachten, daß eben nicht formuliert wird »Du sollst nicht bei meinem Namen eine Lüge schwören« wie z.B. in Lev 19, | 12, sondern daß, viel allgemeiner, das (laute) Aussprechen[45] des Namens verboten wird *laššaw'* für Nichtiges, Falsches, Geheucheltes usw. Damit fällt in diesen Bereich der gesamte Kult; beginnt doch jedes Gebet mit der Anrufung des Namens, und kann doch Kult allgemein als *qara' bešem jwhw* bezeichnet werden bzw.

---

[42] Zu *ḥmd* vgl. *J. Herrmann* in Sellin-Festschrift, 1927, S. 69–82 und *Stamm* in ThR N.F. 27, 1961, S. 304ff. *C.H. Gordons* Interpretation (A Note on the Tenth Commandment, JBR 31, 1963, S. 208f) vermag ich nicht zu akzeptieren; die ursprüngliche Bedeutung von *ḥmd* schließt den Begriff der potentiellen Aneignung ein, vgl. das ugaritische BH I 38 und das biblische Jos 7,21. Später, in der Interpretation von Dtn 5,21, wird *ḥmd* mit dem Hitp. von *'wh* parallelisiert und damit als rein spiritueller Vorgang verstanden, vgl. dazu u. Anm. 56.

[43] Name: Ez 36,23; Jes 29,23, vgl. »heiliger Name« Lev 20,3; Am 2,7; andererseits Lev 18,21; 19,12; 22,32; Jer 34,16; Am 2,7 usw.
Sabbat: Gen 2,3; Ex 20,8.11; Jer 17,23f; Ez 20,20; 44,24; Neh 13,22, vgl. »heiliger Sabbat« Ex 16,23 usw.; andererseits Ex 31,14; Jes 56,2.6; Ez 20,13ff; Neh 13,17f.

[44] Z.B. *Mowinckel*, Psalmenstudien I, 1921, S. 50ff.

[45] Vgl. KBL s. v. *nś'* qal Nr. 8 und die dort angegebenen Beispiele, ferner *maśśa'* in der Bedeutung »Ausspruch«.

kultisches Vergehen allgemein als »Namensentweihung«[46]. Daß ein
Gebet *lāššaw'* ausgesprochen werden kann, zeigen das typische Un-
schuldsbekenntnis und der Reinigungseid. Das dritte Gebot sichert
also allgemein das In-Kontakt-Treten des Israeliten mit Gott ab und
kann daher mit dem Gebot der Heiligung des Sabbats parallelisiert
werden. Besonders wenn wir an den Sabbat im älteren Sinn als
Tabutag denken, an dem das ursprüngliche, schöpfungsgemäße Sein
der Welt unverletzt erhalten bleibt, und nicht den Sabbat als einen
religiösen Festtag verstehen, ist die Nennung dieses Gebotes neben
dem Verbot der Entweihung des Kontaktes Jahwe-Israel verständlich. Im dritten und vierten Gebot geht es um den Kontakt mit dem
Heiligen im kultischen, zeremoniellen Geschehen und im Zeitablauf.

Bei der Herausarbeitung der Struktur paarweiser Gebotsanordnung
im Dekalog stoßen wir aber mit dem fünften bis achten Gebot auf
Schwierigkeiten. Alt hat zwar mit Hinweis auf Ex 21,16 und Dtn
24,7 den Sinn des »Diebstahl«-Verbotes neu bestimmen können[47]:
*lo' tignob* bezieht sich auf den Menschen, meint Menschendiebstahl (die
jüdische Exegese hat das teilweise noch gewußt)[48]. Aber wie ist die
Reihenfolge »Ehre deinen Vater und deine Mutter«, »Morde nicht«,
»Brich nicht in eine Ehe ein«, »Stiehl keinen Menschen« zu erklären?

Es fällt zunächst auf, daß hier die Elemente zu zwei Paaren ganz
offensichtlich gegeben sind: dem Gebot der Elternehrung entspricht
das Verbot des Ehebruchs; denn das eine bedeutet den Schutz der
eigenen Familie, das andere den Schutz der fremden Familie. Angeredet in diesen Geboten ist ja der Kultteilnehmer, der erwachsene
israelitische Mann. | Er lebt in der Großfamilie, die auf der Autorität
der Elterninstitution aufgebaut ist. Die Unantastbarkeit dieser Basis
setzt den Heilszustand der Familie. Das Nicht-die-Ehe-Brechen bedeutet dagegen für den israelitischen Mann das Nicht-Einbrechen in
die *fremde* Ehe und Familie. Beide Gebote haben also den Schutz der
Familie zum Gegenstand.

Die Gebote »Morde nicht« und »Stiehl keinen Menschen« passen
ebenso gut zueinander. *rṣḥ* meint das illegitime Töten, d.h. den Mord,

---

[46] Lev 18,21; 20,3.

[47] *Alt*, Das Verbot des Diebstahls im Dekalog, Kleine Schriften zur Geschichte
des Volkes Israel I, 1953, S. 333–340; aber seine Erklärung der Reihenfolge des
sechsten bis zehnten Gebotes als folgende Grundrechte des Menschen betreffend:
Leben, Ehe, Freiheit, Ehre, Besitz, überzeugt nicht. Mit dem Stichwort Ehre
kann das neunte Gebot nicht umschrieben werden, da es den gesamten Bereich
des »Rechts im Tor« betrifft. Aber davon abgesehen – es bleibt die Frage der
Reihenfolge der Grundrechte ungeklärt.

[48] Vgl. Mechilta z. St.; darüber *G. M. H. Gottstein*, Du sollst nicht stehlen,
ThZ 9, 1953, S. 394f; *J. J. Petuchowski*, A Note on W. Kessler's »Problematik des
Dekalogs«, VT 7, 1957, S. 397f.

aber auch den unbeabsichtigten Totschlag: das Gebot schützt das
Leben des Menschen. Menschendiebstahl heißt Menschenraub und
Versklavung bzw. Sklavenhandel: das Gebot schützt die Freiheit des
Menschen. Dabei sind beide Gebote im Gegensatz zum neunten und
zehnten Gebot ausdrücklich nicht eingeschränkt auf den Mitmenschen, den *re͟aͨ͟*, auf den Menschen der sozialen Gemeinschaft – prak-
tisch wäre auch das Verbot des Menschendiebstahls hier sinnlos –,
sondern beide beziehen sich auch auf den fremden Menschen, dem
man außerhalb seines Lebens- und Heimatkreises begegnet. Beide
Gebote konstituieren das Grundrecht des Humanum, das Leben in
Freiheit.

Eben diese Reihenfolge der Gebote, die sachlich nach dem Paa-
rungsprinzip gefordert wäre, läßt sich nun in der Tat in einem Teil der
Texttradition belegen[49]: in der Septuaginta, vertreten durch B[50],
bei Philo[51], im Neuen Testament (Röm 13,9 und Lk 18,20)[52]
und schließlich in der hebräischen Tradition in dem aus dem 2. oder
1. Jahrhundert v. Chr. stammenden Nash-Papyrus[53]. Trotzdem mag
man diese besonders im ägyptischen Zweig der Textüberlieferung be-
wahrte Reihenfolge für schwach bezeugt halten angesichts der Tatsache, daß der masoretische und samaritanische Text und, soweit
bisher veröffentlicht, auch die Qumrantexte davon abweichen. Aber
es darf dabei nicht übersehen werden, daß sich schon in Hos 4,2[54]
und in Jer 7,9[55] unter Anspielung auf | die Dekaloggebote die Zu-
sammenstellung von *raṣoäh* und *ganob* neben der Nennung von *na'op*
findet. Und auch in der *môt jûmät*-Reihe Ex 21,12–16 werden das

---

[49] Vgl. besonders *D. Flusser*, »Do not Commit Adultery«, »Do not Murder«,
Textus 4, 1964, S. 220–224.

[50] So in Dtn 5; aber auch in Ex 20 wird das Ehebruchsverbot vorausgestellt,
nur wird das Verbot des Menschendiebstahls vor das Verbot des Mordens gestellt.

[51] De decalogo 121 ff; De specialibus legibus III, 8; Quis rerum divinarum
haeres 173.

[52] Auch MSS in Mk 10,19, vgl. noch Jak 2,11. Weiteres Material bei *Flusser*,
a Anm. 49 aO.

[53] Erstveröffentlichung: *St. A. Cook*, A Pre-Masoretic Biblical Papyrus, Pro-
ceedings of the Society of Biblical Archaelogy 25, 1903, S. 34–56. Eine Spezial-
photographie bei *W. F. Albright*, On the Date of the Scrolls from ͨAin Feshkha
and the Nash Papyrus, BASOR 115, 1949, S. 10–19.

[54] Die Reihenfolge entspricht der umgekehrten Anordnung der Gebote in
LXX[B] in Ex 20. Daß mit *'aloh wͤkäḥeš* auf das dritte Gebot verwiesen wird, wie
man gewöhnlich annimmt, muß wohl wegen der ganz andersartigen Formulierung fraglich bleiben; rein inhaltlich geurteilt, sollte eher ein Bezug zum neunten
Gebot (Aussage vor Gericht) gemeint sein. Sollte »beeiden und betrügen« überhaupt dem Gesamtbereich des neunten und zehnten Gebotes entsprechen?

[55] Mit *hiššabeͨ läššæqær* ist, wie 5,7; 12,16 und die in 7,9 folgenden Ausdrücke
zeigen, Götzendienst gemeint; vgl. Jes 48,1; 65,16 und besonders die deuteronomische Terminologie in Dtn 6,13; 10,20.

*rṣḥ*-Verbot und das *gnb*-Verbot miteinander verbunden. Außerdem ist es verständlich, wie es zu der Umstellung kam, die wir heute im masoretischen Text finden und die die übliche Reihenfolge geworden ist: Hatte *gnb* einmal die Beschränkung auf den Menschendiebstahl aufgegeben und bezeichnete es somit Diebstahl überhaupt (abgesehen von der generalisierenden Tendenz des Dekalogs ist das ja dadurch, daß ein Objekt nicht genannt wird, im Lauf der Zeit zu erwarten), so war die Anordnung in Paaren nicht mehr einsichtig, und es mußte die Reihenfolge sinnlos erscheinen. Nach der Schwere der Vergehen geordnet, ergab sich vielmehr die Reihenfolge der drei Kurzverbote *lʾ trṣḥ*, *lʾ tnʾp*, *lʾ tgnb*. Dem entspricht ja auch die lineare Aneinanderreihung dieser Gebote in Dtn 5 mit der Partikel *w*[56]. Wir müssen daher die Reihenfolge Elterngebot, Ehebruchsverbot, Verbot des Mordes und des Menschendiebstahls für ursprünglich halten[57]. |

Es ergeben sich damit für den Aufbau des Dekalogs fünf Paare von Geboten[58]:

1. Gott selbst – seine Exklusivität und Personalität;

2. der Bereich des Heiligen, an dem Israel Anteil hat – das Kultische und das Heilige im Zeitablauf, der Sabbat;

3. der Bereich, aus dem der Mensch kommt, der dem Individuum vorgeordnet ist – die eigene und die fremde Familie;

---

[56] Dem entspricht ferner die Unterscheidung *ḥmd ʾšh* und *htʾwh bjt* . . ., so daß eine Reihe von *sechs* Geboten in Dtn 5,17–21 entsteht (das erste und zweite Gebot war wegen einer völlig monotheistischen Konzeption zu einem einzigen Gebot zusammengeschmolzen; die kirchliche Zählung hat schon hier ihren Ursprung!): zwei Kapitalverbrechen (Mord und Ehebruch), zwei faktische Verbrechen (Diebstahl und Lüge vor Gericht), zwei spirituelle Vergehen (das Gefallen-Finden an der Frau eines anderen, das Begehren seines Besitzes; vgl. o. Anm. 42). Das kombinierte erste und zweite Gebot trat mit dem dritten, jetzt dem zweiten, zusammen: Gott und sein Name. Das Sabbatgebot mußte somit künstlich auf das Elterngebot bezogen werden. War mit letzterem schon länger ein Hinweis auf die Landgabe verbunden (vgl. o. Anm. 29), so konnte man beim Sabbatgebot durch eine Kommentierung mit der Exodustradition einen Bezug herstellen. Der Hinweis hier auf die Familienmitglieder ließ ohnehin eine Verbindung mit dem Elterngebot möglich erscheinen, auch formal hoben sich beide Gebote durch die positive Formulierung von ihrer Umgebung ab (zu der seltsamen Verbindung der beiden Gebote vgl. Lev 19,3 und o. Anm. 25). So wurde in Dtn 5 eine völlige Umstrukturierung und Neuinterpretation des Dekalogs erreicht.

[57] So interessanterweise jetzt auch *Nielsen*, a Anm. 19 aO S. 38 f allein auf Grund des Prinzips der lectio difficilior (»Daß das Verbot des Totschlags vor dem Verbot des Ehebruchs steht, erscheint uns ebenso selbstverständlich, wie es uns schwierig zu erklären vorkommt, weshalb dann einige Textzeugen diese beiden Gebote in umgekehrter Reihenfolge aufführen.«).

[58] Die Bedeutung der Zehnzahl leitet sich ja ohnehin natürlicherweise von den zweimal fünf Fingern der Hände her, und von daher ist diese 2 × 5-Zahl in den Dekalogen übernommen.

4. das allgemeine Humanum – das Leben des Menschen in Freiheit;
5. der Mensch, mit dem man zusammenlebt, der »Nächste« – der Schutz seines Rechtes und seines Besitzes[59].

Die Ordnung in fünf von Gott bis zum Mitmenschen fortschreitenden Paaren zeigt eine universale Systematik: Es wird folgerichtig und umfassend der *šalôm*-Zustand abgegrenzt und gegründet, in den Israel eintreten kann. Das neue Sein wird in allen seinen Bereichen entwickelt und konstituiert. Es geht um die paarweise Definition des Heilszustandes der fünf Bereiche, nicht um zehn Einzelgebote. Es heißt den Sinn des Textes verkennen, wollte man an ihm Kasuistik betreiben, wie es in der Praxis durchgängig geschieht. Hier werden nicht zehn (im voraus) zu erfüllende Bedingungen des Bundes aufgezählt, noch eine Art tertius usus legis den in den Bund Getretenen anbefohlen. Vielmehr wird das neue Sein definiert im personalen Gegenüber der Anrede, und d.h., im Gebot.

Die Erkenntnis, daß die Reihung apodiktischer Gebote von dem Formalprinzip der Paarung bestimmt werde, ist der Schlüssel zum Verständnis des Dekalogs als Gesamtheit. Dieses Prinzip der paarweisen Anordnung muß natürlich auf dem Hintergrund einer alles biblische Denken und Reden durchziehenden Struktur gesehen werden, muß zusammengesehen werden mit der Eigenart, aus zwei entgegengesetzten Begriffen ein Ganzes zu bilden (z.B. Himmel und Erde = die Welt, Erkenntnis von Gut und Böse = allumfassende Erkenntnis), so daß der Ausdruck für Duplizität Vollständigkeit bedeuten kann[60], muß zusammengesehen werden mit dem poetischen Grundphänomen des Parallelismus membrorum, muß zusammengesehen werden mit dem Kompositionsprinzip der | Doppelung (z.B. zweimalige Versuchung Hiobs, zwei ursprüngliche Redegänge[61], zwei Gottesreden usw.). Die menschliche Wahrnehmung, die zwischen Dual und Plural, zwischen Symmetrie und Vielheit unterscheidet, das Bewußtsein, daß jeder Begriff durch einen Gegenbegriff gebildet wird: oben zugleich mit unten, rechts zugleich mit links, männlich zugleich mit weiblich, daß jede These die Anthitese fordert,

---

[59] Die Einengung des Gesichtskreises hier auf den bekannten Mitmenschen ist von der Sache her begründet: es ist der Kreis der Lebensgemeinschaft, des Sozialen.

[60] *kiplájim* Jes 40,2, *mišnē* Jer 16,18; 17,18; Sach 9,12, *š^ettájim* Jes 51,19 und vor allem Jer 2,13, wo die symmetrisierende Logik gegenüber unserer addierenden deutlich zutage tritt.

[61] Von einem dritten Redegang sind nur Fragmente erhalten; es ist eher möglich, hier verschiedene Ergänzungen eingefügt zu sehen, die ja ohnehin in 24; 25,5ff; 27,7–10.13ff; 28 vorliegen, als anzunehmen, von einem ursprünglich vollständigen Redegang seien nur diese kümmerlichen Reste übriggeblieben.

diese Mentalität ist charakteristisch für die Kulturen des Alten Orients
ebenso wie für das biblische Denken und Reden. Von dieser Idee der,
wie ich es nennen möchte, *symmetrischen Vollständigkeit* her verstehen
wir die Tradition, daß die Dekalogtafeln auf beiden Seiten, vorn und
hinten, beschrieben waren (Ex 32,15) und die andere, daß es *zwei*
Tafeln[62] waren, auf denen der Dekalog geschrieben stand[63].

---

[62] *M. G. Klines* Versuch, die Doppelheit als zwei Ausfertigungen eines Vertrages zu erklären, die jeweils bei den beiden Partnern hinterlegt sind, bleibt unbefriedigend, da dieser »Vertrag« ja nur einmal, vor Jahwe, d.h. in der Lade,
deponiert ist, abgesehen von dem sekundären Charakter dieser Deponierung
(Treaty of the Great King, the Covenant Structure of Deuteronomy, 1963, S. 17 ff).
[63] Diese Verdoppelung wurde in der rabbinischen Tradition immer weiter
getrieben, vgl. Pal. Scheq. 49 d, Pal. Soṭa 22 d, Midr. Rab. zu Hhld 5,14.

# GESCHICHTLICHES DENKEN IM ALTEN ORIENT UND IM ALTEN TESTAMENT[1]

Seitdem uns altorientalische Quellen aus der Umwelt des Alten Testaments zur Verfügung stehen und mit dem Alten Testament verglichen werden können, ist von seiten der alttestamentlichen Exegeten und auch der Althistoriker immer wieder darauf hingewiesen worden, in wie einzigartiger Weise sich das Alte Testament in seiner Geschichtsauffassung grundlegend vom Alten Orient unterscheide[2]. Man betonte, daß sich innerhalb des Vorderen Orients allein in Israel ein geschichtliches Denken und damit eine Geschichtsschreibung entwickelt habe. So richtig die alttestamentlichen Beobachtungen sein mögen, auf die diese Urteile zurückgehen, die theologische Bedeutung dieser These läßt die Aufgabe besonders dringlich erscheinen, einen grundsätzlichen Vergleich zwischen den Zeugnissen der vorderorientalischen Kulturen, die sich irgendwie auf das, was wir Geschichtserleben oder geschichtliches Denken nennen, beziehen, und den entsprechenden alttestamentlichen Urkunden durchzuführen. Denn ein, wenn auch noch so häufig wiederholter, Hinweis auf die Befangenheit des alten Orientalen im geschichtslosen Naturmythus vom ewigen Kreislauf allen Geschehens wird bedeutungslos angesichts der Tatsache, daß sich eine solche Mythologie in den historiographischen Dokumenten Vorderasiens in altorientalischer, d.h. vorpersischer Zeit gar nicht nachweisen läßt[3]. |

Nun läßt sich freilich ein solcher Vergleich in der Kürze, wie sie mir hier geboten ist, nicht in extenso durchführen. Ich muß daher den zu behandelnden Stoff in historischer und geographischer Hinsicht einschränken. Mir scheint es zu genügen, die Entwicklung des geschichtlichen Denkens im Vorderen Orient bis zur Mitte des ersten vorchristlichen Jahrtausends zu verfolgen, also bis zum Beginn der

---

[1] Antrittsvorlesung, gehalten in Tübingen am 14. Juli 1958.

[2] Nur drei Beispiele aus der Fülle der Literatur: *E. Meyer*, Geschichte des Altertums 2,2, ³1953, S. 285; *W. Eichrodt*, Offenbarung und Geschichte im Alten Testament, ThZ 4, 1948, S. 322.329; *G. v. Rad*, Theologische Geschichtsschreibung im Alten Testament, ThZ 4, 1948, S. 161.

[3] Die Erwähnung der *adē nannar* (Mondphasen?) in einem Text Sargons II. (Keilinschriftliche Bibliothek 2, S. 66) reicht zu einem solchen Nachweis nicht aus (vgl. *J. Hempel*, Altes Testament und Geschichte, Studien des apologetischen Seminars 27, 1930, S. 36).

persischen Herrschaft. Zu diesem Zeitpunkt ist die vorexilische Geschichte Israels abgeschlossen, und damit sind wesentliche Zeugnisse für die alttestamentliche Geschichtsauffassung gegeben. Die Errichtung des persischen Großreichs bedeutet einen grundsätzlichen Wandel für die vorderorientalische Welt. Und zudem lebte im fünften Jahrhundert Herodot, den man als Vater der Geschichte bezeichnet hat. Dieser zeitliche Einschnitt mag unsere Abgrenzung rechtfertigen. Außerdem aber wollen wir Ägypten völlig außer acht lassen, da die ägyptischen Zeugnisse auf den ersten Blick sehr unergiebig für unsere Fragestellung zu sein scheinen[4].

Ich vermeide es, an den Anfang der Untersuchung eine Definition von Geschichte oder geschichtlichem Denken zu stellen, die uns als Kriterium dienen könnte für die Frage, wo und wann wir geschichtlichem Denken begegnen. Ein solches Verfahren, das wohl zum großen Teil an der Unfruchtbarkeit moderner geschichtsphilosophischer Untersuchungen für den altorientalischen Historiker schuld ist[5], scheint mir deshalb abwegig zu sein, weil wir nicht eine einfache Teilung von geschichtlichem und ungeschichtlichem Denken durchzuführen vermögen. Es gab offenbar sehr verschiedene Denkformen, die man als auf der Konzeption der Zeit als Geschichtsablauf beruhende kennzeichnen muß. Im Laufe der Untersuchung wird das deutlicher werden.

Bevor wir uns dem Bereich der alten mesopotamischen Kultur zuwenden, müssen wir uns zwei Charakteristika dieser Kultur vor Augen führen, die für die hier entstandenen Formen geschichtlichen Denkens wichtig geworden sind. Der durch die Flüsse Euphrat und Tigris bestimmte Siedlungsraum wurde von einer Kultur beherrscht, die trotz aller Verschiedenheit der Völker in historischer und sprachlich-rassischer Hinsicht eine im wesentlichen einheitliche Kultur ist. Die Kultureinheit wird auf die diese Kultur tragende Schrift, die Keilschrift, und die beiden ohne große Konkurrenz nebeneinander gebrauchten | Sprachen Sumerisch und Akkadisch und damit auf die Einheit der Literatur, der religiösen und staatlichen Traditionen, zurückzuführen sein. Es gibt *den* alten Mesopotamier. Gewiß soll die verschiedene Staatlichkeit (Assur-Babylon) nicht unterschätzt werden, trozdem war es die einheitliche Kultur, die Herleitung von *einem* Sumer, von *einem* Akkad, die den mesopotamischen Menschen prägte – ein Phä-

---

[4] Vgl. das zusammenfassende Urteil von ägyptologischer Seite: *L. Bull*, Ancient Egypt, in: *R. H. Bainton* u.a., The Idea of History, 1955, S. 32.

[5] Man vgl. etwa die Ablehnung von *R. G. Collingwood*, The Idea of History, 1946, durch Orientalisten (*W. A. Irwin*, The Orientalist as Historian, INES 8, 1949, S. 303 f; *E. A. Speiser*, Ancient Mesopotamia, in: *R. H. Bainton* u.a., The Idea of History, 1955, S. 39 Anm. 6, S. 55 f Anm. 50).

nomen, das dem Historiker genugsam bekannt ist. Dieser einheitlichen Kultur entspricht es, daß sie trotz aller Weiterentwicklung die alten Kulturelemente (z. B. literarische Gattungen), die mit der geistigen Umbildung im Verlaufe der Zeit ihre Existenzberechtigung eigentlich verloren hatten, bis in späte Zeiten bewahrt. Diese Kultureinheit bedingt nun als zweites Charakteristikum die übervölkische, die fast »kosmopolitische« Haltung des Mesopotamiers[6]. Durch dieses Drinnenstehen in einem übervölkischen Traditionszusammenhang sind die Voraussetzungen für die Entwicklung bestimmter Formen geschichtlichen Denkens gegeben.

Angaben über die eigene Vergangenheit begegnen uns in Mesopotamien zunächst im Zusammenhang mit dem kultischen Leben[7]. So wird etwa in Inschriften in Tempeln oder an kultischen Gegenständen nicht nur Bericht gegeben über die jetzt vollzogene Errichtung des Bauwerkes oder der Statue, sondern auch über die vergangene Geschichte des Kultobjektes. Der assyrische König Salmanassar I. berichtet z. B., daß ein Tempel in Assur ursprünglich von Uschpia gebaut worden sei, neu gebaut von Irischum I., nach 159 Jahren von Schamschi-Adad renoviert, nach 580 Jahren neu errichtet worden sei von ihm, Salmanassar. Wiederum berichtet Assarhaddon, daß er eben diesen Tempel 580 Jahre nach dem Neubau Salmanassars I. neu gebaut habe. Oder etwa Assurbanipal berichtet, daß er nach der Einnahme von Susa das Kultbild der Göttin Nana, das der Elamite Kudur-Nachundi vor 1635 Jahren aus Uruk verschleppt habe, auffinden konnte. Woraus erklären sich diese genauen, wenn auch für die historisch-kritische Forschung nicht immer ganz stichhaltigen Angaben über die Geschichte eines Kultobjektes? Sie erklären sich aus der kultischen Verwendung, der kultischen Aufgabe dieser Objekte. Ein Kult ist ja nicht eine menschliche Einrichtung, sondern eine göttliche Stiftung. Diese göttliche Stiftung muß rechtlich beurkundet sein, und der Tempel muß der Gottheit legitim geweiht sein. Wird der Tempel | in irgendeiner Weise verändert oder sogar neu gebaut, so muß auch diese Veränderung rechtlich beurkundet werden und vor allem in einen Traditionszusammenhang mit der ursprünglichen Stiftung gestellt werden. Der Rechtsbrauch, Grundstücke und Häuser durch das Einschlagen eines Nagels zum Eigentum zu erklären und überhaupt Gerichtsurteile durch das Einschlagen eines Nagels rechtskräftig zu machen, führt dazu, daß man in dem Tempel als Weihurkunde einen

---

[6] Vgl. dazu *E. A. Speiser*, aaO S. 41–43.

[7] Zu diesem Absatz vgl. grundsätzlich den Abschnitt 3, »Nature of the Source Material«, von *E. A. Speiser*, aaO S. 45–49, dem auch die Beispiele entnommen sind. Weitere Beispiele historischer Rückblicke bei *B. Meissner*, Babylonien und Assyrien 2, 1925, S. 363.

entsprechend beschrifteten großen Nagel aus Ton *(sikkatu)* an-
bringt[8]. Eine *sikkatu* darf nicht entfernt werden. So schreibt jener
Irischum I., den wir schon erwähnten: »Wenn das Gotteshaus bau-
fällig wird und ein König, der an meiner Statt ist, das Haus erbauen
will, die *sikkatu*, die ich eingeschlagen habe, lasse er nicht beben, an
ihre Stelle setze er sie wieder[9].« Späterhin werden die Tonnägel durch
Grundsteinurkunden *(temennu* oder *narū)* ersetzt. Die ursprüngliche
Gründung des Tempels muß für alle Zeiten rechtlich dokumentiert
erhalten bleiben, weil von ihr das Funktionieren des Kultes abhängig
ist. Denn durch die Gründung ist ein Pakt mit der Gottheit, ein *Bund*
abgeschlossen worden, der erhalten, der gehalten werden muß[10]. Da
die berühmten Heiligtümer Mesopotamiens bis in vorgeschichtliche
Zeit zurückreichen, ist es nun nicht verwunderlich, daß auch die
Stiftung des Bundes bis in die Urzeit retrojiziert wird. So ist der
Tempel Esagila eine Gründung der Anunnaki für Marduk nach seinem die Schöpfung konstituierenden Kampf gegen den Chaosdrachen[11]. Das gleiche wird vom Tempel Escharra in Assur gesagt[12].
Diese Retrojektion in eine Urzeit wird uns im Folgenden noch einmal beschäftigen. Zunächst wollen wir uns mit der Feststellung be-
gnügen, daß sich eine historische Dokumentation im kultischen Bereich findet und daß sie ihre Ursache darin hat, daß sich der Kult auf
einen Pakt mit der Gottheit, auf einen Bund zurückführt. Es mag
in diesem Zusammenhang interessant sein, daß sich alle historischen
Inschriften Mesopotamiens[13] aus der lite- | rarischen Gattung der
Weih- oder Bauinschrift entwickelt haben[14].

Daß gerade der Bundesgedanke ein historisches Bewußtsein erfor-
dert, wird bei der Beurteilung alttestamentlichen Geschichtsdenkens
von Wichtigkeit sein. Die Struktur geschichtlichen Denkens in Mesopotamien können wir aber aus der Tatsache historischer Dokumentation im kultischen Bereich nicht ableiten. Wir müssen uns dem Be-

---

[8] *B. Landsberger* und *K. Balkan,* Die Inschrift des assyrischen Königs Irišum,
gefunden in Kültepe 1948, Bell. 14, 1950, S. 252ff, bes. S. 255f.

[9] Zeile 19–23 der von *B. Landsberger,* aaO publizierten Inschrift.

[10] Man beachte, wieviele Heiligtumslegenden, ἱεροὶ λόγοι, uns im Alten Testament überliefert sind, oder wie wichtig den deuteronomistischen Geschichtsschrei-
bern jede Veränderung am jerusalemischen Tempel erscheint.

[11] Enuma eliš VI 34ff ANET² S. 68f; vgl. *W. Zimmerli,* Verheißung und Erfüllung, EvTh 12, 1952/53, S. 39 [=Probleme alttestamentlicher Hermeneutik,
hg. v. C. Westermann, ThB 11, ³1968, S. 75].

[12] AOT, S. 132; vgl. *W. Zimmerli,* aaO S. 39 [=a Anm. 11 aO S. 75f].

[13] Für die assyrischen Annalen seit dem 14. Jahrhundert gelten allerdings einige
Besonderheiten; siehe unten S. 91.

[14] Vgl. dazu *S. Mowinckel,* Die vorderasiatischen Königs- und Fürsteninschrif-
ten, *Gunkelfestschrift I,* 1923, S. 278ff.

reich der mesopotamischen Wissenschaft zuwenden, um Näheres darüber zu erfahren. Man hat der mesopotamischen Wissenschaft den bezeichnenden Namen »Listenwissenschaft« gegeben[15]. Schon in alter, sumerischer Zeit wurden Listen aller irdischen Erscheinungen, auch der Götter, zusammengestellt zum Zwecke, diese Erscheinungen zu benennen und damit zu ordnen: alle Pflanzen, alle Tiere, alle Gegenstände aus Holz, aus Stein usw. Auf diese Weise konnte auch die Schrift gelernt werden – in späterer Zeit, in der die Listen als sumerisch-akkadische Vokabulare auftraten, auch die für den Kultus und die Schrift notwendige sumerische Sprache. Hauptzweck war aber, die Ordnung in der Welt zu erkennen und zu verwirklichen. Dem diente ebenfalls die Bildung und Sammlung von Sprichwörtern, die die Gesetzmäßigkeiten des menschlichen Lebens aufzeigen sollten[16]. Diese – wenn ich sie so nennen darf – »Ordnungswissenschaft«[17] wandte sich auch den geschichtlichen Phänomenen zu. Einmal auf die Weise einer sog. Vorzeichen-(=omen)wissenschaft, über die uns die Omina-Listen ausführlich Aufschluß geben. Man ging in dieser Wissenschaft von der Voraussetzung aus, daß es eine begrenzte, wenn auch große Zahl verschiedener »Zeiten« gibt, die sich nach gewissen Erscheinungen bestimmen lassen. Solche symptomatischen Erscheinungen sind z. B. die Formen der Leber des Schafes, das an dem zu kennzeichnenden Zeitpunkt geopfert wurde. Die Mannigfaltigkeit der Leberformen ließ es zu, die »Zeiten« in der Weise zu ordnen, daß man die Leberformen mit den geschichtlichen Begebenheiten zusammenstellte, die sich nach dem Opfer ereigneten. Taucht dann später das gleiche Omen auf, handelt es sich also um die gleiche »Zeit«, muß auch das Entsprechende sich ereignen. Die auf empirischem Wege[18] | gewonnenen Zusammenstellungen von Leberform und Zeitart werden zur Bestimmung der Gegenwart bzw. der unmittelbar bevorstehenden Zukunft benutzt[19]. Z. B.: »Wenn die Leber so und so (es folgt eine ausführliche Beschreibung) geformt ist, ist das ein Omen des

---

[15] Vgl. dazu *W. v. Soden*, Leistung und Grenze sumerischer und babylonischer Wissenschaft, Die Welt als Geschichte 2, 1936, S. 411 ff. 509 ff [= Darmstadt (Reihe »Libelli« Bd. CXLII), ²1965, S. 21 ff. 75 ff].

[16] Vgl. *H. Gese*, Lehre und Wirklichkeit in der alten Weisheit, 1958, S. 66–68.

[17] Der Ausdruck »Wissenschaft« mag gestattet werden, wenn auch hier nicht im griechischen Sinn nach der ἀρχή, nach dem principium gefragt wird; zur »empirisch-gnomischen Apperzeption« vgl. *G. v. Rad*, Die ältere Weisheit Israels, KuD 2, 1956, S. 56. 60.

[18] Daneben gibt es zweifellos auch die deduktive Methode, aus der Form der Leber als Abbild den Charakter der »Zeit« zu erschließen; vgl. *H. Gese*, a Anm. 16 aO S. 48 Anm. 1.

[19] Vgl. *A. Goetze*, Historical Allusions in Old Babylonian Texts, JCS 1, 1947, S. 253 ff.

Apischaliers (des Königs von Apischal), den Naramsin gefangen
nahm, als er durch die Mauer seiner Stadt brechen wollte[20].« Denn
damals, das ist tradiert worden, war die Leber so und so geformt;
taucht dieses Omen wieder auf, wird der Mesopotamier sich hüten,
einen Ausfall aus seiner belagerten Stadt zu machen. Der Geschichtsbegriff, der hier vorliegt, – wenn wir überhaupt von einem solchen
sprechen wollen – ist folgender: Jede Situation oder Zeitart ist schon
einmal in der unübersehbaren Abfolge der Situationen dagewesen,
jede kehrt auch wieder, doch ist diese Abfolge als solche unbestimm-
bar; bestimmbar ist an Hand der Symptome nur, welche Situation
einzutreten im Begriffe steht. Eine Entwicklung eines Zustandes aus
dem anderen im Zeitverlauf wird hier nicht gedacht, geschweige
denn, daß Geschichte Ziel und Abzweckung hätte. Immerhin werden
die »Zeiten«, Situationen, geordnet und in Listen zusammengefaßt.
In der Unbestimmbarkeit der Zeitabfolge als solcher, in der Undurchschaubarkeit der Abfolge auch schon vergangener Zeiten, spiegelt
sich wider die ursprüngliche, tiefgehende Ungesichertheit des sumerischen Menschen gegenüber dem undurchschaubaren, veränder-
lichen Willen der Götter. Trotzdem ist unter anderen geistigen
Voraussetzungen der späteren Zeit die Ominawissenschaft, wo sie nun
einmal entwickelt war, beibehalten worden.
Die Listenwissenschaft wendet sich dem Phänomen der Geschichte
aber noch in anderer Weise zu: Man empfand das Jahr als Einheit,
was ja durch den Ablauf der Jahreszeiten und die astronomischen
Phänomene von vornherein gegeben war. Jahre konnte man ordnen,
indem man sie nach einem wichtigen Ereignis in dem betreffenden
Jahre benannte – so jedenfalls in Babylonien; in Assyrien ging man
in andrer Art vor[21]. Auf diese Weise erhielt man Jahreslisten, die vor
allem chronologischen Zwecken dienten[22]. Aber für geschichtliche
Zeitabschnitte ist ein Jahr eine etwas zu kleine Größe: es gab ein |
passenderes Mittel, die Zeiten zu ordnen: Man teilte sie ein in heilvolle
und unheilvolle, wobei man die Typisierung so weit trieb, und wohl
auch wegen des Einteilungsschemas treiben mußte, daß man die heilvollen Zeiten in allen Farben als Segensreich malte, die unheilvollen
dagegen wie Zeiten des Fluches schilderte. Diese Geschichtsschemati-
sierung findet sich in der »sumerischen historischen Literatur«, von
der uns vor allem Stücke über die akkadischen Herrscher Sargon und
Naramsin erhalten sind, die ja auch sonst in der mesopotamischen

---

[20] Old Babylonian Omen Texts, ed. *A. Goetze*, YOS 10, 1947, 24,9; vgl.
*A. Goetze*, a Anm. 1 aO S. 257f.
[21] Vgl. *A. Ungnad*, in: RLA 2, S. 412ff, s. v. »Eponym«.
[22] Vgl. ANET² S. 269ff.

Literatur eine hervorragende Rolle spielen[23]. Die Mutmaßungen, daß die uns erhaltenen Stücke der sumerischen historischen Literatur Teile eines großen Geschichtswerkes sind, das mit der Weltschöpfung beginnt[24], haben sich nicht bestätigt. Mag es sich nun so verhalten, daß man die Regierungen von Sargon und Naramsin herausgriff, weil man sie gleichsam als Paradigma für den Wechsel von Heils- und Unheilszeit benutzen konnte, oder, wahrscheinlicher, weil das durch die geschichtliche Bedeutung von Sargon und Naramsin ohnehin nahegelegt war; wichtig ist, daß Heils- und Unheilszeit nicht einfach auf die beiden Herrscher verteilt wird. So erlebt Naramsin eine Heilszeit, eine Unheilszeit und wieder eine Heilszeit. Das Hereinbrechen der Unheilszeit ist durch nichts anderes als durch den Unwillen der Göttin Inanna veranlaßt[25]. Eine Motivierung durch das Handeln Naramsins, auf das die Göttin mit »Zorn« reagiert hätte, fehlt interessanterweise[26]. Eine solche Auffassung entspricht nicht nur dem, was wir bei der Behandlung der Ominaliteratur ausgeführt haben, sie ist uns auch sonst aus der sumerischen Literatur vertraut: Die sumerische Religion kennt in alter Zeit nur den (natürlich in die starre Götterordnung eingebundenen) Willen der Götter, der sich menschlichem Begreifen entzieht. Der Mensch ist dabei nicht einer chaotischen Willkür der Götter preisgegeben; gegen unheilvolles Wirken der Götter kann der persönliche Schutzgott Hilfe durchsetzen. Aber bei all dem bleibt der Mensch völlig passiv. Im Geschehen wirken die Götter nach ihrer Ordnung[27]. Diese Unbestimmbarkeit des Einbruchs einer Unheilszeit verbietet es uns, im Wechsel von Heils- und Unheilszeit eine zyklische Ge- | schichtsauffassung zu suchen. Auch die Dauer von Heils- oder Unheilszeit ist ganz unterschiedlich und somit unbestimmbar. Es gibt hier keine Periodenlehre, die die Geschichtsauffassung begründen könnte.

Von dem bisher besprochenen Begriff der Geschichte aus, der sich in der Ordnungswissenschaft dokumentiert findet – nämlich Geschichte als unbestimmbare *Abfolge* von Zeiten, die sich beliebig nach dem Willen der Götter wiederholen, und die auch als Heils- und Unheilszeit typisiert werden können –, hat es der sumerische Wissen-

---

[23] Zur »sumerischen historischen Literatur« vgl. *H.-G. Güterbock*, Die historische Tradition und ihre literarische Gestaltung bei Babyloniern und Hethitern bis 1200, ZA 42, 1934, S. 24 ff.

[24] *E. Chiera*, Sumerian Religious Texts, S. 12.

[25] Vgl. ZA 42, 1934, S. 27 (31) Zeile A 55 (B 21).

[26] Zeile 55 ff enthält nur die Beschreibungen des unheilvollen Handelns der Inanna. Von einer Begründung fehlt jede Spur; man beachte, daß Zeile 55 ohne eine Überleitung auf Zeile 54 folgt (gegen *H.-G. Güterbock*, a Anm. 23 aO S. 54).

[27] Vgl. *H. Gese*, a Anm. 16 aO S. 65 und die dort aufgeführte Literatur.

schaftler doch vermocht, eine Art Weltgeschichte zu schreiben; es ist eine Geschichte der Abfolge von Tempelstadtstaaten[28]. Das Königtum wandert von einem Staat zum anderen. Es werden die Könige mit ihrer Regierungszeit aufgezählt, dann wird vermerkt, daß der Stadtstaat in einer Schlacht geschlagen wurde, das Königtum demzufolge auf einen anderen Stadtstaat überging. Auch wird die Summe der Regierungsjahre in einem solchen Stadtstaat angegeben. Am Anfang dieser Abfolge der Zeiten steht der Hirte Etana, der alle Länder ordnete und es ermöglichte, daß das Königtum als die auf Erden geschichtstragende Macht von König zu König und von Staat zu Staat weitergegeben werden konnte. Etana vermochte das nur zu tun, indem er zum Himmel auffuhr und wieder herabstieg. Es ist verständlich, daß dieser Stoff in späterer Zeit legendär ausgestaltet worden ist und sich zu einem Epos auswuchs, das uns heute in altbabylonischer, in mittelassyrischer und neuassyrischer Rezension vorliegt[29]. Danach brachte Etana vom Himmel das Mittel herab, durch das ihm ein Thronerbe geboren werden konnte. Zu der Himmelfahrt bedient er sich eines Adlers, den er von der Herrschaft der Schlange befreit. Die sumerische Chronik aber erwähnt nur kurz die Himmelfahrt. Die Einsetzung der ordnenden Macht des Königtums tritt also an den Anfang der Geschichte. Aber das ist nach der sumerischen Chronik nicht der Anfang der Welt. Die sumerischen Ordnungswissenschaftler meinten zu wissen, daß alle Ordnung auf Erden nur ein Abglanz himmlischer Ordnung ist, daß sie nie ganz – anachronistisch formuliert – der »Idee« der Ordnung entspricht. So setzten sie vor den Geschichtsanfang mit Etana eine konstruierte Geschichte der Urzeit, die sich nicht nur durch riesige Regierungszeiten der Könige auszeichnet, sondern auch keine Kriege kennt als Ursache für den Übergang des Königtums von Stadtstaat zu Stadtstaat in der Abfolge der | Zeiten. Aber diese Urgeschichte entspricht der späteren Geschichte wie ein Urbild dem Abbild. Diese Urzeit findet ihr Ende durch die Flut der chaotischen Wasser, die die Welt in den Zustand vor der Schöpfung versetzt. Vor die Chronik der Zeitenabfolge setzt also der sumerische Wissenschaftler den Mythos von der Zerstörung der Urordnung. Dieser Aufriß einer Weltgeschichte wurde für die israelitische Geschichtsschreibung später bedeutsam, wenn er auch hier eigenartig verändert wurde.

Die bisher charakterisierte, in der sumerischen Ordnungswissenschaft entwickelte Konzeption der Geschichte als Abfolge der Zeiten ist grundsätzlich unterschieden von einer *späteren*, die uns erst in

---

[28] Vgl. dazu *T. Jacobsen*, The Sumerian King List, AS 11, 1939.
[29] ANET[2] S. 114 ff.

babylonischen Chroniken entgegentritt. Es liegt hier ein entscheidender Einschnitt in der Entwicklung des menschlichen Geistes vor, nämlich die Erkenntnis eines Zusammenhanges von Tat und Folge[30]. Geschichte ist nicht mehr eine Abfolge von Heilszeit, Unheilszeit nach
dem unergründlichen Ratschluß der Götter; Geschichte ist nicht mehr
Abfolge, sondern *Folge*, Folge menschlichen Tuns und Handelns. Die
Erkenntnis des Tun-Ergehen-Zusammenhangs bedeutet nun freilich
nicht die Entdeckung des Kausalitätsprinzips. Prinzipien, eine ἀρχή
gibt es im altorientalischen Denken nicht. Vielmehr wird Tun und
Folge so eng zusammengesehen, daß beides als Einheit erscheint. Das
babylonische Wort, das wir mit »Sünde« übersetzen, *arnu* oder *annu*,
bezeichnet beides: der Frevel, den man tut, *und* das Unheil, das man
dafür erleidet[31]. Dieses Denken im Tun-Ergehen-Zusammenhang[32]
oder die sog. synthetische Lebensauffassung[33] finden wir auch weithin
im Alten Testament bezeugt: *ra'ā* ist das Böse, das jemand tut, es
ist auch das Unheil, das über ihn hereinbricht. Dieses Denken läßt sich
an der Semantik vieler hebräischer Vokabeln – und nicht nur dort –
nachweisen[34]. Der Übergang von der Konzeption der Abfolge zu der |
der Folge läßt sich in Mesopotamien in geradezu einmaliger Weise
studieren. Worauf dieser Wechsel zurückzuführen ist, wann und wo
er entsteht, darauf kann in diesem Zusammenhang nicht eingegangen
werden.[35] Nur möchte ich betonen, daß dieser Wandel in Mesopotamien nicht auf die Babylonier zurückzuführen ist, sondern bei den
Sumerern selbst entstand, wenn auch der Einschnitt in der Historiographie zwischen der sumerischen und der babylonischen Historiographie liegt. Das erklärt sich daraus, daß die sumerischen historio-

---

[30] Vgl. dazu *H. Gese*, a Anm. 16 aO S. 42 ff. 65 ff.
[31] Vgl. dazu *W. v. Soden*, Religion und Sittlichkeit nach den Anschauungen
der Babylonier, ZDMG 89, 1935, S. 160 Anm. 1.
[32] Oder »die Auffassung von einer schicksalwirkenden Tatsphäre«: *K. Koch*,
Gibt es ein Vergeltungsdogma im Alten Testament?, ZThK 52, 1955, S. 31 u. ö.
[33] *K. H. Fahlgren*, Ṣᵉdaqa nahestehende und entgegengesetzte Begriffe im
Alten Testament, 1932.
[34] Z. B. *rš'* hi.: 1. sich schuldig machen, 2. jemanden für schuldig erklären,
einen Schuldigen ins Unglück bringen; *'šm* 1. sich verschulden, 2. Schuld büßen.
Man beachte auch die viel weitere Begriffsabteilung im Hebräischen im Gegensatz zu modernen Sprachen; z. B. *pqd* etwas vermissen *und* dem nachgehen, nach-
suchen *und* den Fehler, den Fehlenden ausfindig machen *und* den Fehler beseitigen,
bzw. den Fehlenden zur Verantwortung ziehen, d. h. den ordentlichen Zustand
wiederherstellen. Es wird also nicht ein *Zustand* sondern ein *Prozeß* wahrgenom-
men. Die Schwierigkeit, die Semantik zur Untersuchung der Denkstruktur heran-
zuziehen, liegt darin, daß selbstverständlich auch ein Wort unterschiedene Begriffe bezeichnen kann. Typisch dafür ist die sekundäre Differenzierung des hi.
bei *nwḫ*, durch die der semantischen Differenzierung im Verlauf der Formentwick-
lung Rechnung getragen wird.
[35] Siehe o. Anm. 30.

graphischen Texte zur kanonisierten, offiziellen Literatur gehören, in
der eben auch nur mit dem offiziellen Geschichtsbegriff gearbeitet
werden kann.

Die erste babylonische Chronik, die uns zur Verfügung steht, die
sog. Chronik Weidner[36], ist geradezu ein Lehrbuch der Konzeption
der Geschichte als Folge menschlichen Tuns. Die Chronik erzählt die
Geschichte angefangen mit der ersten Dynastie nach der Sintflut
und sieht sämtliches Unheil, das je und je die Herrscher überkommt,
ausgelöst durch das Vergehen des betreffenden Herrschers gegen den
Kult im Zentralheiligtum in Babylon, dem Marduktempel Esagila.
Die Vergehen können sehr mannigfacher Natur sein, richten sich aber
immer gegen den Esagila-Kult. Hier ist also die Konzeption der Geschichte als Folge gleichsam spezialisiert auf ein Kriterium, an dem
sich menschliches Verhalten entscheidet. Interessanterweise wird aber
in dieser Geschichtstheorie die Folge menschlichen Tuns nicht auf den
einzelnen handelnden Menschen beschränkt, vielmehr richtet sie sich
auf ganze Dynastien. So vergeht sich Sargon, aber über ihn kommt
nur Ruhelosigkeit; erst Naramsin, der sich auch vergeht, bekommt
das volle Unheil zu spüren. Bei dieser Beurteilung wird vielleicht
mitsprechen, daß Sargon sich vor seinem Vergehen sehr um Esagila
verdient gemacht hat. Darauf wird aber nicht ausdrücklich zurückgegriffen; zudem hat sich ja auch die heilvolle Folge dieses Verdienstes
längst ausgewirkt. In der Einleitung dieses Geschichtswerkes findet
sich der allgemeine Ausdruck, daß derjenige, der gegen die Götter
dieser Stadt Babylon frevelt *(ša ana ilī ali šāšu uqallalū)*, zugrunde
gehen wird. Dieser terminus technicus *qullulu*, »freveln«, begegnet
in den späteren historiographischen Texten, die stets die Konzeption
der Geschichte als Folge aufweisen, immer wieder – natürlich nicht |
mehr eingeschränkt auf einen Frevel gegen Babylons Zentralheiligtum. Neben *qullulu* treten als termini technici auf: *mamīta etēqu*[37], »den
Amtseid verletzen«, oder *itē ili etēqu*, wörtlich »die Grenzen des
Gottes überschreiten«, d.h. die von dem persönlichen Schutzgott
festgelegte Grenze für den König überschreiten, ὑβρίζειν. Alle spätere historische und historiographische Literatur arbeitete mit diesen
termini. Wir brauchen diese Literatur hier nicht weiter zu untersuchen; der Geschichtsbegriff, der ihr zugrunde liegt, bleibt im wesentlichen unverändert: Geschichte ist Folge menschlichen Tuns, das Unheil bricht notwendig herein über den, der gegen die göttliche Ordnung frevelt, über den, der den im Amtseid gegebenen Bund bricht.

Eine Randerscheinung der mesopotamischen Historiographie soll

---

[36] *H.-G. Güterbock*, a Anm. 23 aO S. 47 ff.
[37] *B. Landsberger*, a Anm. 8 aO S. 263; vgl. *E. A. Speiser*, Ancient Mesopotamia,
S. 56 f.

aber noch erwähnt werden: die Geschichtsschreibung als Didaktik. Eine didaktische Abzweckung der Geschichtsschreibung liegt ja geradezu auf der Hand, wenn die Geschichte Folge menschlichen Tuns und Handelns ist. Diese didaktische Literatur besteht in fingierten Königsinschriften der Gattung historischer Beurkundung. Man gibt ihr von daher den Namen *narū*-Literatur[38]. Aber im Gegensatz zur echten Königsinschrift tritt an die Stelle der Mahnung, die Inschrift für alle Zeiten zu erhalten, sie nicht zu verändern (die sog. Fluchformel), die Mahnung, die Lehre, die in diesem historischen Bericht enthalten ist, zu beherzigen, sozusagen die »Moral von der Geschichte« zu beachten.

Schließlich möchte ich noch auf einen oft wiederholten Hinweis zu sprechen kommen: Das historische Verständnis könne in Mesopotamien deswegen nicht stark entwickelt gewesen sein, weil die uns in reicher Zahl überlieferten assyrischen Königsinschriften und Annalen so viele unkritische Übertreibungen der Taten assyrischer Könige enthalten, weil die Inschriften in einem bombastischen Stil verfaßt seien, der jede gerechte Würdigung der Taten unmöglich mache. Vielmehr sei um der königlichen Herrsch- und Prunksucht willen die historische Wahrheit verfälscht. Eine solche Beurteilung übersieht die gattungsgeschichtliche Herkunft dieser Inschriften. Es läßt sich heute an Hand der Mari-Texte nachweisen[39], daß die aus ältesten Zeiten stammende Gattung des Gottesbriefes auf die (an und für sich aus der Gattung der Weihinschrift entwickelte) assyrische Königsinschrift eingewirkt hat. Diese Königsinschriften sind als Brief an den Gott Assur zu verstehen, als eine Meldung, wie es der König vermocht | habe, Ehre und Macht des Gottes Assur zu verbreiten, sein (des Gottes Assur) Reich bis an die Enden der Erde vorzutreiben. Die assyrischen Könige waren ja von diesem Missionsgedanken erfüllt. Wir haben sogar ein Duplikat einer Inschrift (in ausführlicherer Rezension) als Brief stilisiert[40]. Andrerseits trägt eine Inschrift Assurbanipals die Unterschrift: »Botschaft Assurbanipals an Assur ...«[41].

Die Historiographie Mesopotamiens wurde bei weitem überflügelt durch die der *Hethiter*[42]. Bei ihnen ist die historische Beobachtungs-

---

[38] Vgl. dazu *H.-G. Güterbock*, aaO S. 19.62ff.

[39] Nachweis bei *E. A. Speiser*, aaO S. 63ff.

[40] *F. Thureau-Dangin*, Une relation de la huitième campagne de Sargon, 1912; *E. A. Speiser*, aaO S. 65 Anm. 80.

[41] CT 35, 44f v⁰ 23f; *E. A. Speiser*, aaO S. 66 Anm. 81.

[42] *A. Götze*, Kleinasien, Handbuch der Altertumswissenschaft 3,1,3,3,1, 1933, S. 161ff [²1957, S. 171ff]; *A. Götze*, Hethiter, Churriter und Assyrer, Instituttet for Sammenlignende Kulturforskning A 17, 1936 S. 73f; *H.-G. Güterbock*, Die historische Tradition und ihre literarische Gestaltung bei Babyloniern und Hethitern bis 1200, ZA 44, 1938, S. 45ff.

gabe aufs feinste entwickelt. Die Darstellungskunst ist gestiegen: Situationen können eindrücklich geschildert, größere Zusammenfassungen, Überblicke über vergangene Ereignisse unter bestimmten Gesichtspunkten gegeben werden. Die religiöse Abzweckung, die den mesopotamischen historischen Urkunden ihren Charakter gibt, ist stark zurückgedrängt. Die hethitischen Annalen sind der Gattung nach königliche Erlasse[43] und geben sich keiner Schönfärberei politischer Ereignisse hin. An den Anfang außenpolitischer Vertragsurkunden setzt der Hethiter gerne ausführliche historische Rückblicke, die die politischen Beziehungen bis zum Zustandekommen des Vertrages analysieren. Aber trotz dieser starken historiographischen Verfeinerung ist der Geschichtsbegriff im wesentlichen derselbe geblieben: Die Geschichte ist als Folge menschlichen Handelns gedacht. Ein Verstoß gegen die göttlichen Ordnungen, z.B. das Verletzen von Eiden, das Brechen außenpolitischer Verträge führt ohne weiteres zum Unheil. Bezeichnend für diese Auffassung sind die berühmten Pestgebete des Mursilis[44]: Eine Pest wütet zwanzig Jahre im Hethiterland. Eine Orakelanfrage gibt doppelte Auskunft: Seit längerer Zeit hätten die Opfer für den Fluß Mala aufgehört, und zweitens hätte der Vater des Mursilis in den Kriegen mit den Ägyptern den Vertrag mit diesen gebrochen, der anläßlich der Sendung der Bewohner von Kurustama nach Ägypten geschlossen war. Die ganze Angelegenheit wird in einem historischen Rückblick ausführlich geschildert. Der König Mursilis bekennt im Namen seines Volkes seine Sünde: »Ich | habe es vor dem hethitischen Wettergott, meinem Herrn, und den Göttern, meinen Herren gestanden: Es ist so, wir haben gesündigt.«

Ich möchte hier noch eine Schrift aus der ersten Hälfte des dreizehnten Jahrhunderts v. Chr. erwähnen, die mir ein Höhepunkt der hethitischen Geschichtsschreibung zu sein scheint: die sog. Apologie des Hattusilis[45]. Es ist eigentlich eine Autobiographie in der Form eines königlichen Erlasses (Autobiographien haben ja immer einen etwas apologetischen Charakter!). Die Einleitung in dieser Biographie, auf die Formel des königlichen Erlasses folgend, bezeichnet die Abzweckung: Es soll die Macht einer Göttin verkündet werden. Ihren hethitischen Namen wissen wir leider nicht, in der Keilschrift ist hier das Zeichen für Ischtar zu lesen. Nennen wir sie also der Einfachheit halber auch Ischtar. Dieses Dokument hebt also an mit den Worten: »Ich will Ischtars göttliche Macht künden. Und in Zukunft soll Ischtar unter den Göttern meiner Majestät, unter denen des Sohnes, unter

---

[43] *H.-G. Güterbock*, aaO S. 94.
[44] ANET² S. 394 ff.
[45] *A. Götze*, Ḫattušiliš, der Bericht über seine Thronbesteigung nebst den Paralleltexten, Hethitische Texte in Umschrift 1, MV(Ä)G 29, 3, 1925.

denen des Enkels, unter denen der Nachkommen meiner Majestät
besonders verehrt werden.«[46] Darauf beginnt Hattusilis sein Leben
zu erzählen, das von Jugend auf von Ischtar geführt und geschützt
worden ist. Seine glückliche Regierung als Statthalter erregt den Neid
anderer, die Unglück über ihn zu bringen versuchen; sein Bruder, der
hethitische König Muwattallis, macht ihm den Prozeß. »Aber«, so
erzählt Hattusilis, »meine Göttin Ischtar erschien mir im Traum, und
durch einen Traum sagte sie zu mir: Sollte ich dich etwa einer feindlichen Gottheit preisgeben? Fürchte die nicht!«[47] Und er wird auch
in diesem Prozeß – wir haben wohl an ein Duell zu denken – der feindlichen Gottheit nicht ausgeliefert. Hattusilis sagt: »Da die Göttin,
meine Herrin, mich an der Hand hielt, gab sie mich nicht preis der
feindlichen Gottheit, dem feindlichen Gericht. Die Waffe meines
Feindes überwand mich nicht. Meine Herrin Ischtar errettete mich
stets.«[48] In diesem Stil wird das ganze wechselvolle Leben des Hattusilis erzählt, das ihn schließlich auf den hethitischen Thron führt.
Immer wieder ist es Ischtar, die ihn aus allen Gefahren errettet, oder
die ihm die Befehle zu segensreichen Entschlüssen gibt.

An dieser Biographie des Hattusilis ist zweierlei bemerkenswert:
1. Der Begriff der Geschichte als Folge menschlichen Tuns ist überall
gewahrt. Besonders deutlich wird dies an einer Stelle der Biographie:
Der Nachfolger seines Bruders Muwattallis auf dem hethitischen |
Thron, dessen Sohn Urhitesupas, beginnt den Hattusilis widerrecht-
lich zu verfolgen. Der daraus entstandene Krieg zwischen den beiden
führt zum Sieg des Hattusilis. Das Unrecht ist eben auf seiten des
Urhitesupas, wie ja in allen Einzelheiten dargelegt wird. »Würden die
Götter«, so heißt es wörtlich, »je einen Großkönig unterworfen haben, der einem kleinen König gegenüber gerecht ist?«[49] Diese rheto-
rische Frage sagt genug.

2. Die Geschichte wird als Erwählung und Führung durch die persönliche Schutzgottheit verstanden. Trotzdem erscheint die Geschichtsdarstellung in keiner Weise als unhistorisch. Es wird nicht
von großartigen Wundern und Mirakeln berichtet, sondern einfach
Geschehenes beschrieben. Nur wird diese Geschichte als Führung
durch die Gottheit interpretiert. Das gibt dem Geschichtsdenken neue
Nuancen. Aber ein solcher Schutz durch die persönliche Gottheit ist
eine weitverbreitete, altbekannte Vorstellung im Vorderen Orient[50].

---

[46] 1,5–8.
[47] 1,36–38.
[48] 1,39–43.
[49] 3,78.
[50] Vgl. *T. Jacobsen*, Mesopotamia, in: *H. Frankfort* u.a., The Intellectual Ad-
venture of Ancient Man, 1946, S. 202 ff.

Darum kann man hier auch nicht von einem grundsätzlichen Wandel des Geschichtsdenkens sprechen. Ischtar bleibt nur eine Schutzgöttin und ist heilschaffend im Rahmen der Götterordnung. Es kommt trotz aller Betonung, daß Ischtar das Heil für Hattusilis bewirkt habe, nicht zu einer Ablehnung, nicht zu einer Abrenuntiation anderer Götter. Bezeichnend ist dafür die Formel der Kriegserklärung gegen Urhitesupas in der Biographie. Sie lautet: »Komm! Ischtar von Samuhas und der Wettergott von Neriqqas sollen den Rechtsfall entscheiden!«[51] Der Wettergott von Neriqqas spielt eine ganz entscheidende Rolle unter den hethitischen Staatsgottheiten, noch dazu war Hattusilis ein Priester dieses Gottes[52].

Wenden wir uns nun dem *Alten Testament* zu. Israel, das als Zusammenschluß Jahwe verehrender Stämme erst in verhältnismäßig später Zeit in die Geschichte eintrat (nämlich am Ende der Bronzezeit), ist in einem wichtigen Punkt von anderen Völkern unterschieden, die im Vorderen Orient seßhaft werden: Israel geht nicht in die Kultur des Siedlungsgebietes auf, sondern lebt in fortwährender Abgrenzung und Auseinandersetzung. Es liegen hier also die Verhältnisse genau umgekehrt wie in dem »kosmopolitischen« Mesopotamien, in dem verschiedene Völker in verschiedenen Zeitaltern *einer* großen Kultur teilhaftig sind. Einerseits setzt Israel durch seinen späten Eintritt in die Geschichte die bisherige kulturelle Entwicklung, auch | die des geschichtlichen Denkens, voraus[53], andrerseits aber bleibt Israel in seiner Einzigartigkeit bestehen. Diese Einzigartigkeit ist nach dem Zeugnis des Alten Testaments der Bund mit Jahwe.

Jahwe ist Israels Gott und Israel ist Jahwes Volk; es gibt keine anderen Götter, denen Israel gehören könnte. Jahwe erwies sich als der Gott Israels, als er Israel aus Ägypten herausführte. Diese Herausführung aus Ägypten durch Jahwe ist das Urbekenntnis Israels – das haben die traditionsgeschichtlichen Analysen der letzten Jahrzehnte zur Genüge gezeigt[54]. Jahwe erweist sich als der Gott Israels durch seine Führung in der Wüste, durch seine Hineinführung in das Kulturland, in das er Israel als Eigentumsvolk einpflanzt. Auf dem Sinai schließt Jahwe den Bund mit Israel: Ihm allein gehört Israel als heiliges Volk.

---

[51] 3,71–72.

[52] 3,60.

[53] Ich erinnere etwa an die Bedeutungsstruktur der kanaanäischen Sprache, auf die ich oben S. 89 zu sprechen kam.

[54] Vgl. *G. v. Rad*, Das formgeschichtliche Problem des Hexateuchs, BWANT 4,26, 1938 [=Gesammelte Studien zum Alten Testament, ThB 8, ³1965, S. 9ff]; *M. Noth*, Überlieferungsgeschichte des Pentateuch, 1948 [Darmstadt ³1966].

Es ergeben sich hier zwei Thesen: 1. Durch die Herausführung aus Ägypten ist der Bund geschichtliches Ereignis geworden. Der Bundesschluß liegt nicht in einer mythologisch-zeitlosen Urzeit, sondern knüpft sich an ganz bestimmte historische Fakten an. Das hat für den Geschichtsbegriff Israels zweierlei Folgen: a) Durch den Bezug des Bundes auf historische Ereignisse muß die Geschichte des Volkes, soweit sie *vor* diesen Ereignissen liegt, in einem besonderen Licht erscheinen. Es ist nicht einfach leere Zeit, es ist eine Zeit, die auf die Bundesereignisse zuläuft, Zeit der Verheißung[55]. Die Geschichte der Väter Abraham, Isaak und Jakob ist bisweilen so gestaltet, daß sie die späteren Bundesereignisse in geheimnisvoller Weise abbildet. Es wird ein Bundesschluß mit Abraham erzählt, ein Bundesschluß unter Feuer und Rauch, und Jahwe stellt sich ihm vor mit der Formel: »Ich bin Jahwe, der dich herausgeführt hat aus Ur-Kasdim[56].« Der wesentliche Inhalt der Vätergeschichten ist die Verheißung des Landes, in das dereinst die Nachkommen als das Volk Jahwes einziehen werden. Geschichte ist hier mehr als nur die Folge menschlichen Tuns, die die Götter verwirklichen nach der Ordnung, daß Tun und Erleiden, Ergehen, sich entsprechen. Geschichte hat hier ein Ziel, auf das sie zuläuft. b) Der Verwirklichung des Bundes in geschichtlichen Ereignissen steht der Ungehorsam, der Abfall des Volkes, der Bundesbruch gegenüber. Nach der altorientalischen Konzeption der Geschichte als | Folge menschlichen Tuns müßte ein solcher Frevel das Unheil unmittelbar nach sich ziehen. Das Unheil muß auch für israelitisches Denken sofort einsetzen, aber es kann nicht einfach Unheil sein, es kann nur Strafe und Züchtigung sein. Gott tilgt sein Eigentumsvolk nicht einfach aus und annulliert den Bund, der in großen geschichtlichen Taten ja schon Wirklichkeit geworden ist. Gott straft Israel und zögert die Erfüllung hinaus, aber seine Verheißungen werden nicht hinfällig. Gott reagiert also nicht einfach auf den menschlichen Frevel mit Unheil, sondern vergilt Israel in einem aktiven, richterlichen Akt. Damit ist die altorientalische Konzeption der Geschichte als Folge verwandelt in die Konzeption der Geschichte als *Gericht.*

2. Führt der Abfall des Volkes zur Strafe Gottes und zur Verzögerung der Bundeserfüllung, nicht aber zur Aufhebung des Bundes, da die Verheißungen Gottes nicht hinfällig werden, so bedeutet das, daß die gesamte Geschichte Israels unter dem Schema Verheißung und Erfüllung gesehen wird oder, anders ausgedrückt, daß die Verwirklichung des Bundes nicht ein einmaliges Ereignis, sondern ein histori-

---

[55] Vgl. *W. Zimmerli*, aaO S. 35 [= a Anm. 11 aO S. 70f].
[56] Gen 15,7; vgl. *W. Zimmerli*, aaO S. 35 [=a Anm. 11 aO S. 70f].

scher Prozeß, Geschichte ist. Der Geschichte Israels liegt daher nach israelitischer Auffassung ein göttlicher *Heilsplan* zugrunde, der in den Verheißungen Israel je und je kundgetan wird. Zur Verwirklichung seines Heilsplanes bedient sich Gott der großen und kleinen geschichtlichen Mächte, die er als Werkzeuge benutzt.

Bei der Höhe, die das geschichtliche Denken in Israel erreicht hat, ist es verständlich, daß es uns im Alten Testament nicht an historiographischen Werken fehlt. Ich möchte hier nur einige dieser Werke ganz kurz streifen. Die Geschichte von der Thronnachfolge Davids[57] zeichnet sich aus durch die novellistische Begabung des Verfassers, die nur in einem Volk auftreten konnte, das eine große Kultur des Erzählens gehabt hat. Dieser Geschichtsschreiber versteht es, in der Darstellung der geschichtlichen Alltäglichkeit die hintergründige geschichtstreibende Macht, den göttlichen Plan sichtbar zu machen, dem sich alles wie in einem Puppenspiel zu fügen hat, obwohl alle Personen frei und willentlich handeln.

Das große jahwistische Geschichtswerk übernimmt den durch irgendwelche mündliche Traditionen nach Israel gelangten weltgeschichtlichen Aufriß der offiziellen sumerischen Geschichtsschreibung: die Geschichte von Schöpfung, Urzeit, Sintflut und Neubegründung der Weltgeschichte. Aber was wird in der Hand des Jahwisten aus | diesem Geschichtsaufriß? Die Zeit der Verheißungen begann ja nach israelitischer Auffassung mit dem Vater Abraham. So erzählt der Jahwist den Sündenfall nach der Schöpfung, in die Urzeit fällt der Brudermord von Kain an Abel, und in dieser Urzeit nehmen die Göttersöhne Menschentöchter zur Ehe, die die Recken der Urzeit gebären. Jahwe verkürzt daher die menschliche Lebensdauer. Bei der Neugründung der Welt nach der Sintflut sagt Jahwe, daß das Dichten des menschlichen Herzens böse sei von Jugend auf, so daß er nicht mehr die Erde um dieser Menschen willen verfluchen wolle. Dann wird der Frevel Kanaans und die Zerstörung des babylonischen Turmes erzählt. Erst mit dem Vater Abraham bricht die Zeit des Segens herein.

Das deuteronomistische Geschichtswerk[58] verfolgt in der Geschichte Israels die fortwährende Korrespondenz von Verheißung und Erfüllung, von Abfall und Strafe, bis schließlich die staatliche Existenz des Volkes wegen der heillosen Abkehr von Jahwe unter den kata-

---

[57] Vgl. *L. Rost*, Die Überlieferung von der Thronnachfolge Davids, BWANT 3, 6, 1926 [ = Das kleine Credo und andere Studien zum Alten Testament, Heidelberg 1965, S. 119ff].

[58] Vgl. *G. v. Rad*, Theologische Geschichtsschreibung im Alten Testament, ThZ 4, 1948, S. 161 ff.

strophalen Schlägen der mesopotamischen Großmächte zusammenbrechen muß. Aber dieses Geschichtswerk endet mit dem Hinweis auf die Begnadigung des einzig übriggebliebenen davidischen Königs Jojachin und seiner Söhne im babylonischen Exil[59]. Unter seinen Nachkommen fand sich auch tatsächlich später jener Scheschbassar[60], der als davidischer *naśî* und persischer Unterstatthalter mit den geplünderten jerusalemischen Tempelschätzen nach Juda zurückkehren sollte, mit ihm die erste Schar jüdischer Rückkehrer.

Die alttestamentliche Forschung der letzten Jahrzehnte hat gezeigt, wie stark die Propheten Israels in den religiösen Traditionen ihres Volkes verwurzelt sind. Sie erscheinen uns heute nicht mehr als die Verkünder eines grundsätzlich neuen Gottesverständnisses wie gegen Ende des neunzehnten Jahrhunderts, als man sie als Inauguratoren eines ethischen Monotheismus feierte. So mag auch der prophetische Geschichtsbegriff nicht grundsätzlich von dem unterschieden sein, was wir als israelitisches Geschichtsdenken zu charakterisieren versucht haben. Jedoch scheint sich mir bei ihnen eine Weiterentwicklung des geschichtlichen Denkens anzudeuten, auf die ich zum Abschluß noch kurz hinweisen möchte, ohne auf die Frage nach der eventuellen Herkunft dieser neuen Anschauungen aus dem Kult einzugehen. |

In der prophetischen Verkündigung des geschichtswirkenden Jahwewortes kommt ja die israelitische Anschauung von Gott als dem, der in der Geschichte seinen Bund verwirklicht und über Israel richtet, in besonderem Maße zum Ausdruck. Aber diese Geschichte ist nicht eine ewige, sich in die Unendlichkeit ausdehnende Geschichte; sie drängt zu einem Abschluß, sei es zu einer völligen Vernichtung des Volkes wegen seines Abfalls von Jahwe, sei es zu einer endgültigen Erfüllung der göttlichen Verheißungen. Amos nimmt die volkstümliche, wohl aus dem Kult stammende Vorstellung vom Tage Jahwes auf. Dieser Tag wird nicht Licht, sondern Finsternis sein[61]. Aber vielleicht wird ein Rest bleiben[62]. Dann herrschen Recht und Gerechtigkeit, dann gibt es auch keine Opfer mehr, so wie es am Anfang, bei der Führung in der Wüste, keine Opfer gab[63]. Hier findet sich m. E. zum ersten Mal die Auffassung der Entsprechung von Endzeit und Urzeit, wobei die den Bund konstituierenden Heilstaten Jahwes als

---

[59] 2Kön 25,27ff; vgl. *G. v. Rad*, aaO S. 173.
[60] Vgl. *H. Gese*, Der Verfassungsentwurf des Ezechiel, BHTh 25, 1957, S. 118.
[61] Am 5,20.
[62] Am 5,15.
[63] Am 5,21–25.

Urzeit verstanden werden[64]. Hosea geht in diesen Gedankengängen
beträchtlich weiter: Israel wird urzeitliches Geschehen noch einmal
erleben, wieder in die Wüste geführt; der Bund mit Israel, ja der
ganzen Schöpfung wird neu geschlossen[65]. Bei Jesaja finden wir den
Gedanken des Restes Israels in entscheidender Weise weiterent-
wickelt[66]. Die Verheißungen des Davidbundes werden bei ihm heraus-
gestellt[67], und in starkem Maße finden sich mythische Aspekte in der
Charakterisierung des Zion als unüberwindlicher, göttlicher Gründung[68]. Vollends bei Deuterojesaja wird das angekündigte Ge-
schichtshandeln Jahwes mit den Farben der Urzeit gemalt: So wie
Jahwe Israel aus Ägypten heraus durch die Wüste führte, so wird er
es aus Babylon heimführen[69]; so wie Jahwe bei der Neugründung der
Welt nach der Sintflut mit Noah einen Bund schloß, wird er es wieder
mit Israel tun[70]. Und der Auszug aus Ägypten wird von Deuterojesaja
beschrieben mit den Mythologumena des Chaosdrachenkampfes[71].
Die Geschichte drängt für prophetisches Denken zum Ziel. Und je
mehr dieses Ziel mit den Heilstaten Jahwes identifiziert wird, die
einst den Bund setzten, um so stärker mußte die eschatologische Prä-
gung des | Geschichtsdenkens werden: Die Geschichte findet ihr
Ende. Die Apokalyptik hat diesen Gedanken zu der Lehre von den
zwei Äonen gesteigert: Die zyklisch periodisierte Weltgeschichte als
Äon wird abgelöst werden von dem Gottesreich, dem kommenden
Äon. Das Ende der Geschichte brach herein, als in der Geschichte das
Gottesreich erschien, das nicht von dieser Welt ist.

---

[64] Das Imperf. mit *wāw* copul. *weᵉjiggāl* Am 5,24 ist konsekutiv-final zu übersetzen (vgl. *J. P. Hyatt*, The Translation and Meaning of Amos 5,23–24, ZAW
68, 1956, S. 17 ff), *mišpaṭ* und *ṣedaqā* Am 5,24 sind positiv zu fassen. Die Einheit
schließt mit einer rhetorischen Frage, die die Beziehung des endzeitlichen Geschehens zur Urzeit herstellt.
[65] Hos 2,16 f; vgl. 11,10 f; 12,10.
[66] Jes 6,13; 8,18; 10,19; 11,11.16; 28,5.
[67] Jes 9,5 f; 11,1 ff.
[68] Jes 8,18; 28,16; 29,7; 31,9.
[69] Jes 43,16–21; 48,20 f.
[70] Jes 54,9.
[71] Jes 51,9 ff.

# DER BEWACHTE LEBENSBAUM UND DIE HEROEN: ZWEI MYTHOLOGISCHE ERGÄNZUNGEN ZUR URGESCHICHTE DER QUELLE J.

Wie auch sonst im Tetrateuch läßt sich in der sogenannten Urgeschichte Gen 1–11 die Quelle P verhältnismäßig leicht vom älteren Material abheben. Dieses besteht hier nach der Mehrzahl heutiger Beurteilungen allein aus der Quelle J; aber es ist unbestritten, daß der um P reduzierte Text alles andere als einheitlich ist, auch wenn man absieht von einigen leicht erkennbaren Zusätzen (wie z.B. der das frühe geographische Weltbild widerspiegelnde Abschnitt von den vier Paradiesesströmen 2,10–14) und selbstverständlich von den redaktionellen Zutaten, die auf die Einarbeitung von J in P zurückzuführen sind und reichlich in der Sintflutgeschichte begegnen, wo beide Quellen auf engste miteinander verwoben werden mußten. In dem den vorsintflutlichen Äon behandelnden Teil von J sind es vor allem die Stücke über den Lebensbaum in c. 3 und über die sogenannten Engelehen in 6,1–4, die schon auf den ersten Blick aus dem Erzählungsgang herausfallen. Einige Bemerkungen zu dem sich damit stellenden Problem sollen dem verehrten Jubilar und Lehrer in Dankbarkeit gewidmet sein, dessen unvergessene Genesisvorlesung vor über zwanzig Jahren die erste Vorlesung war, die ich von ihm hörte.

Bei der Beurteilung von Gen 2,4b–3,24 wird man von der auch heute noch grundlegenden Monographie P. Humberts »Études sur le récit du paradis et de la chute dans la Genèse«[1] ausgehen können und feststellen, daß der Jahwist in seine Paradiesesgeschichte eine übernommene Schöpfungsgeschichte (2,4b–7.9a.15*.18–24 [3,20(f)?]) eingearbeitet hat[2]. Aber der jetzige Abschluß der Paradiesesgeschichte in 3,22–24 kann in dieser Form nicht ursprünglich sein, wie man schon lange erkannt und wie es K. Budde besonders ausführlich dargelegt hat[3]; denn der Lebensbaum spielt im Erzählungsgefüge der

---

[1] Mémoires de l'Université de Neuchâtel 14, 1940.

[2] Eine Auseinandersetzung mit der jüngsten Monographie *W. Fuß*, Die sogenannte Paradieseserzählung, 1968, die methodisch in ihrer Verbindung traditionsgeschichtlicher und literarkritischer Gesichtspunkte so eigene Wege geht, kann an dieser Stelle nicht erfolgen.

[3] Die Biblische Urgeschichte (Gen 1–12,5), 1883, S. 46–88; vgl. ferner: Die Biblische Paradiesesgeschichte, BZAW 60, 1932, S. 78–85. Es sei auch auf seinen Vorgänger *E. Boehmer*, Liber Genesis pentateuchicus, 1860, und Das Erste Buch der Thora, 1862, (s. *Budde*, Urgeschichte, S. 59 Anm. 1) hingewiesen.

Pa-| radiesesgeschichte keine Rolle, vielmehr ist um der Unterscheidung beider Bäume willen, des Erkenntnis- und des Lebensbaumes, erst sekundär in 2,17 der Erkenntnisbaum als solcher (*ⁿeṣ hǎddǎᶜǎt ṭôb waraᶜ*) kenntlich gemacht, obwohl die innere Spannung der Erzählung dadurch gestört wird, da erst die Schlange dem Menschen das Wesen des verborgenen Baumes offenbart, so daß im göttlichen Verbot 2,17 gemäß dem Zitat in 3,3 nur vom »Baum in der Mitte des Gartens« die Rede gewesen sein kann, und in 2,9b sind nachträglich beide Bäume als in der Mitte des Gartens stehend eingeführt worden[4]. Die Erwähnung des Lebensbaumes in 3,22 und 24 steht vielmehr ausschließlich mit dem in diesen beiden Versen Gesagten in Beziehung, während allein 3,23 das ursprüngliche Ende der Paradiesesgeschichte bildet, das durch das in V. 17–19 Gesagte inhaltlich vorbereitet ist, und der V. 23 abschließende Relativsatz greift ja auch in schöner Weise über 3,19 auf den Anfang der ganzen Geschichte, die Erschaffung des Menschen, zurück (Stilgesetz der Rückkehr an den Anfang).

Gegenüber dieser schon von Budde vertretenen Absetzung von 3, 22 und 24 (und demzufolge von 2,9b[17aα*]) hat neuerdings H. Haag in seiner Rekonstruktion zweier ganz parallel laufender Fallgeschichten in Gen 2–3 den Lebensbaum mit einer Geschichte vom Garten Eden verbinden wollen, deren Reste in 2,8.9bα (10–14) vorlägen, während die eigentliche Sündenfallgeschichte ursprünglich nicht von einem Garten gehandelt habe[5]. Aber auch dieser Versuch, den Lebensbaum am Ende von c. 3 in ein Erzählungsgefüge zu stellen, ist ganz hypothetisch; denn es bleibt u.a. unbefriedigend, daß nach dieser Rekonstruktion zwei völlig entgegengesetzte Tendenzen bei der Entstehung der jetzt vorliegenden Geschichte am Werk gewesen sein müssen: einerseits wäre die Lebensbaum- und Garten-Eden-Geschichte inhaltlich ganz in den Hintergrund gedrängt und des eigentlichen Geschehens beraubt, andererseits wäre die Sündenfall-

---

[4] Das oft wiederholte Argument, daß in 2,9b *ⁿeᶜeṣ hǎddǎᶜǎt ṭôb waraᶜ* »nachklappe«, daß hier also eigentlich nur vom Lebensbaum gesprochen werde, übersieht ein Stilgesetz der hebräischen Syntax, wonach bei Nominalsätzen mit zusammengesetztem Prädikat (adverbiellen Nominalsätzen) und zusammengesetztem Subjekt (Aufzählung) zunächst für das erste Subjekt der Satz mit dem Prädikat zu Ende geführt werden muß, um erst dann das zweite Subjekt zu nennen; vgl. Ri 14,8, wo der Honig neben dem Bienenvolk »nachklappt« wie hier der Erkenntnisbaum neben dem Lebensbaum. Hiermit erledigen sich auch die von *H. J. Stoebe*, Grenzen der Literarkritik im Alten Testament, ThZ 18, 1962, S. 389f, vorgetragenen Argumente gegen die kritische Beurteilung von 2,9.17aα.

[5] Die Themata der Sündenfall-Geschichte, Lex tua veritas, Festschr. H. Junker, 1961, S. 101–111; Die Komposition der Sündenfall-Erzählung (Gn 2,4b–3, 24), ThQ 146, 1966, S. 1–7.

geschichte in den Garten verlegt und so völlig zugunsten der ersteren überarbeitet worden. Wir werden daher an der Isolierung von
3,22 und 24 festhalten müssen.

H. Gunkel[6] hat aber die Analyse von 3,22–24 insofern weiter-
zutreiben versucht, als er unter dem Eindruck einer Parallelität von
V. 23 und V. 24a auch das Nebeneinander von Keruben und »Flammenschwert« entsprechend als Parallelen auffaßte und allein das
letztere wegen der unmittelbar folgenden Erwähnung des Lebens-
baumes am Ende von V. 24 zu V. 22 stellte. Gunkel fand viele Nachfolger, aber man kann den Widerspruch, den Budde[7] und besonders
Humbert[8] erhoben, nur unterstützen. Zunächst stellen V. 23 und
V. 24a nicht wirkliche Parallelen dar, wie Humbert nachwies[9]. Seine
Untersuchung von *šlḥ* und *grš* kann hier nicht referiert werden; es
sei nur darauf hingewiesen, daß das Wegschicken von V. 23 nicht das
verbannende Vertreiben von V. 24a ist, und selbst wenn man in
*wājᵉgaræš* nur eine quantitative Steigerung sehen sollte, so ist doch erst
mit ihr jene ausschließende Ausstoßung erfolgt, die die Keruben
ga- | rantieren: V. 24bα paßt ebenso schlecht zu V. 23 wie gut zu
V. 24a, ganz abgesehen davon, daß der Text auch nicht vollständig
wäre. Ferner ist das Nebeneinander zweier Wesen als Wächter für
altorientalisches Denken alles andere als störend, wird doch mit einer
solchen Zweiheit gerade die Vollständigkeit zum Ausdruck gebracht[10], wobei natürlich ein inhaltlicher Zusammenhang Voraussetzung ist[11]. Wir müssen also dabei bleiben, daß 3,22 und 24 insgesamt eine in sich geschlossene Ergänzung zur jahwistischen Paradiesesgeschichte darstellen, die zwar den Zusatz 2,9b und die Umformung 2,17aα nach sich gezogen hat, aber sonst in keiner Erzählungs-
verbindung zum Vorhergehenden steht.

Um den Sinn dieser Ergänzung zu bestimmen, muß zunächst die
Form beachtet werden. Der Text gliedert sich in eine Jahwe-Rede
(V. 22) und einen Handlungsbericht (V. 24) von der Vertreibung des

---

[6] Genesis, HK I 1, ³1910 (=⁶1964), S. 25. Sein Argument, daß *wājjāškēn* (hi.)
nur zu Personen (den Keruben), nicht zu Sachen (dem »Schwert«) passen würde,
erledigt sich durch den Hinweis auf Jos 18,1; vgl. Humbert a Anm. 1 aO S. 40.

[7] Paradiesesgeschichte S. 84.

[8] a Anm. 1 aO S. 39f.

[9] AaO S. 36ff.

[10] Vgl. dazu die grundsätzlichen Bemerkungen in *H. Gese*, Der Dekalog als
Ganzheit betrachtet, ZThK 64, 1967, S. 137f. [= o. S. 79f].

[11] S. darüber unten S. 103f. *Budde* denkt an Donner und Blitz (Paradiesesgeschichte S. 84). *Humbert* (a Anm. 1 aO S. 40) vergleicht unter Berufung auf Vincent
*kāribu* und *lamassu*, wobei aber die Verbindung von *lamassu* und Blitz reine Hypothese ist.

Menschen (a) und der Aufstellung der Wächter (b). Die Rede wird
zwar nicht ausdrücklich als an die Jahwe umgebenden göttlichen
Wesen gerichtet eingeführt, impliziert aber wegen der Form der
1. Person Plural *mimmænnû* diese himmlischen Wesen als Hörer; denn
daß hier, wie allenfalls in 1,26; 11,7; Jes 6,8, ein pluralis delibera-
tionis vorliegen könnte, ist angesichts des *'æḥæd min* ausgeschlossen,
und auch die Auskunft, daß dieses wirkliche pluralische Verständnis
bei einer solchen Gott und Mensch gleichsetzenden Aussage aus
theologischen Gründen notwendig sei, ändert nichts an der Tatsache,
daß hier mythologische Konzeptionen in stärkerem Maß als sonst
in Gen 2–3 vorausgesetzt werden. Dem entspricht dann ja auch die
Erwähnung detaillierter mythologischer Wesen in V. 24. Der Stil
ist aber nicht volkstümlich-sagenhaft, sondern in Wortwahl und
Komposition bewußt gestaltet. Im ersten Teil der Rede wird die Formulierung am Ende der Schlangen-Rede 3,5b aufgenommen, nur
daß durch zwei kleine Veränderungen die Aussage präzisiert wird:
durch *ke'æḥæd mimmænnû* gegenüber *ke'lohîm* wird der Vergleich der
Gottähnlichkeit des Menschen auf die himmlischen Wesen bezogen,
und *ladǎ'æt* expliziert den Bezug, der im Partizipium *jodᵉ'ê* impliziert
ist, der Vergleich gilt nur in Hinsicht auf das menschliche Bewußtsein. Gegenüber einer Nachahmung vorgegebener Formulierung im
ersten Teil der Rede tritt im zweiten, durch *wᵉ'ættā* eingeleiteten Teil
der eigene, gehobene Stil deutlich hervor, wenn mit zwei Paaren die
auszuschließende Möglichkeit beschrieben wird: *jišlæḥ jadô || wᵉ-
laqæḥ . . . – – wᵉ'akæl || waḥǎj . . .* Es handelt sich also hier kaum um
volkstümliches, märchenhaftes Material, das um der Farbigkeit des
Ganzen willen angefügt wird, sondern eher um mythologisch gelehrte Theologie, die Wesentliches und genau Bedachtes nachzutragen
sich verpflichtet fühlt.

Mit dem Motiv des dem Menschen versperrten Zugangs zum Lebensbaum ist in der Tat ein zentrales Thema des Mythos aufgenommen, die anthropologische Grundätiologie, die als solche dem Inhalt
der jahwistischen Sündenfallgeschichte korrespondiert. Das altorientalische Epos ist reich an Beispielen, wie der der wesentlichen göttlichen Eigenschaft, der Unsterblichkeit, nahe Mensch die Gelegen-
heit, diese Unsterblichkeit zu erlangen, verpaßt: dem Gilgamesch,
der die Pflanze des Lebens schon in Händen hielt, wird diese durch
eine Schlange gestohlen, während er badet[12], Adapa weigert sich, das
ihm vorgesetzte Brot des Lebens und Wasser des Lebens zu sich zu
nehmen, weil er, vom Gott Ea bewußt falsch informiert, fürchtet, ver-

---

[12] Tafel XI 270ff.

giftet zu werden[13], Aqhat schlägt das Angebot 'Anats, die Unsterblichkeit, aus, weil er ebensowenig wie Adapa diesem zu trauen vermag[14]. Immer wird der Mensch nach dieser mythischen Anthropologie auf tragische und dem Menschen fremde Weise, die der tieferen und idealen Ordnung widerspricht, vom ewigen Leben ausgeschlossen. Das ikonographisch gerade auch in Syrien stark verbreitete Lebensbaummotiv bedarf keiner weiteren Erklärung, so daß das Fehlen einer vollständigen Parallele für den Ausschluß | des Menschen vom Lebensbaum[15] kein Hindernis sein kann, in Gen 3,22.24 die Aufnahme eines vorgegebenen Themas der mythischen Anthropologie zu sehen, und zwar grundsätzliche negative Wesensbestimmung des Ausgeschlossenseins von der göttlichen Welt der Unvergänglichkeit.

Der biblische Text von Gen 3,22.24 nimmt dieses Grundmotiv auf, um es in entscheidender Weise anders zu interpretieren. Nicht ein tragischer Umstand und ein der eigentlichen Ordnung widersprechender Unglücksfall hat den Menschen von der seinem Wesen im Grunde gemäßen Unsterblichkeit ausgeschlossen, sondern Gott selbst hat diesen Ausschluß bestimmt; er entspricht der von Gott gewollten Ordnung. Dem Menschen eignet ein Wesen zwischen den Himmlischen, an denen er Anteil durch sein Bewußtsein hat, und den irdischen Lebewesen, mit denen er das Todesschicksal teilt.

Über die Auseinandersetzung, Aufnahme und Korrektur der mythischen menschlichen Erfahrung hinaus ergänzt 3,22.24 das in c. 2–3 gezeichnete Bild vom Fall, wenn mit diesem Text das Ganze abgeschlossen wird: In diesem Geschehen des Sündenfalles ist Gott die Ordnung nicht aus den Händen geglitten, die Freiheit des Menschen, vom verbotenen Baum zu essen, verletzt nicht die göttliche Ordnungsmacht. Gott hat das souverän geduldet und stellt jetzt das Resultat fest, um die der neuen Situation gemäße Ordnung in Gültigkeit zu setzen. Er hat nach wie vor alles geordnet, die Freiheit zum Fall und die Bindung des Menschen an das irdische Schicksal.

Daß in diesem Text bewußte theologische Arbeit vollzogen wurde, kann man besonders an V. 24 ablesen, wo es nicht darum geht, irgendwelche schreckerregende, phantastische Wesen aufzuführen, sondern wo die von Gott verordnete absolute Trennung des Menschen von der Sphäre der Himmlischen in mythischen Konzeptionen

---

[13] *O. Schroeder*, Vorderasiatische Schriftdenkmäler 12, 1915, N. 194 Z. 60ff; vgl. ANET² S. 102.

[14] CTA 17 VI 35ff.

[15] Zum Lebensbaum vgl. *F. Vattioni*, L'albero della vita, Augustinianum 7, 1967, S. 133ff; *F. Heiler*, Erscheinungsformen und Wesen der Religion, RM 1, 1961, S. 67ff (Literatur Anm. 165). Ältere Literatur s. *M. Eliade*, Lebensbaum, RGG³ Bd. 4, Sp. 250f.

gedacht wird. Wie schon festgestellt, entspricht es der altorientalischen und biblischen Denkart, wenn *zwei* Wesen aufgeführt werden,
die den Beginn der Lebensbaumsphäre markieren; in der Zweiheit
wird der Vollständigkeit Ausdruck gegeben, so wie auch die hebräischen Ausdrücke für Duplizität Vollständigkeit bedeuten[16]. Um
diese Wesen zu bestimmen, empfiehlt es sich, vom zweiten, der
»sich (hin und her) wendenden Dolchflamme« auszugehen, die gewöhnlich auf den Blitz[17] gedeutet wird[18], dessen Zucken ja mit
dem Sich-hin-und-her-wenden gut wiedergegeben zu sein scheint.
Aber was soll der Dolch? Die Antwort, der Blitz »kann mit *hæræb*
ebensogut bezeichnet werden, wie die Blitze anderwärts Jahwes
Pfeile heißen (Hab 3,11; Ps 18,15; 77,18)«[19], befriedigt wenig, und
daß das im AT gelegentlich als selbständige Macht vorgestellte Ra-
cheschwert Gottes ursprünglich den Blitz meine[20], ist fraglich. Bei
der Frage, was mit dem sich hin und her wendenden Dolch oder
Schwert gemeint sein könnte, sollte man sich vor allem an die vorderasiatische Ikonographie um Auskunft wenden. Wird hier der
Blitz des Gewittergottes gelegentlich mit einer Lanze dargestellt[21],
so doch in der weit überwiegenden Mehrzahl der Fälle | mit der
speziellen Blitzwaffe des Zwei- oder Dreizacks[22]. Diese Waffe mit
den zickzackförmigen »Klingen« könnte nicht besser beschrieben
werden als mit *hæræb mithæppækæt*, und daß man damit tatsächlich die
Vorstellung einer *hæræb* verbunden hat, wird durch die vollendete
Stilisierung der assyrischen Zeit seit dem 9. Jh. besonders deutlich,
wo der doppelte Dreizack mit nach oben wie unten gewendetem

---

[16] *kiplãjim* Jes 40,2, *mišnæ* Jer 16,18; 17,18; Sach 9,12, *šetajim* Jes 51,19; Jer
2,13.

[17] Um nur einige Beispiele zu nennen: *A. Dillmann*, Die Genesis, KeH, [6]1892,
S. 84; *O. Procksch*, Die Genesis, KAT 1, [2f]1924, S. 41; *Budde*, Paradiesesge-
schichte S. 84; *U. Cassuto*, A Commentary on the Book of Genesis, Bd. 1, o. J.,
S. 146.

[18] Zwar kann *lãhãb* wegen des Aufglänzens des Klingenmetalls des Dolches
(vgl. Nah 3,3) zum Terminus für die Dolchklinge werden Ri 3,22, und Ent-
sprechendes gilt für *læhabã* beim Speer 1Sam 17,7 (vgl. Hi 39,23), aber es wird
wohl nicht ohne Grund hier *lãhãṭ* gebraucht, so daß auf jeden Fall über eine einfache Bezeichnung der Klinge hinausgegangen wird. Das Zünden, Brennen, Lo-
dern ist diesem »Instrument« eigen, und es ist nicht einfach die Zauberwaffe der
sich drehenden, der »von selbst kämpfenden Klinge« (Skirnismál 8f, F. Genzmer,
Edda, Bd. 2, 1932, S. 28).

[19] *Budde*, Paradiesesgeschichte S. 84.

[20] *Dillmann* aaO S. 84.

[21] Besonders eindrücklich ist die »Baᶜal au foudre«-Stele aus Ugarit (*C.F.A.
Schaeffer*, Ugaritica II, 1949, T. 23f, S. 121ff, ANEP Nr. 490).

[22] Vgl. bes. *A. Vanel*, L'iconographie du dieu de l'orage, 1965, passim.

Dolch kombiniert wird[23] und wo das Blitzbündel nicht nur als symbolische Waffe gehalten, sondern auch als Dolch geschwungen werden kann. Diese *hæræb mithăppækæt* ist also die für den Wettergott (in Syrien für Ba'al) charakteristische Waffe[24].

Ähnlich charakteristisch ist für den syrischen Wettergott sein Begleit-, Zug- oder Tragtier. Dieses Mischwesen hat entweder mehr Löwen- (und Drachen-) Charakter, was für einen ʿAṯtartypus spricht, oder bei dem eigentlichen Baʿaltypus eher Stier-Charakter, wobei gelegentlich auch ein Paar auftaucht[25]. Bei diesen Tragtieren handelt es sich natürlich um das, was im AT Keruben genannt wird, geflügelte Mischwesen[26], auf denen Gott einherfährt (2Sam 22,11 = Ps 18,11)[27] oder thront (1Sam 4,4 usw.). Dem ursprünglich als wagenfahrend vorgestellten Wettergott kommen in besonderer Weise die Zugtiere als Begleittiere zu, aber mit der weiteren Ausbildung der Ikonographie wurden Keruben überhaupt Tragtiere der thronenden Götter und markieren damit die Grenze zur göttlichen Sphäre. Wir werden jedoch nicht fehlgehen, wenn wir hier in Gen 3,24 die Tradition des dem *Wettergott* zugehörigen Begleittieres aufgenommen sehen, die auch sonst der alttestamentlichen Kerubenvorstellung entspricht (2Sam 22,11 = Ps 18,11) und sich ebenso in der *mærkabā* Ezechiels (Blitze 1,13, Rauschen gewaltiger Wasser und Donner 1,24) wie in der mythischen Götterbergbeschreibung Ez 28,12ff (Feuersteine = Blitzsteine, Donnerkeile[28] 28,14.16) findet. Israel konnte sich im wesentlichen nur auf die Wettergottikonographie beziehen. In Syrien beherrschte die Ikonographie des Wettergottes das Feld, während die des El nur in Ansätzen ausgebildet war und kaum zu fassen ist. Vor allem aber war im ersten Jahrtausend Baʿal mit

---

[23] *E. Unger*, Blitz, RLA Bd. 2, 1938, S. 57, vgl. ANEP Nr. 651.

[24] Schon *E.A. Speiser*, Genesis, Anchor Bible 1, 1964, S. 25, dachte bei dem »Flammenschwert« an eine spezifische Götterwaffe

[25] Vgl. *A. Vanel* aaO passim; *U. Moortgat-Correns*, Altorientalische Rollsiegel in der staatlichen Münzsammlung München, Münchner Jahrbuch der bildenden Kunst, 3. F. 6, 1955, S. 17.

[26] Besonders ist die Stiergestalt hervorzuheben, vgl. Ez 10,14 mit 1,10, ferner 1Kön 7,36, wo die Keruben neben den Löwen erscheinen, Ez 41,18f, wo die (Menschen- und) Löwengesichtigkeit für einen Stierkörper spricht, und vor allem das kultische Stierbild (»das goldene Kalb«) als Tragtierabbildung.

[27] Da der Wettergott selbstverständlich mit den Gewitterwolken erscheint, führt diese Vorstellung des auf den Wolken fahrenden Gottes (vgl. die ugaritische Bezeichnung Baʿals *rkb ʿrpt* und Jes 19,1, auch Dtn 33,26; Ps 68,34) zu einer gewissen Konkurrenz mit der Kerubenvorstellung, ohne daß man deswegen einfach die Keruben mit den Gewitterwolken gleichsetzen darf, wie es gern im Zusammenhang mit Gen 3,24 geschieht (vgl. Anm. 11).

[28] Vgl. *F.C. Fensham*, Thunder-Stones in Ugaritic, JNES 18, 1959, S. 273f, und die dort genannte Literatur.

El zu einer zeushaften Gestalt verschmolzen[29], die als höchster Gott gelten mußte. Wollte man also in Israel in festgeprägten mythischen Bildern von Gott reden, mußte man auf die Wettergottikonographie zurückgreifen.

Die unüberschreitbare Grenze zur göttlichen Lebensbaumsphäre wird also nach unserem Text von den zwei typischen Bildelementen des Wettergottes markiert als den höchsten verfügbaren »Zeichen«: von den Keruben und der Blitzgabel. Der theologische Verfasser von Gen 3,22.24 läßt uns diese Bilder als den sichtbaren »Rand« der göttlichen Sphäre erscheinen. Wieder wird die mythische Tradition übernommen und in neuem Licht gesehen: das, was einst Zeichen für den Gott selbst war, ist nur noch Grenze der göttlichen Sphäre, und das ikonographische Spezifikum des Gottes erscheint in einer isolierten Form als dem göttlichen Bereich dienendes Wesen. |

Angesichts des durchreflektierten Charakters unseres Textes kommt der Bestimmung des Ortes der »Wächter«[30] *miqqædæm lᵉgān ʿedæn* besondere Bedeutung zu. Eine solche Ortsangabe scheint im Rahmen des hier Berichteten eher überflüssig zu sein. Aber sie ist inhaltlich höchst seltsam; denn nach 2,8, wo der Jahwist den Edengarten einführt, liegt dieser im Osten, und selbst der spätere Zusatz 2,10–14 muß diese Lage voraussetzen[31]. Dem scheint diese Angabe, die den Paradieses*eingang* in den Osten verlegt, zu widersprechen, und man hat darum angenommen, daß hier eben eine andere Überlieferung von der Lage des Paradieses im äußersten Westen sich zu Worte meldet[32]. Ein solcher Gegensatz ist bei einem Text, der in V. 22a die Diktion der Vorlage in 3,5 bewußt nachahmt, höchst unwahrscheinlich, und man versucht daher gern, *miqqædæm* hier als »gegenüber«, »vor« zu verstehen[33], was aber angesichts der geographischen Bedeutung des *miqqædæm* von 2,8 unbefriedigend bleibt. Wollte der Ergänzer von

---

[29] *H. Gese*, Die Religionen Altsyriens, RM 10,2, 1970, S. 184f.

[30] LXX bezieht *wäjjäšken* auf »den Menschen« (καὶ κατῴκισεν αὐτόν . . .), eine unter dem Einfluß von (2,15 und) 4,16 stehende Texterleichterung, die die Wächterwesen nicht mehr mythologisch auf einen bestimmten Punkt der Paradiesesgrenze festlegen will und eine solche Lokalisierung in der Tradition mit einem neuen Verbum (καὶ ἔταξεν τὰ Χερουβιμ . . .) zur Beauftragung spiritualisiert.

[31] Als gemeinsamer Quellort für Euphrat, Tigris, Gihon (=Flußsystem des Nils, das im Gegensatz zum ägyptischen Nil, *jᵉʾor*, auch die äthiopischen Quellflüsse mit umfaßt) und Pischon (dem nur Überlieferungen vom Indus zugrunde liegen können) muß ein Punkt fern im Osten gedacht worden sein. Die Zusammenfassung der afrikanischen, südarabischen und persischen Landmasse, d.h. eine völlig vage Kenntnis der Ausdehnung des erythräischen Meeres ist noch bei Hekataios zu spüren.

[32] *Gunkel* a Anm. 6 aO S. 24.

[33] Besonders ausführlich begründet bei *Humbert* a Anm. 1 aO S. 15ff.

3,22.24 die Lage des Paradieses anders als 2,8 bestimmen, hätte er es
kaum auf so indirekte Weise wie mit der Angabe eines Paradieses-
eingangs getan. Andererseits paßt eine Deutung von *miqqædæm* im
Sinne von »gegenüber«, »vor« nicht zu der Diktion von 2,8, würde
jedenfalls zu Mißverständnissen Anlaß geben. Wir halten also daran
fest, daß der Ergänzer sich das Paradies als fern im Osten liegend vor-
stellt und trotzdem hier einen nach Osten gerichteten Aus- und Eingang voraussetzt. Für ihn ist das Paradies ein fest geschlossener, rings
umgrenzter Raum, der nur nach Osten geöffnet ist. Diese Vorstellung
eines heiligen Raumes, der nach Osten geöffnet ist, entspricht dem
salomonischen Tempel, und es wäre seltsam, wenn das dem theologisch und mythologisch gelehrten Verfasser von 3,22.24 nicht bewußt gewesen sein sollte; vielmehr ist zu vermuten, daß er sich das
Paradies bewußt als Urbild des Tempels vorgestellt und demzufolge
dieses für ihn wichtige lokale Detail mit Absicht angeführt hat.

Durch die Ergänzung der Paradiesesgeschichte um den Lebens-
baumabschnitt ist die im ursprünglichen jahwistischen Text sich
an 3,23 anschließende Erzählung von Kain und Abel nachträglich
in ein eigenartiges Licht gerückt. Die Grenze zwischen dem göttlichen und menschlichen Bereich ist in 3,24 so scharf gezogen worden,
der verbannende Charakter der Vertreibung ist so betont worden,
daß die Gabedarbringung Kains und Abels nur als Opferakt verstanden werden konnte. Im ursprünglichen jahwistischen Text muß
die Gabe Kains und Abels noch ganz einfach als Geschenkablieferung
verstanden worden sein, und dem entsprechen auch noch einige
Züge in der Geschichte selbst: Wenn Gott die eine Gabe »ansieht«,
die andere nicht, so ist hier eben nicht ein kultmantischer Rückschluß
aus der Rauchfahne o.ä. - vom Verbrennen ist ja auch nichts gesagt –
gemeint, sondern ein Beachten oder Nichtbeachten, das sich in der
Begegnung bei der Darbringung auf selbstverständliche Weise kund
tut. Wenn Gott einfach zu Kain spricht (4,6), ohne daß eine Jahwe-
Erscheinung vorausgesetzt wird, so könnte sich daran zeigen, daß der
Jahwist an eine direkte Begegnung denkt, die für ihn in der vorsintflutlichen Welt noch durchaus möglich ist, wie etwa das Zuschließen
der Arche hinter Noah (7,16b) zeigt[34]. Vielleicht hängt auch der

---

[34] Bezeichnend ist der Kommentar *Gunkels* zu 4,6: »Das plötzliche Auftreten
Jahves befremdet sehr: während in den alten guten Erzählungen (so fast immer J)
bei Gottes Reden stets vorher das ›Wo‹ und ›Wie‹ berichtet wird, ... ist es die
Art der späteren Einsätze und Bearbeitungen (besonders von P) mit ganz blasser
Einleitung ... oder gar ohne jedes einleitende Wort ... Gott redend einzuführen ... So scheint auch hier Jahves Erscheinung fortgefallen zu sein; man
darf vermuten, daß Jahve ursprünglich an der heiligen Stätte, an der sich Qain
ja gerade befand, erschienen sei« (aaO S. 43).

rätselvolle Ausfall der | Rede Kains an Abel nach 4, 8a, der in LXX nur notdürftig überbrückt wird, mit dem verlorengegangenen alten Verständnis der Geschichte von Kain und Abel zusammen; denn der Mord kann sich ja nicht vor den Augen Jahwes abgespielt haben.

4, 16b ist dagegen als spätere Hinzuführung aufgrund von 3, 24 zu beurteilen. Kain soll ja nicht in einem bestimmten Gebiet wohnen, sondern umherwandern; und er kommt auch zu der ersten befestigten Ortschaft, die sein Sohn Henoch baut (V. 17), ohne daß wir voraussetzen sollen, daß sie in »Nod« gelegen habe. Für den ursprünglichen Jahwisten besteht vielmehr die gesamte vorsintflutliche Menschheit aus Kainiten, die die verschiedensten Lebensweisen haben, die wie Henoch und seine Verwandten in befestigten Ortschaften wohnen (denn es gibt schon Kriege) oder die – und das war die letzte zivilisatorische »Errungenschaft« – wie die Lamechiten als spezielle Nomadengruppen am Rande der Gesellschaft leben, und der Beginn des Sintflutberichtes 6, 5 knüpft direkt an 4, 23–24 an[35]. 4, 16b weist dagegen Kain und damit auch den Kainiten ein bestimmtes Gebiet[36] abseits der Ökumene zu, die eben auf dem Hauptteil der Erdscheibe zu finden ist – wegen der östlichen Lage des Paradieses westlich davon. 4, 16b setzt also die Sethiten als Hauptbevölkerung voraus und steht damit im Zusammenhang mit den späteren Zusätzen 4, 25. 26; 5, 29.

Der im ursprünglichen jahwistischen Werk direkte Anschluß des Beginns der Sintflutgeschichte 6, 5 an 4, 23 f wird aber nicht nur durch diese Zusätze aufgehoben, sondern vor allem durch 6, 1–4, dem Abschnitt von den sogenannten Engelehen. Der Text setzt mit V. 1a merkwürdig absolut ein, indem er allgemein auf den Anfang der menschlichen Ausbreitung auf der Erde hinweist, von der vorher schon recht ausführlich die Rede war. Während der Text in V. 1 und 2 formal keine Schwierigkeiten bereitet, scheint V. 3 nicht dazu zu passen und auch den Zusammenhang mit V. 4 zu stören. Man stellt fest, daß in V. 3 nicht von einer Bestrafung der Gottessöhne, oder besser: der Götter, die Rede sei, sondern von einer Verkürzung des *menschlichen* Lebens, und das sei auch nicht als lose angeschlossene, indirekte Folge zu verstehen, wenn in V. 4 die Geschichte von V. 1 f weitererzählt wird. Besonders radikal hatte Budde[37] das damit ge-

---

[35] Denn in der Verkehrung der Mord verhindernden Rachedrohung Gottes 4, 15a in eine fortgesetzt neues Morden erzeugende Willkür 4, 23 f kommt »die Bosheit des Menschen auf der Erde« im vorhergehenden Text am stärksten zum Ausdruck; die doppelte Steigerung des Sündenfalls über Kain zu Lamech mit seinem hemmungslosen Morden kann nicht übertroffen werden.

[36] Deswegen genügt es nicht, allein *qidmāt ᶜedæn* als Zusatz anzusehen (*Gunkel* a Anm. 6 aO S. 47), auch wenn *jšb* als »weilen« für den unsteten Kain passen sollte.

[37] Urgeschichte S. 1–45.

stellte Problem zu lösen versucht: V. 3 sei ein in den geschlossenen Zusammenhang von V. 1.2.4 gesetzter Einschub, der aus 3,22 stammt und den anstößig gewordenen Text paralysieren soll. Wenn man auch die literarkritische Hypothese Buddes, V. 3 sei aus einem anderen Zusammenhang an diese Stelle versetzt, nicht zu übernehmen bereit gewesen ist, so wird doch bis heute der Lösungsversuch V. 3 als Einschub anzusehen gegenüber der Auskunft, der Text sei eben nur fragmentarisch erhalten und V. 3 stehe daher nur in lockerem Zusammenhang[38] oder V. 3 sei von einer Depotenzierung der »Riesen« zu einer Depotenzierung der Menschen sekundär umgeformt[39], gern vertreten, indem man V. 3 für die interpretatio Israelitica hält, die in den übernommenen mythologischen Kontext von J eingesetzt sei[40]. Diese Erklärung macht zwar aus der Not eine Tugend, läßt aber auch die Frage aufkommen, warum dann ein solcher Text überhaupt erst zitiert wird, wenn er so gewaltsam uminterpretiert werden muß; denn, wie wir sahen, war er ja nicht in einer älteren Schicht gegeben, sondern ist der J-Geschichte hinzugefügt worden. Als Hinzufügung sollte jedoch der Text von vornherein in annehmbarer Gestaltung erscheinen, und nur bei einer alten Quelle, etwa Eißfeldts L, wäre ein solcher Eingriff in V. 3 plausibel. Aber besteht das vieldiskutierte Problem überhaupt? |

Der Text soll zweifellos eine Ätiologie für die Nephilim abgeben, die aus der Vereinigung von Göttern und schönen irdischen Frauen schon zu Beginn menschlicher Ausbreitung auf der Erde hervorgegangen sind. Daß der Text mit $b^e n\hat{e}$ $ha'^{\it{\textoe}}loh\hat{i}m$ tatsächlich Gott- und nicht Menschwesen meint, kann kaum bezweifelt werden[41]. Wie in 3,22 werden die unsterblichen himmlischen Wesen hier einfach vorausgesetzt. Aber wer sind die Nephilim, die von göttlichen Vätern und menschlichen Müttern abstammen? Num 13,33 wird die sagenhafte Urbevölkerung der Enakiter zu den Nephilim gerechnet, so wie Dtn 2,10f und 2,20f zu den Rephaim. Rephaim und Nephilim

---

[38] Z.B. *Gunkel* a Anm. 6 aO S. 57.

[39] Z.B. *O. Eißfeldt*, Hexateuch-Synopse, 1922, S. 255*f.

[40] Z.B. *G. v. Rad*, Das erste Buch Mose, ATD 2/4, ⁵1958, S. 94 [⁹1972, S. 84f]; *O. Loretz*, Schöpfung und Mythos, SBS 32, 1968, S. 42–48.

[41] *F. Dexinger*, Sturz der Göttersöhne oder Engel vor der Sintflut?, WBTh 13, 1966, möchte in den $b^e n\hat{e}$ $ha'^{\it{\textoe}}loh\hat{i}m$ Heroen sehen. Auf eine Auseinandersetzung kann hier unter Hinweis auf *O. Loretz*, Götter und Frauen (Gen 6,1–3), Bibel und Leben 8, 1967, S. 120–127 verzichtet werden. *J. Scharbert*, Traditions- und Redaktionsgeschichte von Gn 6,1–4, BZ NF 11, 1967, S. 66–78 nimmt an, daß zwar nicht der Verfasser von V. 3, der in der Nähe Ezechiels oder des P-Stratums gesucht wird, und erst recht nicht der ursprüngliche Text, wohl aber der den Text einfügende Redaktor unter den $b^e n\hat{e}$ $ha'^{\it{\textoe}}loh\hat{i}m$ die Sethiten verstanden habe, was z. Zt. des Mischehenproblems auch einen aktuellen Nebensinn hatte.

müssen als umfassende Gattungsbegriffe für die heroische Urbevölkerung Synonyme gewesen sein, wobei die Bezeichnung Rephaim
besonders aus Traditionen von Basan[42] bekannt ist. Anstatt nur allgemein auf Riesen-Sagen oder auf die Verwendung des Motivs der
Gott-Mensch-Verbindung im theogonischen Mythos bei Sanchunja-
ton oder bei den Hurritern oder auf Einzelerscheinungen wie Nimrod
und Gilgamesch hinzuweisen, sollte man hier zunächst in aller Deutlichkeit sehen, daß ganz allgemein die Heroen gemeint sind, deren
Verehrung ein ganzes Substratum der mythischen Religion ausmacht. Wir kennen die Rephaim und ihre Verehrung aus Ugarit und
phönizischen Inschriften[43], ganz abgesehen von dem umfangreichen
griechischen Vergleichsmaterial[44]. Die Überlieferung von den Heroen
zeigt spezifische Charakteristika: Heroenkult ist Totenkult! Die
Heroen verfügen zwar als gottähnliche (nicht gottgleiche) Wesen[45]
über geheimnisvolle Kräfte der Fruchtbarkeit[46] und des kriegerischen
Kampfes[47], deren man sich kultisch versichern kann, aber Heroen
sind stets Gestorbene, sie kommen aus der Unterwelt herauf und
steigen nicht vom Himmel herab.

Dieser Heroen-Totenkult ist der religionsgeschichtliche Hintergrund von 6,1–4, und von da aus erklärt sich V. 3 als sachlich notwendige Fortsetzung des Vorhergehenden; denn nur als Tote, die
über den Tod hinaus über geheimnisvolle Kräfte verfügen, sind
diese gottähnlichen Menschen Heroen. V. 3 sagt nichts über eine
»Bestrafung« der Gottwesen; die Vermischung dieser Himmlischen
mit den Menschenfrauen wird vielmehr für die vorsintflutliche Urzeit
als einfache Tatsache hingenommen, so wie 3,22 von Gott das Gott-
ähnlich-werden des Menschen (in Bezug auf das Bewußtsein) einfach
konstatiert wird. Gott will auch nicht den an dieser Entwicklung un-
schuldigen Menschen bestrafen. Aber Gott setzt angesichts einer in
den Bereich des Möglichen rückenden übergroßen Geistkraftfülle des
Menschen im Heroentum eine Ordnung fest, die ihrerseits die Heroen-
verehrung als Totenverehrung ebenso erklärt (insofern die Heroen
Tote sind) wie abweist (insofern die Toten ohne Gottes *rûaḥ* sind): er

---

[42] Vgl. Gen 14,5; Jos 12,4; 13,12; 17,15.

[43] Vgl. *H. Gese* a Anm. 29 aO S. 90 ff.

[44] *F. Farnell*, Greek Hero Cults, 1921; *M.P. Nilsson*, Geschichte der griechischen Religion, HAW 5,2,1, Bd. 1, [3]1967, S. 184 ff.

[45] Vgl. ugaritisch *ilnjm*; es sind also keine Götter!

[46] Vgl. z. B. Hesiod, Erga 126 und die vorhergehende Beschreibung des gol-
denen Zeitalters und 172 f. Besonders auf die Fruchtbarkeits- und Lebenskrafts-
funktion wird sich der Name Rephaim = »Heiler« beziehen.

[47] Vgl. z. B. Hesiod, Erga 161 ff; Ez 32,27. Wie der Zusammenhang letzterer
Stelle zeigt, wird der Name Nephilim eher »(im Kampf heldenhaft) Gefallene«
bedeuten als »Fehlgeburten«.

bestimmt die Höchstgrenze menschlichen Lebens und damit auch die absolute Grenze der bei aller übermenschlichen Kraft ja immer als Sterbliche und damit als Menschen vorgestellten Heroen, wobei ein kraftgeladener Todeszustand a priori unmöglich erscheint.

Der Ausdruck *'adam* in V. 3 begreift also die Heroen mit ein[48]; das geht besonders aus dem angeblich so schwer verständlichen *jadôn* hervor. Nach der Punktation der Form des Indikativ Imperfekt | käme eine Ableitung von der Wurzel *dnn* am ehesten in Frage, und seitdem seinerzeit K. Vollers die Herleitung von dem wohlbekannten akkadischen *danānu* »stark, mächtig sein« vorgeschlagen hat[49], hat man neue Vorschläge damit begründet, daß leider diese Bedeutung hier keinen Sinn ergäbe[50]. Aber die Bedeutung paßt vortrefflich: der Leben schaffende und erhaltende Jahwe-Geist ist natürlich in den Heroen stärker als in den normalen Sterblichen, so daß man sehr wohl in diesem Fall von einem »Mächtigsein« gegenüber einem normalen »Sein« sprechen kann. In V. 3 wird also Jahwes Ordnungsfestsetzung einer Lebenshöchstgrenze von 120 Jahren damit begründet, daß der Jahwe-Geist nicht immer im Menschen mächtig sein kann, »weil er ja/seinerseits[51] Fleisch ist«. Daß aber hier von *'adam* allgemein und nicht von Nephilim im besonderen die Rede ist, erklärt sich aus der Sache: diese Ordnungssetzung betrifft alle Menschen, zu denen ja auch die Nephilim gehören, und eine allgemein menschliche Ordnung soll hier gestiftet werden. Wie in 3,22 wird angesichts einer drohenden Unordnung eine neue Ordnung durch Gott begründet. Vor der Geburt der Nephilim, also vor dem Bericht von V. 4, wird durch V. 3 gezeigt, daß diese Heroen durch Gottes Ordnung sterbliche und nicht unsterbliche Menschen sein werden, ja sie werden mit den normalen Menschen prinzipiell zusammengefaßt, so daß ihre Verehrung, die nichts anderes als Totenverehrung wäre, keine Unsterblichkeitskräfte etwa der Fruchtbarkeit oder der kriegerischen Macht freimachen könnte. Ein jenseitiges machtvolles

---

[48] Die Sterblichkeit trennt den Menschen von den Gottwesen so, wie die Unsterblichkeit die Gottwesen von den Menschen; das entspricht auch der Anschauung von 3,22.

[49] Zur Erklärung von *jadôn* Gen 6,3, ZA 14, 1899, S. 349–356.

[50] Vgl. *E. A. Speiser*, YDWN, Gen 6 : 3, JBL 75, 1956, S. 126 ff; *Cassuto* a Anm. 17 aO S. 295; *Scharbert* a Anm. 41 aO S. 67 f. Gegenüber dem bekannten *danānu* und vor allem angesichts eines Personennamens wie *jadôn* Neh 3,7, wozu man das häufige *jdnjh* der Elephantinepapyri stellen müßte, ist die Herleitung von einem ugaritischen *dnt* der Bedeutung »Unterdrückung« (vgl. *M. Dietrich-O. Loretz*, OLZ 62 1967, Sp. 38) problematisch.

[51] *gām* könnte hier sehr wohl allgemein deiktische Bedeutung haben, d.h. der Sinn der Beigesellung (»auch«) tritt hinter dem der Hervorhebung (»seinerseits«) zurück; vgl. KBL s. v. Nr. 4, KBL³ s. v. Nr. 4.

Weiterexistieren der toten Heroen ist mit der in V. 3 formulierten
Ordnung, die nur den Jahwe-Geist als einzige Macht kennt, undenkbar.

Wie in 3,22.24 wird also auch in 6,1–4 eine zentrale mythische
Überlieferung positiv aufgenommen – von den Nephilim der Urzeit[52]
wird nichts Abfälliges gesagt –, nur erscheint diese Tradition in neuem
Licht: der heroische Mensch ist in derselben Weise sterblich wie der
normale Mensch, von einer jenseitigen Hades-»Existenz« aus kann er
keine Lebenskräfte freimachen, und über einen Heroenkult gibt es
keinen Zugang zum Leben. Die Thematik ist ähnlich der in 3,22.24:
die im Mythos gegebene Kunde von den geheimen Lebenskräften,
dort im himmlischen, hier im chthonischen Bereich. Das nicht rückgängig zu machende Todesschicksal, ja die Lebenshöchstgrenze des
Menschen werden als göttliche Ordnung verstanden. Die Struktur
beider Texte mit der Ordnung stiftenden Jahwe-Rede ist vergleich-
bar. Stilistisch sind ebenso Ähnlichkeiten vorhanden, die in beiden
Fällen für einen eher mythologisch und theologisch gelehrten als
naiven Verfasser sprechen. Zeitlich wird man beide Texte nicht sehr
früh ansetzen können[53]; es empfiehlt sich, an die spätere, aber wohl
noch vordeuteronomische Königszeit zu denken. Aus alledem ergibt
sich mit großer Wahrscheinlichkeit, daß wir mit einem gemeinsamen
Verfasser für 3,22.24 und 6,1–4 rechnen müssen, der das jahwistische
Werk um zwei bedeutende Texte bereichert hat, die Zeugnis ablegen
von der inneren Freiheit des Jahweglaubens den mythischen Traditionen gegenüber. Im Lichte dieses Wissens enthüllt sich auch die
Wahrheit des Mythos.

---

[52] *wᵉgăm 'ăhᵃrê ken* V. 4 ist selbstverständlich gegenüber ᶜ*ôlam* und dem sich
auf V. 1 (*hehel!*) zurückbeziehenden *băjjamîm hahem* in V. 4 Glosse, die auf Angaben wie Num 13,33 Rücksicht nimmt.
[53] Die *hᵃræb mithăppækæt* scheint ikonographisch besonders gut in der Zeit
nach dem 9. Jh. unter assyrischem Einfluß verständlich zu sein; *bᵉšăggăm* 6,3
macht keinen frühen Eindruck.

# DER DAVIDSBUND UND DIE ZIONSERWÄHLUNG[1]

Unser Thema versetzt uns an den Anfang des 1. Jahrtausends v. Chr. *Davids Kings-*
Im Jahre 1000[2] herrschte David, der Sohn Jischais, über zwei König- *herrschaft*
reiche. 1003 war er zum König über das »Haus Juda« gesalbt, d. i. eine
Vereinigung verschiedener Stämmegruppen im Süden Palästinas, deren
stärkster und tonangebender Teil der Stamm Juda war. 1001, nach
dem Tode des letzten regierungsfähigen Sauliden Ischbaal, sprachen
ihm, dem Schwiegersohn Sauls, die Ältesten Israels das Königtum
über Israel auf Grund einer vertraglichen Abmachung zu. Dies umfaßte die israelitische Stämmevereinigung mit Ausnahme des »Hauses Juda«. David regierte, seitdem er König über das »Haus Juda«
war, in der im Süden Palästinas gelegenen Stadt Hebron, doch war
von dieser so weit im Süden gelegenen Stadt eine Regierung über das
nördliche Königreich Israel schwierig. Auch konnte man in der Wahl
dieser Stadt als Zentrum der in Personalunion verbundenen Reiche
leicht eine Bevorzugung des »Hauses Juda« sehen, mit dem David als
Bethlehemit ohnehin stärkere Bande verknüpften. Nachdem es David
in den Kämpfen der Jahre 1000–998 gelungen war, die philistäische
Vorherrschaft abzuwehren, konnte er darangehen, die Residenzfrage
zu lösen. Zwischen die Siedlungsgebiete der nördlichen Stämme und
Juda schob sich ein Gürtel von kanaanäischen Stadtstaaten ein, die die
Nord-Süd-Verbindung im israelitischen Stämmeverband empfindlich
störten. Zwar befanden sich schon einige dieser Kanaanäerstädte, die
zum Interessengebiet des Stammes Benjamin, des südlichsten der
mittelpalästinischen Stämme, | gehörten, auf Grund von Verträgen
in einem Abhängigkeitsverhältnis gegenüber Benjamin, und der
Benjaminit Saul, der erste König Israels, hatte in diesen Rechtsstatus
zu ungunsten der Kanaanäer eingegriffen und die Städte einfach zu
annektieren versucht[3]. Aber im Westen und auch im Osten waren
einige Stadtstaaten übriggeblieben, die vom Stämmebund her, bzw.
von den Königreichen Juda und Israel her gesehen, exterritoriales

---

[1] Antrittsvorlesung in Tübingen, gehalten am 7. Dezember 1962.

[2] Den Jahreszahlen sind die traditionellen 40jährigen Regierungszeiten Salomos und Davids zugrunde gelegt. Obwohl sie einer *dôr*-Periode entsprechen,
kommen sie allem Anschein nach der Wahrheit nahe. Eine historische Konstruktion bedarf der Präzisierung – natürlich unter genauer Bestimmung, wo und inwiefern sie hypothetisch ist. Der skeptische Verzicht steht in der Gefahr, das
fragmentarische Bild mit dem wahren zu verwechseln.

[3] 2Sam 4,3 Beeroth, 2Sam 21,1ff Gibeon, vgl. 1Sam 2,27bα.

Gebiet darstellten. Städte im Westen wie Ajjalon konnte David als mögliche Residenzen nicht ins Auge fassen, da sie für die gefährlichen Philister zu leicht zugänglich waren. Aber der im Osten etwas abgelegene[4] Stadtstaat Jerusalem, zwischen Israel und Juda gelegen, bot sich als ideale Hauptstadt und Residenz für David an. 997 gelang es David, die schwer zugängliche Festung mit seinem Söldnerheer zu erobern. David hat die einheimische, jebusitische Bevölkerung nicht vertrieben; ihm lag ja auch gar nichts daran, diese Stadt der israelitischen Amphiktyonie einzugliedern, vielmehr sollte Jerusalem ein kleiner Stadtstaat für sich bleiben, ausgegrenzt aus Juda und Israel, sozusagen ein privates Königtum für David. Deswegen bot David auch nicht den Heerbann der israelitischen Stämme zum Kampf gegen Jerusalem auf – wäre doch dann eine Einverleibung der Stadt in das israelitische Stämmegebiet unumgänglich gewesen –, sondern die David persönlich untergebenen Söldnertruppen mußten die Einnahme bewerkstelligen[5]. Mit der Eroberung von Jerusalem war David nun auch noch König über ein drittes Königtum geworden. Jerusalem konnte er als Residenz ausbauen, ohne Mißgunst und Neid unter den israelitischen Stämmen zu erregen. Hier im exterritorialen Gebiet zwischen den Königreichen Israel und Juda hatte er auch für die Verwaltung der beiden Reiche ein verhältnismäßig günstig gelegenes Zentrum. Wenn David auch auf politischem Gebiet bewußt eine Eingliederung Jerusalems in Israel, eine Israelitisierung, vermied, auf religiösem Gebiet – und das heißt für die Alten auf kultischem Gebiet – tat er das gerade Gegenteil. Er wußte zu verhindern, daß Jerusalem als ein Fremdkörper in der ja durch die stärksten religiösen Bande verknüpften Stämmevereinigung Israel erschien. Durch die Eroberung Jerusalems war David auch Herr über die im Norden der Stadt gelegene Kulthöhe geworden. David entsann sich nun jenes schon fast ein halbes Jahrhundert[6] halb | vergessenen und zur Bedeutungs-

---

[4] A. *Alt*, Jerusalems Aufstieg, ZDMG 79, 1925, S. 5f [= Kl. Schr. III, S. 246f.]

[5] 2Sam 5,6 gegen 1Chr 11,4. Hierzu und zu der rechtlichen Stellung Jerusalems vgl. *Alts* bedeutende Schriften, besonders: Jerusalems Aufstieg, ZDMG 79, 1925, S. 1–19 [= Kl. Schr. III, 1959, S. 243–257].

[6] Das ergibt sich aus der elidischen Priestergenealogie Achitub, Achimelech, Äbjatar in 1Sam 22,6ff (V. 9.11f.20) in Verbindung mit 1Sam 14,3 Achia, Achitub, Pinchas, Eli. Da Pinchas im Zusammenhang mit den Philisterkämpfen bei Ebenhaezer fällt (1Sam 4,11), die Söhne Achitubs, Achia und Achimelech, aber zur Zeit Sauls als Oberpriester fungieren, liegen zwischen der Zeit des philistäischen Einbruchs und der Zeit Sauls wahrscheinlich zwei Generationen (zumindest eine), unabhängig davon, ob die nicht ganz unverdächtig wirkende Angabe, Achitub sei der Bruder Ikabods gewesen (1Sam 14,3), nicht sekundär ist und die Verbindung Pinchas-Achitub tatsächlich eine genealogische Verbindung im eigentlichen Sinn darstellt.

losigkeit herabgesunkenen Kultgegenstandes, der einst im Mittelpunkt des israelitischen, amphiktyonischen Kultes gestanden hatte,
der Lade Jahwes. David holte die Lade feierlich nach Jerusalem ein
und stellte sie auf der Kulthöhe im Norden der Stadt auf. Mag diese
Lade mit der alten Silolade historisch identisch gewesen sein oder
nicht – die Frage der kultischen Identität ist von der der historischen
zu trennen. Mit der Ladeüberführung war wieder nach einer 50jäh-
rigen Unterbrechung hier auf dem Zion ein kultisches Zentrum der
Amphiktyonie errichtet, ein religiöser Mittelpunkt Israels geschaffen.
Dieser Akt Davids war von den weitestreichenden Folgen – für die
politische Geschichte bis in unsere Tage, von der religionsgeschichtlichen Bedeutung ganz zu schweigen. Nun stellt sich natürlich die
Frage, wie denn dieser religionspolitische Akt möglich war. Eine
Auskunft wäre die, daß die Lade noch immer ihre alte Bedeutung in
der Amphiktyonie hatte. Aber – so müssen wir dann weiterfragen –
was befähigte denn den König David zu diesem Akt? Er war doch
kein allmächtiger Souverän, der über die religiösen Traditionen der
Amphiktyonie einfach verfügen konnte! Eine solche Souveränität,
die tiefste Eingriffe in das kultische Wesen der Amphiktyonie er-
laubte, eine solche priesterliche Souveränität kam nach der herkömmlichen Anschauung einem König von Israel gar nicht zu. Ein von
Jahwe erwählter, seiner Amphiktyonie vorangestellter »Erhobener«,
*nagîd*[7], konnte nicht über | das Zentralheiligtum verfügen. Die Ant-

*[handwritten margin note:]* ↓ *Frage nach /Autorität Davids*

---

[7] Daß der *nagîd*-Titel sich als sakraler Titel auf die theokratische Amphiktyonie
bezieht, ergibt sich aus der festen Terminologie *ngjd ʿl ʿmjʿmw* (Suff. = Jahwe) |
*ʿm jhwh (ʿl) jśrʾl* 1Sam 9,16; 10,1 (𝔊𝔅); 2Sam 6,21; 7,8; 1Kön 14,7; 16,2,
verkürzt 1Sam 13,14; 25,30; 2Sam 5,2 (1Sam 16,6 wird *nᵉgîd jhwh mᵉšîḥô* zu
lesen sein, 2Kön 20,5 heißt es *nᵉgîd ʿammî* – eine Ausnahme stellt bezeichnenderweise 1Kön 1,35 dar –, ferner daraus, daß es Jahwe ist, der einsetzt (*ṣwh*, nur
1Kön 14,7; 16,2 *ntn*), gegebenenfalls mittels einer Salbung durch Jahwes Ge-
sandten, den Propheten 1Sam 9,16; 10,1 (𝔊𝔅), vgl. 1Sam 16,6 – anders wieder
1Kön 1,35 –, und schließlich daraus, daß ein Prophet die Einsetzung verkündet
1Sam 9, 16; 10,1 (𝔊𝔅); 2Sam 7,8; 1Kön 14,7; 16,2 – anders 1Kön 1,35; vgl.
dazu unten S. 126. Auf diesen sakralen Charakter des *nagîd*-Titels gegenüber dem
*mælæk*-Titel hat *Alt*, Die Staatenbildung der Israeliten in Palästina, 1930 [= Kl.
Schr. II, S. 23], hingewiesen. Allerdings kann seine Deutung des Wortes *nagîd* als
»Kundgegebener« (aaO S. 23 Anm. 2) nicht befriedigen, da wir schlecht von der
hebräischen Hif.-Bedeutung der Wurzel ausgehen können. Die Wurzelbedeutung
wird »hervorkommen«, »herausziehen« sein: arab. *naǧada* to overcome, to prevail
over, to become manifest, *naǧida* to sweat, *naǧuda* to be courageous, aram. herausziehen, wegziehen, hebr. *nægæd* das Hervorgekommene, das was vor einem ist, gegenüber, *ngd* Hif., eine Sache herauskommen lassen, deutlich machen, anzeigen. Von
den im Aramäischen entwickelten Nomina »der, welcher herauszieht« = »Anführer«
(*ngwdʾ*, *ngdʾ*) sollte man die wohl passivische *qatîl*-Bildung von *nagîd* unterscheiden. Fraglich bleibt, wie *ngd* in Sfire III 10 ( = Offizier?) zu beurteilen ist. – Nach
Abschluß des Manuskripts kam mir *J. J. Glück*, Nagid-Shepherd, VT 13, 1963,

*falsche Ver-*
*mutg!*

wort darauf ist, wenn sie überhaupt gegeben wird, die, daß David durch den ihm zugesprochenen speziellen Bund mit Gott, den sog. Davidsbund, zu diesem Schritt ermächtigt wurde[8]. Diese Auskunft trifft nach allem, was wir über den Davidsbund wissen, nicht zu. Die

*Sachlage:*

Verheißungen Gottes an David, durch den Propheten Nathan verkündet (2Sam 7), setzen in mehrfacher Hinsicht die Überführung der Lade auf den Zion (2Sam 6) voraus, sei es durch die Anknüpfung an den Plan Davids, für die Lade auf dem Zion einen Tempel zu erstellen, sei es durch das an die Prophetie anschließende Dankgebet Davids vor der Lade, und auch davon abgesehen, durch manche inneren Bezüge, die uns noch beschäftigen werden. In dem alten Psalm 132,

—⚡

in dem die Verheißungen an David eine $b^e r\hat{\imath}t$, ein Bund, genannt werden, ist dieser Bund die *Antwort* Gottes auf die Überführung der Lade auf den Zion.

⟹

Aber die Ausgangsfeststellung ist unrichtig. Die Lade war nicht mehr von der Amphiktyonie als zentraler Kultgegenstand geachtet, als sich David ihrer entsann. Es bedurfte keiner weit über die Vollmachten eines Königs hinausgehenden Autorität, um die nach der Kanaanäerstadt Kirjath-Jearim abgeschobene Lade in ein würdigeres königliches templum zu überführen. Nachdem in der Mitte des 11. Jahrhunderts[9] die Philister in der für die Israeliten vernichtenden Schlacht bei Ebenhaezer die Lade, das Palladium des Heiligen Krieges Jahwes, hatten erobern und bald darauf den Tempel der Lade, das amphiktyonische Zentralheiligtum Silo, hatten einäschern können, war das Ansehen der Lade gesunken – so gesunken, daß z. Zt. Sauls die in Nob ein Heilig- | tum unterhaltende Priesterschaft der Eliden, die einst das Zentralheiligtum in Silo versorgte, sich nicht mehr um eine

*Aufwertg d.*
*Lade durch*
*David*

Lade kümmerte. Aber schienen die Philister mächtiger als die Lade gewesen zu sein, so war es David, der die Oberherrschaft über die Philister endgültig beseitigt hatte, der diese Geringschätzung der Lade abweisen und die alte Tradition der Lade als dem kultischen Zentrum Israels erneuern konnte[10]. Und die Priesterschaft in Jeru-

---

S. 144–150, zu Gesicht. Abgesehen von der Schwierigkeit, die Wurzel *nqd* mit *ngd* zu verbinden, sehe ich methodisch keine Möglichkeit, die Bedeutung *einer* Wurzel mit den *verschiedenen* Arbeiten eines Berufsstandes zu identifizieren: Zählen (der Herde [> Erzählen]), Markieren (der Tiere), Abziehen (der geschlachteten Tiere), Geißeln (da die Geißel aus Schafsleder ist), Anführen (der Herde) usw.

[8] Z. B. *H.-J. Kraus*, Gottesdienst in Israel, ²1962, S. 214.

[9] S. o. Anm. 6.

[10] *H.-J. Kraus* (aaO S. 214) schreibt: »David hatte in eigener Machtvollkommenheit die Lade in die Metropole überführt ... Wer hatte denn David ermächtigt, eine so tief in das sakrale Leben des Zwölfstämmeverbandes eingreifende Tat zu vollbringen? Der Hinweis auf das Verdienst des Königs, die Lade überhaupt wieder ›zu Ehren gebracht‹ zu haben, dürfte angesichts der konservativen Kult-

salem konnte eine Geschichte der Lade[11] schreiben, in der die niemals durchbrochene Kontinuität ihrer numinosen Kraft unter Beweis gestellt wurde: Die vergangene Periode Israels erschien als eine des Abfalls und des Unglaubens, ein Neuanfang war gesetzt[12].

Aber die Überführung der Lade auf den Zion war ja nur die eine Seite einer z. Zt. Davids sich ereignenden religiösen Umwälzung, und zwar die, die man zunächst mehr als eine Renaissance oder Erneuerung beurteilen könnte, auf der anderen Seite steht der Gedanke vom Bund Gottes mit David, der die bisherigen religiösen Anschauungen in Israel umprägen mußte. Der Inhalt dieses Ps 132,12; 89,4; 2Sam 23,5 sog. Bundes ist die Zusage Gottes, daß für alle Zukunft Nachkommen Davids auf dem Thron in Jerusalem sitzen werden. Es wird durch göttliche Verbürgung, durch eidliche Zusage (Ps 132,11 f) eine Dynastie garantiert, die von ewiger Dauer sein soll. Ein dynastisch konzipiertes Königtum war bisher in Israel unbekannt. Es hat sich auch in nachsalomonischer Zeit im Nordreich erst sehr zögernd einstellen und sich religiös nie ganz durchsetzen können. Somit stellt die göttliche Autorisierung einer Daviddynastie etwas Neues - und man kann wohl auch sagen: etwas Umwälzendes in Israel dar.

Es liegt nun nahe, zwischen den beiden Theologumena, der Erwählung des Zion durch Jahwe und dem Davidsbund, die zusammen z. Zt. | Davids und Salomos auftauchen, einen inneren Zusammenhang zu vermuten. Den Zusammenhang aber so zu beschreiben, daß die Stiftung eines amphiktyonischen Zentralheiligtums auf dem Zion ein aus dem Davidsbund ableitbarer Rechtsakt wäre, müssen wir ablehnen. Wir sahen ja schon, daß es sich historisch um ein Nacheinander in umgekehrter Reihenfolge zu handeln scheint. Die Nathanprophetie setzt die Überführung der Lade voraus, indem sie an die Absicht Davids, einen Tempel für die Lade zu bauen, anknüpft: David beabsichtigt ein Tempelhaus zu bauen; denn er, David, wohnt in einem Zedernpalast, die Gotteslade aber steht nur unter einer Zeltdecke. David teilt diesen Plan dem Propheten Nathan mit, der ihn zunächst gutheißt. Aber in der Nacht wird Nathan in einer Schauung

---

ordnungen keine Bedeutung gehabt haben.« Aber welche auf die Lade sich beziehenden Kultordnungen bestanden denn noch, die sich mit denen in Silo vergleichen ließen, wenn man absieht von gewissen aus 1Sam 6 und 2Sam 6 zu erschließenden Überführungsriten, die ja David auch strikt einhält? Das Entscheidende ist doch wohl, daß die Lade vor der Annektion durch David keine amphiktyonische Bedeutung mehr hat, d. h. keine entsprechende amphiktyonische Funktion mehr erfüllt.

[11] Vgl. *L. Rost,* Die Überlieferung von der Thronnachfolge Davids, 1926, S. 4 ff, bes. S. 37 f [= Das kleine Credo und andere Studien zum Alten Testament, 1965, S. 122 ff, bes. S. 151 f].

[12] Vgl. Ps 78,56 ff.

offenbart, was er am nächsten Morgen dem König mitteilt: Jahwe
habe bisher nicht in einem festen Tempel gewohnt, er habe nie gefordert, daß man ihm ein Haus baue. Und auf die schroffe Ablehnung
des Tempelbauplanes folgt dann unvermittelt die Verheißung an
David, die man kurz den Davidsbund nennt. Die thematische Verbindung von der Ablehnung des Tempelbaus und der Dynastie-
zusage sieht man zumeist in der Formulierung, in der diese Verheißung anfänglich erscheint (in V. 11b stilistisch abgehoben, Jahwe
in der 3. Pers., so daß man hier den überlieferungsgeschichtlichen
Kern vermutet hat[13]): »Jahwe wird dir ein Haus *(băjit)* bauen« –
*băjit* = Familie und = Haus. Also »nicht du sollst mir, Jahwe, ein Haus
(= Tempelhaus) bauen, sondern ich will dir, David, ein Haus (= Familie, Dynastie) bauen«. So würde ein Wortspiel die geistige Klam-
mer beider Teile in diesem Kapitel bilden. Aber abgesehen davon, daß
das Wortspiel in dieser Weise und so kurz und bündig formuliert gar
nicht im Text erscheint[14], diese Verbindung auf Grund eines Wort-
spiels macht einen sehr künstlichen Eindruck, und ein Zusammenhang mit der Ladeüberführung auf den Zion ergibt sich nur sehr
indirekt und vor allem äußerst negativ. Es soll eben kein Tempel gebaut werden. Es scheint sich hinter dieser negativen Anknüpfung ge-
wichtige Reflexion und wohl auch Polemik zu verbergen, so daß es
gut erscheint, bei unserer Frage nach dem Zusammenhang von einem
»einfacheren« Text auszugehen, von Ps 132.

Der Psalm teilt sich in zwei nach der inneren Gliederung hin genau
entsprechende Hälften. In der ersten (V. 1aβ-10) wird nach einer
kurzen Einleitung (V. 1aβb) im ersten Teil das Davidsgelübde zitiert
(V. 2–5): David werde nicht ruhen, bis er einen Ort *(maqōm* = Heiligtum), eine Wohnstätte für Jahwe, d. h. für die Lade, gefunden habe.
Der zweite Teil (V. 6–8) beschreibt dramatisch die Überführung der
Lade auf den Zion: man hört von der Lade auf dem angestammten
Grund und Boden der ephratitischen Sippe in Bethlehem, der David
angehört (V. 6a), und man findet die Lade in Kirjath-Jearim (V. 6b),
man zieht auf den Zion, um dort vor der Lade anzubeten (V. 7),
Jahwe wird in der Form des alten Ladespruches (Num 10,35) aufge-
fordert, von dem Heiligtum Besitz zu ergreifen: »Erhebe dich,

---

13 *O. Procksch*, Die letzten Worte Davids, At. Studien f. R. Kittel, 1913,
S. 112–125, S. 122 ff; *L. Rost*, aaO S. 58 f [= a Anm. 11aO S. 169 f] oder in letzter
Zeit *E. Kutsch*, Die Dynastie von Gottes Gnaden, ZThK 58, 1961, S. 137–153,
S. 145.
14 Darauf macht neuerdings besonders *M. Noth*, David und Israel in 2 Sam 7,
Mélanges Bibliques ... A. Robert, 1957, S. 122–130 [= Ges. Studien zum AT,
³1966, S. 334–345], S. 335 gegen *R. de Vaux*, Les livres de Samuel (La Sainte
Bible), S. 160 n. c aufmerksam.

Jahwe, hin zu deiner Ruhstatt (zu deiner *menûḥā*)!« (V. 8). Der dritte, abschließende Teil (V. 9 f) beschreibt den segensvollen Zustand nach der Heiligtumsgründung (in Gerechtigkeit gekleidete Priester, jubelnde Kultpropheten) und bittet um Segen, insonderheit für den Gesalbten David, und so weist der Schluß der ersten Hälfte thematisch auf den Anfang zurück. In der zweiten Hälfte (V. 11–18) entspricht als erster Teil (V. 11 f) dem Davidsgelübde jetzt das Gelübde Jahwes, die Dynastiezusage. Sie wird begründet im zweiten Teil (V. 13 f) mit der Erwählung des Zion als Wohnplatz durch Jahwe; der Aufforderung am Ende des zweiten Teils in der ersten Hälfte von Ps 132 in der Form des Ladespruches: »Auf, Jahwe, zu deiner *menûḥā*!« entspricht jetzt die Akzeptionsformel: »Dies ist meine *menûḥā*, meine Ruhstatt für immer« (V. 14). Der dritte Teil (V. 15–18) bringt ganz der ersten Hälfte entsprechend die Segenszusage, gipfelnd in der Segnung Davids (V. 16 = V. 9, V. 17 f = V. 10). Der Text ist auf jeden Fall der vorexilischen Zeit zuzuweisen – wird doch im Hintergrund des Psalms ein Laderitual stehen –, wahrscheinlich ist frühe vorexilische Zeit anzunehmen, da das verwendete Vokabular deutlich vordeuteronomistisch ist. Wir können dem Psalm für unsere Frage folgendes entnehmen: 1. Davidsgelübde und Gottesgelübde entsprechen einander. Das Gottesgelübde ist nur die Antwort auf die Erfüllung des Davidsgelübdes. Das Davidsgelübde ist aber die Stiftung eines Heiligtums für die Lade. Es geht hier nicht um den Tempelbau, wie man immer wieder meint[15], | sondern lediglich darum, daß ein Wohnplatz, ein *maqôm* für die Lade gefunden wird. Es geht um ein *templum*, nicht um ein Tempelhaus für die Lade, d. h. also um die Stiftung des Ladeheiligtums auf dem Zion. Auf die Ladeüberführung *antwortet* Gott mit der Dynastieverheißung. 2. Die Dynastieverheißung wird begründet (V. 13) mit der Erwählung des Zion als Wohnplatz für alle Zeiten. So wie die Lade hier ihren Ruheort, ihren festen Ort für alle Zeiten findet (*ʿadê ʿad*, V. 14), so sollen hier die Davididen für immer (*ʿadê ʿad*, V. 12) das Königsdiadem

---

[15] Obwohl *H.-J. Kraus* schreibt: »Aber um eine Tempelweihfeier handelt es sich in Ps 132 im Kerne nicht, sondern um das Fest der Erwählung des Zion« (Psalmen, BK XV, 1960, S. 881), vermischt er beide Anschauungen miteinander, wenn er 2Sam 7 zum Vergleich heranzieht: »Dann ist das Verhältnis zu der in 2S 7 vorliegenden Überlieferung zu prüfen. Auch dort finden die sorgenvollen Gedanken Davids um ein bleibendes Heiligtum für Jahwe einen deutlichen Ausdruck (2S 7,1ff)... In 2S 7,1ff und Ps 132,1ff gilt David als der Kultgründer des Jerusalemer Tempelheiligtums. Er ist der Initiator. Salomo ist dann später nur ausführendes Organ. Wahrscheinlich handelt es sich hier um eine Ätiologie, die im *hieros logos* des königlichen Eigentempels bewußt festhalten will: David ist der eigentliche Gründer. Der Tempelbau geht auf sein Gelübde und seinen Eifer für Jahwe zurück.« (AaO S. 884).

tragen. Die Lade war in früheren Zeiten als bewegliches Heiligtum nie an einen bestimmten Ort gebunden (man denke an den Wechsel der Heiligtümer in der älteren Zeit: Gilgal, Bethel, Silo), jetzt ist sie an ein ganz bestimmtes Heiligtum gebunden. Das Wesen der Sache korrekter zum Ausdruck gebracht: Jahwe hat sich ein bestimmtes Heiligtum erwählt als $m^e n\hat{u}h\bar{a}$ für immer, so werden die Davididen für immer vor Jahwe leben. 3. Das führt uns auf die dritte und tiefste Beziehung: Nicht zufällig war davon die Rede, daß man in Ephrat, in Bethlehem, Kunde von der Lade erhält. Es ist hier also an den auf seinem angestammten Grundbesitz wohnenden David gedacht. Dieser David, der auf dem Zion den Grund und Boden für die $m^e n\hat{u}h\bar{a}$ Jahwes findet, siedelt ja nach Jerusalem über. Als Eroberer Jerusalems ist er Grund- und Bodenherr des Stadtstaates Jerusalem. Im Denken der Alten bestand ein enger Zusammenhang zwischen der weiter-erbenden, weiter-lebenden Familie und dem Grundeigentum, in dem ja auch das Familiengrab lag. Ergreift Jahwe Besitz von diesem Grund und Boden Davids, indem er sich für immer daran bindet, diesen Grund und Boden erwählt, so ist auch die Davidfamilie, das Haus Davids, für immer erwählt. Auf diesen Zusammenhang weist uns noch 2Sam 24. Hier ist der hieros logos vom Jerusalemer Heiligtum dahin umgeprägt, daß David käuflich und ausdrücklich nicht als Geschenk den Kultplatz, die ursprüngliche Tenne des jerusalemischen Hethiters Arauna, erwirbt und damit Grund- und Bodenherr wird. Der Zusammenhang zwischen Tempel und Königswohnung findet natürlich auch in den salomonischen Bauten seinen Ausdruck. Aus den urtümlichen bodenrechtlichen Anschauungen ergibt sich eine tiefe Beziehung zwischen der Zionserwählung und der Erwählung der Davidsfamilie durch Gott. Beides scheint dem Wesen nach ein und dasselbe zu sein, nur nach zwei Seiten hin interpretiert. |

Man versucht bisweilen, die Verbindung der beiden uns beschäftigenden Theologumena in der Weise herzustellen, indem man auf die allgemein im alten Orient verbreitete Vorstellung hinweist, daß durch den Tempelbau erst Heil und Segen das Land erfülle und demzufolge auch der Bauherr, der König, gesegnet wird, d. h. konkret, daß sein Thron feststeht[16]. Aber erstens handelt es sich bei unserer Frage nicht um einen Tempelbau, sondern um die Besitzergreifung eines Heiligtums durch den nicht lokal gebundenen Gott der Lade, um, wenn man so will, die örtliche Selbsteinschränkung Jahwes. Und zweitens handelt es sich nicht um die Kräftigung und Stärkung eines Herrschers oder auch eines bestehenden Herrscherhauses, sondern um die Verheißung, die Erschaffung einer Dynastie.

---

[16] So etwa *E. Kutsch*, a Anm. 13 aO S. 147f.

Von der in Ps 132 sichtbaren wesentlichen Beziehung zwischen der Zionserwählung und dem Davidsbund ist es verständlich, wenn der Davidide sein Königtum mit der Einsetzung *auf dem Zion* begründet: »Ich bin als Jahwes König eingesetzt, geweiht, auf dem Zion, seinem heiligen Berg« (Ps 2,6) oder »Auf heiligem Bergland (d. h. dem Zion) habe ich (Jahwe) dich geboren aus dem Mutterleib, der Morgenröte« (so prb. Ps 110,3)[17]. Und auch an den anderen, hier nicht weiter aufzuführenden Kernstellen der davidischen Königsideologie tritt diese Verbindung mit dem Zion hervor. Wir sehen, von wie weitreichenden theologischen Konsequenzen die Bindung Jahwes an einen bestimmten Ort war und wie diese Bindung nur durch die Stiftung eines, von der Amphiktyonie aus gesehen, exterritorialen Heiligtums, dem eigenen Heiligtum Davids, als Zentralheiligtum entstehen konnte. Die Dynastieverheißung ist der politisch-religiöse Ausdruck der kultisch-religiösen Bindung Jahwes an den Zion. An diesem theologischen Punkt konnten dann leicht weitere Theologumena der Königsideologie Eingang finden, die der Amphiktyonie fremd waren; ich will nur auf die Adoption der Davididen durch Jahwe verweisen: »Du bist mein Sohn, heute (am Tag der Thronbesteigung) habe ich dich gezeugt« (Ps 2,7 oder ausführlicher in Ps. 89,27 f). Aber diese Ausbildung der Königsideologie können wir hier nicht näher verfolgen. |

Welche Ausgestaltung auf Grund des Davidsbundes diese Königsideologie auch immer erfahren hat, in den Ursprüngen war ein enges Ineinander von Zionserwählung und Davidsbund gegeben. Ps 132 gibt in seiner einfachen Art die ursprüngliche Verbindung der beiden Akte, Überführung der Lade auf den Zion und Bund mit David, wieder. Es ist nicht anzunehmen, daß wir es in diesem Psalm mit einer späten theologischen Weiterbildung zu tun haben. Doch gilt es, diese These auf Grund von 2Sam 7 zu prüfen. In diesem Kapitel meint man, das darf als communis opinio gelten, die historischen und damit auch die ursprünglich sachlichen Beziehungen zwischen den beiden uns beschäftigenden Themen greifen zu können, wenn man auch hier in 2Sam 7 mit einer überlieferungsgeschichtlich komplexen Bildung rechnen muß.

Zunächst müssen wir uns gegen einen vorschnellen historischen

---

[17] Für *beḥādrê qodæš* ist mit zahlreichen hebr. MSS, Σ, Hie zu lesen *beḥārrê qodæš*, vgl. Ps 87,1; für das künstliche und tendenziöse Hapaxlegomenon *mišḥar* ist natürlich parallel zu *meræḥæm* ein *miššāḥær* zu punktieren; *leka ṭāl* ist mit ⑥ zu tilgen, es ist eine unter Benutzung von *šāḥær* entstandene Metapher, die kräftige mythologische Vorstellungen durch Verschiebung auf die Bildebene neutralisieren will; *jáldutæka* ist mit zahlreichen hebr. MSS, ֍⁰, ⑥ und ⑤ und parallel zu Ps 2,7 *jelidtîka* zu punktieren, vgl. *meræḥæm*.

Rückschluß aus 2Sam 7 wenden, der sehr verbreitet ist: Nathan verkündet David Jahwes Ablehnung des Tempelbauplanes, den David dem Propheten vorgetragen hatte. In dieser Ablehnung sieht man eine bestimmte theologische Tendenz am Werk, die sich gegen die Kulturlandeinflüsse auf die Jahwe-Religion und besonders gegen einen Tempelbau mit allen seinen theologischen Konsequenzen wehrt, und die, wie könnte es anders sein, von gewissen konservativen Prophetenkreisen vertreten wird. Der Prophet Nathan gehöre zu diesen konservativ-jahwistischen Propheten[18]. Selbst wenn wir voraussetzen, daß die theologische Tendenz des Verkündenden und die seiner Verkündigung in diesem bestimmten Fall identisch sind (man vgl. immerhin V. 3), so müssen wir doch nach allem, was wir sonst von Nathan wissen, zu einem gerade entgegengesetzten Schluß kommen. Nathan tritt uns nur bei Ereignissen entgegen, die irgendwie mit Salomo zusammenhängen. 2Sam 12 verkündet er David die Gerichtsdrohung Jahwes als Antwort auf Davids Mißachtung der Ehe des »Hethiters« Uria, also eines Jerusalemers und Nichtisraeliten, mit Bathseba. Aber auf das Sündenbekenntnis Davids hin sagt Nathan die Vergebung Jahwes zu. Und Nathan ist es auch, der das später aus der Ehe David-Bathseba hervorgegangene Kind, Salomo, in seine Arme nimmt und ihm den Ehrennamen Jedidja gibt. Irgendeine konservativ-jahwistische Tendenz kann man aus Nathans Eintreten für das Recht des Jerusalemers(!) Uria und aus Nathans Billigung der Ehe Davids mit Bathseba und der billigenden Annahme und Segnung Salomos nicht schließen. Nathan tritt uns sodann in 1Kön 1 im Zusammenhang mit den Thronwirren in den letzten Tagen Davids als Sprecher | einer besonderen Partei am Hofe entgegen. Adonia, der damals ca. 35jährige[19] älteste Sohn Davids hatte wegen der Impotenz des gealterten Königs sich zum Nachfolger erhoben – nach den damaligen Rechtsvorstellungen, soweit wir urteilen können, ein völlig legitimer Akt. Auf seiner Seite stehen der letzte Nachkomme der elidischen Priester, Äbjatar, und der mit David verwandte Joab, der Führer des israelitischen Heerbanns, also die religiösen und politischen Repräsentanten des Konservativismus. Dagegen versucht eine andere Partei, sich mit List bei David durchzusetzen: die Jerusalemerin Bathseba mit ihrem damals, 964, wohl erst 21jährigen[20] Sohn

---

[18] Als neuestes Beispiel sei *U. Katzensteins* maschinenschr. Berliner Dissertation »Nathans Stellung in der Geschichte der Prophetie« (1962) angeführt.

[19] Er ist noch in Hebron, also vor 997 geboren, vgl. 2Sam 3,4.

[20] Salomo wird ca. 985 geboren sein. Auf Grund von 1Kön 11,17 wird der Krieg gegen Edom ca. 984 stattgefunden haben. Unmittelbar davor liegen die Ammoniter- und Aramäerkriege (2Sam 8,13). Bei der Geburt Rehabeams (965), des 925 ältesten, im 41. Lebensjahr stehenden Sohnes Salomos (1Kön 14,21) wäre Salomo dann 20 Jahre alt gewesen.

Salomo, der der Nachfolger Davids werden soll, der Priester Zadok,
der, ohne daß wir wissen, woher er kommt oder woher er stammt,
plötzlich in der Geschichte Davids in Jerusalem auftaucht und neben
Äbjatar steht (wäre er mit der Lade nach Jerusalem gekommen[21],
wäre er sicherlich in dem Bericht darüber erwähnt; so bleibt uns nichts
anderes übrig, als in ihm den Vertreter der angestammten Zionsprie-
sterschaft aus vordavidischer Zeit zu sehen[22]), und schließlich steht
neben Bathseba, Salomo und Zadok Benaja, der Führer der ja zum
größten Teil ausländischen Söldnertruppen. Diese Partei, die man nur
als die unisraelitische, jerusalemische Partei kennzeichnen kann, ist die
Partei Nathans – also kein Gedanke an konservativ-jahwistische Tendenzen bei diesem Propheten[23].

Doch was ist nun eigentlich in dieser Ablehnung des Tempelbau-
plans Davids durch Jahwe, in diesem Vorbau zur eigentlichen Verheißung an David 2Sam 7,8ff gesagt? Man hat immer wieder festgestellt, es handle sich in diesen durch Nathan verkündeten Worten
Jahwes um eine grundsätzliche, also nicht nur zeitweilige Ablehnung
des Tempelbaus. | »Du (David) planst, mir einen Tempel zu bauen,
daß ich darin wohne? Nein, ich habe nicht in einem Haus gewohnt,
seit ich die Israeliten aus Ägypten führte bis auf den heutigen Tag,
sondern ich zog immer umher in Zelt und Wohnstatt.« (V. 5f) Und
danach (V. 7) wird betont, daß Jahwe, d.h. die Lade, wo immer er,
unter Israel herumziehend, sich befand, bisher noch nie einen Tempelbau befohlen hat. Nun steht zunächst einmal fest, daß ein Teil dieser Sätze deuteronomistisch ist. Diese Feststellung ist wegen der
Erwähnung der »Richter« nicht anzuzweifeln. Nun steht es aber
ebenso fest, daß von den deuteronomistischen Schriftstellern die
Legitimität des jerusalemischen Tempelbaus nicht angegriffen wird,
ja die Bedeutung des Tempels bildet das Fundament deuteronomistischer Theologie. Das lehrt uns, wie vorsichtig wir bei der Interpretation dieser Sätze sein müssen. Andrerseits kann man aus den
Versen auch nicht herauslesen, Jahwe wende sich nur dagegen, daß
*David* den Tempel baue. Das betonte »du« in dem Satz »Du planst,

[21] So *K. Budde*, Die Herkunft Ṣadoḳ's, ZAW 52, 1934, S. 42–50.
[22] *S. Mowinckel*, Ezra den Skriftlaerde, 1916, S. 109 n.; *H. R. Hall* in: The
People and the Book, ed. *A.S. Peake*, 1925, S. 11; *A. Bentzen*, Studier over det
Zadokidiske Praesterskabshistorie, 1931, S. 10ff; *H.H. Rowley*, Zadok and Ne-
hushtan, JBL 58, 1939, S. 113–141, bes. S. 123. Die Hypothese *Mowinckels* und
*Bentzens*, Zadok sei Priester*könig* in Jerusalem gewesen, ist unglaubwürdig,
vgl. auch *Alt*, a Anm. 7 aO S. 25 Anm. 1.
[23] Zur Charakterisierung der Parteien vgl. *Bentzen*, aaO S. 10ff. Aber er geht
mit seinen Hypothesen in die Irre: Zadok ist nicht der Priesterkönig Jerusalems
gewesen; daß Nathan vordavidischer jebusitischer Prophet gewesen ist, läßt sich
nicht erweisen; daß er Ps 110 verfaßt habe, ist reine Phantasie.

*Ablehnung des
Tempelbau-
plans Davids*

mir einen Tempel zu bauen?« richtet sich nicht an David als eine bestimmte historische Persönlichkeit, sondern an David als Mensch: »Du, ein Mensch, planst, mir, Gott, ein Haus zu bauen?«[24] Hier wird schon grundsätzlich geredet, aber nicht grundsätzlich gegen einen Tempel, sondern grundsätzlich gegen die menschliche Initiative beim Bau eines Tempels. Kein Wort findet sich darüber, daß ein Tempel Jahwes Wesen nicht entspreche (Jes 66,1–4 lehrt, wie so etwas formuliert wird), sondern es wird nur betont, daß Jahwe längst sich hätte einen Tempel bauen lassen können, wenn er gewollt hätte. *Er befiehlt, ob ein Tempel gebaut wird oder nicht, er* ist der Initiator, nicht ein Mensch, nicht David. Diese Ablehnung der Auffassung des Tempelbaus als Menschenwerk begegnet uns im Alten Testament auch Sach 4,6: Jahwe ist es, der sich seinen Tempel baut bzw. bauen läßt; selbstverständlich geht es in Sach 4 nicht gegen einen Tempel an sich.

*[handwritten margin: litkrit., vor allem aber textkrit. Problem des Proömiums in 2.Sam 7]* Bevor wir aber die Stellung dieses Proömium in 2Sam 7 zur Davidverheißung näher bestimmen können, müssen wir uns der Davidverheißung selbst zuwenden. Dazu muß in aller Kürze auf die literar- und überlieferungsgeschichtliche Schichtung des Kapitals eingegangen werden. Zunächst hat Rost 1926 eine recht komplizierte Analyse herausgearbeitet, die dem Grundbestand der Davidverheißung in 2Sam 7 die | Verse 11b und 16 zuwies[25]. Dagegen hat Noth mit einleuchtenden Argumenten 1957 Stellung genommen[26]. Nach Noth sind lediglich die deuteronomistischen Einsätze wie z. B. V. 13a, der Satz »Er aber (= Salomo) wird meinem Namen ein Haus bauen« aus dem Text zu entfernen, um einen Grundbestand, hinter den zurückzugehen unmöglich ist, zu erhalten[27]. Ganz ähnlich, mit anderen Argumenten Kutsch 1961[28], der neben anderen kleineren deuteronomistischen Einsätzen auch V. 13a entfernt und in V. 11b eine alte stehengebliebene Formulierung erblickt, aber sonst wie Noth die grundsätzliche Einheit von 2Sam 7 verficht. Mir scheint in diesen beiden kritischen Beiträgen zur Rostschen Analyse noch viel zu wenig die Arbeit Van den Bussches aus dem Jahr 1947 berücksichtigt zu sein,

---

[24] *M. Simon*, La prophétie de Nathan et le Temple, RHPhR 32, 1952, S. 41–58, S. 50, hat in dieser Hinsicht recht gegenüber *Mowinckel*, Natanforjettelsen, 2Sam. kap. 7, SEÅ 12, 1947, S. 220–229, S. 224, aber er verschiebt die Pointe, indem er noch dazu eine grundsätzliche Ablehnung eines Tempels in den Text hineinliest.

[25] *L. Rost*, aaO, bes. S. 57–59 [=a Anm. 11 aO S. 168–170].

[26] *M. Noth*, a Anm. 14 aO S. 122–130 [= 334–345]. Gegen *Rost* verteidigte schon *Mowinckel* (aaO) die Einheitlichkeit von 2Sam 7 mehr aus grundsätzlichen Erwägungen.

[27] S. 335f.342.

[28] *E. Kutsch*, a Anm. 13 aO, bes. S. 145.

die sich grundsätzlich mit dem 2Sam 7 überlieferten Text auseinandersetzt[29]. Der hebräische Text in 2Sam 7 ist an mehreren Stellen deutlich korrupt, an anderen ist erkennbar, wie man an ihm herumgebessert hat. Die textlich schwierigen Stellen sind nicht die nebensächlichen. Die Textprobleme tauchen gerade an den sachlich entscheidenden Stellen auf, und das ist ja auch gar nicht anders zu erwarten. 2Sam 7 ist ein Text so zentraler theologischer Bedeutung, daß Eingriffe in der Textüberlieferung geradezu zu erwarten sind. Das Ergebnis der genauen textkritischen Untersuchung Van den Bussches ist, daß die Parallelüberlieferung von 2Sam 7 in 1Chr 17 den besseren Text bietet, der auch weitgehend mit der Septuagintavorlage von 2Sam 7, soweit wir sehen können, übereinstimmt. Die schon von Wellhausen[30] erkannte Bedeutung der Septuaginta für die Samuelbücher ist durch die Funde von Qumran in ein neues Licht gerückt. Der aus der vierten Höhle stammende, der wissenschaftlichen Allgemeinheit leider noch immer nicht ganz zugängliche Text Sam[a] verkörpert eine Vorstufe zur ⑤-Vorlage und ist nach Cross auch der Text, der dem Chronisten vorgelegen hat[31]. Aus dieser textkritischen Einsicht ergeben sich für die Analyse von 2Sam 7 wichtige Folgerungen, von denen für unser Thema zwei genannt werden müssen: 1. V. 13a »Er (Salomo) wird mir ein Haus bauen« ist | nicht als späte deuteronomistische Glosse zu entfernen; dieser Vers kann nicht jünger als seine Umgebung sein. Der ursprüngliche Text hat »mir«, nicht »meinem Namen«[32]. Hier liegt nicht das deuteronomistische Theologumenon des Namens Jahwes vor, was nicht zum Kontext passen würde. Der Vers ordnet sich ohne Schwierigkeiten in den Kontext ein. 2. Der von Rost zum Grundbestand gezählte Vers 16 bietet in der massoretischen Tradition nicht den ursprünglichen Text. Die Aussagen beziehen sich ursprünglich auf Salomo, sie sind erst sekundär auf David umgemünzt[33].

Von daher ergibt sich folgendes Bild für den Text der Davidver-

---

[29] *H. Van den Bussche*, Le textes de la prophétie de Nathan sur la dynastie davidique (II. Sam. VII – I. Chron. XVII), EThL 26, 1948, S. 354–394.

[30] *J. Wellhausen*, Der Text der Bücher Samuelis untersucht, 1871.

[31] *F. M. Cross*, A New Qumran Biblical Fragment Related to the Original Hebrew Underlying the Septuagint, BASOR 132, 1953, S. 15–26, bes. S. 23–25; *Ders.*, The Ancient Library of Qumran, 1958, S. 140–142 [= Die antike Bibliothek von Qumran und die moderne biblische Wissenschaft, 1967, S. 174ff] mit Beispielen zu 2Sam 24 / 1Chr 21.

[32] Für *lišmî* ist mit 1Chr 17,12 und ⑤ *lî* zu lesen.

[33] Für *bêtka ûmämläkt^eka* ist mit ⑤ *bêtô ûmämläktô* zu lesen (vgl. ⑤ in 1Chr 17,14); für *l^epanæka* ist mit einigen MSS und ⑤ *l^epanaj* (von *l^epanaj* aus ist die Umgestaltung von 2Sam 7,16a in 1Chr 17,14a verständlich), für *kis^^aka* ist *kis^ô* mit 1Chr 17,14 und ⑤ zu lesen.

heißung: Die Formulierung zeigt die Eigenheiten spätvorexilischen feierlichen Prosastils; auf Schritt und Tritt begegnet uns parallelismus membrorum, ohne daß doch Metrik auf Poesie verwiese. Starke Beziehungen scheinen zum deuteronomistischen Stil zu bestehen. Der Text teilt sich in zwei Teile: der erste Teil (V. 8–11) bezieht sich auf die Zeit Davids, der zweite (V. 12–16) hat Salomo zum Thema. Der erste Teil geht aus von der Berufung Davids zum *nagîd* über die Amphiktyonie Israel. Es handelt sich bei dieser Bezeichnung des Königs als des von Jahwe über seine Amphiktyonie eingesetzten *nagîd* um einen Titel, der z. Zt. Sauls auftaucht, auf Saul angewendet wird und offensichtlich die Legitimation des amphiktyonischen Königs beschreibt. Im Hintergrund steht eine amphiktyonische theologische Konzeption. Der Titel, der im Nordreich Israel in nachsalomonischer Zeit noch weiterlebt (1Kön 14,7), verschwindet im Süden bei der völlig anderen jerusalemischen Königsideologie, und wo er noch einmal auftaucht, wird er in terminologisch verkehrter Form angewendet (1Kön 1,35): an die Stelle der Amphiktyonie sind die staatlichen Größen Israel und Juda getreten, und der, der einsetzt, ist nicht mehr Jahwe, sondern David. Den deuteronomistischen Kreisen war allerdings die *nagîd*-Konzeption nicht fremd, wie 1Kön 16,2 beweist.

Von seiner Berufung Davids zum amphiktyonischen *nagîd* seinen Ausgang nehmend, stellt Jahwe die Vertilgung der Feinde Davids fest und verheißt David einen großen Namen, andrerseits sagt er Israel zu die feste Einpflanzung, das sichere Wohnen, die Furchtlosigkeit, die Sicherheit vor dem Feind[34]. Auffallend ist die Formulierung »Ich setze | einen *maqôm* (Platz, Heiligtum) für mein Volk, (die Amphiktyonie) Israel« und die damit verbundene Vorstellung der festen Einpflanzung des Volkes. Es muß sich dabei, wie die Parallelstellen Ex 15,17; Ps 78,54 zeigen, um das Wohnungnehmen Jahwes im Zentralheiligtum der Amphiktyonie handeln, durch das die Sicherheit, das Heil der amphiktyonischen Siedlung garantiert ist. Wird das amphiktyonische Zentralheiligtum (Silo) von Jahwe verworfen (Ps 78,60), so überwinden die Feinde die Amphiktyonie. Also auch hier, wie bei dem *nagîd*-Titel, ein Rückgriff auf theologische Vorstellungen des Stämmeverbandes!

Der die Davidzeit betreffende Abschnitt findet seinen Höhepunkt und Abschluß in der änigmatischen Formulierung (in der 3. Pers. auch stilistisch deutlich abgesetzt): »Jahwe wird dir ein Haus bauen.« Die-

---

[34] Daß es sich bei diesen Perfekten mit *waw* nicht um das äußerst seltene Perf. cop. – so die gewöhnliche Annahme (vgl. bes. *O. Loretz*, The Perfectum Copulativum in 2Sm 7,9–11, CBQ 23, 1961, S. 294–296) – handelt, sondern um das gewöhnliche Perf. cons., daß es sich also um Zukunftsverheißung und Beschreibung der Gegenwart handelt, scheint mir das Wahrscheinlichere zu sein.

ses Thema wird dann im zweiten Teil aufgenommen: Nach dem Tode Davids wird Salomo das Königtum Davids übernehmen. *Er* ist es, der Jahwe ein Haus bauen wird. Sein Thron wird ewig bestehen. Jahwes gemeinschaftstreues Verhalten, Jahwes Huld wird nie von ihm weichen, sein Königtum wird ein ewiges sein. Mit *banā bājit* wird also in der Tat ein Wortspiel gebildet: Jahwe ist es, der David ein Haus baut, d.h. Salomo als Nachfolger auf den Thron bringt, wie es in V. 12 expliziert wird, und *der* wird Jahwe ein Haus bauen. Auf diese Weise läßt sich Jahwe einen Tempel bauen, nicht durch die Initiative Davids, sondern in seiner eigenen Souveränität. Aber damit stehen wir schon bei der theologischen Deutung der Davidverheißung in 2Sam 7. Wir können sie in folgende Punkte zusammenfassen:

1. Der Text verwirft polemisierend den offensichtlich vorgegebenen Zusammenhang Stiftung des Ladeheiligtums durch David – Dynastiezusage durch Gott, indem er nicht von der Ladeüberführung, sondern von dem Plan eines Tempelbaus ausgeht. Nicht der Mensch, nicht David kann die Initiative im Tempelbau ergreifen. In der rein negativen Art der Anknüpfung wird polemisch das *sola gratia* der Davidverheißung zum Ausdruck gebracht: nicht ist die Dynastiezusage ein Lohn des frommen Davidwerkes, der Zionsgründung, sondern Jahwe spricht aus freiem Entschluß von sich aus die Verheißungen David zu. Auch die Erwählung des Zion als amphiktyonisches Zentralheiligtum, auf die in V. 10 mit der Formulierung »Ich setze meinem Volk, Israel, einen *maqôm* angespielt wird, ist völlig freier Entschluß Jahwes. |

2. Die Initiative zum Tempelbau ergreift Jahwe, indem er David ein Haus baut, d.h. Salomo auf den Thron setzt und ihn den Tempel bauen läßt. So, sola gratia, ohne menschliches Verdienst wird der Tempel gebaut. Auf Salomo zielt der ganze zweite Abschnitt hin. Von daher wird uns verständlich, wieso es gerade Nathan ist, der diese Verheißung zu verkünden hat, Nathan, der Prophet Salomos. Ob historisch dem David eine Dynastieverheißung durch Nathan zugesprochen wurde, können wir nicht mit Sicherheit feststellen (Ps 89,20 spricht von mehreren Kultpropheten, denen Jahwe die Dynastieverheißung in der Nacht offenbart, aber das mag eine Weiterbildung sein). Immerhin möglich wäre es auch, daß auf Grund der in 1Kön 1 beschriebenen Rolle Nathans als Sprecher der Salomopartei dieser Nathan zum Boten der Dynastieverheißung erst später geworden ist. Wie dem auch sei, sachlich paßt Nathan als Verkünder einer auf Salomo zielenden Dynastieverheißung in der Tat.

3. Die Dynastieverheißung wird in 2Sam 7, so gut es geht, von amphiktyonisch konzipierten Theologumena aus interpretiert. a) David ist *nagîd* über Jahwes Volk. b) Sein Ruhm, seine Macht über die

Feinde, die Sicherheit des Volkes sind Werk Jahwes, der auf dem Zion wie früher in einem von ihm selbst gewählten Zentrum der Amphiktyonie anwest. c) Salomos Thron wird ewig bleiben. Die Zusage wird Jahwe nicht brechen. Muß er einen Davididen strafen, so geschieht das »mit Menschenruten, mit menschlichen Schlägen«, wie der Vater den Sohn erzieht (V. 14). Es ist in dieser Verheißung von dem Vater-Sohn-Verhältnis die Rede. Wir kennen es aus der jerusalemischen Königsideologie (Ps 89,27f; 2,7; 110,3). Aber was ist aus dieser hoch dahergehenden königsideologischen Aussage geworden? Der König ist ein Sohn Gottes, insofern Gott ihn nicht einfach hinwegtilgt, sondern ihn auf väterliche Weise züchtigt. Dem Chronisten war dieser Passus zu harte Rede, und er hat ihn getilgt[35]. d) Der Rahmen dieser Ausführungen erlaubt es nicht, daß ich noch auf das Davidgebet, das sich als dritter Teil in 2Sam 7 findet, eingehe. Aber einen theologisch zentralen Passus müssen wir berücksichtigen, V. 26. Die gesamte Verheißung wird hier im Gebet Davids bezogen auf das Ziel: »auf daß dein Name groß sei in Ewigkeit, dein Name Jahwe Zebaot, Gott über Israel, während andrerseits das Haus deines Knechtes David feststeht vor dir«. Hier ist das Ziel der Davidverheißung die Verherrlichung Jahwes als Gott der Amphiktyonie, als Gott des Israelbundes, während die Daviddynastie vor dem Gott des Israelbundes beständig, fest bleibt. In diesen theologisch so gefüllten | Sätzen wird also die Daviddynastie in den Israelbund hineingestellt, gleichsam als Kern dieses Israelbundes hingestellt: die Ewigkeit des Israelbundes begründet die ewige Dauer der Dynastie; so wie Israels Bundesgott ewig groß ist, steht vor ihm ewig die Daviddynastie (man vgl. das Spiel mit den Worten ʿad ʿôlam). Endlich wäre noch zu fragen, ob aus dieser Einordnung der Davidverheißung in den Israelbund sich nicht erklärt, daß der Terminus berît in 2Sam 7 fehlt, der doch, wie Ps 132,12; 89,35; 2Sam 23,5 lehren, für die göttliche Zusage einer ewigen Daviddynastie gern gebraucht wurde. Nach 2Sam 7 konnte der Israelbund einen speziellen Davidsbund nicht dulden, er schloß diesen ja ein.

Wir stellen also fest – und kommen damit zum Abschluß: 2Sam 7 geht wohl aus von dem durch die Tradition gegebenen inneren Zusammenhang zwischen Zionserwählung und Davidsbund. Aber gegen diesen Zusammenhang wird entschieden protestiert, da er den theologischen Vorstellungen nicht entsprach. Allein aus sich heraus, aus eigener Freiheit und Autorität habe Gott die Dynastie verheißen. Hier liege keine reactio Gottes auf eine actio Davids vor. Mit Hilfe

---

[35] Vgl. 2Sam 7,14 mit 1Chr 17,13a. Das Motiv findet sich auch in Ps 89,33, ist aber dort getrennt von der Ausführung des Vater-Sohn-Verhältnisses in V. 27f.

einer an den amphiktyonischen Traditionen orientierten Theologie wird die Davidverheißung neu interpretiert, eingeordnet in eine alles beherrschende Bundestheologie. Sicherlich sind die in 2Sam 7 aufgenommenen Bezüge zur amphiktyonischen Tradition vordavidisch. Aber das hohe Alter dieser Traditionen sagt uns noch nichts für die theologische Datierung von 2Sam 7. Wir müssen hier auf jeden Fall in nachsalomonische Zeit hinaufgehen. Die Stilform spricht für eine zeitliche Nähe zum Deuteronomium. Die Wiederaufnahme amphiktyonischer Tendenzen z. Zt. des Nachlasses der assyrischen Oberherrschaft in der Zeit Josias ließe sich als Argument für die Bestimmung der Abfassungszeit dieses Kapitels benutzen, aber man könnte auch an eine etwas ältere Zeit denken, in der sich der sog. deuteronomistische Stil auszubilden beginnt, als im Zusammenhang mit dem Untergang des Nordreiches die dort von einzelnen Kreisen gepflegten amphiktyonischen Traditionen in Juda aufgenommen wurden und eine theologische Neuorientierung vorbereiteten. Auf jeden Fall sind die von Ps 132 vertretenen theologischen Traditionen wesentlich älter und stellen die Folie dar, von der 2Sam 7 sich gerade abheben will. 2Sam 7 ist ein großartiges Beispiel für die theologische Verarbeitung und Bewältigung einer urtümlichen Tradition, deren theologische Substanz neuen Denkformen angepaßt wurde, die ihrerseits wieder vorstaatliche Überlieferungen aufgenommen hatten. Dieser lebendige Prozeß von Aneignung und Abstoßung, Aufnahme und Uminterpretation hat dem Worte Gottes die lebendige Gestalt des Alten Testaments geschaffen.

# NATUS EX VIRGINE

Unter den verschiedenen christologischen Aussagen des Credo bereitet
die der Jungfrauengeburt dem Verständnis besondere Schwierigkeiten. Eine solche Aussage, die sich im Neuen Testament nur auf die
Darstellungen der Geburt Jesu in Mt 1 und Lk 1 berufen kann, scheint
nicht ganz unproblematisch zu sein, wenn sie nirgendwo sonst ausdrücklich bezeugt wird. Sie gehört zweifellos zu den späteren christologischen Bildungen, und doch stellt die Inkarnationschristologie mit
ihrer Präexistenzaussage eine weitere Stufe dar. Von Seiten der Dog-
matik wird unter Bezug auf *Schleiermacher*[1] gern betont, daß die christologische Aussage von der Jungfrauengeburt keine notwendige und
unaufgebbare sei, und man ist sich dessen bewußt, daß hier recht spezielle theologische Interessen, geprägt von zeitgenössischen Anschauungen und Vorstellungen, in der Traditionsbildung zu Worte kommen. Nichts scheint darauf hinzudeuten, daß hier eine wesentliche
Komponente alter biblischer Überlieferung aufgenommen, weiterge-
bildet und zur abschließenden Form gelangt ist.

Um so wichtiger wäre es, gerade an einem solchen Thema zu prüfen,
ob sich die Berücksichtigung der gesamten biblischen Traditionsbildung als notwendig erweist. Es soll hier also über die unmittelbaren
neutestamentlichen Beiträge zu diesem Thema hinausgegangen werden, die aus der Zeitgeschichte heraus zu einer gewiß eindrücklichen
historischen Erklärung kommen, aber unter Beschränkung auf die
Zeitgeschichte wenig die Frage berücksichtigen, wie eine solche Traditionsbildung sich im Gesamten der biblischen Theologie hat entwickeln können. Deutungen wie die, daß in den Legenden von der
Jungfrauengeburt der Begriff des Sohnes Gottes veranschaulicht
oder der Geistbesitz der Person Jesu begründet oder der Anfang der
neuen Schöpfung dargestellt werden soll, mögen durchaus zutreffen,
aber sie sind viel zu summarisch, als daß sie erklären könnten, warum
die Tradition diese und keine andere Gestalt annahm. Der υἱὸς θεοῦ,
das πνεῦμα und die καινὴ κτίσις können christologisch auch ganz
anders sichtbar werden. Andererseits sind Hinweise auf fremde Ein-
flüsse, etwa des Gedankenguts des ägyptisch-hellenistischen Juden-
tums, letztlich keine | Erklärung; denn – vorausgesetzt, man könnte

---

[1] *F. Schleiermacher*, Der christliche Glaube, ²1830/1, § 97,2.

z. B. philonische Konzeptionen[2] hier nachweisen – es stellt sich die Frage, warum gerade diese Strömungen zur Wirkung kamen. In der Traditionsbildung wird doch nur das rezipiert, was wesensmäßig angelegt ist, so daß es zu einer Entwicklung des Überlieferungsstoffes kommt, in der sich dieser Stoff selbst expliziert. Äußere Gründe, wie eine Entstehung dieses Stoffes in Ägypten, sind bei dem palästinischen Charakter gerade der lukanischen Vorgeschichte[3] rein hypothetisch. Es bleibt also die Frage, wie und warum die Tradition von der Jungfrauengeburt hat entstehen können, und eine Antwort scheint nur vom Ganzen der biblischen Traditionsbildung her möglich zu sein.

## I.

Bevor auf die alttestamentlichen Stoffe übergegangen wird, ist es angezeigt, sich den neutestamentlichen Bericht von der Geburt Jesu zu vergegenwärtigen. Wir stellen zunächst fest, daß die Überlieferungen von der Geburt Jesu nur in Mt 1 und Lk 1 vorliegen, die auch das *natus ex virgine* bezeugen. Es ist verständlich, daß z. B. die johanneische Theologie nicht zu einer Geburtserzählung kommen kann, die sie mit der Inkarnationschristologie gleichsam schon hinter sich gelassen hat. Man hat aber auch vor den bei Mt und Lk überlieferten Geburtslegenden nie etwas über die Geburt Jesu in erzählender Form tradiert. Das γενόμενον ἐκ γυναικός bei Paulus Gal 4,4 ist eine grundsätzliche Aussage über das Menschsein des Christus und kein Hinweis auf eine Geburts*geschichte*. Die Entstehung einer erzählenden Darstellung der Geburt Jesu ist also verbunden mit der christologischen Erkenntnis des *natus ex virgine*. Diese verhältnismäßig späte christologische Entwicklungsstufe muß genauer bestimmt werden.

Wenden wir uns zunächst der entwickelteren Form der Darstellung bei Lukas zu! Der Kern dieser Darstellung liegt in 1,30–33 vor: Maria erfährt aus dem Mund des ihr erscheinenden Engels das Sohnesverhei- | ßungsorakel[4]. Die Gattung des Sohnesverheißungsorakels

---

[2] Hier wäre vor allem an die wunderbare Geburt Isaaks, Jakobs und der Jakobsöhne zu denken (Cher 40ff); aber Philos Tendenz geht nicht dahin, die jungfräuliche Geburt der Genannten zu konstatieren, sondern den Geschlechtsverkehr der Erzväter und Moses umzudeuten: sie verbinden sich nicht mit Frauen, was bedeuten würde, daß sie der Sinnlichkeit und dem Körper verfielen, sondern erkennen als Liebhaber der Weisheit Tugenden; und deswegen werden Sara, Rebekka, Lea und Zippora allegorisch als Tugenden gedeutet (41). Solche Gedanken liegen aber den neutestamentlichen Berichten völlig fern.

[3] Vgl. z. B. *(P. Feine, J. Behm) W. G. Kümmel*, Einleitung in das Neue Testament, [14]1965, S. 82ff.

[4] Vgl. zu dieser Gattung besonders *P. Humbert*, Der biblische Verkündigungsstil und seine vermutliche Herkunft, AfO 10, 1935, S. 77–80.

ist uns alttestamentlich aus Gen 16,11, Ri 13,3.5 und auch aus Jes
7,14 bekannt. Die in der Wortwahl genau festliegende Struktur ist:
»Siehe, du wirst schwanger werden und einen Sohn gebären, seinen
Namen sollst du N.N. nennen; dieser wird . . . tun / . . . sein.« Das
Orakel wendet sich stets an die bis dahin Unfruchtbare und ist eigentlich viel mehr als eine Sohnesverheißung; denn der so Angekündigte –
und das ist für den Inhalt des Orakels ganz wesentlich – ist mehr als
ein gewöhnlicher Mensch, und seine besondere Bedeutung wird im
Orakel, auch durch die anbefohlene Namengebung, definiert. Während im Alten Testament dieses Orakel im Fall von Jes 7,14 durch
den Propheten dem König vorgetragen wird – hier liegt deutlich eine
Ausnahme vor –, wird es sonst durch den Jahweboten, der menschlichen Erscheinungsform Jahwes[5], der Frau verkündet. In Lk 1 ist es
Gabriel, der zu Maria spricht. Für das Verständnis des Orakels, und
damit für die ganze Überlieferung von der Geburt Jesu, ist die Bestimmung des angekündigten Menschen entscheidend. Wir erfahren
in Lk 1 : 1) er wird μέγας »groß« und »Sohn des Höchsten« genannt
werden. »Sohn des ʿæljôn« – ʿæljôn die letztlich aus kanaanäischen
Quellen stammende Bezeichnung Jahwes als des höchsten Gottes[6], der
vom Zion aus seine Königsherrschaft über alle Götter ausübt – zeigt
nicht nur eindeutig, daß der neue David, der υἰὸς θεοῦ, gemeint ist,
sondern gibt dem auch mit einem besonderen Prädikat Ausdruck.
μέγας = *răb* (»Großkönig«) ist Terminus für den über die Könige
regierenden König, gibt also das irdische Pendant zum theologischen
ʿæljôn-Begriff wieder[7]. 2) Jahwe-Elohim gibt ihm den Thron Davids,
seines Vaters. Wie selbstverständlich erscheint hier das durch die
Tradition festgelegte Begriffspaar eines Sohnes Davids als Sohnes
Gottes. 3) wird die Ewigkeit seiner Herrschaft über Israel angesagt
und schließlich 4) die räumlich-völkische Unbegrenztheit.
  Bis dahin ist der Stoff völlig alttestamentlich, in Form, Inhalt, in
jedem einzelnen Begriff. Selbst von einer jungfräulichen Geburt ist
noch nichts gesagt. Die Geburt erscheint wie bei einer alttestamentlichen Sohnesverheißung an sich als wunderbares Wirken Gottes.
Erst der Einwand Marias, sie erkenne (*jd*ʿ) keinen Mann, führt zu
einer weiteren Verkündigung Gabriels. In der poetischen Form des
Parallelismus | wird feierlich gesagt, daß heiliger Geist ( *rûaḥ ḥæqqodæš*)
auf sie komme, δύναμις ʿEljons (wohl *ḥêl ʿæljôn*) werde sie überschatten. Das lebenschaffende Prinzip *rûaḥ* ist alttestamentlich ohne

---

[5] Auch in Jes 7,14 ist es Jahwe, der das Zeichen gibt.
[6] Vgl. *H. Gese*, Die Religionen Altsyriens, 1970, S. 116f.
[7] Der ʿæljôn-Gott als Vater der Davididen Ps 21,8 u.ö., daher auch ʿæljôn = Davidide Ps 89,28. Zu *mælæk răb* vgl. Ps 48,3. μέγας an dieser Stelle ist nicht zu verwechseln mit μέγας ἐνώπιον κυρίου Lk 1,15.

weiteres verständlich[8], aber auch das seltsame Überschatten (ἐπισκιάζειν), das in Septuaginta von der anwohnenden *(škn)* Offenbarungswolke (Ex 40,35) ausgesagt wird, die die Präsenz des göttlichen *kabôd* anzeigt. Ganz entsprechend begegnet dieses Überschatten in der Verklärungsgeschichte (Mt 17,5; Mk 9,7; Lk 9,34)[9]. So wird – heißt es weiter – das (so) geborene Heilige Sohn Gottes genannt werden. Auf den υἱὸς ϑεοῦ-Charakter des Davididen als entscheidendes Element der Zionstraditionen wird unten genauer einzugehen sein. Die Verkündigung Gabriels kommt damit zum Abschluß, daß er auf die Geburt Johannes des Täufers durch die alternde Elisabeth wie auf ein Zeichen hinweist und am Ende aus der Geschichte der ersten biblischen Sohnesverheißung, an die alte Sara, zitiert, daß bei Gott nichts unmöglich sei (Gen 18,14). Die Jungfrauengeburt und das Wunder der Geburt bei bisheriger Unfruchtbarkeit und in hohem Alter können hier also parallelisiert werden. Die Jungfrauengeburt wird wohl als etwas Größeres, nicht aber als etwas unvergleichlich Anderes empfunden.

Wir sehen also, daß es selbst in der schon sehr entwickelten Überlieferung von der Jungfrauengeburt Jesu bei Lukas nicht prinzipiell um das biologische Paradox einer vaterlosen Geburt geht und nicht um die Geburt irgendeines Heroen oder Gottmenschen (ϑεῖος ἀνήρ), sondern um den neuen David, den Messias. Dieser Vorstellung des davidischen Zionskönigs ist die der jungfräulichen Geburt völlig untergeordnet, das *natus ex virgine* ist abhängig von einer Sohn-Gottes-Christologie. Es geht hier nicht um ein höchstes Mirakel an sich, sondern um das Erscheinen des eschatologischen Davididen. Der Davidismus wird dazu geführt haben, daß dieses Erscheinen nur als jungfräuliche Geburt vorgestellt werden konnte.

Mt 1 bestätigt diese Beobachtung. Allerdings ist die Geschichte hier grundsätzlich anders, nämlich aus der Perspektive des Davididen Joseph gestaltet, weil sie als Ausführung zum Element 1,16b des Stammbaums erscheint und Matthäus besonders an der familienrechtlichen Bedeutung des Davididen Joseph interessiert ist[10]. Die Engelerscheinung wendet sich an Joseph, und das Sohnesverheißungsorakel muß daher zu Beginn der Formulierung variiert werden: Maria »wird einen Sohn gebären, und seinen Namen sollst du Jesus nennen; dieser | nämlich wird sein Volk von seinen Sünden erretten« (V. 21). Im Zusammenhang mit einer Etymologisierung des Namens Jesus wird die

---

[8] Vgl. z. B. Ps 104,30.

[9] Vgl. zu ἐπισκιάζειν D. *Daube*, The New Testament and Rabbinic Judaism, 1956, S. 27 ff. Siehe ferner Anm. 26.

[10] Vgl. V. 24 f; man beachte auch die rechtliche Bedeutung der Namengebung durch den davidischen Vater.

Bestimmung des Angekündigten vorgenommen. »Jesus« wird als
Gottes σωτήρ gedeutet. Der σωτηρία/σωτήριον-Begriff ist im späten
Alten Testament ein Grundbegriff der Theologie von der endzeitlichen Königsherrschaft Gottes: *ješû⁽ā* bezeichnet das Ereigniswerden
der göttlichen βασιλεία, während εὐαγγελίζειν *(bśr)* der Terminus
für die Verkündigung dieses Ereignisses ist[11]. Man spricht hier in
Mt 1 ganz selbstverständlich von »seinem Volk«, das er von den
Sünden errettet. Es handelt sich also um den messianischen König,
und wenn seine Errettungstat zur Sündenbefreiung spiritualisiert ist,
dann entspricht das den apokalyptischen Vorstellungen in der βασιλεία-
Theologie[12]. Auch bei Matthäus geht es nicht um die jungfräuliche
Geburt an sich, sondern um die Geburt des davidischen Messias; in
der Geschichte von den Magiern und Herodes wird das ebenso deutlich wie durch den ausdrücklichen Hinweis auf Jes 7,14[13].

Die Tradition eines davidischen Joseph als Vaters Jesu ist zunächst
unabhängig von einer Geburtsgeschichte, sie hatte die Funktion einer
rein genealogischen Angabe, die sich aus der christologischen Aussage
vom Davididen ergibt. Im Zusammenhang der Geburtsgeschichte ist
aber die Josephsüberlieferung nicht nur ein notwendigerweise mit
übernommenes, eher störendes Erzählungselement, sondern sie bekommt eine besondere Bedeutung. Es geht, wie wir sahen, in der Geburtsgeschichte nicht primär um die Virginität der Mutter Jesu, sondern um die Geburt des neuen David, des Gottessohnes, die eben nur
als Jungfrauengeburt verstanden werden kann; selbst in dem Geburts-
orakel bei Lukas wird der »Vater« David erwähnt. Es ergibt sich von
vornherein ein Nebeneinander von göttlicher Geburt und menschlicher Genealogie, und letzteres wird durch die Josephsgestalt adop-
tianisch expliziert. Das ist kein künstliches Nebeneinander zweier
ursprünglich gegensätzlicher Traditionen, sondern dieses Nebeneinander findet sich schon in der frühen alttestamentlichen Überlieferung,
nur daß sich das Verhältnis von physischer Geburt und Adoption umgekehrt hat: der physische Davidide wurde bei der Thronbesteigung
von Gott zum Gottessohn – wenn man so will – adoptiert. |

## II.

Israel, ursprünglich ein internationaler Verband von selbständigen
Stämmen, geeint durch die Verehrung Jahwes, kam mit der Staatenbildung nicht nur zu einer Konsolidierung, sondern trat damit eigent-

---

[11] Vgl. Ps 96,2; Jes 52,7f.        [12] Vgl. Jes 33,24; 43,24f; 44,22; Sach 12,8.
[13] Zur besonderen Bedeutung dieses Zitats vgl. *R. Pesch*, Der Gottessohn im
matthäischen Evangelienprolog (Mt 1–2). Beobachtungen zu den Zitationsfor-
meln der Reflexionszitate, Bibl 48, 1967, S. 395–420.

lich erst vollgültig ein in die geschichtlich-politische Welt der vorderasiatischen Staaten. Dieser Prozeß des Eintretens in die Völkerwelt,
diese Staatsbildung, erreichte mit der Entstehung des davidischen Königtums seinen Höhepunkt und Abschluß. Wohl hat David in der
Erbschaftsnachfolge der Pharaonen ein Großreich errichten können,
das Israel mehr als einen Staat unter anderen erscheinen ließ, so daß es
Glanz und Ruhm staatlicher Machtgröße erfuhr, aber dieses neue Sein
Israels ist auch ein neues Sein Gottes für Israel gewesen. Davon legt
die sog. davidische Königsideologie Zeugnis ab. Diese Königsideologie, die den Davididen als Sohn Gottes bezeichnet, der Gottes Herrschaft auf Erden repräsentiert, die die davidische Dynastie als von
Gott in einem speziellen Bund zugesagte ewige Herrschaftsabfolge
versteht und die ihren höchsten kultischen Ausdruck findet in den
besonderen Riten der Thronbesteigung auf dem Zion, mag dem Be-
trachter zunächst als die besondere Form altorientalischer Königsideologie erscheinen, mit der man in Israel sich nun auch den geläu-
figen Königskonzeptionen anschloß und womit eben nur die abgeschlossene Staatsbildung ihren üblichen religiösen Hintergrund erhielt. Aber abgesehen davon, daß im alten Orient diese religiösen
Aussagen über das Königtum mehr als schöner Hofstil und religiöse
Ausschmückung waren, hat diese sog. Königsideologie im Davidismus eine recht eigenartige Gestalt gewonnen, die sich nicht als bloße
Kopie und Übernahme erklären läßt. Man kann zwar auf manche
Parallelen im Einzelnen hinweisen[14], besonders auf ägyptische
Parallelen, wollte gerade auch den Begriff des Gottessohnes aus
Ägypten herleiten, zu dessen Herrschaftsbereich Jerusalem gehört
hatte, und man wird durch die Heranziehung spezifisch kanaanäischer
Konzeptionen auch die nicht zu übersehenden starken Differenzen zu
ägyptischen Vorstellungen etwas mildern können[15], aber alle diese
Parallelisierungen aus der Umwelt finden ihre Grenze im Kernstück
der davidischen Königskonzeption, und das ist die durch den Einzug
der Lade rituell dargestellte Annahme des Zions als Eigentumsland
durch Jahwe. Gottes Zionserwählung und der Davidsbund sind
nur zwei Seiten ein und derselben Sache[16]. Die ursprüngliche Kon- |
zeption des Davidismus können wir u.a. dem vordeuteronomischen
Psalm 132 entnehmen, während der zumeist herangezogene Text

---

[14] Siehe besonders *G. v. Rad*, Das judäische Königsritual, ThLZ 72, 1947,
S. 211–216 [ = Gesammelte Studien zum Alten Testament, ThB 8, ³1965, S. 205 bis
213].

[15] Vgl. *J. A. Soggin*, Das Königtum in Israel, 1967, S. 115 ff; *H. Gese*, a Anm. 6 aO
S. 84 ff. 87 ff. 90 ff. 177 f.

[16] Für die Begründung des Folgenden sei hingewiesen auf *H. Gese*, Der Davidsbund und die Zionserwählung, ZThK 61, 1964, S. 10–26 [ = o. S. 113 ff].

2Sam 7 eine spätere Uminterpretation in deuteronomischem Geiste darstellt. Wie ist diese Zionserwählung zu verstehen?

David hatte Jerusalem mit seinen Söldnertruppen erobert, war damit Eigentümer dieses Grund und Bodens mitsamt dem Zionsheiligtum geworden, d. h. nach israelitischen Vorstellungen des Boden- und Familienrechts war die Davidsippe, die ewig weiterlebende Familie Eigentümerin des Erblandes, der *näḥªlā*. Durch die Überführung der Lade auf den Zion hat David mehr als die Einführung des Jahwekultes auf dem Zion zum Ausdruck gebracht. Die Lade, ein leerer beweglicher Kasten, repräsentierte schon ursprünglich das Gegenwärtigsein Gottes im Sinne des Anwohnens[17]. Mit dem Verständnis Jahwes als des Königs aller himmlischen Wesen und der ganzen Welt war in Silo[18] dieses Anwohnen Gottes als Thronen des Königs über der Lade vorgestellt worden. Damit, daß David diese Lade[19] auf den Zion als den »Ruheort *(mᵉnûḥā)* der Lade für immer« überführte, ergriff der König der allumfassenden βασιλεία, Jahwe Zebaoth, Besitz von einem Stück Erde als Erbland. Der Zion wurde der Ruheplatz der Lade, über der Jahwe Zebaoth auf den Keruben thronte; damit wohnte Gott auf dem Zion, hier war der Thron seiner Herrschaft – und der auf dieser *näḥªlā* herrschende Vertreter der Davidsippe wurde dadurch zum irdischen Repräsentanten des eigentlichen Zionsherrn. Diese Akzeption des Zions durch Jahwe, den Ladegott, ist der Inhalt des Davidsbundes, und sie besagt, daß die weitererbende, weiterlebende Davidfamilie, also die Dynastie, ewig vor dem König Jahwe sein und vom Zion aus herrschen solle. Theologisch bedeutet die Zionsakzeption das gnädige Ergreifen und Erwählen eines Weltortes, das Sich-Verbinden und Eingehen in den Raum dieser Welt, gleichsam ein Irdischwerden, ein kondeszendierendes Einwohnen Gottes, also eine für Israel neue Struktur des Seins Gottes. Natürlich konnten sich mit dieser Konzeption kanaanäische Theologumena leicht verbinden, aber wir vermögen diese Verbindung erst zu verstehen, wenn wir grundsätzlich die neue Struktur des Seins Gottes erkennen, die die | Voraussetzung für eine dann auch ganz legitime interpretierende Auffüllung darstellt.

---

[17] Das ergibt sich aus dem Wesen des Kastens als Behälter. Vgl. besonders die von *G. v. Rad*, Zelt und Lade, NKZ 42, 1931, S. 476–498 [= a Anm. 14 aO S. 109–129], herausgearbeitete Verbindung von Lade und Präsenztheologie.

[18] Die Frage, inwieweit die Verfasser der Ladegeschichte jerusalemische Ladetheologumena nach Silo zurückprojiziert haben, läßt sich nicht leicht beantworten. Die Nachricht aber von einem *hêkāl jhwh* in Silo 1Sam 1,9; 3,3 wird schwerlich Erfindung sein, und dieser Terminus (Königspalast) für einen »Tempel« setzt die Auffassung Jahwes als König voraus.

[19] Das Problem der historischen Identität der Silolade mit der von Kirjat-Jearim ist theologiegeschichtlich zweitrangig.

Aus diesem Zionsverständnis ergibt sich ein merkwürdiges Nebeneinander, ja Ineinander von göttlicher und menschlicher Vaterschaft für den vom Zion aus herrschenden Davididen. Die Zions-*năḥªlā*, das Zionserbland als Grund und Boden der irdischen Davidsippe ist zur *năḥªlā* Gottes geworden. Der auf dem Zion Inthronisierte ist wohl genealogisch Davidsohn, der das Erbe angetreten hat, aber ebenso Sohn des eigentlichen Herrn der *năḥªlā*, Sohn Gottes. Die Inthronisation auf dem Zion ist gleichbedeutend mit der Geburt oder Zeugung durch Gott.

So wird im Thronbesteigungsritus folgender an den Davididen gerichteter Gottesentscheid (durch den Davididen selbst) zitiert: »Mein Sohn bist du, *ich* habe dich heute geboren« (Ps 2,7). Man weist gern darauf hin, daß das in diesem Text erscheinende »heute« die Vorstellung physischer Zeugung durch Gott deutlich ausschlösse, daß also nur adoptianisch die Sohnschaft zum Ausdruck gebracht und dadurch eine anscheinend fremde königsideologische Rede von der Gottessohnschaft entmythologisiert werde. Es ist gewiß richtig, daß man in Jerusalem diese Gottessohnschaft der Davididen, wenn man sie bis ins Rechtliche und Natürliche hinein hätte präzisieren wollen, wohl am ehesten als Adoption bezeichnet hätte. Aber es wäre zu weit gegangen, dem Zitat des Gottesorakels beim Höhepunkt der Thronbesteigungszeremonien Formulierungen zuzumuten, die rein negativer und einschränkender Art wären. In diesem feierlichen Moment höchster Heilszusage geht es nicht darum, eine als zu stark empfundene Rede im Nachsatz wieder herabzudämpfen. »Ich habe dich heute geboren« ist als Parallelformulierung zum ersten Stichos »Mein Sohn bist du« gestellt und hat damit stilistisch sogar das stärkere Gewicht. Die ausdrückliche Aussage von der Geburt hätte ja nicht zu erscheinen brauchen, hätte der Sohnestitel nur als ausländischer Hofstil Bedeutung und wollte man darum eine entsprechende, kräftige Vorstellung vermeiden. Vielmehr hat das »heute« durchaus einen positiven Sinn: jetzt, in diesem feierlichen Moment der Thronbesteigung vollzieht sich die Geburt; denn nur die zur Herrschaft kommenden, inthronisierten Davididen treten als Besitzer der *năḥªlā* ein in das Sohnesverhältnis zum *năḥªlā*-Herrn. Die Gottessohnschaft der Davididen ist nicht ausländische Mythologie[20], sondern die | familien-

---

[20] Man sollte nicht über die historischen Schwierigkeiten hinwegsehen, daß ein von Ägypten abhängiges Ausland Formen ägyptischer Königsideologie kopiert. Für das viel stärker unter ägyptischem Einfluß stehende Byblos ist es jedenfalls nicht zu einer beträchtlichen Übernahme der ägyptischen Königsideologie gekommen, wie das dem 18. Jahrhundert entstammende Siegel des Stadtfürsten Ḥasrūrum zeigt, in dem der König lediglich als von dem einheimischen Götterpaar (Ba°alat = Hathor und Rešep = *ḥ°(j)-ḫw*) »geliebt« bezeichnet wird; vgl. *H. Gese*, Die Religionen Altsyriens (1970), S. 46 f.

rechtliche israelitische Konzeption des Verhältnisses zum *năḫ°lā-*
Herrn.

Als Parallele zu Ps 2,7 sei auf Ps 110,3 hingewiesen, denn beide
Texte können sich gegenseitig interpretieren. Dem Davididen wird
hier bei seiner Inthronisation zugesprochen: »Bei dir ist Adel am Tage
deiner Kraft« – dieser Tag der Macht, der δύναμις, ist offenbar der
gegenwärtige Inthronisationstag –, und dann heißt es analog zu
Ps 2,7 weiter[21]: »Auf heiligem Bergland aus dem Mutterleib, aus der
Morgenröte habe ich dich geboren«. Das »heilige Bergland« ist natürlich der Zion (wie Ps 87,1 und auch Ps 2,6; 3,5; 15,1; 43,3; 99,9
zeigen), auf dem sich diese Geburt vollzieht, die hier besonders konkret formuliert wird als Geburt »aus dem Mutterleib«; und das unmittelbar folgende Wort deutet den Mutterleib als die Morgenröte.
Man sollte hier gegenüber dem Versuch, in Ps 2,7 Entmythologisie-
rung festzustellen, nicht in das entgegengesetzte Extrem verfallen und
in dieser Morgenröte die kanaanäische Gottheit *šḥr* zitiert sehen[22];
denn das ist ein Gott und keine Göttin, kann hier also auf keinen Fall
gemeint sein. Vielmehr wird in dieser Morgenröte des neuen Tages
das Pendant zu dem »heute« von Ps 2,7 stecken: aus diesem werdenden Tag heraus wird der Davidide als Gottessohn geboren, nämlich
am Tag der Inthronisation. Diese göttliche Geburt wird durch den
Raum des Zion und durch die Zeit der Thronbesteigung definiert.

Wir würden einen solchen Text gründlich mißverstehen, beurteil-
ten wir ihn als eine barocke Allegorie. Israel sah in dem Königwerden
auf dem Zion eine reale Geburt durch den auf dem Zion thronenden
Weltenkönig, der hier in diese Welt und Erde eingetreten war und
Wohnung genommen hatte. Wie real diese Geburt verstanden werden
konnte, geht aus einer anderen Stelle in Ps 2, aus V. 6 hervor. Man
bevorzugt an dieser Stelle mit Recht die Septuagintaüberlieferung und
liest *mălkô* und *qâdsô*, dementsprechend das Nif°al in *nsktj*; denn der
König redet (vgl. V. 7)[23]. Schwierigkeiten bereitet aber das Verbum
*nasăktî*. Die | Bedeutung von *nsk* »Trankopfer ausgießen« und darum
»unter Trankopferausgießung weihen« paßt nicht, da wir von einem
Trankopfer im Zentrum der Inthronisationsfeierlichkeiten nichts wis-

---

[21] Für *b°hădrê qodæš* ist mit hebr. Mss, σ', Hier zu lesen *b°hărrê qodæš*, vgl. Ps 87,1;
für das künstliche und tendenziöse Hapaxlegomenon *mišḥar* ist natürlich parallel zu
*meræḥæm* mit ⑥, ο εβρ', ϑ', ⑤ *miššăḥăr* zu punktieren; *l°ka ṭăl* ist mit ⑥ zu tilgen, es
ist eine unter Benutzung von *šăḥăr* entstandene Metapher, die die kräftige Vorstellung durch Verschiebung auf die Bildebene neutralisieren will; *jăldutæka* ist
mit hebr. Mss, ο εβρ', ⑥ und ⑤ und parallel zu Ps 2,7 *j°lidtîka* zu punktieren, vgl.
*meræḥæm*.

[22] Vgl. den Hinweis von *H. J. Kraus*, Psalmen, BK XV, 1960, S. 759.

[23] Die MT-Lesart *mălkî* und *qâdšî* ist durch das *j°dăbber* (Subjekt Gott) in V. 5
veranlaßt, also *lectio facilior*.

sen und auch sonst nirgends bezeugt finden, daß der Davidsbund in der Form von *n<sup>e</sup>sok mässekā* (vgl. Jes 30,1) zelebriert worden sei, was dem Wesen dieses Bundes auch nicht entspräche. Eine abstrakt-technische Bedeutung »weihen« läßt sich für *nsk* nicht nachweisen, so daß ein Nif<sup>c</sup>al in Ps 2,6 besonders schwierig ist[24]. Dieses *nsktj* taucht noch einmal in Spr 8,23 auf, wo von der Erschaffung der Weisheit in der Urzeit die Rede ist. Die Parallelität mit *qnh* »erschaffen« in V. 22 und *ḥjl* Polal »unter Kreißen geboren werden« in V. 24f hat bald dazu geführt[25], entsprechend Ps 139,13 (auch hier die Parallele zu *qnh*) *nsktj* von *skk* »schirmend bedecken«, »weben«, »auf kunstvolle Weise wirken, bilden« herzuleiten und demzufolge *n<sup>e</sup>săkkotî* zu lesen. Auch in Ps 2,6 empfiehlt es sich gegenüber einer nicht belegbaren Bedeutung von *nsk*, *n<sup>e</sup>săkkotî* zu punktieren und zu übersetzen: »Ich aber wurde (auf wunderbare Weise) erschaffen als sein König auf dem Zion, seinem heiligen Berg«. Entsprechend Ps 2,7 und 110,3 wird also die Inthronisation des davidischen Königs auf dem Zion als Geburt und Erschaffung durch Gott verstanden[26]. |

## III.

Der Zweifel, daß dies alles vielleicht doch nur eine raffinierte theologische Verklärung irdischer Machtentfaltung der Davididen gewesen sein könnte, verschwindet, wenn man diese Vorstellung in der Zeit

---

[24] Daß diese Schwierigkeit der Herleitung von *nsk* so wenig empfunden wird, liegt offenbar am Vorkommen von *nasîk* II »Beduinen-, Stammesscheich« (Jos 13,21; Ez 32,30; Mi 5,4; Ps 83,12; vgl. auch Sir 16,7; ferner Achiq 119), das aber nicht direkt vom hebräischen *nsk* herzuleiten (wenn auch von der entsprechenden semitischen Wurzel), sondern akkadisches Fremdwort ist (vgl. AHw s. v. *nasiku* II und die Untersuchung der Herkunft des Wortes in *J. v. d. Ploeg*, Les chefs du peuple d'Israel et leurs titres, RB 57, 1950, S. 56). Es wäre undenkbar, daß der davidische König sich als *nasîk* bezeichnet.

[25] Zuerst *F. Hitzig*, Die Sprüche Salomo's, 1858, S. 77; vgl. heute z. B. *B. Gemser*, Sprüche Salomos, HAT I/16, ²1963, S. 46.

[26] Von hier aus muß noch einmal die Bedeutung des ἐπισκιάζειν von Lk 1,35 erwogen werden. Mit Ausnahme der freien Übersetzung für das *škn* der Offenbarungswolke in Ex 40,35 gibt ἐπισκιάζειν in 𝔊 stets (das gilt auch für die Vorlage von Spr 18,11) eine Form von *skk* wieder (vgl. 𝔗 *ṭll*). Sollte in Lk 1,35 die Übersetzung eines ursprünglich hebräisch formulierten Stückes vorliegen, so wäre etwa vorauszusetzen:

*rwḥ hqdš tbw' 'ljn          wḥjl 'ljwn js(k)k lk*

was man versucht sein könnte zu übersetzen: »Heiliger Geist wird auf dich kommen / und Kraft <sup>c</sup>Eljons wird dir (auf wunderbare Weise) erschaffen«. Aber objektloses aktives *skk* in diesem Sinn ist nicht belegt, und wahrscheinlich wird im zweiten Stichos nur der Inhalt des ersten in verstärkendem Parallelismus wiedergegeben: »und Kraft <sup>c</sup>Eljons wird dich bedecken«, wobei von vornherein an das schirmende Bedecken der »Wolke« gedacht sein mag, was in der Übersetzung mit ἐπισκιάζειν ja auch gut zum Ausdruck kommt.

tiefster staatlicher Erniedrigung und Auflösung Ende des 8. Jahrhunderts wiederfindet, in einer Zeit, die das Nordreich ausgelöscht hatte und für den Süden das Ende der selbständigen staatlichen Existenz brachte. Solche staatlichen Katastrophen haben überall sonst die Königsideologien beseitigt, im alttestamentlichen Bereich aber kam es zu einer seltsamen Vertiefung der Tradition. Der Prophetismus zeigte in dieser Auflösung des Staates das Gericht Jahwes, und damit verschob sich das Verhältnis Jahwe-Israel von der äußerlich faßbaren Form im Staat, Kult usw. weg auf eine andere Ebene des Eigentlichen. Die alten heilsgeschichtlichen Traditionen wurden auf einen neuen Raum bezogen, aus dem vorfindlichen Israel, dem Staat, hinausgehoben in eine neue Wirklichkeit: die Jahwe-Offenbarung transzendiert das vorfindliche Sein. Für das hier behandelte Thema beobachtet man das bei dem jerusalemischen Propheten dieser Zeit, bei Jesaja.

In Jes 9,5f scheint zunächst ganz im Sinne der alten Tradition die Rede zu sein von dem Gottessohn, der für das große Heil der Zukunft nun eben in gesteigerter Weise dem Königsideal entspricht. Die hier erwähnte Geburt des Kindes in Parallele zu Sohn könnte wie früher allein die Zionsgeburt der Inthronisation meinen[27]. Aber so sicher es ist, daß es sich hier um ein Ereignis handelt, das den Thron Davids und sein Königreich betrifft, so deutlich ist auch die Diskontinuität zu der historischen Vergangenheit. Dieser Herrscher ist nicht einfach die geradlinige Weiterführung der alten Dynastie, und er setzt nicht nur die Autorität seines väterlichen Vorgängers fort, vielmehr kommt es hier aus der völligen Auflösung heraus zu einer Neugründung des davidischen Königtums. Die hier vorausgesetzte Diskontinuität muß auch für die bisher herrschende Familie (als Teil der weitverzweigten Davidsippe) gelten, und genealogisch kann dann der neue Herrscher, der den Davidsthron besteigt, höchstens in sehr indirekter Weise mit der Dynastie verbunden sein. Das gilt um so mehr, als er mit seinem vierfachen Königsnamen[28] die Gestalt Davids über-

---

[27] Diese Möglichkeit wurde von *G. v. Rad*, Das judäische Königsritual, ThLZ 72, 1947, S. 216 [= a Anm. 14 aO S. 206 f] und *A. Alt*, Die Staatenbildung der Israeliten in Palästina, Reformationsprogramm der Univ. Leipzig, 1930, S. 76 [= Kl. Schr. II, S. 63]; Jesaja 8,23–9,6. Befreiungsnacht und Krönungstag, Festschr. A. Bertholet (1950), S. 41 f [= Kl. Schr. II S. 217 f], gesehen.

[28] Ein fünfter Name in Analogie zu den fünf »großen Namen« des Pharao ist weder aus textlichen noch metrischen Gründen in Jes 9,5b am Platze: Ebenso wie sich sonst in V. 6a Paare finden, *'l ks' dwd – w'l mmlktw, lhkjn 'th – wls'dh, bmšpṭ – wbṣdqh*, so auch am Anfang *(lm)rbh hmśrh – wlšlwm 'jn qṣ* (ein konjunktives Waw fehlt zu Beginn, wie die Parallelen zeigen, gerade nicht; gegen *H. Wildberger*, Die Thronnamen des Messias, Jes 9,5b, ThZ 16, 1960, S. 329), mag sich das *lm* mit dem Mem finale als Dittographie oder als Variantenabgabe *(lmrbh* oder *rbh)* erklären. Vor allem sind auch die vier Namen in V. 5b formal paarweise

strahlt | und erst die eigentliche Verwirklichung und Erfüllung der davidischen Königskonzeption darstellt. Der neue Herrscher von Jes 9 muß eben auch physisch erst geboren werden. Die Formulierung »Ein Kind ist uns geboren« sollte daher mehr meinen als die Inthronisation eines durch die bestehende Dynastie ja vorhandenen Davididen[29]. Daß hier nicht von einer Geburt im übertragenen Sinn gesprochen wird, ergibt sich aus dem Wortlaut, dem Redenden und dem Zusammenhang: *jælæd* als Bezeichnung für den Gottessohn ist trotz des verbalen *jld* in Ps 2,7; 110,3 seltsam, das redende »Volk«[30] kann den König als Gottessohn nicht einfach »Sohn« nennen, V. 5aβb, die Erwähnung von Investitur und Namengebung, *nach* der gerade durch die Inthronisation auf dem Zion erst erfolgenden »Geburt« zum Gottessohn wirken deplaziert; die Sohnschaft des Zionskönigs kann durch beides nicht gesteigert und auch nicht expliziert werden. Die in besonderer hymnischer Form gehaltene prophetische Verkündigung von Jes 9,5f handelt also von der physi- | schen Geburt und Inthronisation des Heilskönigs als bevorstehendes Werk Gottes. Damit rücken beide Vorstellungen von der Geburt des Zionskönigs, die Vorstellung von der physischen Geburt und die von

---

geordnet. In der st.cs.-Verbindung kann sowohl das Individuelle vom Generellen als auch umgekehrt das Generelle vom Individuellen bestimmt werden (*C. Brockelmann*, Hebräische Syntax, 1956, § 76f), der erste Fall liegt bei *'ᵃbî 'ăd* und *śăr šalôm* vor, der zweite bei *pælæ' jô'eṣ* und *'el gibbôr*. Die Genusaussagen (*W. Gesenius*, *E. Kautzsch*, Hebräische Grammatik, ²⁸1909, § 128,1) werden mit *jô'eṣ*, *gibbôr* und mit *'ab*, *śar* gegeben; ein fünfter Name, etwa *mărbē hămmiśrā* (*H. Wildberger*, aaO S. 329), würde den Aufbau in zwei Paaren zunichte machen. Schließlich wäre zu bedenken, daß das komplizierte königsideologische System der historisch entstandenen fünffachen Titulatur in Jerusalem inakzeptabel war und daß freie Nachahmungen (vgl. *H. Wildberger*, aaO S. 328) nur dort ihren Sinn haben und verstanden werden konnten, wo dieses System lebendige Wirklichkeit war.

[29] In neuerer Zeit haben sich besonders *H.J. Kraus*, Jesaja 9,5–6 (6–7), »Herr, tue meine Lippen auf«, hg. v. *G. Eichholz*, ²1961, S. 46f, und *H.W. Wolff*, Frieden ohne Ende. Jesaja 7,1–17 und 9,1–6 ausgelegt, 1962, S. 67f, gegen eine Interpretation der in Jes 9,5aα ausgesagten Geburt als Zionsinthronisation gewandt und die Deutung auf eine physische Geburt begründet. Auch *Th. Lescow*, Das Geburtsmotiv in den messianischen Weissagungen bei Jesaja und Micha, ZAW 79, 1967, S. 184ff, versteht hier *jælæd* und *ben* nicht im Sinne göttlicher Adoption, aber auch nicht im Sinne physischer Geburt, sondern möchte in beiden Ausdrükken den Messias lediglich als Davididen bezeichnet sehen. Doch bleibt es unbefriedigend, da *jælæd* im Zusammenhang mit dem Verbum *jld* im Sinne des letzteren verstanden werden muß und kaum eine spezielle Bedeutung »Sproß« haben kann, und *ben nitän lanû* gerade nicht mit den angeführten Beispielen 1Kön 3,8; 13,2 verglichen werden kann, weil hier mit *lᵉ* nicht der Vater bzw. die väterliche Familie eingeführt wird.

[30] *G. v. Rad* sieht allerdings in V. 5 eine Gottesrede (aaO 216 [= a Anm. 14 aO S. 213]).

der Inthronisation als Gottesgeburt, in eine starke Nähe zueinander. Aus Jes 7,10–17, der Prophetenerzählung vom Immanuelzeichen, erfahren wir darüber Genaueres.

Bei der Interpretation dieses vieldiskutierten Stückes[31] sollte man nicht in Zweifel ziehen, daß das Ahas gegebene Zeichen der Immanuelgeburt für ihn schlimmstes Unheil bedeutet[32]. Schon das ja nicht Ahas allein, sondern der regierenden Dynastie geltende Wort des vorhergehenden Abschnitts[33] »Glaubt ihr (!) nicht, so bleibt ihr nicht!« bezeichnet die Krisis, in die diese Dynastie geraten ist[34]. Nachdem jetzt (V. 12) Ahas die Zeichenbitte an Jahwe abgelehnt hat und der Prophet in scharfer Entgegensetzung zur davidischen Auffassung Jahwe nicht mehr den Gott der Davididen nennt[35], kann dieses Zeichen nur die Verwerfung der regierenden Dynastie beinhalten[36]; und das wird auch am Ende orakelhaft ausgesprochen, wenn es heißt, daß über ihn, Ahas, über seinen 'ăm[37] und über seine Familie Tage kommen, die nur mit der Auflösung des Davidreiches nach dem Tode Salomos verglichen werden können (V. 17a). Es ist daher auch sachgemäß, daß dieses Zeichen nicht ihm allein gegeben wird, sondern »ihnen« (*lakæm* V. 14), d. h. der herrschenden Dynastie (*bêt dawid* V. 13). M. E. ist damit die beliebte Exegese, mit Immanuel sei der Ahassohn Hiskia gemeint, schlechterdings ausgeschlossen[38]. Man wird sich ebenso hüten müssen, | wegen der Parallelität zum Zeichen des »Eilig hat's Beute, rasch ist Raub« von 8,3f in der (dann unverständlicherweise mit 'ălmā bezeichneten) Mutter des Immanuel die Frau

---

[31] Letzte Kommentierung und Literaturzusammenstellung *H. Wildberger,* Jesaja, BK x/1, 1972, S. 262 ff, letzte zusammenfassende Darstellung *M. Rehm,* Der königliche Messias im Licht der Immanuel-Weissagungen des Buches Jesaja (1968).

[32] Die Formulierung mit *laken* V. 14 in diesem Zusammenhang läßt keinen anderen Schluß zu, vgl. *J. J. Stamm,* Die Immanuel-Weissagung. Ein Gespräch mit E. Hammershaimb, VT 4, 1954, S. 31.

[33] Den Zusammenhang von 7,10–17 mit 7,1–9 beweisen die Einleitungsformel V. 10, der nicht weiter vorbereitete Einsatz in V. 11 und der Inhalt beider Stücke.

[34] Der Bezug auf die Dynastie gerade in Hinsicht ihrer Begründung durch den Davidsbund ergibt sich aus der Analogie zu V. 8a.9a.

[35] Vgl. ʼœlohâka noch in V. 11, aber ʼœlohâj in V. 13.

[36] Besonders *H. W. Wolff,* a Anm. 29 aO S. 26ff.43.46, hat den antidynastischen Charakter des Immanuelzeichens herausgearbeitet; man vgl. auch *W. Vischer,* Die Immanuel-Botschaft im Rahmen des königlichen Zionsfestes, 1955, der aber die Zugehörigkeit des Immanuel zur engeren Davidfamilie voraussetzt und daher in dem Zeichen nur ein Durchbrechen der normalen Thronfolge sieht (besonders S. 52).

[37] 'ăm kann in dieser Aufzählung nur die Blutsverwandten väterlicherseits meinen, vgl. Jer 37,12; Ruth 3,11. Es ist natürlich nicht auszuschließen, daß hier eine Texterweiterung vorliegt (so *H. W. Wolff,* aaO S. 10 Anm. s).

[38] Daß man die nach 2 Kön 18,1.2aα bestehenden chronologischen Schwierigkeiten durch Konjektur beseitigt, läßt diese Identifikation auch nicht überzeugender erscheinen.

Jesajas zu sehen. Gegen die herrschende Dynastie kann sich dieses Zeichen nur richten, wenn es die Geburt eines neuen Königs[39] ansagt.

Der Kern des Zeichens ist ein Sohnesverheißungsorakel, das für eine *bestimmte* '*älmä* (deswegen der Artikel), d. h. für eine bestimmte junge Frau, die noch nicht geboren hat, gilt, und das als Namen des Kindes Immanuel, »*Bei uns* ist Gott«[40], angibt. Daß die Mutter nicht näher bezeichnet wird, ist nicht verwunderlich; abgesehen von der Frage, ob Jesaja wußte, wer die Mutter sein werde – eine solche Frage entfernt sich vom Text –, gehörte es auf keinen Fall zum Verkündigungsauftrag des Propheten, die Mutter näher zu bezeichnen, denn eine solche Angabe würde bedeuten, daß man über sie und ihr Kind verfügen und jede Gefährdung des eigenen Thrones ausschalten könnte. Die Verborgenheit Immanuels entspricht einer solchen Situation, wie wir sie aus Mt 2 kennen, als Herodes von den Magiern die Geburt des neuen Königs erfährt. Man kann dieser Deutung gegenüber einwenden, daß die so verstandene Immanuelgeburt keinen zeichenhaften Charakter habe; denn wenn es ein Zeichen ist, muß es Ahas auch sehen können. Dieser Einwand gilt jedoch nur scheinbar. Was Ahas sehen kann, ist der mit der Geburt zeitlich verknüpfte Untergang der Reiche von Samaria und Damaskus (V. 16b); daran kann Ahas ablesen, was die Stunde geschlagen hat.

Die Prophetie Jesajas hat sich in der unmittelbar folgenden Zeit nicht erfüllt. Die Heilsweissagung hatte zwar einen durchaus realistischen politisch-historischen Charakter, aber gleichzeitig transzendierte sie diese Dimension in dem Entwurf einer alle Empirie weit übersteigenden Heilszukunft. So wurde alles Vorfindliche zum Vorläufigen, und das eigentliche Sein bestand in der Erwartung; die Offenbarung bekam eine eschatologische Struktur, und das gegenwärtige Heil lag hinter allem Vorfindlichen im Verborgenen. So wurde die verborgene »Gebärende, die gebiert« (Mi 5,2 unter Aufnahme von Jes 7,14)[41] das

---

[39] *H. W. Wolff* stellt vor allem eine Rezeption der alten Retterüberlieferungen der Richterzeit fest; aber eine solche Rettergestalt müßte doch als Gegenbild zu Ahas und seiner davidischen Familie Königsfunktion haben, und bei der bekannten Verwurzelung Jesajas in den Zionstraditionen, die sich gerade auch in der Verkündigung der bleibenden Bedeutung des Zions zeigt, kann dieses Königtum wohl nur als Zionskönigtum verstanden werden.

[40] D. h. gerade auch: nicht bei der herrschenden Dynastie. Zur Aussage Gott mit (*ᶜim*) David, bzw. Davididen vgl. *W. Vischer*, a Anm. 36 aO S. 21 ff.

[41] Vgl. *J. Wellhausen*, Die Kleinen Propheten, ³1898, S. 145 f. Die These von *Th. Lescow*, a Anm. 29 aO S. 199 ff, *jôledä* bezeichne hier als Chiffrewort das Ende der Krisis Israels, ist angesichts der Einfügung von Mi 5,2 zwischen V. 1 und V. 3, die vom Aufkommen und Auftreten des Messias reden, ganz unwahrscheinlich. Was liegt näher, als *jôledä jalᵉdä* nach V. 1 auf die Geburt zu beziehen? Auch in V. 4 f wirkt jesajanische Tradition nach.

Tor, | durch das das göttliche Heil in diese Welt eintritt. Die Einwohnung des Zionsgottes in dieser Welt erscheint erst mit und in der Geburt des messianischen Kindes. In dieser neuen ontologischen Offenbarungsstruktur der Verborgenheit und Hoffnung rücken in unserer Überlieferung die Zionsgeburt des Inthronisierten und seine physische Geburt eng zusammen, insofern *beides* das Werk des in dieser Welt Wohnung nehmenden Gottes ist.

Auf die vielfältige Entwicklung der Messianologie kann im Rahmen dieses Aufsatzes auch nicht andeutungsweise hingewiesen werden. Obwohl der Davidismus in der deuterojesajanischen 'æbæd-Konzeption auf Israel bezogen, eine völlige Metamorphose durchmachen oder von der apokalyptischen βασιλεία-Theologie stark absorbiert werden konnte, blieb die Messianologie nicht nur ein wesentlicher Überlieferungsstrang, sie behielt auch, wie sich von Mi 5,2 (als interpretierender Zusatz zu 5,1–3) bis zu Apk 12,1 ff zeigt, die Form der Geburtserwartung bei[41a]. Eine besondere, in gewisser Weise parallele theologische Entwicklung soll aber wenigstens noch erwähnt werden. Die in der späteren Weisheitstheologie hypostasierte Weisheit, die als in der Urzeit geschaffenes Kind Gottes vorgestellt werden mußte (Spr 8,22 ff), hat als Repräsentant der Ordnung Jahwes eine mit dem Zionskönig vergleichbare Funktion. Ihre Identität mit der Jahweoffenbarung an Israel führt zu der Vorstellung, daß sie als präexistenter göttlicher Logos (Sir 24,3 ff) wie die Lade nur auf dem Zion die *menûḥā*, die bleibende Wohnung finden kann (V. 7 ff)[42]. Die den Davidismus begründende Einwohnung Gottes auf dem Zion wird als Aussendung seines Logos verstanden (V. 8). So verbindet sich die Weisheitstheologie mit dem Zionsmessianismus in der Wurzel, und diese Verbindung ist in jenen verhältnismäßig frühen υἱὸς θεοῦ-Stellen des Neuen Testaments vorausgesetzt, die von der Sendung des Sohnes sprechen (Gal 4,4 f; Röm 8,3 f; Joh 3,16 f; 1 Joh 4,9)[43]. Die sapientale Interpretation der Zionstheologie führt zur

---

[41a] Vgl. 1QSa II 11, siehe *O. Michel-O. Betz*, Von Gott erzeugt; Judentum, Urchristentum, Kirche, Festschr. J. Jeremias (1960), S. 11 ff.

[42] V. 7 ἀνάπαυσις = *menûḥā*, κληρονομία = *näḥalā*.

[43] Auch das Thema der Retterfunktion der Weisheit durchzieht Spr 1–9 und ist auch in Sir 24 (V. 19–22, V. 32–34) zum Ausdruck gebracht. Vgl. *E. Schweizer*, Zum religionsgeschichtlichen Hintergrund der »Sendungsformel« Gal 4,4 f; Rm 8,3 f; Joh 3,16 f; 1 Joh 4,9, ZNW 57, 1966, S. 199–210, wo ebenso wie im Ökumene im Neuen Testament: Der Glaube an den Sohn Gottes, Neues Testament und heutige Verkündigung, 1969, S. 44 f die ganz andere Herkunft dieser Überlieferung betont wird, die nicht dort habe entstehen können, wo die Davidverheißungen von Bedeutung waren, sondern im außerpalästinischen, griechisch sprechenden Judentum. Angesichts der (palästinischen und hebräischen) Entwicklung von Spr 8 zu Sir 24 wird es fraglich, ob man mit einem solchen Gegensatz arbeiten kann.

Präexistenzvorstellung des υἱὸς ϑεοῦ, und in neuem Lichte mußte die Überlieferung erscheinen, die in der Davidzeit die Urzeit sah und wie Mi 5,1 daher den protologischen Ursprung des eschatologischen Messias lehrte. |

IV.

Man muß die Frage stellen, ob die spätestens aus der Mitte des 2. Jahrhunderts v. Chr. stammende[44] griechische Übersetzung von 'ălmā in Jes 7,14 mit παρϑένος schon die Vorstellung einer jungfräulichen Messiasgeburt voraussetzt. Diese Frage bleibt aber unbeantwortbar. Septuaginta konnte παρϑένος archaisierend wie im frühen Griechisch als »junges Mädchen/junge Frau« verstehen, und die Übersetzung von năᶜărā in Gen 34,3 durch παρϑένος belegt diesen Gebrauch[45]. Davon abgesehen läßt sich der Formulierung des Sohnesverheißungsorakels wenig entnehmen, setzt doch dieses Orakel das Fehlen einer früheren oder gegenwärtigen Schwangerschaft voraus, so daß im Fall einer 'ălmā die Übersetzung παρϑένος naheliegt und doch nichts über eine jungfräuliche Geburt ausgesagt wird. Vor der neutestamentlichen Traditionsbildung läßt sich also die Vorstellung einer jungfräulichen Messiasgeburt im Rahmen der biblischen Tradition nicht mit Sicherheit nachweisen.

Diese neutestamentliche Traditionsbildung ist selbstverständlich erst nachösterlich. Wesentliche, mit dem Thema zusammenhängende Motive sind sogar primär in ganz anderen Komplexen der Christologie zu finden, so die Davidsohnschaft und besonders die vielfältige Überlieferung der Inthronisation (der galiläische Auferstehungsbericht, die Himmelfahrtserzählung, die Verklärungsgeschichte mit dem Zitat von Ps 2,7, dann auch eine besondere Interpretation der Taufe Jesu mit demselben Zitat). Eine aus biographischen Gründen entstandene Geburtsgeschichte konnte im Rahmen der neutestamentlichen Traditionsbildung garnicht aufkommen; hier entstand erst eine Geburtsgeschichte, als man die Geburt selbst als das Heilsereignis, als Evangelium verstand. Die Geburt ist schon das *ganze* Evangelium, auf eine besondere Inthronisation braucht nicht Bezug genommen zu werden. D.h. in diesem Verständnis der Geburt fiel zusammen, was bei Jesaja in so große Nähe zueinander gerückt war: die physische Geburt und die Gottesgeburt zum Sohne Gottes. Damit war die Vorstellung eines *natus ex virgine* erreicht. Das Motiv der Einwohnung Gottes in dieser Welt wurde bis zur letzten Konse-

---

[44] Vgl. Sir Prolog.
[45] G. *Delling*, Art. παρϑένος, ThW V, S. 831.

quenz geführt: das Heilige selbst tritt ein | in diese Welt, der lebenschaffende Geist ist *rûᵃḥ ḥᵃqqodæš*. Es genügte nicht, daß die Autorität eines menschlichen Vaters stark zurücktrat, so wie man das bei Jesaja beobachten kann, es mußte hier die totale Zuwendung Gottes zur Welt ihren Ausdruck finden. Damit zeichnete sich die Struktur der neutestamentlichen βασιλεία ab: keine Überhöhung dieser Welt, auch nicht mehr als letztes Ziel hinter dem Verborgenen, sondern die Überwindung der Gottesferne durch die Hingabe an die Welt und – das ist bei einer nachösterlichen Traditionsbildung vorauszusetzen – in den Tod. Dies war nicht mehr wie bei Jesaja ein Erscheinen der βασιλεία im Verborgenen und auf Zukunft hin, sondern ein Offenbarwerden *sub contrario*, die Epiphanie Gottes in tiefer menschlicher Armut und Erbärmlichkeit, die Erscheinung des ganz Anderen.

Dieser Transzendenzcharakter der Jungfrauengeburt könnte nicht stärker mißverstanden werden als im Sinne doketischer Entleiblichung und Sublimation. Nicht Heraushebung Jesu aus dem Menschlichen ist Sinn dieser Überlieferung, sondern das Gegenteil, Hineinsenkung des Heiligen in diese Welt.

Fassen wir zusammen: Im *natus ex virgine* wird die Einwohnung Gottes in diese Welt Ereignis in einer nicht zu überbietenden letzten Weise. Die Offenbarung des Eingehens Gottes in die Welt wird uns in der biblischen Überlieferung in einem Prozeß bezeugt, dem eine Abfolge ontologischer Stufen entspricht: (1) das Staat- und Weltsein Israels; (2) das Zerbrechen des Staates und die Transzendierung des Vorfindlichen im Verborgenen und in der eschatologischen Erwartung der Zukunft; (3) die Aufhebung aller Vorfindlichkeit und Verborgenheit in Tod und Auferstehung Christi. In diesem Prozeß ereignet sich das Eingehen Gottes in die Welt (1) im Erwählen eines Weltortes, des Zions, auf dem der inthronisierte Davidide als Sohn Gottes erscheint. (2) Die Geburt des wahren Davididen wird aber zum verborgenen Werk Gottes, das erst in der Heilszeit offenbar wird. (3) In diesem Eschaton aber geht das Heilige selbst in die menschliche Welt ein und ist gegenwärtig in dem, der alle Gottesferne überwindet durch seinen Tod. Dieser Offenbarungsprozeß wäre mißverstanden als eine sich ablösende Aufeinanderfolge verschiedener Konzeptionen. Vielmehr handelt es sich um eine Vertiefung, um eine Seinsaufweitung und Seinsgründung. Nur im Ganzen ist das Wesen zu greifen.

# ZUR GESCHICHTE DER KULTSÄNGER
## AM ZWEITEN TEMPEL

Über die Geschichte der Kultsänger am vorexilischen Tempel erfahren wir aus vorexilischen Quellen des AT nichts. Nur durch
Rückschlüsse aus den Quellen der nachexilischen Zeit läßt sich etwas
darüber ermitteln. Wenn nach der Heimkehrerliste Esr 2, Neh 7 unter
dem Tempelpersonal als besondere Gruppe die »Sänger« erscheinen
(Esr 2,41/Neh 7,44), so müssen wir annehmen, daß es sie als besonderen Stand am vorexilischen Tempel gegeben hat[1]. Auch daß sich
die in der Heimkehrerliste erwähnte Gruppe von Asaf herleitet, dürfte
nicht erst auf eine exilische Erfindung zurückgehen. Genaueres über
ihr vorexilisches Amt läßt sich der Terminologie in 1Chr 25,1–3 entnehmen: das Musizieren der Sänger wird hier mit *hinnabe'* bezeichnet[2],
dem entspricht der Titel Asafs *häḥoxä* 2Chr 29,30; in 2Chr 35,15
scheinen alle drei »Sängerväter«, Asaf, Heman und Jedutun, diesen
Titel zu tragen[3], während 1Chr 25,5 Heman allein diesen Ehrentitel
erhält. Wie man sich die prophetische Verkündigung der Sänger |
vorstellte, wird uns 2Chr 20,14–19 in der Erzählung vom Krieg
Josafats mit den Moabitern, Ammonitern und Maonitern in aller
wünschenswerten Deutlichkeit vor Augen geführt. Nach alledem
müssen wir in den nachexilischen Sängern Nachfahren der vor-

---

[1] Ob die mit dem Hiskiatribut Sanherib übersandten »Sänger und Sängerin-
nen« (*H. C. Rawlinson*, The Cuneiform Inscriptions of Western Asia 1, 1861,
Plates 37–42, III, 38f) Tempelsänger sind (*H. Zimmern* in *E. Schrader*, Die Keil-
schriften und das Alte Testament, ³1903, v. *H. Winckler* u. *H. Zimmern*, S. 590),
muß fraglich bleiben. Daß sie zusammen mit den »Töchtern« und Palastfrauen
Hiskias erwähnt werden, spricht nicht gerade für diese Annahme. Vgl. ferner
2Sam 19,36. Ob mit dem *sarim* in 1Kön 10,12 nur die Tempelmusikanten gemeint sind, läßt sich nicht ausmachen, doch vgl. Ps 68,26.
[2] Für *hnbj'jm* 1Chr 25,1 lies *hännibe'im* (mit dem Qere').
[3] Für *hôxē* ist wahrscheinlich *hôxê* zu lesen, vgl. etwa *W. Rudolph*, Chronikbücher, HAT 1,21, 1955, z. St., gegenüber *A. van den Born*, Kronieken, BOT 5,1,
1960, z. St. *K. Galling*, Die Bücher der Chronik, Esra und Nehemia, ATD 12,
1954, z. St., streicht Heman und Jedutun unter Hinweis auf 2Chr 29,30. Es ist
jedoch anzunehmen, daß die in 2Chr 35,15 zu Worte kommende Schicht neben
Asaf Heman und Jedutun kennt, die dann bei der vollständigen Aufzählung der
Kultaktoren in 2Chr 35,10–15, die nur durch die Dienstleistungen der Leviten
agieren können, auch genannt werden sollten; vgl. 2Chr 29,13f. Dem widerspricht nicht die Bezeichnung der Sänger als *beñê 'asap*, s. unten S. 148, 150.

exilischen Kultpropheten erblicken[4]. Aber auf diese heute viel disku-
tierte Frage soll hier nicht näher eingegangen werden. Wir wollen
vielmehr die nachexilische Geschichte der Kultmusikanten verfolgen,
um mit diesem kleinen Beitrag zur Kultgeschichte des jüdischen Tempels den Kollegen zu ehren, der sich um die Judaica so viele Ver-
dienste erworben hat.

I. Die älteste, schon genannte Erwähnung der Kultsänger aus
nachexilischer Zeit liegt in der sog. Heimkehrerliste Esr 2/Neh 7
vor. An dieser Stelle kann die Datierungsfrage nicht ausführlich
diskutiert werden. Aller Wahrscheinlichkeit nach ist die Liste vor
der Vollendung des Tempelbaus anzusetzen (vgl. Esr 2,68); mag
es sich um eine echte Heimkehrerliste[5] oder um eine vom Satrapen
Tatnai geforderte Liste der Tempelgemeinde[6] handeln, wir werden
sie in die Zeit vor 515, also in das letzte Drittel des sechsten Jahrhunderts zu datieren haben. Die Tempelmusikanten, die Sänger
erscheinen hier nach den Leviten aber vor den Torhütern, werden
also nicht zu den Leviten gerechnet, sondern ihnen nach-, den
Torhütern aber vorgeordnet[7]. Sie leiten sich von Asaf her, und als
*benê 'asap* konnten noch viel später, nämlich zur Zeit des Chronisten
gegen Ausgang der vierten Jahrhunderts, die Tempelsänger als
Gesamtgruppe bezeichnet werden (2Chr 35,15; Esr 3,10). Das ist
nur möglich, wenn es neben den *benê 'asap* zunächst keine anderen
Gruppen gegeben hat. Auch wird zunächst Asaf allein mit dem
Ehrentitel *hoza hämmælæk* bedacht, wie wir aus 2Chr 29,30 erfahren.

II. Ein zweites Stadium läßt sich der Jerusalemer Einwohnerliste
entnehmen, die uns Neh 11,3–19 vielleicht innerhalb der Nehemia-
denkschrift (vgl. Neh 11,1f?) und 1Chr 9,1b (2)–18 in einem Nach-
trag zum chronistischen Werk überliefert ist. Mag | die Echtheit von
Neh 11,3ff, d.h. die Herleitung der Liste aus dem Synoikismos von
445, schwieriger zu beweisen sein als die Herleitung von Esr 2/
Neh 7 aus dem letzten Drittel des sechsten Jahrhunderts, die Wahrscheinlichkeit spricht für einen Zusammenhang mit Nehemias Maß-

---

[4] Vgl. vor allem *S. Mowinckel*, Psalmenstudien III, Kultprophetie und prophetische Psalmen, 1923.

[5] Vgl. z.B. die ausführliche Argumentation bei *W. Rudolph*, Esra und Nehemia, HAT 1,20, 1949, S. 7–17.

[6] *K. Galling*, The »Gōlā-List« according to Ezra 2/Nehemiah 7, JBL, 1951,
S. 149ff [in veränderter Fassung deutsch als: Die Liste der aus dem Exil Heim-
gekehrten, in *K. Galling*, Studien zur Geschichte Israels im persischen Zeitalter,
1964, S. 89ff].

[7] Zur Bestimmung des Begriffs Levit als Amtsname vgl. *J. Köberle*, Die Tempelsänger im Alten Testament, 1899, S. 26–30. Daß Esr 2/Neh 7 nicht im Sinne
von Esr 10,18ff zu verstehen ist, ergibt sich aus II.

nahmen, so daß wir die Liste in die Mitte des fünften Jahrhunderts datieren können[8]. Diese Datierung wird sich im Laufe der Untersuchung bestätigen. Ähnlich wie in Esr 2/Neh 7 wird in Neh 11/1Chr 9 das Tempelpersonal nach Priestern, Leviten und Torhütern gegliedert, doch fallen die Sänger hier unter die Leviten im Gegensatz zu den Torhütern. Unter den Sängern wird ein Mattanja genannt, der sich von Asaf herleitet, während ein Sänger Abda angeblich von Jedutun herstammt (Neh 11,17). Der Asafit Mattanja ist Leiter *(roʾš)* des Lobgesanges[9]. Als zweite Neuerung neben der Subsumierung der Sänger unter die Leviten taucht also eine Jedutungruppe auf, die offensichtlich der Asafgruppe oder jedenfalls einzelnen Asafiten nachgeordnet ist.

III. Begeben wir uns nun von den Quellen des chronistischen Geschichtswerks zu diesem selbst, d. h. in das ausgehende vierte Jahrhundert oder jedenfalls in die zweite Hälfte des vierten Jahrhunderts, was den Grundbestand anbetrifft, so sehen wir uns äußerst komplizierten Aussagen gegenüber. Nach 1Chr 6,16ff; 15,16ff werden die (natürlich levitischen) Sängergruppen in der Reihenfolge Heman, Asaf, Etan aufgezählt, in der sich sichtlich die Rangfolge widerspiegelt (Heman in der Mitte, Asaf und Etan zur Rechten und Linken). Nach 1Chr 16,4ff haben wir dagegen Asaf und, mit Abstand, Heman und Jedutun zu unterscheiden (Asaf ist an der Lade angestellt, Heman und Jedutun bleiben bei der Stiftshütte zurück). Dem entsprechen 2Chr 5,12; 29,13f; 35,15. Neben diesen zwei verschiedenen Traditionen haben wir in dem späten Stück 1Chr 25 eine Aufzählung der Sängergruppen Asaf, Jedutun und Heman, wobei die Reihenfolge sich nach der Nachkommenzahl bestimmt, so daß dem zuletzt Genannten, Heman, die größte Bedeutung zukommt, was sich auch in seinen Ehrentiteln (er allein trägt den ehrwürdigen Titel | *ḥozæ hämmælæk* widerspiegelt. Schließlich stehen in der Kriegserzählung 2Chr 20,1–30 dem asafitischen »Propheten« die Korchiten gegenüber. Lassen wir zunächst die beiden zuletzt genannten Traditionen beiseite und gehen auf die beiden verschiedenen Entwürfe der Tempelsängerschaft in 1Chr 15f ein.

Daß hinter den beiden Traditionen von 1Chr 15f zwei verschiedene Anschauungen von der Zusammensetzung und Rangfolge der Sän-

---

[8] Vgl. *A. Alt*, Bemerkungen zu einigen judäischen Ortslisten des Alten Testaments, BBLAK, 1951, S. 193ff [= Kl. Schr. II, S. 289ff], auf Grund von Neh 11,25–30 (S. 210 [= S. 305]), *W. Rudolph*, aaO S. 181–185, *K. Galling*, Die Bücher der Chronik, Esra, Nehemia, ATD 12, 1954, S. 244f, *H. Schneider*, Die Bücher Esra und Nehemia, HS 4,2, 1959, S. 42f.

[9] Für *hättᵉḥillā* lies *hättᵉḥillā*.

gergruppen stehen, läßt sich schwerlich bestreiten[10]. Darüber hinaus
zeigt sich die Tradition Asaf-Heman-Jedutun (= A) ohne weiteres als
die ältere gegenüber der Tradition Heman-Asaf-Etan (= B), da in
der ersten (A) der historisch gegebene Vorrang Asafs (vgl. I und II)
bewahrt ist und ebenso der in II gegebene Name Jedutun, mag seine
Herleitung auch noch so schwierig sein[11]. Man könnte nicht nur die
Tradition B, sondern auch schon die Tradition A für nachchroni-
stisch halten, nur dürfte man sie beide schwerlich einer Hand zuweisen[12]. Daß 2Chr 35,15; Esr 3,10 die Kultsänger insgesamt kurz
*bᵉnê 'asap* genannt werden, ist andrerseits, wenn man die Stellen zum
Grundbestand des chronistischen Werkes rechnen will, kein Argu-
ment gegen die | Annahme, die Tradition A sei durch den chroni-
stischen Grundbestand vertreten[13]. Das häufige Auftauchen der Tradition A in den erzählenden Teilen von 2Chr: 5,12; 29,13f; 35,15
spricht zunächst für die Annahme, daß hier der Chronist zu Worte
kommt. Dagegen sind die Stellen, die die Tradition B vertreten,
sekundär in Chr: 1Chr 6,16–32 gibt sich deutlich als Nachtrag zu
1Chr 6,1–15; 1Chr 15,16–24 schiebt sich zwischen 1Chr 15,15 und
1Chr 15,25ff ein[14]. Nun macht allerdings auch 1Chr 16,4–42 einen
reichlich zusammengesetzten Eindruck. Mir scheint die Ausschei-

---

[10] Gegen *G. v. Rad*, Das Geschichtsbild des chronistischen Werkes, 1930,
S. 111ff, der eine Umbenennung von Etan zu Jedutun (sic) mit der vom Chronisten vorausgesetzten Neuordnung des Levitendienstes unter David in Zusammenhang bringt. Aber wieso wird nur Etan umbenannt (man beachte die Parallelität im Falle Heman nach 1Kön 5,11)? Wieso kann aus der Reihenfolge 1Chr
16,4ff (= 2Chr 5,12; 29,13f; 35,15!) nichts über den Rang ausgemacht werden,
wobei der historische Vorrang Asafs ohnehin feststeht?

[11] *J. W. Rothstein*, der in seinem Kommentar zum ersten Buch der Chronik,
KAT 18,2, 1927, der Geschichte der Sängergruppen in allen Einzelheiten nach-
zugehen sucht, gliedert nicht die Traditionen an sich gegeneinander ab, sondern
möchte aus der Überlieferung an den bestimmten historischen Punkten des Ge-
schichtsberichts Folgerungen ziehen. So folgert er aus der Vorrangstellung Hemans in 1Chr 6,16ff (auf Grund von 1Chr 16,17), daß nach der Ansicht der Tra-
denten der Hemangruppe (wegen der engeren Verwandtschaft zu Aharon) nur bis
zur Vollendung des salomonischen Tempelbaus die Vorrangstellung zukomme
(S. 460). Daß vor der Herausarbeitung der einzelnen Traditionen der historische
Punkt, an dem sie innerhalb eines Geschichtswerks auftreten, zu ihrer Interpretation herangezogen wird (vgl. *G. v. Rad*, oben Anm. 10), ist methodisch ein be-
denkliches Vorgehen. Ein historischer Haftpunkt einer Tradition muß in dieser
selbst begründet liegen und zum Ausdruck gebracht werden, da sich das Auftreten der verschiedenen Traditionen an bestimmten Stellen aus dem komplizierten
literarischen Werdeprozeß erklären kann. Außerdem sind 1Chr 6,16ff und 1Chr 25
in der Komposition »systematisch« begründete Fixpunkte, während es sich in
1Chr 15 und 16 um denselben historischen Fixpunkt handelt.

[12] Gegen *K. Galling* in ATD 12.

[13] So *W. Rudolph*, Chronikbücher, S. 121–123.

[14] Vgl. dazu z.B. *G.v.Rad*, a Anm.10 aO S.105f, *W.Rudolph*, a Anm.10 aO S.58.123.

dung des unechten Gutes, die W. Rudolph hier vollzogen hat[15], das Richtige zu treffen: V. 5b+41aβ. 42a läßt sich als Hinzufügung auf Grund von 15,19ff verstehen, 16,38, von dem V. 42b abhängig ist, entspricht 15,24b[16]. Das Übrige, 16,6–37 (V. 37 ist eine durch die Einfügung bedingte Wiederaufnahme), gehört nicht zu unserem Thema. Daß V. 5b gegenüber 15,19ff primär ist, scheitert eben einfach an 16,41aβ. Unter Voraussetzung dieser literarischen Analyse von 1Chr 16,4ff kann die Tradition A dem chronistischen Grundbestand zugewiesen und somit in die zweite Hälfte des vierten Jahrhunderts oder gegen das Ende des vierten Jahrhunderts datiert werden. Um die Jahrhundertwende oder bald nach 300 wäre die Tradition B anzusetzen, die sich in den sekundären Stücken 1Chr 6,16–32; 15, 16–24 (und der dadurch erfolgten Umarbeitung in 1Chr 16,5bff) niedergeschlagen hat. Die chronistischen Traditionen zeigen schon allein durch die Zurechnung der Torwächter zu den Leviten eine konsequente Weiterentwicklung der Tendenz I–II. Gegenüber II taucht in A eine sich von Heman herleitende dritte Gruppe auf, die in B deutlich die höchste Wertschätzung erfährt, so daß die alte Asafgruppe in den Hintergrund gedrängt wird. Ebenfalls um die Wende vom vierten zum dritten Jahrhundert wurde der Name Jedutun durch Etan verdrängt. War der Name Heman für eine Sänger- gruppe aufgekommen, so bot sich der nach der Tradition 1Kön 5,11 noch vor jenem erwähnte Weise Etan als heros eponymus für eine weitere Sängergruppe an[17]. Die Frage, warum der | Name Jedutun aufgegeben wurde, wird uns gleich noch zu beschäftigen haben. Zunächst ist festzustellen, daß der Name Jedutun offenbar nicht schlagartig aus der Tradition verschwunden ist. In 1Chr 25[18] ist zwar Heman gegenüber den beiden anderen Sängern stark herausgestri- chen[19], so daß wir 1Chr 25 in die Nähe der Tradition B zu stellen haben, der Name Jedutun erscheint aber noch. Das könnte für eine Einordnung unmittelbar vor III B sprechen, doch ist eine solche nach III B durch den Gebrauch des Namens Jedutun ja nicht aus-

---

[15] AaO S. 125ff.

[16] S. dazu unten S. 153f.

[17] An dem Bezug der Sängergildennamen zu den 1Kön 5,11 genannten ezrachitischen Weisen kann auf Grund von Ps 88,1; 89,1 nicht gezweifelt werden, wenn auch dies die levitische Genealogie der Sänger ad absurdum führt (vgl. einerseits 1Chr 6,16ff, andrerseits 1Chr 2,6).

[18] Die Frage der Einheitlichkeit des Kapitels kann hier unerörtert bleiben. Auch bei der Herausarbeitung eines Grundbestandes ergibt sich dieselbe Sach- lage.

[19] Das ergibt sich aus dem Titel und der Kinderzahl. Die Reihenfolge erklärt sich aus der Zahl der Nachkommen. So u. a. *J. W. Rothstein*, aaO S. 451, *G. v. Rad*, aaO S. 113, *W. Rudolph*, aaO S. 169.

geschlossen[20], ja es spricht ein Vergleich der 24 Sängerklassen von
1Chr 25 mit der Aufzählung der 14 Tempelmusiker in 1Chr 15,18[21]
(= V. 20f) gegen die Annahme, daß 1Chr 25 älter als III B ist: die
Einteilung in 24 Klassen ist in Analogie zu der Priestereinteilung
vorgenommen; bei den detaillierten Angaben in 1Chr 15,18ff wird
eine solche Dienstordnungseinteilung noch gar nicht ins Auge gefaßt,
ja sie widerspricht einer zusammen musizierenden Instrumental-
gruppe von acht *nebæl-* und sechs *kinnôr*-Spielern[22]. So dürfen wir
jedenfalls vermuten, daß sich der Name Etan nicht von heute auf
morgen durchsetzte.

Nachdem wir uns die wichtigsten Entwicklungsstufen der Einteilung der Tempelsänger vom Beginn der nachexilischen Zeit bis
zum Beginn des dritten Jahrhunderts vergegenwärtigt haben, stellt
sich die Aufgabe, diese Entwicklung zu interpretieren und noch
unberücksichtigte Zeugnisse in das bekannte Entwicklungsschema
einzupassen. Wenn in der Mitte des fünften Jahrhunderts neben der
Asafgruppe eine Jedutungruppe auftaucht (II), so könnte das mit
der Annahme erklärt werden, es handele sich bei den Jedutunsängern
um eine später aus dem Exil zurückgekehrte Gruppe. Diese Annahme ist unwahrscheinlich; denn wenn noch in chronistischer Zeit
die Sänger schlechthin als *benê 'asap* bezeichnet werden können 2Chr
35,15; Esr 3,10), wenn Asaf als der | Sänger κατ' ἐξοχήν erscheint
(2Chr 29,30), so setzt das voraus, daß die Jedutungruppe sich nicht
nur darin von der Asafgruppe unterscheidet, daß sie ein bis zwei Generationen später ihr altes (vorexilisches) Sängeramt im Tempel hat
wiederaufnehmen können, sondern daß die Jedutungruppe überhaupt
erst neben der Asafgruppe am zweiten Tempel entstanden ist. Neu
zur Asafgruppe hinzutretende Sänger wird es bald gegeben haben,
und es ist nur zu verständlich, daß sie in die genealogisch wohl fest-
gefügte Asafgruppe nicht aufgenommen wurden. Diese Neulinge
unter den Sängern mußten sozusagen als extraordinarii sich als besondere Gruppe konstituieren, von der wir annehmen dürfen, daß sie
genealogisch nur sehr lose verknüpft war; denn es handelte sich
ja um eine Sammelgruppe für die Nichtasafiten. Dem entspricht die
Künstlichkeit des »Namens« Jedutun. Wie auch immer diese eigentümliche Wortbildung erklärt werden mag[23], die übliche Herleitung

---

[20] Vgl. die Erwägung *W. Rudolphs,* aaO S. 169.

[21] *weᵉuzzijjā* ist mit der LXX gemäß V. 21 hinzuzufügen.

[22] Nach 1Chr 25 besteht eine Dienstordnungsgruppe aus zwölf Mitgliedern.

[23] Es wird nicht nötig sein, in dem »Namen« *jedûtûn* oder *jᵉdîtûn* (diese öfter als
Ketib auftretende Form scheint die ursprüngliche zu sein) eine Nominalbildung
zu suchen. Nach 1Chr 25,4b wäre eine finite Verbalform auch zu erwägen.
*jᵉdîtûn* (verkürzt aus *jᵉdîtûnî*) = 'ihr habt mich bekannt' (die Ergänzung 'darum

von dem Verbum *jdh* ist das Wahrscheinlichste, so daß der schöne Name das Amt der Sänger, das Bekennen Jahwes, umschreibt[24]. Angesichts der Künstlichkeit der Sängernamen in 1Chr 25,4b (ab *ḥᵃnănjā*) wird man gegen den künstlichen Namen Jedutun keine Bedenken haben. Notdürftig wird so die rein negative Umgrenzung dieser Gruppe verdeckt.

Die Grenzen der Sänger nach unten scheinen lange Zeit hindurch fließend gewesen zu sein, d. h. also, daß die Zurechnung zur Gruppe Jedutun oder zu den Torhütern nicht immer feststand. So wird der Korchit Obed-Edom[25] 1Chr 15,18 (21), und entsprechend 16,5b, zu den Sängern gerechnet[26]. Die sekundäre Bemerkung | 1Chr 15,24b, in 1Chr 16 ist es ganz entsprechend V. 38[27], macht ihm diesen Rang streitig, Obed-Edom soll nur zu den Torhütern gehören. Ein Glossator versucht, das Durcheinander in 1Chr 16,38 zu klären. Er rechnet im Sinn von V. 5b Obed-Edom zu den Sängern, indem er ihn von Jedutun herleitet: *wᵉᶜobed 'ᵒᵈom bæn jedîtûn*, und erklärt gleichzeitig[28] in V. 42b, daß die *bᵉnê jᵉdûtûn* auch für das Tor (d. h. die Torhüterdienste) Verwendung finden – dies ist nach der Glosse in V. 38 nicht nur eine Eigenart der Kultordnung in Gibeon, sondern gilt auch bei der Lade ganz entsprechend. Dieses Hin und Her in der Zuordnung des Korchiten Obed-Edom zeigt deutlich, wie strittig die Grenze zwischen Torhütern und Sängern im einzelnen sein konnte[29]. Es zeigt

---

sollt ihr meine Sänger sein' ergäbe sich von selbst) wäre eine plausible Deutung (Ätiologie!) – wenn *jdh* nicht nur im Hifil aufträte. Wäre es möglich, als Ausgangsform das Hifil *\*hawdītūnî* anzusetzen und anzunehmen, es wäre als »der Jeditunit« spielerisch uminterpretiert und hätte so den Namen des heros eponymus Jeditun ergeben??

[24] Es ist nur schwer möglich, den Namen von einem ursprünglichen musikalischen Terminus (Ps 39,1; 77,1) abzuleiten, wenn man nicht annehmen will, die musikalische Weise *('ă)l jᵉdītûn* wäre ein Spezifikum dieser Gruppe, was sich durch den Asafpsalm 77 verbietet. Viel leichter wäre es, umgekehrt die musikalische Weise *('ă)l jᵉdītûn* von den Jedutuniten abzuleiten, die diese Weise aufgebracht hätten. Dem steht eine Verwendung durch eine andere Gruppe nicht im Wege.

[25] 1Chr 26,4.8.15.

[26] *hăššoᶜᵃrîm* 1Chr 15,18 ist Glosse auf Grund der sekundären Bemerkung 1Chr 15,24b, wie *J. W. Rothstein* (aaO z. St.) erkannt hat.

[27] Zur Glosse *wᶜbd 'dm bn jdjtwn* vgl. *J. W. Rothstein*, aaO z. St.

[28] Vgl. die Erwägung *J. W. Rothstein* (a Anm. 11 aO z. St.), daß V. 42b von derselben Hand, die die Randbemerkung in V. 38 eintrug, stamme.

[29] Dazu wird wohl auch ein Vergleich von 1Chr 9,16 mit 1Chr 15,23 führen. In 1Chr 9,16 wird unter die Sänger (nach einem Jedutuniten!) ein Berechja, der Sohn Asas, des Sohnes Elkanas, gezählt. Wenn in 1Chr 15,23 als Torhüter der Lade Berechja und Elkana genannt werden, so wird man diese Namen schwerlich von der Tradition 1Chr 9,16 trennen können. Wir befinden uns auch hier wieder auf der Grenze zwischen Torhütern und Sängern.

sich aber auch an dieser späten Glossierung, wie sich mit der Gruppe Jedutun nicht nur anfänglich, sondern noch in später Zeit, der Charakter einer Inferiorität verbindet. Als im Stadium III B die historisch begründete Vorrangstellung der Asafiten aufgelöst wurde und mit Hilfe der Anwendung der levitischen Dreiergenealogie Kehat, Gerschom, Merari eine neue Zuordnung der drei Sängergruppen durchgeführt wurde, lag es nahe, den Namen Jedutun aufzugeben. Eine Ableitung von Merari garantierte die genealogische Würde dieser Gruppe, die, wenn auch Heman untergeordnet, mit Asaf fast gleichgestellt wurde[30]. Der eigentlich nur negativ bestimmte Begriff Jedutun ( = Sänger, die nicht zu den würdigen Gruppen Asaf und Heman gehörten) sollte einem genealogisch fest umrissenen Platz machen. In Analogie zu Heman bot sich der Name Etan geradezu an.

Damit kommen wir zum Problem der Entstehung der Hemangruppe. Bei der Hemangruppe kann es sich nicht um eine Abspaltung aus der Asafgruppe handeln. Dies würde eine Degradierung bedeutet haben, was der aufsteigenden Tendenz der Hemaniten, | die ja die Asafiten bald aus ihrer Vorrangstellung verdrängen, widerspricht. Daß es sich bei den Hemaniten um eine aufsteigende Sondergruppe der Jedutuniten handelt, wäre andrerseits erwägenswert, da der genealogisch unbestimmte und überhaupt wenig fest umrissene Charakter der Jedutuniten die Voraussetzung dazu böte. Daneben könnte es sich um eine neue (und unabhängig von den Jedutuniten aufkommende) Gruppe handeln. In diesem Falle muß beachtet werden, daß sie von vornherein den Jedutuniten vorgeordnet werden. Zur Erörterung des damit umrissenen Problems müssen wir uns der bisher noch übergangenen Stelle 2Chr 20,1–30 zuwenden.

Diese Erzählung behandelt einen uns außerhalb des chronistischen Werkes unbekannten Krieg der vereinigten Moabiter, Ammoniter und Maoniter gegen Josafat[31]. Wegen der Kriegsgefahr veranstaltete Josafat einen Fastengottesdienst im Tempel. Als Antwort auf sein dringendes Gebet verkündete ihm der Asafit Jachaziel[32]

---

[30] Asaf zur Rechten, Etan zu Linken Hemans, 1Chr 6,24.29.

[31] Auf die Frage, ob die Beteiligung der Moabiter und der Ammoniter ein überlieferungsgeschichtlich später Zug der Erzählung ist (vgl. *M. Noth* in ZDPV 67, 1944, S. 57, anders *W. Rudolph*, aaO S. 259), brauchen wir in unserem Zusammenhang nicht näher einzugehen. Auch das Problem, ob auf mündliche oder schriftliche Traditionen die genauen Ortsangaben in dieser Erzählung zurückzuführen sind, kann unerörtert bleiben.

[32] Die Genealogie des Jachaziel reicht bis ins fünfte Glied zu einem Mattanja. Zur genealogischen Tradition unter den Asafiten vgl. *J. Köberle*, a Anm. 7 aO S. 126 ff, besonders die Übersicht S. 134. Auffällig ist, wie die Künstlichkeit des Schemas sich selbst erweist: Mit dem Zeitraum von fünf Generationen muß man in unmittelbare Nähe des davidischen Zeitalters kommen (entspricht Josafat, Asa,

das göttliche Heilsorakel, worauf Josafat und die gesamte Fasten-
gemeinde im Dankgebet die Proskynese verrichteten. »Dann erhoben
sich die Leviten, die zu den Kehatiten und zwar zu den Korchiten
gehörten[33], um Jahwe, den Gott Israels, | mit lauter Stimme hoch zu
preisen« (V. 19). Daß neben einer Asaf- und einer Korachgruppe in
diesem Bericht noch eine oder mehrere weitere Gruppen vorausgesetzt werden, ist nicht gut möglich. Denn offensichtlich kommt es
dem Verfasser dieses Textes sehr auf die Tätigkeit der Sänger an, ja
der Text scheint mit diesem »historischen« Beispiel grundsätzlich die
Bedeutung der Sänger hervorkehren zu wollen. Das zeigt besonders
der Bericht der »Schlacht«, V. 20–28; denn dessen Skopus kann nicht
nur allgemein als Aktivität Gottes – Passivität Israels im Heiligen
Krieg gekennzeichnet werden, sondern genauer als Wirkung des
heiligen Gesanges: Vor dem Heer stehen die Sänger im Kultschmuck
auf Grund einer speziellen Abmachung Josafats (V. 21), und in demselben Augenblick, in dem der Gesang anhebt, ereignet sich das
Wunder (V. 22). Ausdrücklich vermerkt der Bericht, daß man mit
den Musikinstrumenten wieder in den Tempel zurückkehrt (V. 28)[34].
Geht es in 2Chr 20 speziell um das Sängeramt, so muß man erwarten,

---

Abia, Rehabeam, Salomo; nach 2Chr 9,30; 12,13; 13,2; 16,12; 20,31 124 Jahre),
d. h. zu Asaf selbst. Trotzdem wird die genealogische Herleitung des Mattanja
von Asaf vermieden.

[33] Die Bezeichnung der Leviten als *mn bnj hqhtjm wmn bnj hqrhjm* bereitet
erhebliche Schwierigkeiten. Handelt es sich um zwei nebeneinanderstehende
Sängergruppen, wie es das einfache Verständnis des hebräischen Textes zunächst nur möglich erscheinen läßt (so z. B. *H. Gunkel-J. Begrich*, Einleitung
in die Psalmen, HK, Ergänzungsbd. zu 2,2, 1933, S. 442, *A. van den Born*, a Anm. 3 aO
z. St,; in älteren Kommentaren, z. B. *J. Benzinger*, Die Bücher der Chronik, KHC
20, 1901, und *R. Kittel*, Die Bücher der Chronik, HK 1, 6,1, 1902, z. St., wird das
damit gegebene Problem noch nicht gesehen), oder kann das waw explikativ
verstanden werden (so *W. Rudolph*, aaO z. St. und *K. Galling*, aaO z. St.)? Daß es
sich bei Kehat und Korach je um vergleichbare Größen gehandelt haben könne,
ist ganz unwahrscheinlich. Auch die alte Levitentradition Num 26, 58a (vgl. dazu
*K. Möhlenbrink* in ZAW 52, N.F. 11, 1934, S. 192–197) dürfte wegen des Fehlens
der Kehatiten nicht ohne weiteres herangezogen werden. Andrerseits ist der ex-
plikative Gebrauch von waw umstritten (vgl. GB s. v. Abt. 1d; zu den um-
strittenen Stellen kann noch Am 4,10 gestellt werden, Sach 9,9 kann wegen
des dort vorliegenden Parallelismus membrorum mit unserer Stelle nicht verglichen werden. Pred 8,2 ist mit exegetischen Schwierigkeiten belastet). Aber
ein treffendes Beispiel ist Dan 1,3! Die Tilgung des waw in verschiedenen Handschriften und Ausgaben dürfte als Erleichterung zu beurteilen sein. Wegen der
Parallele Dan 1,3 kann man die obige Übersetzung für richtig halten. Die bei
Dan 1,3 übliche Auskunft, doppeltes waw hieße 'sowohl ... als auch ...' (z. B.
*K. Marti*, Das Buch Daniel, KHC 18, 1901, z. St.) ist nur eine scheinbare Erklärung.

[34] Man beachte auch den Gebrauch von *śimḥā* und von *śmḥ* piel in V. 27 und
vgl. Esr 6,22; Neh 12,43.

daß auf die Einteilung der Sänger Gewicht gelegt, d.h. die erwähnte Gruppierung Asaf-Korach nicht eine zufällige ist, sondern der allgemeinen Einteilung der Sänger entspricht. Die Einteilung Asaf-Korach ist zudem nicht nur in 2Chr 20 belegt, sondern begegnet uns auch im Psalter[35].

In welcher Zeit haben wir diese Einteilung anzusetzen? 2Chr | 20,19 setzt voraus, daß die Sänger zu den Leviten gerechnet werden. Man kann also diese Einteilung auf keinen Fall lange vor dem Stadium II ansetzen, eher danach. Der terminus ante quem scheint das Stadium III A zu sein, das ja drei Gruppen voraussetzt. Doch wie ist die Bezeichnung *min bᵉnê hăqqârhîm* zu erklären? Offensichtlich ist dies eine rein genealogische Bestimmung, kein Name einer Sängergruppe; die Sängergruppe besteht aus Kehatiten, genauer aus Korchiten. Die mit Ausnahme von Num 26,58a im AT vertretene Herleitung des Korach von Kehat ist also vorausgesetzt. Korchiten sind, das ist der Formulierung 2Chr 20,19 zu entnehmen, auch außerhalb des Sängeramtes tätig (vgl. die Torhüter 1Chr 26,1ff; 9,19; das levitische Amt der Überwachung der Tempelbäckerei 1Chr 9,31). Sind die korchitischen Sänger von 2Chr 20,19 nun mit der Gruppe Jedutun identisch? Da die Gruppe Jedutun sich von Stadium II an durchhält, nur in III B mit anderem Namen erscheint, müssen wir voraussetzen, daß in 2Chr 20,19 die Jedutungruppe (mit-)gemeint ist. Daß man Korchiten zur Jedutungruppe zählt, haben wir ja im Falle Obed-Edom feststellen können. Sollten die Korchiten das Hauptkontingent dieser Gruppe gestellt haben, oder sollte sogar diese Gruppe ausschließlich aus Korchiten bestanden haben? 2Chr 20,19 legt diesen Schluß nahe. Aber warum taucht nicht der gewöhnliche Name Jedutun in 2Chr 20 auf? Sollte hier ein größerer Kreis als die Jedutungruppe den Asafiten gegenüberstehen?

Diese Fragen werden wir nicht beantworten können, wenn wir nicht die priesterschriftliche Tradition vom Aufstand Korachs und seiner Rotte Num 16 heranziehen. Aus dieser Tradition müssen wir auf heftige nachexilische Rangstreitigkeiten schließen. Daß ferner der Korach von Num 16 mit dem Stammvater der nachexilischen korchitischen Levitenfamilien, die uns in 1Chr 9,19.31; 26,1ff; 1Chr 20,19 begegnen, identisch ist, kann auf Grund von Num

---

[35] *lᵉ'asap*: 50 (als Abschluß der Korachsammlung 42–49) und die Sammlung 73–83, *libnê qoráh*: die Sammlung 42–49 und im Anhang an den elohistischen Psalter 84.85.87.88 I. Eine Zweitüberschrift (beginnend mit *lămnăṣṣeᵃḫ*) führt 88 auf Heman zurück; 89 wird Etan zugewiesen. Es ist deutlich, daß es sich bei den »Verfasserangaben« in 88 II und 89 um ein späteres Stadium handelt, das nur nach Abschluß der Zusammenstellung 42–83 (elohistische Redaktion!) und nach dem Anwachsen des Anhangs 84–87 seine Spuren hinterlassen konnte.

16,1a β 8ff als gesichert gelten[36]. Nach der Darstellung in Num 16,8–11 versuchen die levitischen Korchiten, die Priesterwürde zu erringen. Es handelt sich also um den Übergang von den levitischen Priesterhelfern zu den Priestern, der durch Jahwes | Strafgericht abgewiesen wird. Daß nun dieser Ausschluß der Korchiten vom Priesterdienst eine *Degradierung der korchitischen Sänger* widerspiegelt[37], ist freilich eine kühne Annahme. Aber es geht uns ja um die entgegengesetzte Frage, wie dem Sängeramt Korchiten in größerer Zahl zugeströmt sind. Da das vornehme[38] Levitengeschlecht Korach vom Priesterdienst ausgeschlossen war, konnten ihm nur levitische Ämter offenstehen. Unter den levitischen Ämtern war das Sängeramt sicherlich sehr begehrt. Ein so ehrgeiziges Geschlecht wie die Korchiten muß auch schon rein zahlenmäßig bedeutend gewesen sein, um seine Ansprüche für den vornehmsten Teil des Geschlechtes erheben zu können. Wir werden daher nicht fehlgehen, wenn wir im Zusammenhang mit den Ereignissen, die sich in Num 16 widerspiegeln und die sich noch im fünften Jahrhundert abgespielt haben werden, da nach 400 die Einarbeitung in Num 16 schwerlich möglich war, mit einer größeren Zahl von Korchiten unter den Sängern rechnen. Ja, es bietet sich die Möglichkeit, auf diese Weise die Entstehung der Hemangruppe zu erklären. Nicht nur, daß 1Chr 6,18ff Heman von Korach, dem Enkel Kehats, hergeleitet wird, auch die Ergänzung der Erstüberschrift von Ps 88 durch eine zweite weist darauf hin, daß die Hemangruppe aus Korchiten bestanden hat. Dazu paßt, daß die Hemangruppe die Asafiten bald in den Hintergrund drängt (III B): der Aufstieg der Korchiten geschieht innerhalb der Sängerschaft, nachdem ihnen die Priesterschaft verschlossen war. Auf einen Zeitpunkt nicht lange, bevor sich die Gruppe Heman als gesonderte Gruppe hat konsolidieren können (III A), muß die Angabe von 2Chr 20,19 datiert werden[39]. Vielleicht ist der Name Jedutun für die

---

[36] Wenn es auch in der primären Schicht des Priesterkodex von Num 16 noch nicht um die Ausweitung des Levitenamtes zum Priesteramt geht, sondern um den Zugang zur Priesterwürde ganz allgemein, so ist doch nicht anzunehmen, daß es sich in der primären Schicht um eine Tradition von einem völlig anderen Korach handelt. Wie dem auch sei, für unsere Frage ist allein die letzte Schicht in Num 16 von Bedeutung.

[37] So z.B. *S. Mowinckel*, Psalmenstudien VI, S. 45 Anm. 1.

[38] Vgl. Ex 6,17.21.

[39] Die von *H. Gunkel-J. Begrich* (a Anm. 33 aO S. 440–442) verfochtene These, das chronistische Werk spiegele die Zustände vor dem Aufkommen der Korchiten als Sänger wider, scheitert einfach daran, daß, nach den Psalmenüberschriften zu urteilen (vgl. oben S. 156 Anm. 35), die Einteilung mit Heman und Etan als Gruppennamen nach dem Auftreten der *bᵉnê qorāḥ* liegt, aber noch im chronistischen Werk (III B) bezeugt ist.

Nichtasafiten hier vermieden, weil durch die aufstrebenden Korchiten Jedutun noch weniger als vorher als eine geschlossene Gruppe erschien. Vielleicht bestand auch schon eine noch nicht anerkannte Sondergruppe der vornehmen Korachsänger. Hier unmittelbar vor dem Stadium III A war daher die allgemein gehaltene Charakterisierung der Nichtasafiten als *mn buj hqhtjm wmn bnj | hqrhjm* durchaus angebracht, mögen sich auch Nichtkorchiten in der alten Jedutungruppe befunden haben. Damit können wir die Tradition von 2Chr 20, 1–30 auch in unmittelbar vorchronistische Zeit datieren. Die levitische Tendenz von 2Chr 20, 1–30 läßt einen Blick in die Welt tun, der der Chronist angehörte. Die Bezeichnung der nichtasafitischen Sänger als von Korach abstammend konnte vom Chronisten als genealogische Bestimmung übernommen werden, traf sie doch für Heman ganz, für Jedutun wenigstens zum Teil (vgl. Obed-Edom) zu.

Es bliebe zum Abschluß nur noch die Frage, wie sich der terminus ante quem der korchitischen Psalmsammlungen bestimmt[40]. Da im Psalter an die Stelle von *libnê qoräh* das *lehêman* tritt (Ps 88), werden wir schon zur Zeit von III A, also der chronistischen Grundschrift, mit abgeschlossenen Sammlungen *libnê qoräh* zu rechnen haben. Ja, die elohistische Redaktion von Ps 42–83, die schon die Existenz von Einzelsammlungen wie Ps 42–50; 51–72, 73–83 und deren Zusammenwachsen voraussetzt, muß noch in die Zeit der Entstehung des chronistischen Werkes fallen, da im Anhang in Ps 84f; 87; 88 I Psalmen *libnê qoräh* auftreten, und erst Ps 88 II und 89 das Stadium III B widerspiegeln. Damit haben wir eine sehr erwünschte Datierungsgrenze für die Entstehungszeit der Psalmen im zweiten und dritten Psalmbuch erhalten.

---

[40] Da niemals alle Korchiten Sänger gewesen sind, kann *qoräh* nicht Name einer Sängergruppe sein; darum kommt dem Ausdruck *libnê qoräh* im Gegensatz *le'asap* ein partitiver Charakter zu.

# DIE ENTSTEHUNG
## DER BÜCHEREINTEILUNG DES PSALTERS

Der Psalter wird herkömmlicherweise in fünf Bücher eingeteilt, die Ps 1–41; 42–72; 73–89; 90–106; 107–150 umfassen. Diese Büchereinteilung wird aber im Text des Psalters nicht als solche kenntlich gemacht[1], sondern sie läßt sich nur erschließen aus Doxologien am Ende von Ps 41 (V. 14); 72 (V. 18f); 89 (V. 53); 106 (V. 48), die angeblich die Abgrenzung zwischen den einzelnen Büchern markieren. Diese Ansicht findet sich im christlichen Raum zuerst in fälschlicherweise zur Psalmeneinleitung Hippolyts gezogenen Fragmenten, die aber auf Eusebius von Cäsarea[2] und Epiphanius von Salamis[3] zurückgehen. Sie läßt sich somit für das 4. Jahrhundert nachweisen. Die Einteilung des Psalters in fünf Bücher wird dabei mit dem Pentateuch verglichen[4]. Ebenso taucht im jüdischen Raum die Tradition von den fünf Psalmbüchern von vornherein zusammen mit dem Hinweis auf die Parallele der fünf Bücher Mose auf. Sie findet sich ohne Angabe einer Autorität in dem späten Midrasch Tehillim zu Ps 1[5]. Hier wird im Rahmen eines längeren Vergleichs zwischen Mose und David (»Du findest, daß alles, was Mose tat, auch David tat . . .«) gesagt: »Mose gab Israel die fünf Bücher der Tora, und David gab Israel die fünf Bücher, die im Psalter (enthalten) sind«[6]. Auffälligerweise werden danach, wie bei Pseudo-Hippolyt, die fünf Abteilungen bestimmt; die Kenntnis der Büchereinteilung kann also nicht einfach vorausgesetzt werden. Noch Hieronymus polemisiert gegen diese Psalterunterteilung, die er als ungerechtfertigte Meinung Einzelner charakterisiert: »Scio quosdam putare Psalterium in quinque libros esse divisum, ut ubicumque apud Septuaginta interpres scriptum est γενοιτο γενοιτο, id est fiat fiat, finis librorum sit, pro quo in hebraeo legitur amen amen. Nos autem Hebraeorum auctoritatem secuti et maxime Apostolorum qui semper in Novo Testamento Psalmorum

---

[1] Von ganz späten Textausgaben ist selbstverständlich abzusehen.

[2] Hippolyts kleinere exegetische und homiletische Schriften, hg. v. H. Achelis, GCS 1,2, Leipzig 1897, S. 131.

[3] AaO S. 143, vgl. Migne PG 10,720B.

[4] ὥστε εἶναι καὶ αὐτὸ (sc. τὸ ψαλτήριον) ἄλλην πεντάτευχον, GCS 1,2, S. 143 Z. 6f.

[5] S. Buber, midraš tehillim, Wilna 1892, Ps 1b, S. 3.

[6] Zu den Varianten, die inhaltlich nichts austragen, vgl. Buber, aaO Anm. 29.

librum nominant, unum volumen adserimus[7].« Den Worten des
Hieronymus läßt sich entnehmen, daß ihm eine Angabe der Bücher
in Psaltertexten unbekannt ist, daß es sich bei der »Büchereinteilung«
lediglich um eine *Interpretation* des »Amen Amen« als Buchschlußmarkierung handelt.

Freilich läßt sich ein Termin, seit wann die betreffenden doxologischen Formeln als Buchschlußmarkierung verstanden sind, nicht
angeben. Das könnte seit Bestehen dieser Formeln im Psalter der Fall
sein, so wie man aus vielen modernen Darstellungen der Einleitung
zum Psalter den Eindruck gewinnt, als hätte man mit Hilfe der
Doxologien eine Einteilung in Bücher in Analogie zum Pentateuch
vorgenommen, womöglich um dadurch dem Psalter kanonisches Ansehen zu verleihen oder sogar eine vollständige Parallelität zum Lese-
zyklus der fünf Bücher Mose zu erreichen[8]. Jedoch stimmen zwei
Beobachtungen skeptisch: Erstens läßt diese Einteilung des Psalters
»Bücher« recht ungleichen Umfangs entstehen: das erste Buch umfaßt 41 Psalmen, das zweite 31, das dritte und vierte je 17, also noch
nicht einmal die Hälfte | des ersten, das fünfte umfaßt 44 Psalmen,
wenn man nicht annimmt, daß nach der Einteilung der Psalter noch
vermehrt worden ist. Auch bei einer Berücksichtigung alter Teil-
sammlungen des Psalters könnte diese Fünfteilung gleichmäßiger
ausfallen. Zweitens weichen die doxologischen Formeln im Wortlaut
so erheblich voneinander ab, daß man sie schwerlich *einer* redaktionellen Hand zuweisen kann. 41,14 und 72,18f sind auf jeden Fall völlig
unabhängig voneinander. 89,53 könnte als Verkürzung, als kürzest-
mögliche doxologische Formel verständlich sein; aber warum wird
diese Kurzform hier benutzt? Lediglich 106,48 ähnelt 41,14, und doch

---

[7] Alia præfatio Z. 2ff, Bilia Sacra iuxta Vulgatam versionem, ed *R. Weber*,
Stuttgart 1969, 1, S. 768.

[8] Über die Versuche, die Bucheinteilung des Psalters mit dem alten dreijährigen
Lektionssystem des Pentateuchs in Verbindung zu bringen, berichtet ausführlich
*A. Arens*, Die Psalmen im Gottesdienst des Alten Bundes, Trier 1961, S. 160ff.
Wie wenig die Perikopenzahl der einzelnen Pentateuchbücher der Zahl der Psalmen in den einzelnen Büchern entspricht, geht zur Genüge aus der Tabelle bei
Arens S. 167 hervor, der selbst eine solche Hypothese aufstellt. Seine Auskunft,
die Verschiedenheiten ließen sich durch zusätzliche Sabbate in Schaltjahren erklären (S. 168f), löst das Prinzip der gegenseitigen Zuordnung von Pentateuch-
parasche und Psalm wieder auf; denn während nach Arens die Psalmen regel-
mäßig weiterlaufen, werden bei Schaltjahren die Paraschen zerdehnt, und wenn
auf diese Weise zum Genesistext Psalmen aus dem 2. Psalmbuch gelesen werden
können usw., bleibt von der Hypothese nicht sehr viel mehr übrig, als daß drei
Mondjahre (mit einem Schaltjahr) ungefähr soviel Sabbate umfassen, wie Psalmen im Psalter stehen. Daß dabei Ps 117 wie Ps 119 als gleiche quantitative
Einheit zu gelten hat, gibt allen solchen Berechnungen einen unwirklichen Charakter.

besteht gerade hier in der ausdrücklichen Aufforderung an das Volk
*wᵉ' amăr kăl haᶜam* und im einfachen Amen[9] ein grundsätzlicher Unterschied zu allen anderen Formeln. Es kann kaum ein Zweifel daran
bestehen, daß diese Verschiedenheiten nur durch einen längeren
Entstehungsprozeß erklärt werden können, der schließlich zu vier
Formeln führte, die dann den Eindruck einer fünffachen Unterteilung
hinterließen. Ein solcher Entstehungsprozeß würde auch die be-
trächtliche quantitative Unterschiedenheit der Psaltertexte verständlich machen. Dieser Prozeß muß mit der Entstehung des Psalters aus
Einzelsammlungen verknüpft sein, da sich die ersten drei doxologischen Formeln am Ende von Einzelsammlungen finden und sich
zunächst auf diese zu beziehen scheinen.

Der Psalter setzt sich aus folgenden Einzelsammlungen zusammen:
A. die Davidsammlung Ps 3–41 (die beiden den Psalter einführenden
  Psalmen 1 und 2 können hier unberücksichtigt bleiben)
B. die Korchitensammlung Ps 42–49 mit dem abschließenden Asaph-
  psalm 50
C. die Davidsammlung Ps 51–71 mit dem abschließenden Salomo-
  psalm 72
D. die Asaphsammlung Ps 73–83[10]
E. der mit Ausnahme von Ps 86 auf Sängergilden zurückgehende An-
  hang zum elohistischen Psalter der Sammlungen B–D Ps 85[10]–89
F. die inhaltlich charakteristische Sammlung Ps 90–104 mit den abschließenden, durch *hăllû jah hodû lᵉJhwh kî ṭôb kî lᵉᶜôlam ḥăsdô* eingeleiteten Psalmen 105–107
G. die kleine Davidsammlung Ps 108–110 mit den nachfolgenden
  durch *hăllû jah* eingeleiteten Psalmen 111–118, die mit Ausnahme
  der beiden akrostichischen Psalmen 111 und 112 das große Hallel
  bilden
Psalm 119 als Größe sui generis
H. die *măᶜălôt*-Psalmen 120–134, abgeschlossen mit den durch *hăllû
  jah* eingeleiteten Psalmen 135 und 136; angefügt ist der eigenartige (z.T. prosaische), aber zu den Wallfahrtspsalmen passende
  Psalm 137
J. die Davidsammlung Ps 138–145 mit dem abschließenden sog.
  kleinen Hallel Ps 146–150.

Bei der Rekonstruktion der Zusammenfügung dieser Einzelsammlungen kann man am besten vom elohistisch redigierten Psalter ausgehen, da diese Redaktion schon das Zusammenwachsen der Einzel-

---

[9] Das zweifache Amen in LXX und S wird als angleichende lectio facilior zu
beurteilen sein.
[10] Zum abschließenden Korchitenpsalm 84 siehe unten S. 162.

sammlungen B, C und D voraussetzt. Im Gegensatz zur üblichen Abgrenzung des elohistischen Psalters scheint mir der Kor- | chitenpsalm 84 noch dazuzugehören. Hier findet sich zwar 2mal *Jhwh* in V. 3 und V. 12 gegenüber *'ælohîm* in V. 8 und V. 10, aber auch sonst im elohistischen Psalter kann gelegentlich der Gottesname auftreten (insgesamt 43mal), und am ehesten ist ein sekundäres Eindringen hier an der Grenze zum nichtelohistischen Psalter möglich. Von solchem Einfluß legt auch das doppelte *Jhwh 'ælohîm* V. 12 Zeugnis ab, während die Form *Jhwh ṣeba'ôt* (V. 2. 4. 13, in V. 9 *Jhwh 'ælohîm ṣeba'ôt*!) auch im elohistischen Psalter üblich ist[11]. Es besteht also kein Grund, die Grenze der Redaktion schon nach Ps 83 zu ziehen, zumal alle Einzelsammlungen des elohistischen Psalters sich durch einen angehängten Psalm anderer »Tradition« auszeichnen: die Korchitensammlung B wird durch den Asaphpsalm 50 abgeschlossen, die Davidsammlung C durch den Salomopsalm 72, die Asaphsammlung D sollte dementsprechend mit einem Korchitenpsalm beendet werden, und dieser ist eben Ps 84.

Es ist nun ganz unwahrscheinlich, daß im elohistischen Psalter einfach die Sammlungen B, C und D aneinandergereiht worden sind, denn die redaktionelle Notiz 72,20 »Zuende sind die Gebete Davids, des Sohnes des Isai« bezieht sich allein auf die Sammlung C und dient wohl zur Abgrenzung angehängter Psalmen, also der Sammlung D, so daß zunächst C und D zusammengestellt worden sind, und dieser Komplex ist dann mit B verbunden. Andernfalls wäre auch die Trennung der in der »Tradition« verwandten Sammlungen der Korchiten- und Asaphpsalmen durch die andersartigen Davidpsalmen schwer zu erklären.

Am Ende der Davidsammlung C, aber vor der redaktionellen Schlußnotiz 72,20, findet sich die umfangreiche Doxologie V. 18f. Daß sie sich allein auf die Sammlung C bezieht, ist schon aus der Stellung *vor* der Redaktionsbemerkung V. 20 zu schließen. Diese Beobachtung wird bestätigt, wenn wir am Ende der ersten Davidsammlung A die andere alte Doxologie 41,14 finden. Die Sammlung A wurde nach der elohistischen Redaktion des Komplexes B–D mit diesem verbunden, wobei offenbleiben muß, inwieweit schon der Anhang E zu B–D gestoßen war. Die beiden ältesten Doxologien beschließen also Davidsammlungen; welchen Sinn haben sie hier? Man könnte annehmen, daß den von David hergeleiteten Psalmen

---

[11] Im elohistischen Psalter wird gebraucht: *Jhwh ṣeba'ôt* 46,8.12; 48,9; 69,7; *Jhwh 'ælohîm ṣeba'ôt* 59,6; 80,5.20, *'ælohîm ṣeba'ôt* allein 80,8.15, wobei aber die Parallelität zu 80,4.20 zu beachten ist.

im Gegensatz zu denen der Sängergilden eine besondere Würde zu-
kam, der auf diese Weise Ausdruck verliehen wurde. Aber abgesehen
davon, daß es durchaus nicht erwiesen ist, ob die »nichtdavidischen«
Psalmen je als zweitrangig betrachtet wurden (dem widerspricht
1Chr 16,7ff, wo David im Urgottesdienst vor der Lade auf dem
Zion gerade solche Psalmen verwenden läßt), ist es nicht ganz verständlich, wieso die doxologische Formel den vorhergehenden Psalmen eine besondere Würde verleiht. Wie das doppelte Amen zeigt,
erfolgt durch die von dem Vorbeter gesprochene liturgische Doxologie lediglich die anerkennende Antwort der *Gemeinde* (vgl. besonders Ps 106,48b = 1Chr 16,36b). In diesem Zusammenhang ist auf die
Ausführungen Westermanns zum Verhältnis von Gattung und
»Traditionsangabe« hinzuweisen[12]. Danach sind Davidpsalmen fast
ausschließlich Psalmen des Einzelnen, in der weit überwiegenden
Mehrzahl natürlich individuelle Klagelieder, während die Psalmen |
der Sängergilden fast ausschließlich öffentlichen Charakter haben[13].
Daß Sammlungen, die vornehmlich Psalmen des Einzelnen enthalten,
zumeist individuelle Klagelieder, mit einer Doxologie abgeschlossen
werden, die diese Psalmen inhaltlich in einen Lobpreis ausklingen
läßt und ihren privaten Charakter in einen öffentlichen umwandelt,
ist um so besser verständlich, als durch die Aufnahme der individuellen Psalmen in den Psalter diese ja ohnehin einen sekundären
öffentlichen Charakter bekommen, wobei die Klagelieder des Einzelnen zu allgemeinen Bittgebeten der Gemeinde werden.

Der Anhang E, Ps 85–89, stellt keine eigentliche Sammlung dar.
Es handelt sich um Psalmen, die mit Ausnahme des individuellen
Klageliedes Ps 86[14], das auf David zurückgeführt wird, von Sänger-
gruppen tradiert worden sind, aber nicht mehr der elohistischen
Redaktion unterlagen, also einen nachredaktionellen Anhang zu dem
Gesamtkomplex B–D bilden. Es wäre auch möglich, obwohl weniger
wahrscheinlich, daß sich dieser Anhang erst nach dem Vorbau von
A vor B–D gebildet hat, dagegen sprechen jedoch die Herleitung von
Sängergruppen bei Ps 85 und 87–89 und die Benennung von *šîr*
neben *mizmôr* in der redaktionellen Überschrift von Ps 87 und 88,

---

[12] *C. Westermann*, Zur Sammlung des Psalters, Th Viat 8, 1961/62, 1962, S. 278–
284 [ = Forschung am Alten Testament. Gesammelte Studien, ThB 24, 1964, S. 336–
343], vgl. auch *M.J. Buss*, The Psalms of Asaph and Korah, JBL 82, 1963, S. 382–
392.

[13] Durch sekundären Gebrauch können gewisse Verschiebungen eintreten,
z. B. fällt in der Sammlung C neben Ps 60, der aber, wie Ps 108 zeigt, sehr eigen-
artig verwendet wurde, der Komplex Ps 65–68 heraus.

[14] Vgl. *tᵉpillā* V. 1.

was sich häufig in B–D[15], aber nie in A findet[16]. Der Anhang E muß in einem Zeitraum entstanden sein, in dem eine entscheidende Veränderung in der Benennung der Sängergruppen und in ihrem Verhältnis zueinander vor sich gegangen ist. Psalm 88 enthält in V. 1 zwei Überschriften *šîr mizmôr libnê qoraḥ* und *lămnăṣṣeaḥ ᶜăl maḥᵃlăt lᵉᶜănnôt maśkîl lᵉhêman ha'æzraḥî*. Hier ist entweder zu einer alten Überschrift eine neue hinzugefügt worden, die den Psalm nicht mehr von den Korchiten, sondern von Heman herleitet, oder die erste Überschrift ist lediglich die Wiederholung der Überschrift von Ps 87 (nur in umgekehrter Reihenfolge), die unglücklicherweise an das Ende des Psalms gesetzt ist und nun zu Ps 88 gezogen wird – eine Annahme, die angesichts des anerkanntermaßen im Aufbau völlig zerstörten Psalms 87[17] nicht phantastisch ist. Auf jeden Fall tritt in der Redaktion von Ps 88 Heman als heros eponymus einer Sängergruppe auf, und in Ps 89 ist es Etan, der hier zum ersten und einzigen Mal als Repräsentant einer Sängergruppe erscheint, d.h. in Ps 88 und 89 am Ende des Anhangs läßt sich ein bestimmtes Stadium der Geschichte der Sängergruppen am zweiten Tempel greifen, die Zusammensetzung aus Heman, Asaph und Etan mit der deutlichen Vorordnung Hemans, wie sie in den Anhängen zum chronistischen Werk in 1Chr 6, 16ff; 15,16ff zutage tritt und sich somit auf den Anfang des 3. Jahrhunderts v. Chr. datieren läßt.

In meinem Aufsatz »Zur Geschichte der Kultsänger am zweiten Tempel«[18] habe ich die Geschichte der Sängergruppen rekonstruiert und auf die Bedeutung hingewiesen, die diese Rekonstruktion für die Datierung der verschiedenen Stadien der Entstehungsgeschichte des Psalters hat[19]. Danach spiegelt das Nebeneinander von Korchiten[20]

---

[15] Ps 48; 65–68 (oben Anm. 13 als gattungsmäßig herausfallender Komplex gekennzeichnet); 75; 76; 83; vgl. auch Ps 46.

[16] Außerhalb von A–E nur noch in Ps 108, der aber als Zusammensetzung von Ps 57,5–12 und 60,7–14, also aus Psalmtexten der Sammlung C, ohnehin eine Ausnahme darstellt, die sogar dazu führte, den Psalm von Asaph herzuleiten (vgl. MSS nach BHS), was in den Sammlungen F–J singulär ist.

[17] Vgl. die verschiedenen Rekonstruktionen der ursprünglichen Reihenfolge der Psalmteile in BHK z. St., in den Kommentaren, z.B. von *Gunkel* (V. 2.1b.5b.7.3. 6.4 mit Umstellung. 5a) oder *Kraus* (V. 2.1b.5b.7.3.6a.4b.6b.4a.5a), in BHS (Bardtke) (V. 1.5b.2.3.6.4.5.7).

[18] In: Abraham unser Vater, Festschr. O. Michel, Leiden-Köln 1963, S. 222–234 [ = o. S. 147ff].

[19] AaO S. 231 und 234 [ = o. S. 155 und S. 158].

[20] In der Zurückführung von Psalmen auf die Korchiten *(libnê* [!] *qoraḥ)* und nicht auf Korach drückt sich der komplexe Charakter der Korachgruppe aus: sie umfaßte nicht nur Sänger, sondern auch Torhüter und andere levitische Ämter und hatte ja schon im 5. Jahrhundert versucht, die Priesterwürde zu erlangen; vgl. *Gese*, aaO S. 232f und S. 234 Anm. 1 [ = o. S. 156f und S. 158 Anm. 40].

und Asaph ein Stadium wider, das wir in 2Chr 20 fassen können und ungefähr in die Mitte des 4. Jahrhunderts datieren müssen. Die Gruppe Jedutun wird hier nicht erwähnt – im Psalter erscheint sie ja nur noch im Rahmen der »Melo- | die«-Bezeichnungen Ps 39,1; 62,1; 77,1 –, da diese seit Mitte des 5. Jahrhunderts neben den schon vorexilischen Asaphsängern auftretende Gruppe um weitere aufwärts strebende Sänger vermehrt ist, die später Ende des 4. Jahrhunderts als Hemangruppe erscheinen und bald, zu Beginn des 3. Jahrhunderts, die Führung übernehmen, wobei die ältere Jedutungruppe als Etangruppe umbenannt wird. Die von Korchiten und Asaph »tradierten« Psalmen des elohistischen Psalters gehen also auf die zweite Hälfte des 4. Jahrhunderts zurück, und ebenso muß die elohistische Redaktion noch vor dem Ende des 4. Jahrhunderts erfolgt sein, da weitere Korchitenpsalmen im Anhang E folgen. Nur das Ende des Anhangs E setzt mit der Nennung von Heman und Etan Zustände voraus, die erst zu Beginn des 3. Jahrhunderts erreicht werden.

Es wäre sehr wohl möglich, daß schon vor dem in der Zweitüberschrift zu Ps 88 und der Überschrift zu Ps 89 angedeuteten Umbruch der Verhältnisse unter den Sängergruppen ca. 300 v. Chr. der Vorbau der Sammlung A vollzogen wurde, auf jeden Fall bildete A–E nach 300 den Grundstock des Psalters, der mit Ps 89 seinen vorläufigen Abschluß fand[21]. Dem entspricht die Verwendung der doxologischen Kurzformel 89,53. Hier wird also zu Beginn des 3. Jahrhunderts der gesamte bis dahin gesammelte Psalter mit einer doxologischen Formel abgeschlossen, die aus den beiden früher in anderer Funktion gebrauchten doxologischen Formeln 41,14 und 72,18f gemeinsamen Bestandteilen gebildet war und in dieser Kurzform nicht nur das Ende der Sammlung markierte, sondern damit vielleicht auch den älteren Formeln einen neuen Sinn gab, nämlich eine Teilung des Psalters in Ps 3 (2?)–41; 42–72; 73–89, also in 39 (40?), 31 und 17 Psalmen.

Zu den spätesten Teilen der Chronik gehört 1Chr 16,7–37[22], wo sich in V. 8ff eine Komposition von Psalmen findet, die der an A–E angehängten Sammlung F entstammen. Zeitlich stimmt das gut mit unserer Rekonstruktion des Psalteraufbaus überein, denn die Sammlung F muß als nächste Sammlung im frühen 3. Jahrhundert ange-

---

[21] Die These von *Westermann*, a Anm. 12 aO S. 282 [= S. 340], ist verlockend, daß dem Ende des Psalters mit dem Königspsalm 89 der Vorbau mit dem Königspsalm 2 entsprach, während später der Psalter mit den »Gesetzespsalmen« 1 und 119 gerahmt worden ist.

[22] Vgl. *Gese*, aaO S. 226 [= o. S. 151] nach *W. Rudolph*, Chronikbücher (HAT 1,21) Tübingen 1955, S. 121–123.

hängt worden sein. Diese nachchronistische Liturgie zur Inauguration des Sängerdienstes vor der Lade durch David besteht aus Ps 105,1–15 (1Chr 16,8–22), aus Ps 96 (1Chr 16,23–33), aus dem in Ps 106,1; 107,1; 118,1; 136,1 belegten Kurzhymnus (1Chr 16,34), aus einer abschließenden liturgischen Bitte, die aus Ps 106,47 bekannt ist und dort etwas abrupt diesen Geschichtspsalm als Abschlußstück beendet (1Chr 16,35), und schließlich aus der Doxologie, die in Ps 106,48 und in etwas kürzerer Form in Ps 41,14 belegt ist (1Chr 16,36). Der früheren Annahme, 1Chr 16,34–36 zitiere Ps 106,1.47f und setze damit die am Ende von Ps 106 belegte Doxologie voraus (und damit die Einteilung des Psalters in fünf Bücher), wurde in neuerer Zeit die andere entgegengesetzt, die Doxologie sei von der völlig plausiblen Verwendung in 1Chr 16 aus in Ps 106 eingetragen worden[23] – und man kann dafür besonders auf die von den anderen Doxologien im Psalter abweichende Form *we'amär kål ha'am* (vgl. 1Chr 16,36 *wäjjo'merû kål ha'am*) hinweisen –, oder die Doxologie sei von jeher mit dem Text von Ps 106 liturgisch in Gebrauch gewesen und hätte sich somit unabhängig voneinander in 1Chr 16 und im Psaltertext | niedergeschlagen[24]. Es ist aber nun zu fragen, ob Ps 106 in 1Chr 16,34–36 wirklich zitiert wird. Den verbreiteten Kurzhymnus 1Chr 16,34 kann man nicht als Zitat von Ps 106 erweisen, und die so allgemeine, abschließende liturgische Bitte 1Chr 16,35 findet sich zwar auch am Ende von Ps 106, man könnte aber ihren Ort dort aus ebenderselben liturgischen Praxis erklären, die uns in 1Chr 16 vorgeführt wird. Dem entspricht die Verwendung einer Doxologie am Ende (vgl. Neh 5,13; 8,6). Irgendetwas zur eigentlichen Substanz von Ps 106 Gehöriges wird in 1Chr 16 ja nicht zitiert. Aber wie dem auch sei, die Doxologie in Ps 106 ist sicherlich nicht zum Abschluß einer Psalmsammlung hinzugesetzt – die nächste Teilsammlung wird erst mit Psalm 107 beendet –, sondern ist mit der liturgischen Bitte Ps 106,47 verbunden; sie hat keine redaktionelle Funktion wie Ps 41,14; 72,18; 89,53.

Als die weiteren Sammlungen G, H und J wahrscheinlich noch im Laufe des 3. Jahrhunderts an den bisherigen Psalter angehängt wurden, hat man ebensowenig wie im Fall der Sammlung F die Notwendigkeit verspürt, mit doxologischen Formeln Abschnitte zu markieren. Man hatte dafür ein ganz anderes Mittel, die Verwendung von Halleluja, die sich in den Schlußpsalmen aller Sammlungen von F bis J findet, und die, wie Neh 5,13 und 1Chr 16,36 zeigen, selbst

---

[23] *C. A. Briggs*, The Book of Psalms (JCC 1) Edinburgh 1906, LXXXIII; *W. Rudolph*, aaO S. 128.

[24] *H. Gunkel-J. Begrich*, Einleitung in die Psalmen, Göttingen 1933, S. 439 f.

das Amen der Gemeinde abschließen konnten. So wurde das Amen durch das Halleluja als Schlußmarkierung abgelöst.

Später, als die Psaltersammlung abgeschlossen war und der Psalter kanonisches Ansehen genoß, konnte die Tatsache einer vierfachen Doxologie mit abschließendem Amen nicht verborgen bleiben, und eine Einteilung in fünf »Bücher« in Analogie zum Pentateuch legte sich nahe. Aber das war mehr eine tiefsinnige Parallelisierung von Mose und David, eine Deutung und kein Textbefund, und in der älteren Zeit wurde eine Bucheinteilung in der Textgestaltung des Psalters auch konsequent vermieden. Ein Versuch, inhaltlich die Psalmbücher mit den Mosebüchern in Beziehung zu setzen, war erst in unserer Zeit möglich[25], während das störende Fehlen einer fünften Doxologie am Ende des fünften Buches schon von Epiphanius von Salamis geistreich überbrückt wurde: τοῦ ἑκατοστοῦ πεντηκοστοῦ γὰρ τὸ πλήρωμα ἀντὶ τοῦ »εὐλογητὸς κύριος γένοιτο γένοιτο«, »πᾶσα πνοὴ αἰνεσάτω τὸν κύριον ἀλληλούϊα «[26] – und insofern Ps 150 dem Sinne nach den gesamten Psalter abschließen sollte, hat er ja auch gar nicht unrecht.

---

[25] Arens, a Anm. 8 aO S. 169 ff, der seinerseits *J. Dahse*, Das Rätsel des Psalters gelöst, 1927, als »kann keinerlei wissenschaftlichen Ansprüchen genügen «charakterisiert (S. 163 Anm. 13), versucht, inhaltliche Entsprechungen zwischen den Anfangs und Schlußlektionen in den Pentateuch- und Psalmbüchern herauszustellen und Hinweise auf die Hauptfeste bei dem dreijährigen Lektionszyklus des Psalters zu finden. Das methodische Problem aller solcher Untersuchungen liegt darin, daß mit einem gewissen Recht zum Aufweis der Beziehungen mit dem Spielraum midraschartiger Exegesen gerechnet werden muß, und hier lassen sich die Bezugsmöglichkeiten, die sich auftun, kaum eingrenzen.

[26] GCS 1,2, S. 143 Z. 16f.

# DIE KRISIS
## DER WEISHEIT BEI KOHELETH

Die Analysen und beschreibenden Darstellungen der Weisheit Koheleths lassen sich einteilen in solche, die mehr die negativen, d. h. die pessimistischen und destruktiven Seiten betonen – die Destruktion der bisherigen mehr oder weniger religiös bedeutsamen Lebensanschauungen –, und in solche, die bemüht sind, Koheleth theologisch positiver erscheinen zu lassen, als einen, der wohl kritisch den herkömmlichen Anschauungen gegenübersteht, aber sich nicht selbst in einer Krisis befindet[1]. Es kommt | bei einer Analyse der Weisheit Koheleths eben sehr darauf an, wie die Akzente gesetzt werden, welches Gewicht den einzelnen Lehrelementen gegeben wird.

---

[1] Darstellungen der letzteren Art neigen dazu, diejenigen Stellen in Pred zu betonen, in denen die älteren, »orthodoxen« Weisheitsanschauungen Ausdruck gefunden haben. Dabei beachtet man zwei Dinge zu wenig: erstens, die Möglichkeit einer Glossierung mit »orthodoxer« Tendenz, um die revolutionären Meinungen Koheleths abzuschwächen, zweitens – und das ist das Wichtigere – den sammelnden Charakter der Weisheitsliteratur. In diese Kollektionen können manche Lehrelemente traditioneller Art mit aufgenommen werden, obwohl ihnen innerhalb der Gesamtkonzeption wenig Gewicht zukommt. Es wäre hier zu nennen: vor allem 9,17–20, in zweiter Linie die vom Autor eingefügten Traditionselemente 5,9–11.19; 6,11f (sekundär 6,19); einzelnes in 7,1–8; 7,9.26; 8,2–4. Anders sind die von Koheleth zitierten Weisheitssprüche zu beurteilen, deren zweideutige Formulierung, die bei Weisheitssprüchen ja seit alters beliebt ist, einen von Koheleth beabsichtigten Hintersinn zulassen, z. B. 1,15.18; 4,5.6; 7,13b (≙ 1,15a). Darstellungen der ersteren Art geben bisweilen einzelnen Termini Koheleths zu negativen Sinn, wobei der späte Charakter der Sprache nicht berücksichtigt wird, in der sich mancher spezifische Sinn abgeschliffen hat: *'ml* heißt bei Koheleth nicht mehr »sich (quälend) abmühen«, *'amal* nicht« die Mühsal«, sondern wie im späteren Hebräisch bzw. Aramäisch »arbeiten«, »Fleiß anwenden auf«, »erwerben«, bzw. »Arbeit«, »Erwerb«. Die Bedeutungskomponente »Qual« ist fast ganz verschwunden. *'nh* 1,13; 3,10; 5,19 entspricht dem aramäischen *'n* »sich (eifrig) beschäftigen« (vgl. auch arab. *'nj*), davon das häufige späthebräische *'injan* »Beschäftigung«, »Angelegenheit«. Die Übersetzung »sich plagen«, »Plage« ist ganz verfehlt. *hæbæl* ist bei Koheleth zunächst »Nichtigkeit« im Sinne von »Vergänglichkeit«, dann auch »Unwesentlichkeit«, »Nutzlosigkeit«, »Sinnlosigkeit«. Wohl ist der Begriff der Selbsttäuschung darin enthalten, doch nicht der aktive Begriff der Lüge, Unwahrhaftigkeit, der in *vanitas* mit zum Ausdruck kommt. *rā'* ist bei Koheleth bisweilen zu »schlimm«, »widrig«, »widerwärtig«, »schwer«, »peinvoll« abgeschwächt und hat dann nicht mehr die Bedeutung des aktiv fortwirkenden Bösen, Unheilvollen.

Es kann nun die Interpretation sehr erleichtern, wenn einzelne
Parallelen aus der altorientalischen Weisheitsliteratur, die ja bei ihrem
fast international zu nennenden Charakter stark auf die israelitische
Literatur hat einwirken können, zum Vergleich herangezogen werden. In gewissem Sinne pessimistische Stimmen waren unter den
Weisen wohl stets zu hören, und es findet sich manches Vergleichbare zu Koheleth[2]. Aber es sollte nie verkannt werden, daß ähnlich
klingende Sätze bei verschiedener Grundkonzeption völlig verschiedene Bedeutung haben können. Die ältere Weisheit war sich stets
dessen bewußt, daß die in der Welt bestehende Ordnung, der sie
nachspürte, menschlicherseits nicht verfügbar war. Gerade aus diesem
Wissen von der Unverfügbarkeit der Ordnung leiten sich ihre Sentenzen von der Zurückhaltung und Bescheidenheit des Weisen her,
die von Anfang an so charakteristisch für die Weisheit sind. So
bleibt die Ordnung für den Weisen letztlich stets auch uneinsichtig[3].
Es können sich daher in der Spruchliteratur Maximen ergeben, die
man als pessimistisch bezeichnen könnte, nämlich dann, wenn die
Regellosigkeit der menschlichen Widerfahrnisse, insbesondere das
Ausbleiben des Heils, an dem der Weise durch sein heilvolles Verhalten ja teilhaben sollte, als bedrückend empfunden wurde. So erschienen etwa in Ägypten nach der ersten Zwischenzeit, in Mesopotamien in der Kassitenzeit in der Weisheitsliteratur dunklere Farben.
Aber man muß doch fragen, ob diese stärkere Betonung der Uneinsichtigkeit in die göttliche Ordnung die Weisheit in ihrer Struktur,
in ihren Grundlagen geändert hat. Handelt es sich nicht nur um eine
Verschiebung in den Nuancen? Um gleich zu einem israelitischen
Beispiel überzugehen: wir hören von den drei Freunden Hiobs,
die doch als hervorragende Vertreter der alten Weisheit Hiob gegen-
übergestellt werden, bisweilen recht pessimistische | Sprüche, und
doch ist Hiob mit seinem »Pessimismus« von diesen »Orthodoxen«
durch eine tiefe Kluft geschieden. Eliphas kann sagen – und er ist zu
diesem Satz durch geheime Offenbarung autorisiert:

---

[2] Hier wären zu nennen die ägyptischen Weisheitstexte des Mittleren Reiches,
in Mesopotamien verschiedene sumerische Sprichwörter, vor allem aber die sog.
pessimistische Weisheit und das akrostichische Streitgespräch (Theodizee) der
Kassitenzeit. Absehen sollte man von dem ägyptischen »Lebensmüden«, in dem
es um den Wert und die Verbindlichkeit des Bestattungsrituals geht, und von
dem sog. pessimistischen Dialog, der wohl zur Gattung der Satire gehört (*Speiser*,
JCS 8, 1954, S. 98–105; *Böhl*, Supplements to Numen 2, S. 47–48; *Lambert*,
Babylonian Wisdom Literature, S. 139–140).

[3] Für Belege vgl. *Gese*, Lehre und Wirklichkeit in der alten Weisheit, S. 17 ff,
38 ff, 68.

> ... und erst (die Menschen,) die Bewohner der Lehmhäuser,
>   die in der Erde ihr Fundament haben[4]:
> man zerschlägt sie als seien sie Motten,
>   vom Morgen bis zum Abend werden sie in Stücke geschlagen,
> unbeachtet gehen sie für immer zugrunde,
>   ihr Zeltstrick wird bald[5] abgerissen,
>   sie sterben dahin ohne Weisheit[6].

Diese Aussage steht nicht in einem Gegensatz zur alten Weisheit: Die hierarchische Gliederung des Kosmos, an dessen unterem Ende die »Lehmhausbewohner« stehen, ist ja Ausdruck der alles durchwaltenden Ordnung. Zu ihrer Erkenntnis führt die Weisheit, die dem Weisen in diesem Fall sogar offenbart wird. Sehr eindrucksvoll bringt der Dichter durch das klimaktische *b^elo' ḥåkmā* die Paradoxie zum Ausdruck[7]. Pessimistisch zu charakterisierende Aussagen – und seien sie noch so scharf – können also durchaus mit der Struktur der oft kurz als optimistisch bezeichneten alten Weisheit vereinbar sein. Bei einer Analyse von Koheleths Weisheit wird es darauf ankommen, die zugrundeliegende Struktur herauszuarbeiten und sie mit der älteren israelitischen Weisheit zu vergleichen, bzw. daraus abzuleiten, und gegebenenfalls den Wandel der Struktur zu beschreiben. Auf diese Weise wird man einer falschen, subjektiven Gewichtsverteilung der einzelnen Lehrelemente entgegenwirken.

Es soll hier die These aufgestellt werden, daß die Weisheit Koheleths gegenüber der älteren Weisheit Israels einen Strukturwandel erkennen läßt, der als Distanzierung der Person, Distanzierung des Ich von dem Geschehen, mit dem das Ich verknüpft zu sein scheint, der als Absonderung und Herauslösung des betrachtenden Subjekts beschrieben werden kann. Das Personsein des Menschen ist bei Koheleth nicht nur dadurch | bestimmt, daß sich der Mensch als Einzelner empfindet, sondern daß er sich als ein der Welt Fremder dem Weltgeschehen entgegensetzt. Das soll im Folgenden erläutert werden.

Die in der alten Weisheitskonzeption vorausgesetzte Ordnung besteht darin, daß der Mensch mit all seinem Tun und Lassen in einen bestimmten heilvollen oder unheilvollen Bereich tritt, in *ṣædæq* oder *ræšåʿ* sich befindet, in dem er daher Heil oder Unheil erfährt; denn in seinem Tun gewinnt er Anteil am Heil oder am Unheil. Die *raʿā* tut *und* erfährt er, es ist das Böse und das Unheil

---

[4] Im Gegensatz zu den Himmlischen, die wegen ihrer Fehler von Gott gezichen werden.

[5] l *båjjôm*, vgl. *Horst*, Hiob, BK XVI/1, z. St.

[6] Hi 4,19–21, vgl. 15,7ff. Für Bildad vgl. c. 25, für Zophar 11,5ff.

[7] Der Hintersinn ist: Der Weise, obwohl er einst wie eine Motte zerschlagen werden wird, weiß eben doch, daß er nach der alles durchwaltenden Ordnung stirbt, wenn ihm diese auch uneinsichtig ist.

zugleich. Zwischen Tun und Ergehen besteht ein so inniger Zusammenhang, daß nur äußerlich zwischen beiden getrennt werden kann. Es gibt nicht eine Ursache und daneben eine Wirkung, diese sind vielmehr nur zwei Aspekte *einer* Sache[8]. Diese Anschauung vom Tun-Ergehen-Zusammenhang setzt voraus die Identifikation des Menschen mit seinem Tun und seinem Ergehen und somit auch mit seinem Ansehen, das er ja aufgrund von beiden genießt. So hängt die Würde eines Menschen an seinem Ergehen und an seinem Ruf. Er steht im Heil oder er steht im Unheil. Koheleth aber erkennt das Nichtzueigensein von Tun, Ergehen und Ansehen. Es kommt bei ihm zu einer Auflösung jeder Beziehung des Menschen zu seinem Tun und Ergehen.

War in der alten Weisheit der Reichtum, waren die erworbenen Güter Ausdruck für das heilvolle Handeln eines Menschen, so betont Koheleth, daß die mühsam erworbenen Güter nach dem Tod des Besitzers einem Menschen in die Hände fallen, der sie nicht verdient hat, von dem man nicht weiß, ob er Weiser oder Tor ist (2,18f). Die durch Weisheit erworbenen Güter bleiben dem Weisen nicht (2,20–23). Aber nicht nur der Tod setzt die Grenze des Besitzens, im Leben kann durch einen Unglücksfall der aufgesparte Reichtum ungenützt verloren gehen (5,12–16) oder, noch schlimmer, der Reiche muß mitansehen, wie ein Fremder seinen Reichtum verzehrt (6,1–6)[9]. | Der Ertrag der menschlichen Arbeit ist also nicht wirkliches Eigentum des Menschen, hier entsprechen sich nicht Mühe und Nutznießung. Für Koheleth gilt aber auch, daß das Ergehen des Menschen ganz allgemein nicht seinem Lebenswandel entspricht und damit ohne Beziehung zu ihm steht: Die Gerechten trifft das, was die Frevler

---

[8] Vgl. dazu *Pedersen*, Israel, I/II, S. 336 ff; *Fahlgren*, sedaqa nahestehende und entgegengesetzte Begriffe im Alten Testament, passim; *Koch*, ZThK 52, 1955, S. 1 ff; *Gese*, aaO S. 42 ff.

[9] 5,9–6,9 stellt eine größere Komposition über Besitz und Streben nach Besitz, Besitzgier *(næpæš)* dar. Nach einer einleitenden Aufzählung von drei traditionellen Maximen über den Besitz wird Fall I in 5,12–16 und Fall II in 6, 1–6 behandelt. Dazwischen ist die Darstellung der Lehre von der Heilspräsenz (s. S. 151) eingeschoben, deren erster Teil 5,17 dem Fall I, deren zweiter Teil 5, 18f dem Fall II entspricht. In 6,7–9 wird die Summe gezogen: Der Mensch soll ohne Gier nach Besitz *(næpæš)* leben. Dabei wird 6,8b als Umschreibung für den *ḥakam* zu gelten haben (das *mäh* in V. 8b ist Wiederaufnahme des *mäh* in V. 8a). Die bei Koheleth in Fragen wie 6,8a erwartete negative Antwort ermöglicht folgende Übersetzung: »Denn was für einen Vorteil hat ein Weiser vor einem Toren, den nicht ein Armer hat, der im Leben (richtig) zu wandeln weiß? »Der Hinweis auf *næpæš* = »Gier«, »Begierde« in 6,7.9 läßt es m. E. unmöglich zu, unter *næpæš* in 6,2 die Kehle zu verstehen (Beschreibung eines Halskranken, vgl. *Galling*, Prediger Salomo [HAT, I, 18] z. St. [jetzt 2. Aufl. u. d. T. Der Prediger]). Man achte besonders auf die Formulierung 6,3 und vgl. 5,9.

treffen sollte – und umgekehrt – (8,14), und diese Unausgeglichenheit herrscht nicht nur zeitweise, sondern überdauert auch den Tod derer, die darunter leiden oder davon ungerechterweise profitieren (8,10). Ja, diese Verzögerung der Retribution bringt es mit sich, daß böses Handeln sich unter den Menschen ausbreitet (8,11f).

Was dem Menschen widerfährt, entspricht also nicht seinem Wesen, ist nicht Ausfluß seiner selbst. Am stärksten drückt sich das für Koheleth im Tod des Menschen aus; denn der Tod ist für alle derselbe, »für den Gerechten und den Ungerechten, für den Reinen und den Unreinen, für den, der opfert, und für den, der nicht opfert...« (9,2). »Das ist das Schlimmste[10] von allem, was unter der Sonne geschieht, daß *ein* Geschick alle trifft« (9,3, vgl. 2,14). Das Wort *miqræ*, das Koheleth stets dafür benutzt, das Todesgeschick auszudrücken[11], bedeutet im älteren Hebräisch gerade nicht das, was einem aufgrund seines Verhaltens und Handelns widerfährt, sondern das, was damit in keiner Beziehung steht oder doch zu stehen scheint. Die philistäischen Priester schließen: zieht die Lade Jahwes auf dem Wagen nicht in das israelitische Gebiet zurück, dann ist es nicht Jahwes Hand gewesen, die die Philister getroffen hat, d.h. dann steht die Pest in keinem Zusammenhang mit dem Raub der Lade Jahwes, dann war es *miqræ* (1Sam 6,9)[12]. Man kann hier mit der Übersetzung »Zufall« diese Beziehungslosigkeit in etwa wiederge- | ben. Und dies den Menschen ohne Beziehung zu seinem Verhalten Treffende ist für Koheleth speziell der Tod, dem der Weise ebensowenig wie der Tor entrinnt (2,15). Es ist zu erwarten, daß das Todesproblem in der späten Weisheit Koheleths stärker in den Vordergrund rückt als in der älteren Weisheit. Aber wichtiger ist, daß das Problem nicht so sehr darin empfunden wird, daß die individuelle Existenz aufhört, als in der Beziehungslosigkeit, die zum jeweiligen Leben besteht.

Zum Wesen der Person gehört in der alten Weisheit die Würde, die sich in der Hochschätzung zeigt, die der Mensch in seinem Kreise genießt. In diesem Ansehen kommt das heilvolle Dasein am sinnfälligsten zum Ausdruck; ich möchte hier an die großartige Darstellung des rechtschaffenen Weisen in Hi 29 erinnern[13]. Die Verachtung und der Spott, die gehässige Fama und der geheime Fluch sind daher

---

[10] l *hara'*.

[11] 2,14f; 3,19; 9,2f.

[12] Vgl. Ruth 2,3; 1Sam 20,26. Natürlich schließt das Verbum mit seiner Bedeutung »begegnen«, »einem widerfahren« eine Beziehung der Widerfahrnis zum Verhalten des Menschen nicht grundsätzlich aus, aber im Vordergrund der Bedeutung steht das dem Menschen zunächst nicht weiter erklärliche, weil nicht beabsichtigte »zufällige« Treffen auf etwas.

[13] Bezeichnend ist die Formulierung 29,14. Zur Beliebtheit des Weisen in der ägyptischen Weisheitsliteratur vgl. *Gese*, a Anm. 3 aO S. 15.22.25.36.

gefährliche Angriffe gegen die Person, sie sind Anzeichen dafür, daß der Angegriffene nicht mehr im Heil steht. Für Koheleth muß die Fama unwichtig werden, da auch sie nicht mehr mit dem Wesen des Einzelnen in Beziehung steht. Er gibt den Rat: »Achte nicht auf alles, was sie reden, daß dir nicht zu Ohren kommt, wie dein Knecht dir flucht« (7,21), und er weist darauf hin, wie oft man selbst an dem schlechten Gerede über andere beteiligt ist (7,22). Für Koheleth ist es selbstverständlich, daß der ärmliche und bedürftige weise Mann, der durch seine Einsicht eine ganze Stadt retten könnte, doch nur verachtet wird (9,13–16).

Die Trennung des Menschen von all dem, das ihm nach der alten Weisheit zu eigen ist, geht bei Koheleth aber noch weiter. Der direkte Ausdruck des Personseins, der unmittelbare Ausfluß der Person, bei Koheleth formuliert durch den Merismus Lieben, Mögen und Nicht-Lieben, Nicht-Mögen (Hassen), ist dem Verstehen des Menschen entzogen (9,1). Auch das ureigenste Gefühl ist dem Menschen nicht zu eigen. Es ergeben sich daraus zwei Konsequenzen für Koheleth: Das eine ist die Lehre von der Prädestination des Menschen (6,10). Sie entwickelt sich bei Koheleth offenbar nicht aus einer Reflexion über die Ordnung der Welt, sondern aus der Erkenntnis der Fremdheit des Ich all dem gegenüber, was an und um es geschieht. Sie ist der tiefste Ausdruck für diese Fremdheit. Das andere ist die Auflösung des alten *ṣᵉdaqā*-Begriffes. Es gibt für den Menschen gar- | nicht die Möglichkeit, in der *ṣᵉdaqā* -Sphäre zu stehen, ein *ṣăddîq* ein Gerechter zu sein, stets wird er auch am Unrecht beteiligt sein (7,20). In der alten Weisheit war die strenge Scheidung der beiden Bereiche *ṣædæq* und *ræšăᶜ* nicht Schwarz-Weiß-Malerei, sondern die Grundlage einer echten Entscheidungs- und Existenzmöglichkeit. Für Koheleth ist dieses Denken in Bereichen, Sphären, wegen der Beziehungslosigkeit des Menschen unmöglich.

Die Anschauung vom Tun-Ergehen-Zusammenhang bekommt Koheleth garnicht erst in den Blick. Möchte er eine Entsprechung von Tun und Ergehen zum Ausdruck bringen, so setzt er an die Stelle der automatischen Tat-Folge-Relation den Akt der richterlichen Vergeltung Gottes (3,17; 8,12f; 11,9) und redet von dem Spruch (das persisch-aramäische *pitgam*), der über das böse Tun gefällt wird (8,11)[14]. Diese Vergeltungslehre ist aber nun nicht ein bloßer Er-

---

[14] Zumindest 3,17 und 8,11 scheinen mir keine Glossen zu sein. In 8,12f könnte sich *ṭôb* auf einen äußerlich nicht konstatierbaren subjektiven Zustand beziehen, der durch das *jare'* bedingt wird, das so auffallend wiederholt wird. Vielleicht ist *jăᵃʳîk jāmîm kăṣṣel*, ein geistreiches Bild für den Gottlosen, der der Finsternis entgegengeht, unter Bezug auf V. 12 später eingesetzt (Syntax!). Eine

satz der Anschauung vom Tun-Ergehen-Zusammenhang, so daß sich ein neuer Bezug von Tun und Ergehen ergäbe; denn diese Vergeltung ist nicht primär auf den Menschen ausgerichtet, sondern eine Regelung des Weltgeschehens und an das Heraufführen eines bestimmten Kairos gebunden (3, 17). Sie tritt daher nicht sofort ein, ja manchmal erst nach dem Tode der Täter, die sie dann nicht mehr erreicht (8, 11 im Zusammenhang mit 8, 10). Die in der Welt sichtbaren Folgen einer solchen Vergeltung sind also für den Menschen unwesentlich. Ein neuer Bezug von Mensch und Weltgeschehen ergibt sich nicht.

Nun könnte es naheliegen, daß Koheleth einen solchen Bezug durch einen Ausgleich im transzendenten Bereich, nach dem Tode des Menschen, ersetzt. Die Tendenz, durch die Annahme etwa eines nachtodlichen Gerichts die im Leben nicht aufweisbare Ordnung wiederzufinden, ist ja in der späten Entwicklung der Weisheitsliteratur durchaus zu beobachten. Und doch bedeutet diese Annahme eine erhebliche Umwandlung der alten Ordnungskonzeption. Die Anschauung vom Tun-Ergehen- | Zusammenhang in der alten Weisheit steht in einem krassen Widerspruch zu einer solchen Vergeltungslehre. So kommt es, daß der Gedanke des Totengerichts in den ägyptischen Weisheitstexten des Alten Reiches nur andeutungsweise vorhanden ist und erst in der Instruktion für Merikare auftaucht. Hier aber und in der Instruktion des Amenemope handelt es sich nur um eine zusätzliche Aufnahme der Vorstellung, die ganz am Rande bleibt und in die Anschauung vom Tun-Ergehen-Zusammenhang nicht eingreift[15]. Aus Pred 3, 19–21, können wir schließen, daß es zu Koheleths Zeit die Vorstellung gegeben hat, der menschliche Geist steige nach dem Tode in die Sphäre Gottes auf und habe eben auf diese Weise teil an der während seiner irdischen Existenz verborgenen, ohne menschlicherseits sichtbare Auswirkungen gebliebenen Ordnung. Derartige Vorstellungen[16], wenn sie auch mit der alten Weisheit schwer vereinbar sind, mußten um so bedeutsamer werden, je mehr die Weisheit dualistische Strukturen annahm. Koheleth schlägt diesen Weg nicht ein. Er wendet sich gegen solche Vorstel-

---

sekundäre Einfügung von *welo'* vor diesem Ausdruck ist verständlich. Die Aufnahme des Vergeltungsdogmas als grundsätzliche Lebensregel unabhängig von dem, was sich später auch immer ereignet, ist Koheleth durchaus zuzutrauen (11,9).

[15] G. *Fecht*, Der Habgierige und die Maat in der Lehre des Ptahhotep (5. und 19. Maxime), zeigt neuerdings, daß sich schon bei Ptahhotep der Gedanke an das Totengericht in Andeutungen einschiebt (Z. 90–93), die dann von Merikare exegesiert werden (Z. 312–315).

[16] Vgl. Ps 49; 73; Dan 12, besonders V. 3.

lungen (3,19–21)[17], er betont die Endgültigkeit des Todes und die
Beziehungslosigkeit des Toten zu seinem irdischen Leben (9,4–6)[18].
Es bietet sich Koheleth hier kein Ausweg, die Fremdheit des Men-
schen in der Welt zu überwinden.

Koheleths Widerspruch gegen die alte Weisheit hat sich nun auch
in einigen Lehrsätzen niedergeschlagen, die sich gegen spezielle Anschauungen der alten Weisheit wenden. Besonders in c. 4 finden sich
solche Sätze, denen in 4,17–5,6 Sentenzen folgen, die sich gegen verbreitete Anschauungen auf kultischem Gebiet wenden. 4,1–3 lehrt,
daß die Bedrückung und Vergewaltigung von Menschen Formen
annehmen kann, die das Leben nicht mehr lebenswert erscheinen
lassen. Koheleth preist die | Toten und die Ungeborenen gegenüber
den Gequälten glücklich. Aber gerade das Ins-Leben-gerufen-Sein
war für die Alten Zeugnis des Heilswillens Gottes. Stereotyp erscheint daher der Hinweis auf die Geburt als Vertrauensäußerung in
den Klageliedern des Einzelnen[19] oder im Heilsorakel[20]. Hiobs Verfluchung des Tages seiner Geburt (Hi 3,2ff) zu Beginn seiner Klagen
und die Jeremias (Jer 20,14ff) am Ende seiner Monologe müssen
demgegenüber ebenso ketzerisch gewirkt haben wie Koheleths Preis
der Toten und der Ungeborenen. – 4,4 besagt, daß in jeder Arbeit
(*'amal*) und Leistung *(kišrôn)* die Eifersucht, der Kampf gegen den
Nächsten mit gegeben ist, sei es, daß die geleistete Arbeit Neid
weckt, sei es, daß sie aus Eifersucht und Ehrgeiz gegen den Nächsten gerichtet ist. Ganz im Gegensatz zur alten Weisheit, die im
Gelingen des Werkes heilvolles Wirken sah, sieht Koheleth in jedem
positiven Werk die Negation des Nächsten. – 4,7–12 legt Koheleth
dar, daß der Erfolg einer Arbeit von der Subjektzahl abhängig ist:
zwei vereint schaffen mehr als das Doppelte, einer allein ist verloren.
Wie können da Arbeit und Leistung, Tun und Ergehen einander

---

[17] 12,7b steht in einem Widerspruch zu 3,21. Wenn die Formulierung auch
auf Gen 3,19 zurückgreift, darf doch diese Vorstellung, die eine Rückkehr des
individuellen Geistes zu Gott beinhaltet, nicht in Gen 3,19 vorausgesetzt werden.
12,7 wird zusammen mit 12,6 als sekundär zu beurteilen sein. Die Altersallegorie
in 12,2–5 ist die hochpoetische Ausführung von 12,1b. Sie erhält ihre Auflösung
in V. 5b. Ein Neueinsatz der Metaphorie wirkt überflüssig. Hinzu kommt, daß
nach der kunstvollen Allegorie in V. 3–5a die nichtallegorischen Bilder in V. 6
abfallen.
[18] In 9,6 wendet er sich auch gegen die Anschauung der alten Weisheit, daß
der Nachruhm mit dem Toten wesenhaft verbunden sei, vgl. 1,11; 2,16; 9,5.
[19] Ps 22,10f; 71,6; 143,5. In dem spiritualisierenden Psalm 51, der ja auch
sonst formale Abweichungen zeigt (Fehlen der Klage, an ihrer Stelle das Sünden-
bekenntnis, entsprechend die Bitte um Vergebung ohne Bitte um Beseitigung
einer äußerlich faßbaren Not, Ablehnung des Opfers und Anbieten des Selbst-
opfers im Gelübdeteil), ist das Motiv in sein Gegenteil verkehrt (V. 7).
[20] Jes 44,2.24; 46,3.

entsprechen? Für die alte Weisheit war dagegen der Einzelne in seinem *ṣædæq*-Wirken von vornherein in die Gemeinschaft gestellt. – 4,13–16 lehrt Koheleth an einem Schulbeispiel, daß der bestehende scheinbar heilvolle Zustand, in dem sich ein König befindet, von höchst begrenzter Bedeutung ist: in Kürze kann den König ein jetzt noch Gefangener ersetzen[21]. Mag dann der Thronusurpator auch noch so stürmisch begrüßt werden, auch dieser Heilszustand verwandelt sich in nichts. Die jeweilige Realität verliert an Bedeutung. Sie ist ja nicht bezogen auf ein Individuum, das diese Realität während eines bestimmten Zeitraumes garantieren könnte. Entscheidender als die Realität ist die Potentialität. Diese aber entzieht sich gerade jeder menschlichen Beurteilung. Für die alte Weisheit ergab sich alle Zukunft aus der Gegenwart, | Koheleth möchte die Gegenwart nur von der Zukunft aus beurteilen, wichtiger ist für ihn das Ende als der Anfang (so die Quintessenz der Sätze in 7,1–8). Jede Beurteilung der Gegenwart ist für Koheleth somit unmöglich.

Wir kommen damit immer näher zu Koheleths grundsätzlichen Aussagen über die Ordnung im Weltgeschehen, seiner Darstellung der Weltordnung. Es ist zunächst bedeutsam, daß sich eine solche Darstellung überhaupt findet, die absieht vom jeweiligen Verhalten des einzelnen Menschen. Die alte Weisheit hat die Weltordnung nie unter Absehung vom menschlichen Verhalten in den Blick genommen; für sie verwirklichte sich ja diese Ordnung gerade im Verhalten des Menschen. Diese war wohl in den Maximen und Sentenzen impliziert, aber sie konnte nicht »an sich« beschrieben werden. Hat sich bei Koheleth der Mensch aus dem Geschehen um sich gelöst, hat er sich absolut gesehen, so kann er die absolute, die objektive Ordnung beschreiben.

Wie sieht diese Ordnung aus? Wir haben darüber zwei Lehrstücke, 1,3–11 und 3,1–15[22]. In 1,3–11 wird die ewige Gleichheit der Welt

---

[21] Die Klimax V. 14b will zum Ausdruck bringen, daß der Usurpator ihm hilflos ausgeliefert war, also leicht hätte kontrolliert werden können, während V. 14a nur den sozialen Unterschied Gefangener – König betont, also nicht voraussetzt, daß der zukünftige Usurpator des Königs eigener Gefangener ist, was die Beispielerzählung unglaubwürdig machen würde.

[22] Daß diese Lehrstücke sich von den anderen Einheiten des Buches abheben, ergibt sich aus der Komposition: 1,3–11 leitet nach Überschrift 1,1 und Grundthese 1,2 (=12,8, Ende des Buches) den ersten Teil der Einführung ein, der sich in 1,12–2,11 findet und in dem auf die Werke (1,12–15) und auf die Weisheit (1,16–18) die Grundthese angewandt wird, wobei anstelle einer Begründung jeweils ein hintergründig deutbarer traditioneller Weisheitsspruch (1,15.18) steht (vgl. *Galling*, a Anm. 9 aO, z. St.), während eine notwendigerweise ausführlichere autobiographische Darstellung des besten Lebens, das überhaupt möglich ist, in 2,1–11 die Grundthese von der praktischen Seite unterbaut. Der zweite Teil der

geschildert und durch eine Lehre vom Kreislauf begründet. Alle veränderlichen Elemente, Sonne (Licht), Wind (Luft), Ströme (Wasser) kehren an ihren Ort zurück, und ebenso, wie alles in diesem ewigen räumlichen Kreislauf sich müht und schafft[23], so hört auch der Mensch | nicht auf zu reden, zu sehen und zu hören – und redet und sieht und hört doch immer das Gleiche, denn ewig wiederholt sich Sein und Tun. Der betrachtende Mensch muß sich dieser Welt gegenüber als fremd empfinden. Die ewige Gleichheit im Kreislauf läßt sie als ein in sich Geschlossenes, Statisches, läßt sie als dem Menschen wesensfremde Natur erscheinen; und auch der Mensch in diesem Bild erscheint als Natur, wie hätte anders die Ordnung »an sich« gefaßt werden können. Natur und Geschichte sind jetzt auseinandergetreten.

Diese Lehre von der ewigen Gleichheit findet ihr Gegenstück in der von dem ewigen Wechsel der Zeitpunkte, 3,1–15. Für jede Art alles Tuns und Seins und für ihr Gegenteil – im Merismus wird die Ganzheit zum Ausdruck gebracht – gibt es einen Kairos *('et)*. Ist ein Kairos da, wird ein bestimmtes Tun geschehen und alles Tun ist schön zu seiner Zeit (V. 11a). Aber es findet seinen Sinn nur im Zeitenablauf *('ôlam)*, für den Gott alles geschaffen hat (V. 14aα). Und dieser Ablauf, diese Anordnung der einzelnen Zeiten, ist dem Menschen verborgen. Er sieht nicht Anfang und nicht Ende (V. 11bβ), kann nichts hinzufügen oder weglassen (V. 14aβγ). So ist dem Menschen

---

Einführung, 2,12–26, begründet die Richtigkeit der Grundthese für die Weisheit (2,12–17) und die Werke (2,18–23), jetzt also in umgekehrter Reihenfolge. An 2,12–23 wird der ethische Grundsatz von der Heilspräsenz angefügt, der den zweiten Teil des Propädeutikums abschließt. Ab 3,16 wendet sich Koheleth den Einzellehren zu, eine systematische Reihenfolge läßt sich schwerlich nachweisen. 3,1–15 stellt also den Anfang des Hauptteils des Kohelethbuches dar. Die Bedeutung von 3,1–15 ergibt sich außerdem daraus, daß wiederholt auf diesen Abschnitt zurückgegriffen wird: 3,17; 8,5f.9; 9,11f.

[23] *jagea'* darf hier nicht mit »müde« übersetzt werden (so *Galling*, aaO, z. St.); denn Sonne, Wind und Wasserströme werden ihres Kreislaufs niemals müde, und *kål-håddebarîm* kann nicht bedeuten: alle Dinge unter Absehung der im Kreislauf befindlichen, denn welche befinden sich nicht darin? Im Neuhebräischen hat *jg'* fast ausschließlich den Sinn von »sich abmühen«, »sich Mühe geben«, »hart arbeiten«. 1,8 wird also ursprünglich kein Rätsel sein; die drei Tätigkeiten des Menschen scheinen nicht ohne Bezug zu den drei »Elementen« zu stehen (Reden ≙ Wasserströme, Sehen ≙ Sonne, Hören ≙ Wind). Daß mit *kål-håddebarîm* 1,8α nicht die menschliche Rede gemeint ist (so z. B. *Hertzberg* und *Zimmerli*, z. St.), legt sich formal nahe aus der im Umfang gleichen Teilung V. 8aβ – V. 8bα – V. 8bβ (entspricht V. 5 – V. 6 – V. 7) und stilistisch aus dem in einem solchen Fall hochpoetischen Prädikat *jegeˁîm*, das man in einer klimaktischen Position am Ende erwarten müßte. Als Zusammenfassung von V. 5–7 und Verallgemeinerung dagegen eignet sich V. 8aα vortrefflich – wie auch zur Überleitung zu V. 8aβb: der Mensch bildet keine Ausnahme!

sein Tun verborgen – obwohl Gott dem Menschen das Streben gegeben hat, die Zeitenfolge zu erkennen (v. 11bα). Diese Uneinsichtigkeit in die Zeitabfolge führt zu einer Undurchschaubarkeit des Lebens, denn das Geschick ist *'et wapægä'*, der den Menschen treffende Kairos (9,11). So bricht das Geschick, die Widerfahrnis der »Zeit« auf den Menschen von außen herein, wie Netz und Falle die Tiere fangen (9,12). Der Weise kann höchstens den Augenblick erkennen (8,5), das Weltganze bleibt ihm verschlossen, weil ihm der *'ôlam* verschlossen bleibt (8,6–8). Das Weltgeschehen ist unverständlich, alles Wissen darüber ist Einbildung (8,16f).

Es ist nun aber wichtig zu erkennen, daß Koheleth aus dieser Diskrepanz Mensch – Welt nicht zu einem Dualismus kommt, | der zwischen einem Außen- und einem Innenreich völlig trennt oder der die zwei Reiche durch Analogien verbunden sieht. Diese spiritualisierenden oder transzendentalisierenden Wege ist die spätere Weisheit gegangen. Im Gegenteil, er hält an der *einen* Welt fest, in der Gott alles wirkt und ordnet. Er erhebt nicht den menschlichen Anstoß, so radikal und grundsätzlich er ihn auch aufspüren kann, zum Postulat eines Seinsbereiches, sondern fordert vom Menschen, diese erfahrene Fremdheit aufzugeben. In beidem, in der monistischen Struktur des Weltbildes und in der Forderung der Unterordnung des Menschen[24], ist Koheleth ein treuer Schüler der alten Weisheit. Es ist nur der Mensch, der diese Distanzierung vom Weltgeschehen vornimmt, vornehmen muß, weil es in seiner Art liegt. Der Mensch ist recht geschaffen (7,29), aber Gott hat ihm dieses Streben nach Erkenntnis, nach Verstehen des *'ôlam* gegeben (3,11), das sich nicht erfüllen kann. Dieses Befremdetsein des Menschen hat nach Koheleth den Sinn, daß der Mensch sich vor Gott fürchte (3,14). Der Begriff der *jir'ät ha'œlohîm* erscheint hier bei Koheleth an der zentralen Stelle, an der er seine Kairoslehre entwickelt. Er erscheint auch an der Stelle, an der er die *ṣedaqā*, die Grund-»Tugend« der alten Weisheit, *ad absurdum* führt (7,15–18 + 20). Die *jir'ät ha'œlohîm* tritt an die Stelle der alten *ṣedaqā*. Der Begriff der Gottesfurcht erscheint gehäuft in 8,12b–13 innerhalb des Komplexes, der den Tun-Ergehen-Zusammenhang als ungültig erweist, 8,9–14, und hier wird die Aussage gewagt, daß diejenigen, die Gott wahrhaft fürchten[25], Gutes dabei erfahren werden. Es bleibt offen, inwieweit dieses »Gute« *(tôb)* hier außerhalb des subjektiven Bereiches der Gottesfurcht faßbar wird. Der Verfasser des letzten Nachwortes, 12,13f, hat mit Recht die Forderung der Gottesfurcht an die Spitze seiner »Summe« gesetzt.

---

[24] Zur Unterordnung in der alten Weisheit vgl. *Gese*, a Anm. 3 aO S. 15ff. 35f. 75.
[25] Man beachte den Pleonasmus; vgl. S. 173 Anm. 14.

Gibt der Mensch seine Distanzierung in der Gottesfurcht auf, so wird an die Stelle seines Befremdetseins das Offensein für den Kairos treten; den guten Kairos wird er dankbar annehmen, beim schlimmen wird er erkennen[26], daß auch dieser Kairos von Gott beabsichtigt ist, daß es nur seine Eingeschränktheit ist, | die den *'ôlam* nicht versteht (7,10 + 13–14). Er wird auf einen vorfindlichen Zustand nicht vertrauen und hier seine eigene Macht erweisen wollen (11,1–5), sondern mit seinem Tätigsein Gott walten lassen (11,6). Vor allem kann Koheleth nicht genug mahnen, das Gute und Schöne des Lebens zu genießen. Immer wieder erscheint bei ihm die Aufforderung zur Freude und zum Genuß (2,24–26; 3,12 f. 22; 5,17.18 f; 8,15; 9,7–10; 11,7 f. 9 f). Dies ist alles andere als ein billiger Hedonismus auf der düsteren Folie einer Verzweiflung am Dasein[27]. Vielmehr zeigt sich hier Gott als der, der auch dem Menschen in seiner Eingeschränktheit das Heil schafft. Ein solcher heilvoller Zustand ist »aus der Hand Gottes« (2,24), ist »Geschenk Gottes« (3,13; 5,18), ist »Anteil *(helæq)* des Menschen« (3,22; 5,17; 9,9). An dem Annehmen dieses Geschenkes »hat Gott Wohlgefallen« *(raṣā!* 9,7). Man könnte von einer Lehre der Heilspräsenz sprechen, die Koheleth an diesen zahlreichen Stellen entwickelt. In der alten Weisheit war das heilvolle Ergehen direkte Folge davon, daß der Mensch in der *ṣedaqā* stand. Für Koheleth kann ein solcher »Automatismus« nicht mehr möglich sein. Für ihn muß das Heil ein direkt an den Menschen gerichtetes Geschenk Gottes sein.

Am Anfang und am Ende der Weisheit Koheleths stehen die Worte *habel habalîm hakkol hæbæl.* Diese Worte täuschen, wenn man an ihnen den Inhalt seiner Weisheit ablesen will. Sie weisen nur den Weg, der zur rechten Gottesfurcht führt.

---

[26] Vgl. das Wortspiel *ra'ā-re'ē.*
[27] Vor dieser Interpretation sollte schon 2,1–11 schützen.

# PSALM 22 UND DAS NEUE TESTAMENT

## Der älteste Bericht vom Tode Jesu
## und die Entstehung des Herrenmahles

Unter den Bezügen des Neuen Testaments auf das Alte nimmt das Zitat von Ps 22 eine besondere Stellung ein. Hier wird nicht zur Verdeutlichung des evangelischen Berichtes auf das Alte Testament zurückgegriffen, wie immer das sonst geschehen mag: in Auseinandersetzung oder als Weissagungsbeweis, als Hinweis auf die Erfüllung oder einfach zur Erläuterung, vielmehr kleidet sich hier der evangelische Vorgang selbst in alttestamentliche Worte, noch dazu in der Sprache Jesu. Und das geschieht nicht bei einem Vorgang unter anderen, vielmehr bei der Darstellung des zentralen Ereignisses, des Todes Jesu. Dieser Bezug auf Ps 22 beschränkt sich nicht auf die zitierten Eingangsworte des Psalmes. Es ist ja von vornherein wahrscheinlich, daß das Zitat des Psalmanfangs den ganzen Psalm meint; denn auch sonst zeigt die Darstellung der Passion einen entscheidenden Einfluß weiterer Stellen dieses Psalmes. Andererseits ist die Formulierung von Ps 22,2a, daß Gott den Psalmisten verlasse (ʿzb), im Sprachgebrauch des Psalters nichts Seltenes[1], so daß es schwierig ist, allein in den zitierten Worten von V. 2a den Sinn dieses Zitates zu sehen: so stark die Aussage ist, sie ist nichts Besonderes, sondern eher etwas Typisches. Wie dem auch sei, es bedarf keiner besonderen Rechtfertigung, den neutestamentlichen Bezug zu Ps 22 zu untersuchen. Dieser Bezug ist, soweit wir sehen können, in der ältesten Schicht der erzählenden Darstellung des Todes Jesu gegeben. Er wird uns Entscheidendes deutlich machen.

## I

[2] Mein Gott, mein Gott, warum hast du mich verlassen,
   der du fern von meinem Flehen[a], den Worten meines Schreiens?
[3] Ich rufe[b] des Tags, und du antwortest mir nicht,
   des Nachts, und ich finde keine Stille. |

---

[1] Vgl. Ps 9,11; 16,10; 27,9; 37,28.33; 38,22; 71,9.11.18; 94,14; 119,8.

⁴ Du aber thronst als Heiligerᶜ,
  Lobpreisᵈ Israels!
⁵ Auf dich vertrauten unsere Väter,
  vertrauten, und du errettetest sie.
⁶ Zu dir riefen sie und waren frei,
  auf dich vertrauten sie und wurden nicht zuschanden.
⁷ Ich aber bin nur noch ein Wurm, kein Mensch mehr,
  Spott der Leute, verachtet von den Meinen.
⁸ Alle, die mich sehen, schmähen mich,
  pfeifen und schütteln ihr Haupt:
⁹ »Er hat es auf Jahwe gewälztᵉ, der soll ihn befreien,
  der mag ihn erretten, denn er hat ja Gefallen an ihm.«
¹⁰ Ja, du hast mich aus dem Mutterschoß hervorgezogen,
  mich geborgen an der Brust meiner Mutter,
¹¹ auf dich bin ich geworfen von Mutterleib an,
  von meiner Mutter Schoß an bist du mein Gott.
¹² Sei nicht fern von mir,
  denn die Not ist nahe,
    ja, es gibt keinen Retter.
¹³ Mich umgeben viele Stiere,
  die »Starken Basans« umringen mich.
¹⁴ Es reißen gegen mich ihr Maul auf
  die Löwen, reißend und brüllend.
¹⁵ Wie Wasser bin ich ausgegossen,
  alle meine Gebeine lösen sich,
mein Herz ist wie Wachs geworden,
  zerflossen in meinem Innern.
¹⁶ Trocken wie eine Scherbe ist mein Gaumenᶠ,
  meine Zunge klebt an meinem Kiefer.
In das Feuerᵍ des Todesstaubes setzt du mich.
¹⁷ Ja, mich umgeben Hunde,
  die Rotte der Bösen umkreist mich.
Zu kurz sindʰ meine Hände und Füße,
  ¹⁸ alle meine Gebeine kann ich zählen.
Sie aber sehen und blicken auf mich,
  ¹⁹ teilen sich meine Kleider,
    werfen das Los um mein Gewand.
²⁰ Aber du, Jahwe, sei nicht fern,
  meine Stärke, eile mir zu Hilfe!
²¹ Errette vom Dolch meine Seele,
  aus der Gewalt der Hunde »meine Einzige«! |
²² Rette mich vor dem Maul der Löwen,
  vor den Hörnern der Wildstiere »meine Elende«ⁱ!

23 Ich will deinen Namen meinen Brüdern verkünden,
inmitten der Gemeinde will ich dich preisen:
24 »Die ihr Jahwe fürchtet, preist ihn,
aller Same Jakobs, ehrt ihn,
fürchtet ihn, aller Same Israels!
25 Denn er hat nicht verachtet und nicht verabscheut das Elend des
[Elenden,
hat nicht sein Antlitz vor ihm verborgen,
als er zu ihm flehte, hat er gehört!«
26 Von dir ist mein Lobpreis in der großen Gemeinde,
meine Gelübde kann ich erfüllen vor denen, die ihn fürchten.
27 Es sollen essen die Elenden und satt werden,
es sollen Jahwe preisen, die ihn suchen,
es lebe ihr[k] Herz auf immer!
28 Alle Enden der Erde sollen gedenken und umkehren[l],
alle Sippen der Völker sollen niederfallen vor ihm[m];
29 denn Jahwe gehört das Königtum, er ist der Völker Herr-
[scher.
30 Nur vor ihm[n] sollen niederfallen alle, die in der Erde schlafen[n],
vor ihm sich beugen alle, die in den Staub hinabgestiegen sind[o].
31 Meine[p] Nachkommen, die ihm dienen, sollen von meinem Herrn
[künden[q] dem zukünftigen[r] Geschlecht,
32 sie sollen seine Heilstat verkünden dem Volk, das erst geboren
[wird: daß Jahwe[s] es vollbracht hat.

*Bemerkungen zur Übersetzung*:

a) Wegen des nebengeordneten *dibrê šăʾᵃgatî* wird man *miššăwʿatî* zu punktieren haben (*Hitzig* u.a.).

b) Die neue Invokation *ʾᵆlohăj* stellt gegenüber *ʾelî ʾelî* keine Steigerung dar und ist auch metrisch störend (*Briggs* u.a.).

c) *qadôš jôšeb* ist zusammenzunehmen, vgl. Jes 57,15 (*Duhm* u.a.).

d) Singularisch zu punktieren (MSS, LXX, Syr, Hier).

e) Perfektisch zu punktieren (LXX, Syr, Mt 27,43).

f) Nach dem Parallelismus ist *ḥikkî* zu erwarten (*Ewald* u.a.).

g) Zur Wiedergabe der Grundbedeutung des Verbums: (einen Topf) auf die *Feuer*stelle setzen.

h) MT ist sinnlos. Eine Verbalform 3. pl. *(kʾrw)*, die auch MSS zu bieten scheinen, wird von den Versionen (und auch in den Auslegungen von R. Jehuda und R. Nehemja [beide um 150 n. Chr.] in Midrasch Tehellim Ps 22 § 26 [vgl. Jalquṭ II § 687]) mit Ausnahme von Targ vorausgesetzt. LXX und Syr leiten sie von *krh* »Brunnen, Grube graben« ab und kommen so unter Abweichung von der eigentlichen Bedeutung der Wurzel zu der Übersetzung »durchbohren«. ʼA, Σ und Hier denken an »fesseln, binden«, was wohl aus dem genannten Objekt einfach erschlossen worden ist; und *Drivers* Hinweis, ET 57, 1945, S. 193 auf arabisches *kwr* »einen Turban um den Kopf winden« kann letztere Übersetzung kaum stützen, da »in Spiralform aufrollen« nicht »fesseln« ist. Auskunft wird man eher vom Aramäischen zu erwarten haben. Zwar kommt als Wurzel *kʾr* »schelten, strafen, häßlich machen« nicht in Betracht, aber das ' des MT muß man wohl ohnehin als Kennzeichnung eines langen ā interpretieren. Das aramäische *krj* (III inf) »kurz sein« (vgl. akkadisch *karū*) eignet sich nun bestens für eine Aussage über die Extremitäten und läßt sich auch so belegen. V. 17b bringt also drastisch die Ohnmacht des Beters zum Ausdruck, was Verteidigung (Hände) oder Flucht (Beine) anbetrifft. Dem entspricht im Parallelismus V. 18a die Feststellung, daß alle seine Gebeine (Steigerung!) so wenige geworden sind, daß er sie aufzählen kann. – Es wäre aber auch zu erwägen, ob nicht LXX, Syr, Hier mit V. 18 *jᵉsăppᵉrû* den ursprünglichen Text bewahrt haben, so daß also in V. 17–19 reine Feindbeschreibung vorläge, Subjekt des fraglichen *k(')rj* oder *jk(')rw* (entsprechend *jᵉsăppᵉrû*, Haplographie des *j*) demnach auch die Feinde wären. Das kausative Piel *jᵉkarû* könnte dann zu der Übersetzung führen: »Sie schneiden ab meine Hände und Füße, zählen alle meine Gebeine« (vgl. »Dolch« in V. 21). Dann wäre an eine im ganzen Altertum (und nicht nur dort) bekannte grausame Exekutionsart gedacht, und für eine Exekution spricht ja auch V. 19 (vgl. Sanhedrin 6,3). Gegen diese Interpretation kann nicht die Inversion V. 18b *(hemmā)* ins Feld geführt werden, die dann nicht adversativ zu interpretieren wäre (»sie aber«), sondern zuordnend (»während sie«), vgl. Ps 48,5f. – Die Konjektur *kî'or* »wie der Nil« (*J. Magne*, Le texte du Psaume XXII et sa restitution sur deux colonnes, Semitica 11, 1961, S. 29–41, 36f) ist wegen der erforderlichen Vorausstellung von V. 18b abzulehnen.

i Wegen *jᵉhîdatî* V. 21 sehr wahrscheinlich *'ᵃnijjatî* zu lesen, vgl. LXX, Syr (*Wellhausen* u.a.).

k) LXX; keine Anrede der Gemeinde mehr in V. 26f; MT formelhaft, vgl. Ps 69,33.

l) *'æl jhwh* ist richtig ergänzende Glosse, wie der metrische Aufbau von V. 28f zeigt (*Rothstein* u.a.).

m) *lᵉpanâw* nach MS, LXX, Syr, Hier, vgl. V. 29.

n) Es ist *'ăk lô* zu punktieren, das *waw* cons. vor dem Verbum ist zu streichen (*Graetz* u.a.): Einfluß von *jo'kᵉlû* V. 27. Damit hängt auch die Korruption *dišnê* statt *jᵉšenê* zusammen, vgl. Dan 12,2 (*Vorstmann, Dyserinck* u.a.).

o) Der Rest des Verses ist spiritualisierend uminterpretierende Glosse (*Wellhausen* u.a.).

p) LXX; die inhaltlich notwendige possessive Näherbestimmung von *zæræʿ* kann nicht durch das folgende Wort vorgenommen werden. Andererseits kann *jäʿăbdænnû*, der Versstruktur nach zu urteilen, nicht *jᵉsuppär* nebengeordnet sein.

q) Aktivisch zu punktieren.

r) *jabo'û* ist zum vorhergehenden Wort zu ziehen, vgl. LXX.

s) LXX, Syr; in allen von *Gunkel* zur Verteidigung des MT aufgeführten angeblichen Fällen von *'śh* ohne subjektive Näherbestimmung ist das Subjekt zumindest durch ein Personalpronomen expliziert. |

# II

Der hebräische Konsonantentext von Ps 22 ist verhältnismäßig gut überliefert, und der ursprüngliche Text des Psalmes kann dem MT unter Berücksichtigung der LXX-Vorlage ohne große Schwierigkeiten entnommen werden. In V. 30 ist eine leichte Konjektur nötig (*jᵉšenê* statt *dišnê*), die durch den Parallelismus membrorum gesichert ist. Mit diesem Textfehler hängt die Zufügung einer dogmatischen

Glosse zusammen, die den richtig erhaltenen Parallelismus spiritualisierend uminterpretiert: die ursprüngliche Aussage des Textes,
daß die Toten Jahwe anbeten, eine im Alten Testament singuläre
Aussage, die herkömmlichen Anschauungen zuwiderläuft, ist auf
diese Weise im Laufe der Textgeschichte neutralisiert worden. Text-
lich werden wir also in Ps 22 vor keine schwierigen Probleme gestellt.

In der Exegese des Psalmes wurden die bedeutendsten Fortschritte
durch die vor allem von Gunkel entwickelte Gattungs- und Formgeschichte erzielt. Es gehört heute zu den Selbstverständlichkeiten alttestamentlicher Wissenschaft, daß in Ps 22 ein individuelles Klagelied
mit nachfolgendem individuellem Danklied (nach Westermanns neuer
Terminologie: berichtendes Lob[2]) vorliegt. Wir kennen die einzelnen
Elemente der Gattungen, im individuellen Klagelied z. B. Klage,
Bitte, Vertrauensäußerung, im Danklied, das wie in diesem Fall angeschlossen und nicht selbständig ist, die hymnischen Elemente,
Aufforderung zum Lob und Korpus des Lobes. Durch die Formgeschichte sind uns nicht nur die historischen Fragen, wie etwa die
Frage nach dem sog. Sitz im Leben, aufgehellt worden, sondern auch
weitgehend die der inhaltlichen Interpretation, insofern die den einzelnen Gattungselementen eigentümliche inhaltliche Motivik bekannt
ist und zum Vergleich herangezogen werden kann.

Allerdings werden die formalen Beobachtungen selten bis zur Frage
nach dem Aufbau des Ganzen, bis zur Frage nach der Komposition
weitergeführt[3]. In der Regel begnügt man sich in der Exegese damit,
die einzelnen Aussagen nacheinander zu deuten, fragt aber nicht nach
der Komposition dieser Elemente, achtet zu wenig auf die Reihenfolge der Aussagen des Textes[4]. Bei den Psalmen handelt es sich um
Gedichte, um | poetische Gebilde, deren Aufbau, sowohl was den
unserem Reim entsprechenden poetischen Parallelismus angeht, als
auch vor allem was den kunstvollen Aufbau des Ganzen angeht, erkannt sein muß, wenn sie in ihrer Gestaltung verstanden werden
sollen. Erst im Rahmen des Aufbaus haben die Einzelaussagen des
Textes ihre Funktion, erst von ihrer Stellung im Ganzen her können

---

[2] *C. Westermann*, Das Loben Gottes in den Psalmen, ³1963, S. 76 ff.

[3] Am stärksten wird bei *C. Westermann*, Gewendete Klage. Eine Auslegung
des 22. Psalmes (BSt 8), ²1957, und bei *G. J. Botterweck*, Warum hast Du mich
verlassen, BuL 6, 1965, S. 61–68, der Aufbau bei der Interpretation berücksichtigt.

[4] Das Dunkel der Komposition wird zudem noch gerne psychologisch gerecht-
fertigt, z. B.: »... die Stimmung des Beters wogt unstet hin und her zwischen
zitternder Angst und sehnsüchtigem Suchen nach einem Halt bei Gott; der
zweite Teil bewegt sich in ruhigeren Bahnen einer geordneten Gedankenfüh-
rung...« (*A. Weiser*, Die Psalmen [ATD 14], ⁵1959, S. 148).

sie interpretiert werden. Wir werden daher besonders auf den Aufbau
zu achten haben.

In der theologischen Interpretation des Psalmes ist insofern ein
gewisser Fortschritt erzielt worden, als man erkannt hat, daß über ein
historisch definiertes Einzelschicksal hinaus hier, wie auch sonst in
den individuellen Klageliedern, Leiden aufgezählt werden, deren
Anhäufung nicht aus orientalischer Überschwenglichkeit zu erklären
ist, sondern aus dem Bestreben, ins Allgemeine und Typische vorzu-
stoßen[5]. Kraus[6] spricht daher mit Recht vom »Typischen und Para-
digmatischen« der Aussagen des Psalmes. So erklärt er auch den
Bezug zum Neuen Testament: »Vom AT her aber bieten sich die
urbildlichen, überindividuellen Aussagegehalte des 22. Psalms als
›prophetische‹ Elemente an, die auf eine Füllung und Erfüllung des
weitausgespannten Rahmens hindeuten.« Allerdings stellt er dann
doch wieder sehr individuelle Züge in Ps 22 fest: »Der Leib des
Beters ist durch Krankheit entstellt (7 f), er ist umringt von ›Krank-
heitsdämonen‹ und ›Feinden‹ . . ., im Fieber erleidet er die Vorwehen
der Agonie (15–16) und sieht, wie man bereits mit seinem Tode rechnet (19). Das ›Urleiden‹ der Gottverlassenheit wird also in einer
tödlichen Krankheit erfahren[7].« Es bleibt also die Frage weiterhin
bestehen, warum denn gerade Ps 22 in so besonderer Weise zitiert
wird.

Wie jedes Klagelied beginnt auch Ps 22 mit einer Invocatio. An ihr ist
ein Doppeltes auffällig: anstelle des gewöhnlichen *'ælohaj* »mein Gott«
wird *'eli* gebraucht, hier sicherlich wegen seines poetischen Charakters (eine archaische Konnotation ist wahrscheinlich), und durch eine
im hebräischen Stil ungewöhnliche Wiederholung[8] wird eine besondere Steigerung erreicht. Diese Doppelung findet am Ende des Verses
ihr Pendant in den Parallelausdrücken »mein Flehen«, »Worte meines
Schrei- | ens«. Die Aussage von V. 2 ist ebenso einfach wie grund-
sätzlich, in *räumlichen* Kategorien wird das Urphänomen der Not als
Ferne von Gott gefaßt. Dem entspricht in V. 3, dem zweiten und
abschließenden Vers der Klage, ein V. 2b entsprechender Ausdruck
in *zeitlichen* Kategorien.

Auf diese kurze, allgemein gehaltene, aber doch auch leidenschaft-
liche Klage in V. 2f folgt das Gattungselement Vertrauensäußerung

---

[5] Vgl. *G. v. Rad*, Theologie des Alten Testaments I, [5]1966, S. 412.
[6] *H.-J. Kraus*, Psalmen, BK XV, [3]1966, S. 185.
[7] AaO S. 177.
[8] Ein erst seit Deuterojesaja häufiger verwendetes Stilmittel, vgl. Jes 40,1;
43,11; 48,11.15; 51,9.17; 52,1.

in V. 4–6, deutlich mit vorangestelltem *we'āttā* »du aber« abgesetzt, und damit den Blick auf den richtend, dessen heilspendendes Wirken zu bekennen, Gegenstand dieses Gattungselements ist. Der Abschnitt beginnt im ersten Vers (V. 4) mit zwei Prädikationen Gottes, einer im Alten Testament sehr verbreiteten und üblichen, Jahwe als König, und einer sehr ungewöhnlichen und poetischen, Jahwe als *tehillā*, als Lobpreis Israels. Nicht ohne Grund steht das Bekenntnis Jahwes als König am Anfang, es taucht auch in V. 29 auf, der Begründung zu V. 28, und gibt damit dem ganzen Schlußabschnitt (V. 28–32), der Klimax des Psalms, das Gepräge. Die Frömmigkeit, für die das spätere Theologumenon von Jahwe dem König charakteristisch ist, bestimmt, wie wir sehen werden, den ganzen Psalm. Auch die zweite Prädikation steht mit dem Ganzen des Psalms in Verbindung, der ja die rettende Heilstat Jahwes erbittet und, im zweiten Teil V. 23 ff, preist. Dieser Jahwe als den Retter bekennende Preis ist die *tehillā*, vgl. V. 26. Jahwe als *tehillā* Israels ist der in Israel erfahrene und bekannte Gott, der Israels Heilsgeschichte als rettendes Geschehen gewirkt hat. Darauf beziehen sich auch die beiden folgenden Verse (V. 5 f), die dreimal mit dem Motivwort *bṭḥ* das Vertrauen der Väter und die rettende Heilstat Gottes zum Ausdruck bringen. Die im ersten Klagegang V. 2–6 die zweite Hälfte bildende Vertrauensäußerung V. 4–6 ist also ganz auf das Kollektivum Israel bezogen und so, wie auch die Klage V. 2 f, ganz allgemein gehalten.

Um so stärker setzt sich dem die zweite Klage V. 7–9 mit vorangestelltem *we'anokî* »ich aber« entgegen. Nach der allgemeinen Klage V. 2 f, in der allein auf das Verhältnis des Beters zu Gott Bezug genommen wird, beschreibt der Beter jetzt in V. 7a seinen eigenen Zustand und in V. 7b das Verhältnis seiner Mitmenschen zu ihm. Dieses Thema steigernd, wird V. 8 f zur Feindbeschreibung, der häufigen Darstellungsform des Klageelements: V. 8 beschreibt die apotropäischen Gesten der Ausstoßung, und V. 9 erreicht mit einem Zitat, in dem die Feinde selbst zu Wort kommen, die Klimax[9]. Das Spottzitat hat andererseits zum Inhalt das integre Ver- | hältnis des Beters zu Jahwe[10], und eben dies ist das Thema der zweiten Hälfte des zweiten Klageganges V. 10–12, der Vertrauensäußerung.

---

[9] Zum Zitat in der stilistischen Funktion der Klimax vgl. z. B. in einem individuellen Klagelied Ps 3,3b als Abschluß der Klage von 3,2f, in einem Königspsalm Ps 2,3 als Höhepunkt der Feindbeschreibung 2,1–3, in einem Zionshymnus Ps 46,11 das Jahwe-Wort als Abschluß und Höhepunkt des Psalms.

[10] Im »Wälzen« kommt poetisch die Schwere des Schicksals zum Ausdruck. Man beachte den feinen Aufbau: Vertrauen des Beters zu Jahwe → Errettung // Errettung ← Gefallen Jahwes am Beter.

Mit *kî 'attā* »ja, du« ist deutlich der Beginn dieses Abschnitts markiert, entsprechend seinem Gegenstück V. 4–6. Aber während die erste Vertrauensäußerung allein das Verhältnis Gottes zu Israel im allgemeinen zum Gegenstand hatte, ist jetzt alles auf die Person des Beters zugeschnitten, so daß es als Pendant zur zweiten Klage dienen kann. Der erste Vers (V. 10) bringt den in der Vertrauensäußerung stereotypen[11] Hinweis auf die glückliche Geburt durch die Hilfe Jahwes (vgl. Ps 71,6; 143,5), dabei das Motivwort *bṭḥ* der ersten Vertrauensäußerung im Parallelismus aufnehmend. Wird das heilsgeschichtliche Urdatum des individuellen Lebens im ersten Vers angesprochen, so geht im zweiten Vers (V. 11) von dort der Blick ins weitere Leben und erreicht in einem dritten Vers (V. 12) die gegenwärtige Not, wobei die Form der Vertrauensäußerung verständlicherweise in die der Bitte umbricht. Die Formulierung ist sehr beachtenswert: schon V. 11b nahm mit seiner Aussage *'elî 'attā* »mein Gott bist du« Bezug auf den Anfang des Psalms, die Invocatio, während V. 12 mit der Bitte *'al tirḥáq* »sei nicht fern« das *raḥôq* »fern« des ersten Psalmverses aufgreift. Dieser Rückgriff auf den Anfang ist eine stilistische Markierung des Endes. Der hier vorliegende doppelte Rückgriff läßt den Eindruck entstehen, als sei der Psalm zum Abschluß gekommen. Dieser Eindruck wird durch die Form des Tristichs in V. 12 verstärkt. Inhaltlich erreicht V. 12 demnach wieder das Allgemeine, Grundsätzliche des Anfangs, was poetisch sicherlich nicht als Schwäche, sondern eher als Größe empfunden worden ist.

Wenn nach dem stark markierten Abschluß nun in V. 13 ein dritter Klagegang anhebt, so kommt ihm von vornherein besondere Bedeutung zu. Er unterscheidet sich von den beiden vorhergehenden darin, daß an die Stelle der Vertrauensäußerung als Pendant zur Klage (I V. 4–6, II V. 10–12 mit Übergang zur Bitte in V. 12) die Bitte getreten ist (V. 20–22); dieses für das individuelle Klagelied konstitutive Element tritt also erst am Ende auf und bildet so die Klimax. Das Klageelement in diesem dritten Teil ist schon rein umfangmäßig gegenüber den vorher- | gehenden Klagen (I V. 2f, II V. 7–9) ausgezeichnet (V. 13–19). Es setzt sofort mit der Feindbeschreibung ein, die ja schon im letzten Klageelement in V. 8f erreicht war (V. 13f). Dabei wird das Bildpaar von Stier und Löwe verwendet. Stier und Löwe als stärkste und mächtigste Vertreter der domestizierbaren

---

[11] Zum Hinweis auf die Geburt als Vertrauensäußerung in den individuellen Klageliedern oder im Heilsorakel vgl. *Gese*, Die Krisis der Weisheit bei Koheleth (in: Les Sagesses du Proche-Orient ancien, Paris 1963, S. 139–151), S. 147 [= o. S. 175], wo auch auf die Gegenstücke Ps 51,7 einerseits und andererseits Pred 4,1–3; Hi 3,2ff; Jer 20,14ff Bezug genommen wird.

und der wilden Tiere spielen im gesamten alten Orient in Literatur und Bildkunst eine entsprechende Rolle, gerade auch als Paar, dessen ewiger Kampf das Gleichgewicht der Weltkräfte zum Ausdruck bringt. Die alttestamentliche Kerubenkonzeption belegt die Gültigkeit dieses Bildpaares auch für Israel. Die Feinde des Beters werden also als das stärkste Repräsentationspaar der nichtmenschlichen *næpæš*-Welt gefaßt. Ihre Bedrohung wird zunächst (V. 13) als kreisendes Umgeben, dann (V. 14) gesteigert als Maulaufsperren, Reißen und Brüllen beschrieben und entsprechend auf Stier und Löwe bezogen.

Dieser starken poetischen Steigerung der Klage durch eine in die Bildtiefen steigende Feindbeschreibung setzt sich eine Ichbeschreibung in V. 15f entgegen. Auch sie zeigt inhaltlich eine paarweise Struktur: zwei Verse (V. 15a und b) beschreiben die tödliche Krisis des Beters als Auflösung und Zerfließen (wie Wasser, wie Wachs), zwei weitere Verse (V. 16a und b) als Vertrocknen und Verbrennen. Durch die Leidensbeschreibung in dem Bildpaar Wasser und Feuer wird entsprechend einer Grundstruktur altorientalischen und biblischen Denkens und Redens[12] die Totalität angesagt. Während die beiden ersten Verse (V. 15a und b) eine Bewegung auf das Zentrum zu zeigen (Körper / Gebeine → Herz), erreicht der zweite Teil eine Klimax in V. 16b in dreifacher Weise: inhaltlich wird der Tod erwähnt, stilistisch geht die Formulierung über zur Anrede an Jahwe, und formal wird mit einer Vershälfte, mit einem Kurzvers abgebrochen, wodurch der Abschluß der Ichbeschreibung gekennzeichnet wird.

Die Klage wird aber mit einem zweiten Teil fortgesetzt. Die Feindbeschreibung wird wieder aufgenommen mit dem Stichwort *sebabûnî* »mich umgeben« (V. 17a). Als Bildpaar erscheinen jetzt Hunde und Menschen (»Rotte der Bösen«[13]): von der tierischen Welt (Stier und Löwe) wird zur menschlichen fortgeschritten. Das stilistische Gesetz der Doppelung bringt die Schwierigkeit mit sich, dem Menschen ein anderes *næpæš*-Wesen zuzuordnen, wofür sich das vom Menschen *dressierte* Tier, das im Auftrag des Menschen handelt, eignet. Diese Hunde sind natürlich nicht verhältnismäßig harmlose Dorf- und Schäferhunde – das ver- | bieten schon die jüdischen Verhältnisse –, sondern auf Menschen dressierte Bluthunde, die zur Menschenjagd

---

[12] Zum Gesetz der »symmetrischen Vollständigkeit« vgl. *Gese*, Der Dekalog als Ganzheit betrachtet, ZThK 64, 1967, S. 121–138, S. 137f [= o. S. 79f.].
[13] Die Deutung des Ausdrucks auf Hunde (z. B. *C. A. Briggs*, The Book of Psalms I [ICC], 1906, z. St.) ist durch V. 21f ausgeschlossen.

Verwendung fanden[14]. Auf die ganz kurz gehaltene Feindbeschreibung V. 17a folgt wieder, aber auch auf einen Vers reduziert, in V.
17b. 18a eine Ichbeschreibung, die nur die völlige Ohnmacht gegenüber dem Angreifer, die Unmöglichkeit jeglicher Abwehr[15] zum
Ausdruck bringt, um dann im abschließenden Tristich[16] V. 18b. 19
die Überwindung durch den Feind festzustellen.

Es ist unmöglich, an den Klagen von Ps 22 eine besondere historische Situation abzulesen. Am ehesten könnte die dritte Klage
V. 13–19 Material bieten. Die stilistische Analyse hat aber gezeigt,
daß über alles Historische hinaus hier das Letzte auszusagen versucht
wird. Es bleibt doch sehr zweifelhaft, ob man bei der Beschreibung des
dem Tode ausgelieferten Beters in V. 15f an eine tödliche Fieber-
krankheit denken muß. V. 16a ist nicht als medizinisches Krankheits-
symptom konzipiert, sondern hat seine Funktion in einem höchst
kunstvollen Kompositionsgefüge, wo es um eine alle historische
Beschränktheit sprengende letzte Aussage geht. Das Teilen der
Kleider V. 19 spräche eher für eine Exekution; hier soll eine letzte
Steigerung dadurch erreicht werden, daß etwas ausgesagt wird, das
den Tod eigentlich schon voraussetzt, wobei, der antiken Anschauung
engster Beziehung von Körper und Kleid zufolge, diesem Angriff
besondere Intensität zukommt.

Die der Klage V. 13–19 als Pendant zugeordnete Bitte wird wieder,
wie die entsprechenden Vertrauensäußerungen V. 4–6 und V. 10–12,
mit *weʾāttā* »du aber« eingeleitet, diesmal noch mit der Anrede »Jahwe«
verstärkt. Die Formulierung der Bitte in V. 20 greift mit *ʾăl tirḥăq*
»sei nicht fern« wie die Bitte als Abschluß der letzten Vertrauensäußerung (V. 12) auf die Aussage des Anfangs (V. 2) zurück. Wenn
als Anrede im Parallelismus »meine *ʾejālût*« erscheint, so soll dieses
umstrittene Hapaxlegomenon doch wohl nur in etymologisierender
Weise das »mein *ʾel*« der Invocatio deuten. Mit V. 20a wird also die
Bitte ganz allgemein entsprechend dem Psalmanfang formuliert, während die Explikation V. 21f auf den Höhepunkt der Klage zurückgreift: die zwei Bildpaare der Feinde, der tötende Mensch (Dolch)
und der Hund, der Löwe und der Stier, werden jetzt in umgekehrter
Reihenfolge genannt. Mit der Bitte wird auch stilistisch das Klagelied
zum Abschluß gebracht. |

---

[14] Vgl. z. B. die assyrische Abbildung bei *A. Parrot*, Assur, 1961, S. 64 Abb. 68,
und die ägyptische Abbildung in Archaelogy 16, 1963, S. 156. Den Hinweis ver-
danke ich Herrn Kollegen *Galling*.

[15] S. oben S. 182f Anm. h zur Übersetzung.

[16] Der Doppelaufbau des ersten Stichos stellt ein Gegengewicht gegen den
Parallelismus des zweiten und dritten Stichos dar.

In V. 23 schließt sich ein individuelles Danklied an, das hier also nicht selbständig, sondern mit dem Klagelied zusammen überliefert wird[17]. Der Sitz im Leben der individuellen Danklieder ist das Dankopfer- (oder Bekenntnisopfer-)Mahl, die *tôdā*. Bei dieser *tôdā* geschieht der Lobpreis Jahwes als des Retters, die *t*ᵉ*hillā*. So begegnen uns hier in Ps 22,23ff die Gattungselemente des Hymnus, Aufforderung zum Lob und Korpus des Lobs. Die *tôdā* genannte kultische Handlung ist ein Opfer, und zwar ein Gemeinschaftsopfer (*zæbāḥ*; vgl. Lev 7,12ff). Der Errettete, der in seiner Not sich zur *tôdā* mit einem Gelübde verpflichtet hat[18], stiftet das Opfertier und Brot (ein konstitutives Element der *tôdā*) für die Gemeinschaft, in der allein die *tôdā* vollzogen werden kann. Da es ein *zæbāḥ* ist, haben alle an dem Opfer Anteil und andererseits Gott, an den der Hauptteil des Opfers fällt. Diese Opfermahlzeit bedeutet, daß der Errettete nach seiner seine Existenz bedrohenden Not, nach seinem der Todessphäre Verfallensein eintritt in eine erneuerte Existenz unter den Seinen, der Gemeinschaft der zum Opfer Geladenen. Die *tôdā* stiftet ein neues Sein, sie begründet den *šalôm*-Zustand zwischen Gott und der Gemeinde, der der Errettete als neu Seiender wiedergegeben wird. Hier geschieht das Bekenntnis (vgl. *jdh* hi.»bekennen«) Gottes als des Retters in der Form des Lobes *(t*ᵉ*hillā)* Gottes um des Gedenkens *(zekær)* Gottes willen (vgl. *zkr* Ps 6,6 in Parallele zu *jdh*, Ps 145,7 in Parallele zu dem Jubel über die Heilstaten Gottes). Konkret bedarf es bei dieser Anamnesis der Errettung, daß auch die Not, aus der

---

[17] Daß V. 23ff nicht einen völlig anderen Psalm darstellt (so *B. Duhm*, Die Psalmen [KHC 14], ²1922, S. 98f; ähnlich *H. Schmidt*, Die Psalmen [HAT I, 15], 1934, S. 39), ergibt sich einerseits aus den inneren Bezügen (vgl. *'ᵃnût 'ani* V. 25 mit *'ᵃnijjati* V. 22; V. 26a mit V. 4b; V. 29 mit V. 4a), andererseits aus gattungsgeschichtlichen Gründen: das individuelle Danklied V. 23ff enthält keinerlei Hinweise auf die Not bzw. die Klage des Beters, so daß es als selbständige Größe keinen Sinn ergibt. Auf der anderen Seite geht *Westermann* wohl zu weit, wenn er in V. 23ff nur ein erweitertes Lobgelübde des Klageliedes sieht (Gewendete Klage, S. 9; entsprechend *Botterweck*, a Anm. 3 aO S. 67); denn in V. 24f und V. 26 ist die Situation der *tôdā* vorausgesetzt, und die vollkommen ausgebildeten hymnischen Formen lassen eine Subsumierung unter die Form des *tôdā*-Gelübdes nicht zu. Es gibt drei Formen des individuellen Dankliedes: 1. Das Danklied ist nicht selbständig, sondern nur Fortführung des Klageliedes bei der *tôdā*, z.B. Ps 31, 8f.20–25; 69,31ff. Dieser Fall liegt vor. – 2. Das individuelle Danklied ist selbständig und enthält die nötigen Hinweise auf den Klageliedinhalt, d.h. Bericht über die Not, Bericht über das Gebet, Hinweis auf die Errettung, z.B. Ps 116. – 3. Das individuelle Danklied ist selbständig, zitiert aber in einem geschlossenen Abschnitt das Klagelied, z.B. Ps 130.
[18] Das Gelübde kann sich neben der *tôdā* auch auf ein besonderes freiwilliges Opfer *(n*ᵉ*dabā)* beziehen, so daß auch andere Opferarten dann in Frage kommen (vgl. die Nennung der *'ôlā* in Ps 66,13).

errettet worden ist, berichtet wird: die Einheit | von Ps 22 beweist, daß auch die Klage vorgetragen wird, um die Errettung kultisch nachzuvollziehen[19].

Das individuelle Danklied Ps 22,23ff beginnt mit der Selbstaufforderung des Beters zur *t*ᵉ*hillā* in V. 23, die dadurch zur Ausführung gelangt, daß in V. 24f ein durch Tristicha gekennzeichneter Hymnus des Beters, an die *tôdā*-Gemeinde gerichtet, angeschlossen wird. Er enthält V. 24 die Aufforderung an die Gemeinde zur *t*ᵉ*hillā* – wobei, wie der Parallelismus zeigt, diese Gemeinde zum Gesamtisrael wird – und, durch *kî* »denn« verbunden, das Korpus des Lobs V. 25 (V. 25aα allgemein formuliert unter Aufnahme des abschließenden Wortes des Klageliedes *ᵃnijjatî*: *ᵃᵉnût* *ᶜanî*, V. 25aβ Sehen, V. 25b Hören). Nach diesem die Gemeinde aufrufenden Hymnus V. 24f folgt in V. 26f die Fortsetzung des Hymnus des Beters, in dessen Korpus jetzt auf die Situation der *tôdā* eingegangen wird, erstens in der Form der Feststellung, daß diese *t*ᵉ*hillā* von Jahwe durch seine Heilstat der Rettung gewirkt ist (vgl. V. 4b), so daß der Beter sein *tôdā*-Gelübde erfüllen kann (V. 26), zweitens in der Form von Wünschen an die Mahlgemeinde (V. 27aα Essen des Mahls, V. 27aβ Preis Jahwes, V. 27b allgemeiner Wunsch als Abschluß).

Diese abschließenden Wünsche an die Mahlgemeinde, die ja schon in V. 24 wie Gesamtisrael verstanden worden ist, werden in V. 28–32 in gewaltiger Weise erweitert. Dreifach dehnt sich der Gesichtskreis von Israel aus, erstens auf die gesamte gegenwärtige Welt (V. 28f), zweitens auf die Vorwelt, die Toten (V. 30), drittens auf die Nachwelt, die Ungeborenen (V. 31f). V. 28f erwartet die Bekehrung der gesamten Welt zu Jahwe und begründet das mit dem Theologumenon der Königsherrschaft Gottes (vgl. V. 4a), V. 30 erwartet gegen alle Tradition der Klagelieder, wonach in der Unterwelt jedes Gedenken an Jahwe unmöglich ist (Ps 6,6; 30,10; 88,12f; 115,17; Jes 38,18), die Anbetung der Toten, die damit des Lebens teilhaftig werden, und V. 31f läßt die Verkündigung der Heilstat Jahwes (Singular, also eben diese Errettung des Beters aus dem Tode!) bis in alle Zukunft sich fortsetzen: »denn Jahwe hat es vollbracht«. Dieser Abschnitt

---

[19] Das Problem des Sitzes im Leben hat bei den individuellen Klageliedern deswegen noch keine befriedigende Lösung gefunden, weil man von dem eigentlichen Sitz in der Situation der Not, die nur ausnahmsweise kultischen Charakter haben kann (bei sakralrechtlichen Maßnahmen oder in einem Fall wie dem des Hiskia), den liturgischen Sitz im Leben nicht unterscheidet. Dieser letztere wird, wie Ps 22; 32 (paradigmatisierende Sondergestaltung der Weisheit, Klageerhörungsparadigma); 64; 130 zeigen, die *tôdā* sein, der darum für die Tradition der Klage besondere Bedeutung zukommt.

V. 28–32 stellt den Exegeten vor besondere | Schwierigkeiten[20]. Während Gunkel[21] diese Erwartungen als enthusiastische Äußerungen abwertet, sehen Weiser[22] und Kraus[23] in V. 28 f lediglich die Aufnahme jerusalemischer Kulttraditionen und können daher diese Aussage als eine allgemeine, ohne speziellen Bezug zum Geschehen von Ps 22 stehende neutralisieren. Selbstverständlich hat das Theologumenon der Königsherrschaft Gottes in Jerusalem eine kultische Verankerung gefunden, aber daß hier nicht Traditionen als solche zitiert werden, zeigt sich an dem ganz untraditionellen Inhalt von V. 30. Daß die Aussagen von V. 28–32 nicht nur als allgemeine fromme Wünsche am Ende des Psalms aufgeführt werden, ergibt sich einerseits aus der kompositionellen Verhaftung mit Inhalt und Situation von V. 23 ff (formal als Fortsetzung von V. 27) und andererseits daraus, daß in V. 31 f ausdrücklich Bezug genommen wird auf das Geschehen von Ps 22, die Errettung des Beters aus dem Tod.

In Ps 22 kommt also eine bestimmte *apokalyptische Theologie* zu Worte, die in der an einem Einzelnen sich vollziehenden Errettung aus der Todesnot die Einbruchsstelle der βασιλεία τοῦ ϑεοῦ sieht: die Bekehrung der Welt, ausdrücklich mit dem βασιλεία -Theologumenon begründet, die Auferstehung der Toten, wenn auch noch sehr zurückhaltend konzipiert als Erlösung zur kultischen Teilhabe an Jahwe[24], und die Verkündigung dieser Heilstat in alle Zukunft. Die Not des Beters ist im Klagelied bis zur äußersten Grenze getrieben, bis zum Urleiden gesteigert, und so wird nun auch die Errettung aus dieser Not zur Urheilstat, die den Einbruch der eschatologischen Erlösung markiert. Die individuelle Kultdichtung beruhte von jeher auf der Analogie des Individuums zu Israel. In der apokalyptischen Theologie konnte dementsprechend die individuelle Frömmigkeit apokalyptische Strukturen annehmen[25]: in der Errettung des Frommen aus dem Tod offenbart sich die eschatologische Königsherrschaft Gottes. |

---

[20] Bezeichnend sind die unglücklichen Versuche, V. 28–32 gänzlich als sekundär auszuscheiden: E. *Podechard*, Le Psautier I, Lyon 1949, S. 108; A. *Gelin*, Les quatre lectures du Psaume XXII, Bible et Vie chrétienne 1, 1953, S. 31–39, S. 35 f; R. *Martin-Achard*, Remarques sur le Psaume 22, VC 17, 1963, S. 78–87, S. 81.

[21] Die Psalmen (HK II, 2), ⁴1926, S. 93 f.

[22] AaO S. 152.

[23] AaO S. 183.

[24] Die Verwandtschaft zu Jes 26,19 eröffnet die Möglichkeit, Ps 22 entsprechend zu datieren, wobei wohl die zurückhaltende Formulierung in Ps 22 eher etwas früher anzusetzen wäre. Würde man die Jesajaapokalypse Ende des 4. Jh.s v. Chr. datieren, käme man für Ps 22 vielleicht in die 2. Hälfte des 4. Jh.s.

[25] Zu Ps 69, der ja bezeichnenderweise neben Ps 22 im Bericht vom Tode Jesu Mk 15,36 par. eine Rolle spielt, besteht eine gewisse Verwandtschaft, auch hier ist das Danklied (V. 31 ff) an das Klagelied angehängt, der Preis des an der *tôdā*

## III

Wir verstehen jetzt, warum Ps 22 im Neuen Testament zitiert wird: nicht die Formulierung des ersten Stichos, die Rede davon, daß Gott den Beter verlassen habe, als Ausdruck der eigentlichen Not, ist der Anknüpfungspunkt zum Golgathageschehen, sondern der in diesem Psalm mit der Errettung aus dem Tod verbundene Einbruch der βασιλεία τοῦ θεοῦ. Der Psalm bekam von diesem, seinem theologischen Skopus her einen apokalyptischen Charakter. Der Inhalt wurde auf das neutestamentliche Ereignis des Todes Jesu so bezogen, daß er die Darstellung dieses Ereignisses in zweifacher Weise geprägt hat.

1. Im ursprünglichen synoptischen Kreuzigungsbericht werden Anfangs- und Endpunkt der Feindbeschreibung zitiert: V. 8 in Mk 15,29, »die (am Kreuz) Vorübergehenden lästerten ihn und schüttelten die Köpfe« (am Ende der Lästerrede fügt Matthäus noch V. 9 hinzu), andererseits V. 19 in Mk 15,24, die Teilung der Kleider Jesu. Andere alttestamentliche Zitate als diese beiden von Ps 22 werden im ursprünglichen Kreuzigungsbericht nicht gebracht. Sie stellen überlieferungsgeschichtlich nicht die spätesten Elemente dar, doch soll auf eine entsprechende Analyse hier verzichtet werden. Sehr seltsam ist, daß man auf das Zitat von Ps 22,17b verzichtet hat, das nach dem LXX-Text ὤρυξαν χεῖράς μου καὶ πόδας »sie durchgruben meine Hände und Füße« *die* Schriftstelle gewesen sein müßte, auf die man beim Kreuzigungsbericht hätte Bezug nehmen sollen. Es gibt für dieses Schweigen m. E. keine andere Erklärung als die, daß der Psalm nicht in der LXX-Fassung, sondern aramäisch bekannt gewesen ist, was für ein sehr altes neutestamentliches Überlieferungsstadium spricht[26]. |

---

Teilhabenden wird zum kosmischen Preis erweitert (V. 35, vgl. zu dem zugrunde liegenden Theologumenon von der Königsherrschaft Jahwes Ps 96,11 ff; 98,7 ff), wogegen die Zionshoffnung V. 36 f deutlich abgesetzt ist. Jedenfalls wird auch hier die am Beter geschehene Heilstat als ein Ereignis angesehen, dem weltweite Bedeutung zukommt, wenn auch nicht so wie in Ps 22 die Erwartung des Anbruchs der Königsherrschaft Gottes mit dem Heilsereignis der Errettung aus dem Tod zusammengesehen wird. Anderseits setzt dies nicht voraus, daß der Beter von Ps 22 ein König oder eine andere Mittlerfigur gewesen ist (so *J. A. Soggin*, Appunti par l'esegesi christiana della prima parte del salmo 22, BeO 7, 1965, S. 105–116, S. 111 ff).

[26] Gegen eine spätere christliche Änderung des LXX-Textes spricht die wenig freie Wiedergabe von *karā* mit ὀρύσσειν (vgl. Gen 26,25; 50,5; 2Chr 26,14; Ps 7,15; 57,6; 94,13; Spr 16,27; 26,27). – Die Unsicherheit des hebräischen Textes kann kein Grund dafür sein, daß eine Anspielung auf Ps 22,17 unterblieben ist (gegen *J. R. Scheifler*, El Salmo 22 y la Crucifixión del Señor, EstBíb 42, 1965, S. 5–83, S. 77).

2. Wichtiger als der Kreuzigungsbericht ist der Bericht des Todes Jesu. Eine Kreuzigung ist anfänglich kein irreparables Geschehen[27], das entscheidende Ereignis ist erst der Tod selbst. Durch das über das Ganze gelegte Drei-Stunden-Einteilungsschema aufgrund der Konzeption einer kosmischen Finsternis am Mittag wird der Bericht vom Tod Jesu in der neunten Stunde deutlich abgegrenzt. Vergleichen wir die drei synoptischen Berichte:

a) *Mk 15,34–39.* Jesus ruft Ps 22 aus φωνῇ μεγάλη (es wird der erste Stichos des Psalms aramäisch zitiert). Dieses Rufen wird völlig mißverstanden, die Invocatio ᾿elî ᾿elî als Ruf nach Elia gedeutet. Jemand versucht, den Tod durch Tränken des Gekreuzigten mit Essig hinauszuschieben, um für das Eingreifen des Elia zeitlich Raum zu schaffen; auf Ps 69,22 wird angespielt. Jesus verscheidet laut rufend (ὁ δὲ ᾿Ιησοῦς ἀφεὶς φωνὴν μεγάλην ἐξέπνευσεν). Der Tempelvorhang zerreißt. Der Centurio, der den Gekreuzigten bewacht, wahrnehmend ὅτι οὕτως κράξας ἐξέπνευσεν »daß er so rufend verschied«, bekennt: dieser Mensch war υἱὸς θεοῦ.

b) *Mt 27,46–54.* Matthäus schließt sich zunächst ganz dem Markusbericht an: Jesus ruft Ps 22,2a φωνῇ μεγάλη aus. In der dann folgenden Mißdeutung auf Elia versucht er leicht zu dramatisieren: einer tränkt den Gekreuzigten, *andere* sagen »wir wollen sehen, ob Elia kommt«. Aus dem Satz, daß Jesus laut rufend verschied, wird bei Matthäus: ὁ δὲ ᾿Ιησοῦς πάλιν κράξας φωνῇ μεγάλη ἀφῆκεν τὸ πνεῦμα; es wird also verdeutlicht: ein neues, zweites Rufen. Wie bei Markus folgt das Zerreißen des Tempelvorhangs. Dann erscheint ein völlig neuer Stoff: durch ein Erdbeben öffnen sich Gräber, tote Heilige werden auferweckt und gehen μετὰ τὴν ἔγερσιν αὐτοῦ in die heilige Stadt, wo sie vielen erscheinen. »Nach seiner (d.h. Jesu) Auferstehung« ist sicherlich späteres Interpretament[28], um die recht seltsame Aussage einer Totenauferstehung beim Tod Jesu zu neutralisieren. Entsprechend ist nun der Abschluß der Perikope variiert: der Hauptmann und die *Wächter* mit ihm bekennen die Gottessohnschaft Jesu besonders unter dem Eindruck des Erdbebens. Matthäus fußt bis auf eine Ausnahme ganz auf Markus, nur durch kleine Hinzufügungen wird versucht, den Markusstoff zu verdeutlichen. Die Ausnahme ist die Überlieferung von der Totenauferstehung. Zur Herkunft dieses Stoffes wird im folgenden noch etwas anzumerken sein. |

c) *Lk 23,46–48.* Lukas verfährt mit der Markusüberlieferung ganz frei: Den Satz vom Zerreißen des Tempelvorhangs stellt er vor das Ganze. Das Zitat Ps 22,2 streicht er und ersetzt es durch Ps 31,6 »In

---

[27] Die Verspottung Mk 15,30 par. ist keine Absurdidät.
[28] *E. Lohmeyer,* Das Evangelium des Matthäus, hg. v. *W. Schmauch* (MeyerK, Sonderband), 1956, S. 396 f.

deine Hände befehle ich meinen Geist«, beläßt aber das φωνῇ μεγάλῃ. Der Anstoß, der hier an Ps 22,2 genommen wird, bedarf keiner Erklärung. Entsprechend mußte Lukas den Abschnitt vom Mißverständnis, der Gekreuzigte rufe den Elia, tilgen. Daß dieser Ersatz von Ps 22,2, und was daran angeschlossen ist, durch Ps 31,6 keine alte Überlieferung darstellt, wird dadurch erwiesen, daß Lukas *ein* Element übernimmt, die Tränkung mit Essig; nur bringt er dies in seiner Manier, kompositorisch frei zu verfahren, im Kreuzigungsbericht unter. Das Bekenntnis der Gottessohnschaft Jesu durch den römischen Hauptmann wird bei Lukas zur Feststellung, daß dieser Mensch ein Gerechter war. Hinzugefügt wird das Schuldbekenntnis der jüdischen Zeugen der Hinrichtung.

Es ist durch den Vergleich hinreichend deutlich geworden, daß wir uns in dieser Perikope allein auf Markus als einzige Grundlage der synoptischen Überlieferung beschränken müssen. Betrachten wir den Markusbericht genauer, so stellen wir eine gewisse Unbeholfenheit der Darstellung, eine Starrheit des Aufzählens fest, die auch für die Altertümlichkeit des Markusberichtes spricht. So ist selbstverständlich die Aussage, daß der Centurio sich zum Gekreuzigten bekennen kann, weil er sah,»daß er so rufend verschied«, zu beziehen auf den Satz, daß Jesus verschied ἀφεὶς φωνὴν μεγάλην. Dieser Zusammenhang wird getrennt durch den Satz vom Zerreißen des Tempelvorhangs, der wegen der zeitlichen Koinzidenz mit dem Tod Jesu einfach dazwischen gesetzt wird. Ähnlich wird man auch die stilistischen Verhältnisse im Vorhergehenden zu beurteilen haben: der Abschnitt vom Elia-Mißverständnis wurde wegen des Bezuges auf die Psalminvocatio *'elî 'elî* sofort nach dem aramäischen Zitat von Ps 22,2a eingeschoben und stört jetzt den Bezug von V. 37 zu V. 34, d. h. man merkt nicht mehr ohne weiteres, daß die φωνὴ μεγάλη beim Tod Jesu sich auf die φωνὴ μεγάλη des Zitierens von Ps 22 bezieht. Die unbeantwortbare Frage, was denn dieser letzte Schrei oder Ruf Jesu gewesen sei, besteht gar nicht. Jesus stirbt laut rufend; φωνή ist nicht Sachobjekt, sondern wie hebräisch *qôl* oder aramäisch *qal* Umstandsobjekt[29]. | Daß dieses laute Rufen des Sterbenden das Ausrufen von Ps 22 ist, ergibt sich auch aus der Reaktion des Repräsentanten Roms: aufgrund dieses Rufens bekennt er den υἱὸς θεοῦ so, wie die Völker

---

[29] Zu *qôl* als effiziertem Objekt mit instrumentaler Bedeutung vgl. *C. Brockelmann*, Hebräische Syntax, 1956, § 93n; zu diesem Gebrauch im Semitischen überhaupt vgl. *C. Brockelmann*, Grundriß der vergleichenden Grammatik der semitischen Sprachen II (Syntax), 1913, § 204eβ. Sollte ἀφεὶς φωνὴν μεγάλην auf einen vollen aramäischen Verbalausdruck zurückgehen, so ist LXX Gen 45,2 zu vergleichen. Der hebräische Text meint dort nicht einen lauten Schrei *neben* dem Weinen, sondern, wie 2Sam 15,23; Ps 6,9; Esr 3,12 u.a. Stellen zeigen, ein lautes Weinen.

in Ps 22,28 Gott bekennen. Daß man das Bekenntnis des Centurio tatsächlich als Erfüllung von Ps 22,28 verstanden hat, wird andererseits deutlich durch eine weitere, spätere Entwicklung: auch die zweite Aussage des Psalms über die Toten Ps 22,30 fand ihren Niederschlag in dem Stoff des Matthäus-Sondergutes dieser Perikope, dem Auferwecktwerden toter Heiliger im Augenblick des Sterbens Jesu.

Wir kommen also zu dem Ergebnis, daß sich der gesamte ursprüngliche Bericht vom Tod Jesu auf ein Zitieren von Ps 22 bezieht: Mk 15,34 findet seine Fortsetzung in V. 37, der wiederum von V. 39 weitergeführt wird. Der Abschnitt vom Elia-Mißverständnis ist überlieferungsgeschichtlich deutlich sekundär, abhängig von der Invocatio des Psalms 22, mitsamt dem in diesem Abschnitt auftauchenden Verweis auf Ps 62,22 (Tränken mit Essig). Ja, es besteht der Verdacht, daß das in diesem Abschnitt so grotesk zum Ausdruck gebrachte Mißverstehen Jesu, der sich mit dem Beter von Ps 22 identifiziert und seinen Tod als Einbruch der βασιλεία τοῦ θεοῦ verkündet, der markinischen Theologie entspricht und hier seinen Ursprung hat. Der Satz vom Zerreißen des Tempelvorhangs ist überlieferungsgeschichtlich in Beziehung zu setzen mit der Begründung des Todesurteils Jesu (Mk 14,57ff und 15,29b) und steht ja hier nur wegen der Zeitbestimmung; er gehört nicht im strengen Sinn zur Darstellung des Todes Jesu.

Wir sehen: Die älteste Darstellung des zentralen Ereignisses des Todes Jesu wird verborgen unter dem Schleier von Ps 22. Damit werden wir hier nicht nur eine alte Interpretation des Todes Jesu vor uns haben, sondern, wie mir scheint, das älteste Verständnis des Golgathageschehens. Es ist hier nicht wie in Jes 53 vom Sühnopfer die Rede, ja noch nicht einmal vom Messias, sondern der zur tiefsten Leiderfahrung gesteigerte Tod führt mit dem aus dem Tod herausrettenden Gotteshandeln zum Einbruch der eschatologischen βασιλεία τοῦ θεοῦ. Derjenige, der diese βασιλεία in seinem Leben verkündet hat, führt sie in seinem Tod herbei.

IV

Wir müssen jetzt an das oben zur *tôdā* grundsätzlich Gesagte erinnern. Es wird im folgenden nicht mehr direkt auf Ps 22 Bezug genommen, sondern auf die Institution der *tôdā* überhaupt[30]. Zu der durch Gott

---

[30] Selbstverständlich ist die *tôdā* bis zum Ende des Tempelkultes in Übung und für den Kult von größter Bedeutung gewesen, wie man den zahlreichen Hinweisen in der Mischna (Hall 1,6; Pes 1,5; 2,5; Schebu 2,2; Zeb 5,6; Men 2,3; 3,6; 5,1; 6,5; 7,1–6; Tem 3,2; Meil 4,2) entnehmen kann.

voll- | brachten Errettung gehört als Antwort des Menschen das Lob, die *tᵉhillā* im Bekenntnisopfermahl. Das Mahl inauguriert das neue Sein des Erretteten. Er steht im *šalôm*-Verhältnis zu Gott, er hat Gemeinschaft mit Gott und den Seinen in dem von ihm gestifteten Mahl. Bei diesem Mahl spielt die Brotdarbringung eine besondere Rolle, wie aus Lev 7,12ff ersehen werden kann. Die Möglichkeit, das sonst dem Kult ganz fremde Gesäuerte darzubringen (vgl. auch Am 4,5), weist auf das hohe Alter dieser *tôdā*-Eigentümlichkeit. Wir müssen ferner anmerken, daß der an und für sich nur zum Mahl hinzutretende Weingenuß größere Bedeutung haben kann, so daß er als Pendant zum eigentlichen Mahl erscheint. So stellen die Kehrverse des individuellen Dankliedes Ps 116 beides zusammen:

Dir opfere ich zæbāḥ tôdā, den Namen Jahwes rufe ich an,
     meine Gelübde erfülle ich Jahwe vor seinem ganzen Volk (V. 17f)

entspricht

Den Becher der Heilstaten Jahwes erhebe ich, den Namen Jahwes rufe ich an,
     meine Gelübde erfülle ich Jahwe vor seinem ganzen Volk (V. 13f).

Zu dem Gemeinschaft und neues Sein stiftenden Mahl gehört untrennbar der Lobpreis Jahwes, das Bekenntnis Jahwes als des Retters durch das Gedenken *(zekær)* des Rettungsgeschehens: die Klage wird zitiert. So wird in dem Mahl die Errettung kultisch nachvollzogen. Auch die *tôdā* des zweiten Teils von Ps 22 findet ihre Verwirklichung im Neuen Testament; die Gemeinde des Auferstandenen feiert das Herrenmahl, bei dem sie den Tod Jesu verkündet: »So oft ihr dieses Brot eßt und diesen Becher trinkt, verkündet ihr den Tod des Herrn, bis er kommt.« (1Kor 11,26)

Die Frage nach dem Ursprung des Herrenmahls findet in der neutestamentlichen Wissenschaft noch keine befriedigende Antwort. Einerseits verweist man auf das Passamahl[31]. Aber so sicher es ist, daß das Herrenmahl später mit den Theologumena des Passaopfers interpretiert wird, so wenig Ähnlichkeit besteht zwischen dem Passamahl und dem Herrenmahl: Das, was beides miteinander verbindet, findet sich in jedem feierlichen jüdischen Mahl; das Entscheidende, das das Passa eigentlich Charakterisierende müßte weggefallen sein. Vor allem die Loslösung vom Passatermin, die sofort erfolgt ist, macht eine solche Herleitung zu einer reinen Hypothese. Man müßte schon zu der Auskunft | greifen, der ursprüngliche Abendmahlsbericht im Rahmen des synoptischen Berichtes vom Passamahl Jesu sei weggefallen und durch einen fremden Einsetzungsbericht mit einer anders-

---

[31] Vgl. besonders *Joach. Jeremias*, Die Abendmahlsworte Jesu, ⁴1967.

artigen Mahlkonzeption ersetzt worden[32], um diese Hypothese zu halten, damit aber einer anderen zu verfallen. Grundsätzlich mahnen die bei einer Kultätiologie vorliegenden besonderen Verhältnisse, der bewußt durchgeführte Bezug auf eine bestimmte historische Situation, zur Vorsicht. Es trägt auch nichts aus, auf die »Erscheinungsmahle« zu verweisen[33]. In diesen Berichten von Erscheinungen des Auferstandenen hat das Mahl recht verschiedene Funktionen. Zum Teil erklärt sich das Mahl aus antidoketistischen Tendenzen (Lk 24,41 ff; Joh 21,9 ff), zum Teil soll das Mahl als Zentrum des urchristlichen Gottesdienstes die Situation bestimmen (Mk 16,14), zum Teil handelt es sich um ein Nebenmotiv, so theologisch gewichtig es auch sein mag (Lk 24,30 ff). Der Hinweis auf die Speisungsgeschichten kann ebensowenig weiterhelfen.

Am sichersten erscheint es daher, den Ursprung des Herrenmahles in der nach dem Tod Jesu fortgesetzten Mahlgemeinschaft der Jünger zu sehen. Hier wären die Gemeinschaft mit dem Auferstandenen und wohl auch der eschatologische Charakter, die Vorwegnahme des himmlischen Mahles wesentlich. Aber so sicher in der fortgesetzten Mahlgemeinschaft ein historischer Anknüpfungspunkt gegeben ist, so wenig reicht doch diese Antwort aus. Denn selbst, wenn man die dann gerne vorausgesetzte hypothetische Urform des für das Mahl konstitutiven Brotwortes »Das ist mein Leib«, die wegen eines σῶμα angeblich zugrunde liegenden aramäischen *gwp'* mit »Das bin ich« wiederzugeben sei, akzeptierte, so ist doch weder bei einer Auslegung als Ausdruck für das Dienen Jesu noch bei einer solchen als Ausdruck für die Gemeinschaft im Mahl einzusehen, wieso diese Aussage in die ungewöhnliche Form einer auf das Brot bezogenen Gleichung gebracht wurde. Wie dem aber auch sei, ganz unverständlich ist es, daß nun noch in derselben Generation in der hellenistischen Urgemeinde aus dieser Mahlgemeinschaft mit dem Auferstandenen ein sakramentales Mahl geworden sein soll, bei dem der Leib des Herrn gegessen wird. Eine Fehlübersetzung des aramäischen *gwp'* mit σῶμα kann doch nicht den Anlaß zu dieser sakramentalen Uminterpretation gegeben haben; die Zweisprachigkeit weiter Kreise der Urchristenheit hätte doch einen solchen fundamentalen Traditionsfehler innerhalb einer Generation ausschließen müssen. Wollte man hier einen völlig neuen Typus des Herrenmahles sehen, müßte man auch mit Lietzmann[34] | in den Worten des Paulus »Denn ich habe vom Herrn her empfangen, was ich euch auch überliefert habe«

---

[32] *Siegfr. Schulz*, Die Stunde der Botschaft, 1967, S. 128.
[33] Vgl. besonders O. *Cullmann*, Urchristentum und Gottesdienst, ³1950, S. 17 ff.
[34] *H. Lietzmann*, An die Korinther I. II (HNT 9), ⁴1949, S. 57.

(1Kor 11,23) eine Berufung auf ein besonderes durch die Damaskus-offenbarung erschlossenes Verständnis sehen und nicht, wie heute mit Recht angenommen, eine Berufung auf die einfache Traditions-kette.

Vom Alten Testament herkommend, bedarf es weder der schwer zu beweisenden ursprünglichen Identität des Herrenmahles mit dem Passa noch der Annahme, daß die vorpaulinische hellenistische Ge-meinde das wesentliche, schöpferische Element der neutestament-lichen Traditionsbildung darstelle. Vielmehr mußte nach alttesta-mentlichen Maßstäben auf die Erfahrung der Auferstehung hin not-wendig die Feier der *tôdā* vollzogen werden, ja, die Verkündigung der Auferstehung kann vollgültig, d.h. als Erfahrung der Auferste-hung, nur in dem *tôdā*-Mahl vollzogen werden.

So, wie die Klage in der *tôdā* rezitiert wird, das Leiden, die Todesnot bekannt wird und Jahwe als der Retter, so ist das Herrenmahl von Anfang an Verkündigung des Todes Jesu (1Kor 11,26). Die litur-gische Formel mit dem Hinweis auf die ἀνάμνησις entstammt nicht dem hellenistischen Totengedächtnismahl, sondern gebraucht *zekær* im Sinn von Ps 6,6 oder Ps 145,7 als Erinnerung an die Heilstat Got-tes, die Errettung Jesu aus dem Tod. Hier beim *tôdā*-Mahl wird die *tᵉhillā* vollzogen, der bekennende Jubel über die göttliche Heilstat: »Im Haus das Brot brechend, nahmen sie Speise zu sich mit Jubel . . ., Gott preisend (αἰνοῦντες τὸν θεόν)« (Apg 2,46).

Das Mahl, durchaus ein Sättigungsmahl (vgl. Ps 22,27), stiftet die Gemeinschaft zwischen Gott und Gemeinde, indem das neue Sein des Erretteten sich konstituiert. Neben dem *zæbăḥ* ist der Becher, »der Becher der Heilstaten« (Ps 116,13f), besonders zu erwähnen, so wie neben dem Brotwort in der Abendmahlsüberlieferung das Becher-wort steht – nicht das Weinwort bei Markus, das, wie man richtig er-kannt hat, eine sekundäre Parallelisierung zum Brotwort darstellt, sondern das paulinisch-lukanische Becherwort.

Im Fall der *tôdā* des Auferstandenen ist aber eine besondere Form der *tôdā* notwendig, die sich einfach aus der neuen, mit der Auferste-hung gegebenen Wirklichkeit, die sich aus dem neuen Sein des Auf-erstandenen ableitet. In der alten *tôdā*, die Israel feierte, stiftete der Errettete für das Gemeinschaftsmahl ein Opfertier aus seinem Besitz. Das ist in der Wirklichkeit des Auferstandenen sinnlos. Der Aufer-standene kann nicht etwas aus seinem Besitz für sich geben, er gibt sich selbst. Ganz ähnlich wird in dem spiritualisierenden Psalm 51 die alte *tôdā* transformiert. Anstelle des typischen *tôdā* versprechenden Gelübdes wird hier bekannt, daß der | wahre *zæbăḥ* das Leiden des Beters ist (V. 19). An die Stelle des *zæbăḥ* tritt in Ps 51 das Leiden des Beters, an die Stelle des *zæbăḥ* im Herrenmahl tritt der Gekreuzigte selbst. *Das ist der Sinn des Brotwortes* »Das ist mein Leib«. Das Brot, das als Zukost bei der *tôdā* dabei sein muß, übernimmt die Funktion des *zæbāḥ*, indem es gleichnishaft an die Stelle des geopferten Leibes[35] tritt[36].

Aber das ist nicht die einzige Eigenart der Herrenmahl-*tôdā*. Was in Ps 22 anklingt, der Einbruch der βασιλεία τοῦ θεοῦ, ist in Tod und Auferstehung Jesu Wirklichkeit geworden: dieses Mahl ist das eschatologische Mahl. Daß im Zusammenhang mit der Abendmahlstradition das Wort vom Gewächs des Weinstocks Mk 14,25 überliefert wird, das in der lukanischen Fassung noch eine besondere Rolle spielt: »Denn ich sage euch, ich werde von jetzt an nicht mehr vom Gewächs des Weinstocks trinken, bis das Reich Gottes gekommen ist« (Lk 22,18), macht den eschatologischen Charakter der Christus-*tôdā* deutlich genug. Vorgeprägt von der apokalyptischen Überlieferung Jes 25,6, tritt dieser letzte *zæbāḥ* dem ersten von Ex 24 entgegen. War der erste *zæbāḥ* die Stiftung des Sinaibundes, so wird der letzte *zæbāḥ* zur Stiftung des neuen Bundes. So wie in Ex 24 die mit dem *zæbāḥ* verbundene Blutsprengung den Bund stiftet, so das Blut des Gekreuzigten. *Das ursprüngliche Becherwort* bingt diesen Bezug deutlich zum Ausdruck: »Dieser Becher ist der neue Bund in meinem Blut« (Lk 22,20, vgl. 1Kor 11,25). ἐν τῷ αἵματί μου bezieht sich auf ἡ καινὴ διαθήκη und meint das Blutvergießen auf Golgatha. Eine Gleichung Wein – Blut ist ursprünglich nicht gemeint; der Becher ist der *kôs ješû'ôt* der *tôdā* von Ps 116, bei dessen Erheben man die Heils- | tat Gottes preist, d. h. hier: den neuen Bund. Die weitere Entwicklung, wie sie sich in der Umprägung zum Weinwort Mk 14,24 und auch bei Paulus 1Kor 10,16 abzeichnet, ist als Parallelisierung

---

[35] Nicht des Fleisches; denn Fleisch *und* Blut werden geopfert! Es muß daher der Ausdruck σῶμα gebraucht werden.

[36] Das Brot ist ja für die *tôdā* konstitutiv (vgl. oben S. 197). Nach Lev 7,14 wird ein Teil des Brotes durch Erhebung Jahwe geweiht und fällt damit dem Priester zu. Der Hauptteil bildet die Zukost zur *zæbāḥ*-Mahlzeit. Würde schon an sich gelten, daß mit dem Wegfall einer Tierschlachtung eine Lösung vom Tempel als Ort des Altars eintritt, so ergibt sich die Lösung vom Tempel bei der *tôdā* außerdem noch aus den kultischen Gegebenheiten im Jerusalem der Zeit Jesu. Nach Zeb 5,6 kann die *tôdā* nach der Schlachtung im Tempelhof irgendwo in der Stadt verzehrt werden, und die Zubereitungsart der Speise ist völlig freigestellt. Die Gemeindefeier findet also nicht mehr im Tempel statt. Ferner ist die Brotdarbringung in später Zeit als bloße Abgabe an die Priester von der Schlachtung getrennt, vgl. Men 6,5; 7,3 (interessant ist die Ansicht, daß das *tôdā*-Brot automatisch mit der Schlachtung geheiligt wird, ohne daß es sich deswegen im Tempel zu befinden braucht). Die eigentlichen *tôdā*-Feiern nach der Schlachtung haben also damals nicht mehr im Tempelbezirk, sondern in den Häusern von Jerusalem stattgefunden; und die Bindung an Jerusalem erklärt sich ohnehin nur aus der Nähe des Tempels als Schlachtort.

zum Brotwort verständlich. Ich muß hier abbrechen, so interessant und wichtig auch eine Analyse der weiteren Entwicklung des Herrenmahls bis in die Geschichte der alten Kirche hinein wäre. Es dürfte hinlänglich deutlich geworden sein, daß es sich beim Herrenmahl um die *tôdā* des Auferstandenen handelt. Gerade die ursprüngliche Überlieferung des Herrenmahls charakterisiert dieses als *tôdā*.

Wir lernen aus Ps 22, wie die Errettung aus dem Tod im Licht der Offenbarung erfahren wird, wie in Israel die Leiderfahrung zur Erfahrung des Urleidens gesteigert und das Gottesheil der Errettung apokalyptisch als Anbruch der eschatologischen Königsherrschaft Gottes erwartet wird. Wir sehen, daß die Verwirklichung dessen im neutestamentlichen Ereignis sich vollzieht. Wir verstehen den Bericht vom Tod Jesu, der ursprünglich ganz von Ps 22 geprägt wird, und das Herrenmahl als Bekenntnis dieses Ereignisses, als Stiftung des neuen Seins, in dem der Auferstandene da ist.

# ANFANG UND ENDE DER APOKALYPTIK,
## DARGESTELLT AM SACHARJABUCH[1]

Wer nach dem Zusammenhang vom Alten und Neuen Testament
fragt, stößt auf das Problem der Apokalyptik, die man geradezu die
Berührungsfläche zwischen dem Alten und Neuen Testament nennen
könnte. Daß diese relativ späte alttestamentliche Tradition Apokalyptik in ausgedehntem Maße eine Basis des Neuen Testaments bildet,
kann man nur mit Mühe in Zweifel ziehen, wenn, um nur das Auf-
fälligste zu nennen, apokalyptische Rede in Mk 13 und Parallelen
zum Grundbestand synoptischer Tradition gehört und andererseits
der neutestamentliche Kanon sich nicht scheut, in der Johannes-
apokalypse diese Traditionsform voll und ganz zu inkorporieren,
von der inhaltlichen Substanz des Neuen Testaments ganz zu schweigen, die schon in der Naherwartung der Königsherrschaft Gottes, im
ἤγγικεν ἡ βασιλεία τοῦ θεοῦ des Täufers und der primären Verkündigung Jesu den Kern der apokalyptischen Tradition enthält. Doch
soll hier weder die Frage, inwieweit das Neue Testament über den
Rahmen der Apokalyptik grundsätzlich hinausgeht, behandelt, noch
allgemein über das Phänomen Apokalyptik geurteilt werden. Die
Urteile über die Apokalyptik fallen viel zu verschieden aus, als daß
man von einem anerkannten Begriff der Apokalyptik ausgehen
könnte und zu brauchbaren Ergebnissen gelangte, indem man das
eine oder andere revidiert. Die großen Unterschiede in den Urteilen
über die Apokalyptik und ihr weithin negativer Inhalt legen den Verdacht nahe, daß es sich um pauschale Beurteilungen eines Phänomens
handelt, das noch gar nicht ausreichend beschrieben und definiert
ist.

Stellt man etwa die grundlegende Frage, wann die Apokalyptik beginnt, so bekommt man die verschiedensten Antworten, und doch
müssen diese Antworten jeweils den Begriff Apokalyptik entscheidend bestimmen. O. Plöger z. B., der in seinem Buch »Theokratie und
Eschatologie«[2] | die These vertritt, daß die Apokalyptik von konven-
tikelhaften Kreisen getragen wird, die im Gegensatz zur herrschenden
Priesteraristokratie die Eschatologie des Prophetismus weiterbilden,

---

[1] Vortrag vor der Theologischen Fakultät der Universität Hamburg am 6.6.
1972.
[2] (1959) ³1968.

während das offizielle jerusalemer Priestertum an die Stelle eschatologischer Hoffnung die Theokratie der geschichtlichen jerusalemer Kultgemeinde gesetzt habe, deutet den tritosacharjanischen Text von der großen Klage über den berühmten jerusalemischen Toten Sach 12,10ff auf den von dem Hohenpriester Johannes im Tempel bald nach 410 ermordeten Bruder Jesus[3] und sieht hier die frühesten Ansätze zur apokalyptischen Traditionsbildung[4], die sich also an der Auseinandersetzung mit der offiziellen theokratischen Priestertheologie entzündet hatte und in der Zeit nach der Konsolidierung des jerusalemischen Kultes durch die Esra-Reform zu Beginn des 4. Jahrhunderts in gesteigertem Maße der eschatologischen Hoffnung Raum verschaffen mußte.

Fragt man nach einem politisch-historischen Fixpunkt, der von sich aus eine Situation schafft, in der die Apokalyptik entstehen kann, so wird gern auf den Alexanderzug verwiesen, den Zusammenbruch des persischen Großreichs, das eine relativ friedliche und auch in religiöser Hinsicht wenig angefochtene Existenz der jüdischen Gemeinde garantiert hatte. Mit dem Hellenismus aber kommt nicht nur politische Unruhe und Gefährdung auf, sondern auch religiöse Anfeindung und Versuchung. Die Apokalyptik wäre dann die konservative jüdische Reaktion auf die neue politische, soziale und religiöse Lage[5], und der erste apokalyptische Text wäre demzufolge Deuterosacharja, genauer Sach 9,1ff, das Stück, das den Alexanderzug von 332 an der syrischen Küste mit der berühmten Eroberung von Tyrus beschreibt[6].

Andererseits ist die Tendenz heute unverkennbar, bei dem Problem der Apokalyptik dadurch festeren Boden unter die Füße zu bekommen, daß man von vornherein von irgendwelchen Vor- oder Frühstadien absieht und sich auf die vollentwickelte Apokalyptik bezieht, bei der eben die geschlossene Form einer Apokalypse vorliegt, d.h. man orientiert sich am relativ späten Danielbuch des 2. Jahrhunderts v. Chr. So wird G. v. Rads interessanter Versuch, die Apokalyptik nicht mehr als Nachkömmling der Prophetie zu betrachten, sondern aus der späten Weisheit herzuleiten, im Zusammenhang einer Betrachtung des Danielbuches | durchgeführt[7], und ebenso wird der Gegenbeweis, die traditionsgeschichtliche Herleitung der Apokalyptik aus der Prophetie und der Nachweis, daß die typischen weisheitlichen Traditionselemente sekundär sind, durch P. von der Osten-Sacken

---

[3] AaO S. 105f.

[4] Den Text selbst datiert er in die ersten Jahrzehnte des 3. Jh.s (aaO S. 115).

[5] So in neuerer Zeit besonders *M. Hengel*, Judentum und Hellenismus, [2]1973, S. 31.354ff; *Ders.*, Gewalt und Gewaltlosigkeit, 1971, S. 10f.15ff.

[6] Vgl. *Hengel*, Gewalt und Gewaltlosigkeit, S. 11.

[7] Theologie des Alten Testaments II, 1960, S. 314ff, besonders [4]1965, S. 315ff.

am Danielbuch exemplifiziert[8]. Man möchte meinen, daß das auffällig negative Urteil v. Rads über die Apokalyptik – »ein im Grunde
geschichtsloses Denken«, »der heilsgeschichtliche Ansatz der älteren
Geschichtsbetrachtung (ist) in der Apokalyptik preisgegeben«[9],
»Signal eines großen Geschichtsverlustes«[10], »eine geradezu hybrid
anmutende Gnosis«[11] – überhaupt nur durch die Spätdatierung möglich geworden ist, die die Apokalyptik auch historisch als alttestamentliches Randphänomen erscheinen läßt. Wir müssen also feststellen, daß die Wesensbestimmung der Apokalyptik und die Ansetzung ihres Beginns in Abhängigkeit voneinander stehen, und diese
Interdependenz hat zur Folge, daß jeder Fortschritt im Verstehen der
Apokalyptik gebunden ist an eine sichere Bestimmung des Anfangs
dieser Bewegung. Sie taucht eben im Traditionszusammenhang des
Alten Testaments nicht an einer beliebigen Stelle auf, sondern an
einer wesentlichen, an einem geschichtlichen Ort, der ihr Wesen von
vornherein festlegt.

Nähern wir uns einem möglichen Beginn der Apokalyptik aus der
Vergangenheit, so fällt schon bei dem Propheten Ezechiel eine gewisse formale Nähe zur Apokalyptik auf. Nicht, als enthalte Ezechiel
apokalyptisches Material – die hierfür in Frage kommende Gog-
Magog-Weissagung in Ez 38 f hat mit Ezechiel ja nichts zu tun –,
aber unter den formalen Charakteristika der Ezechiel-Überlieferung
finden sich solche späterer Apokalyptik. Erstaunlich ist bei Ezechiel
das Detail in der Visionsschilderung. Die Visionen bilden eine regel-
rechte, detaillierte Überwelt ab, und es bedarf der Erklärung Gottes,
später durch den erklärenden Engel ersetzt, den angelus interpres,
um das Verständnis und die Bedeutung der visionären Fülle zu erschließen. Der in der Vision sich eröffnenden Welt als der eigentlich
existierenden steht die normal-menschlich erfahrbare Welt in einem
abgeleiteten Analogieverhältnis gegenüber. Während früher die prophetische Vision unmittelbar den prophetischen Verkündigungsin-
halt betraf, wird hier die Vision zur Ein- | weihung in die wahre
Wirklichkeit, und die Bedeutungsbezüge zur abgeleiteten Welt
menschlicher Geschichtlichkeit werden erst durch die Interpretation
gesetzt, die dann vom interpretierenden Engel vollzogen wird, der
eben nicht nur ausschmückendes Detail, sondern eine in der ontologischen Struktur begründete Erscheinung ist. Diese Ontologie eines
idealen, transzendenten Seins ist auch in der Apokalyptik voraus-

---

[8] Die Apokalyptik in ihrem Verhältnis zu Prophetie und Weisheit, 1969,
passim (S. 13 ff: Dan 2; S. 35 ff: Dan 7; 8–12). *von der Osten-Sacken* wendet gegen
*v. Rad* ein, daß er wesentliche Argumente für seine These aus jüngeren, Daniel
gegenüber zeitlich sekundären Schriften erhebe (aaO S. 11).
[9] AaO II, [4]1965, S. 321.    [10] AaO S. 320.    [11] AaO S. 318.

gesetzt, und der Vorwurf der Eliminierung des Phänomens des Kontingenten, des deterministischen Geschichtsbildes, des geschichtslosen Denkens in der Apokalyptik beruht zum großen Teil auf unserer Distanz einer Ontologie gegenüber, die die menschliche, geschichtliche Erfahrungswelt hergeleitet, abgeleitet weiß von einem transzendenten Sein.

In der nächsten Generation nach Ezechiel, bei Deuterojesaja, finden wir gegenüber einer solchen *formalen* Vorbereitung der Apokalyptik eine wesentliche *inhaltliche*. Im Zentrum der Verkündigung Deuterojesajas steht die Rückkehr Jahwes zum Zion: Gott tritt wieder auf dem Zion seine Königsherrschaft an. Dies ist nicht *ein* Ereignis unter den vielen Ereignissen der Weltgeschichte, sondern Ziel und Ende der Geschichte. Der neue Exodus der Exulanten an diesem Eschaton entspricht dem ersten, der Gesamtraum der Geschichte kann überblickt werden. Deuterojesaja kann mit dem Weissagungsbeweis operieren, weil die Geschichte abgeschlossen ist. Der alte Äon ist zu Ende, der neue beginnt mit der Königsherrschaft Gottes auf dem Zion. Diese absolute Eschatologie, die ja nicht nur bei Deuterojesaja verkündigt wird, sondern im Kult durch die eschatologischen Hymnen, die Jahwe-Königs-Hymnen gefeiert wird, hat den inhaltlichen Kern der gesamten Apokalyptik gebildet. Der Verkündigungsinhalt der Apokalyptik ist im Kern dieser Beginn der βασιλεία τοῦ θεοῦ. Die Verkündigung der Errichtung der Königsherrschaft Gottes durchzieht die gesamte Apokalyptik, auch wenn in einer späten Metamorphose im 2. Jahrhundert, bedingt durch die Transzendenz des Gottesbildes, diese neue Königsherrschaft als Übernahme der Herrschaft durch den Menschensohn reinterpretiert werden kann, weswegen dann der uns so rätselhafte Menschensohn in diese Tradition eingeführt wird. Aber das ist nur eine besondere Interpretation dieses Grundinhaltes der Apokalyptik, die Errichtung der Königsherrschaft Gottes auf dem Zion als Eintritt der transzendenten Basileia in unsere Welt. Bei Deuterojesaja wird die Erscheinung des Königs Jahwe auf dem Zion als »Evangelium«[12] verkündigt, so daß wir hier in inhaltlicher Nähe zur Apokalyptik stehen, obwohl wir bei ihm eine Apokalypse – auch nur in Ansätzen – vergebens suchen würden. Erst unter | den Anhängen zu Deuterojesaja ließe sich apokalyptisches Material nennen.

Eine Generation nach Deuterojesaja, beim Beginn der nachexilischen Zeit in Jerusalem, also an einem Wendepunkt in der Geschichte Israels, könnte nun eigentlich die Apokalyptik in Erscheinung treten; und die These, die hier behandelt werden soll, ist die, daß die Nacht-

---

[12] Jes 5–7–10; vgl. zu *bāśśer* Ps 96,2; Jes 61,1.

gesichte des Sacharja die älteste uns bekannte Apokalypse sind.
Sacharja scheint zusammen mit seinem Vater, einem Priester, unter
Serubabel aus dem babylonischen Exil nach Jerusalem zurückge-
kehrt zu sein[13] und hat sich nun hier als junger Prophet zusammen
mit dem alten[14] Haggai entschieden beim Wiederaufbau des Tempels
(520–515) und der Neubegründung der Kultgemeinde eingesetzt.
Später amtierte er als Priester in Jerusalem[15]. Auffälligerweise setzt
er sich selbst deutlich von den Propheten vor ihm ab, die er die früheren Propheten nennt (1,4; 7,12), die er zitiert und auslegt[16]; und er
ist auch der letzte der Propheten, die wir einigermaßen als historische
Persönlichkeiten fassen können, von Joel abgesehen, der letzte
Name in der Reihe der Propheten. Die prophetische Zeit geht mit
ihm zu Ende. Der Hauptteil seiner prophetischen Verkündigung ist
als Sammlung von Nachtgesichten auf uns gekommen, und die hier
auffällig detaillierte Beschreibung, der geheimnisvolle Symbolismus
und das regelmäßige Auftreten eines *angelus interpres* erinnern an
die Apokalyptik. Das (und angebliche *vaticinia ex eventu*) waren
dann auch die Gründe, die E. Sellin 1901 dazu bewegten, bei Sacharja
»die Geburtsstunde der Apokalyptik« anzusetzen[17]. Wie J.M. Schmidt
in seiner ausführlichen Forschungsgeschichte der Apokalyptik[18] dar-
legt, ging Sellin mit dieser These weiter als andere. Sie konnte sich
nicht durchsetzen[19], weil man mit Recht der Lokalisierung einer umfassenden geistigen Bewegung an *einem* historischen Punkt mit Skep-
sis gegenüberstehen muß, wenn hier nur eine Reihe von apokalyptischen Charakteristika belegbar ist, aber keine geschlossene Apoka-
lypse vorliegt. |
    Es ist zur Begründung der These unumgänglich, daß wir uns in
aller Kürze dem Text der Nachtgesichte selbst zuwenden. Die Gesichte sind um einiges nichtvisionäre Material redaktionell vermehrt,
das sich formal von selbst aussondert und hier von vornherein über-
gangen werden kann, wenn es auch in der Substanz oft von Sacharja

---

[13] Neh 12,6, wenn wir der später zusammengestellten Liste Neh 12,1–7
Glauben schenken.

[14] Vgl. Hag 2,3?

[15] Neh 12,16 (zur Zeit des Hohenpriesters Jojakim, des Sohnes Josuas).

[16] Vgl. 1,4; 7,9b–10.

[17] Studien zur Entstehungsgeschichte der jüdischen Gemeinde nach dem babylonischen Exil II: Die Restauration der jüdischen Gemeinde in den Jahren
538–516. – Das Schicksal Serubbabels, 1901, S. 90.

[18] Die jüdische Apokalyptik. Die Geschichte ihrer Erforschung von den Anfängen bis zu den Textfunden von Qumran, 1969, S. 276f.

[19] Immerhin kann man aber in einem so populären Buch wie *C. Westermann*,
Abriß der Bibelkunde, 1968, S. 135 lesen: »Mit diesen Gesichten des Propheten
Sacharja beginnt die Apokalyptik.«

selbst zu stammen scheint. Es ist aber auch im Zusammenhang mit dem Hinweis auf den priesterlichen Messias in c. 3 eine ganze Vision in die Sammlung der Nachtgesichte eingefügt worden, die die Institution des nachexilischen Priestertums begründet. Diese Vision hat weder die bei den Nachtgesichten übliche Visionseinleitung[20], im Gegensatz zu den Nachtgesichten werden hier keine symbolischen »Objekte« vorgeführt, demzufolge wird auch nicht wie sonst eine« Erklärung gegeben, und ebenso fehlt der angelus interpres. Diese Vision gehört also nicht, wie von verschiedenen Seiten erkannt[21], zu den Nachtgesichten; wir haben damit in den Nachtgesichten nicht acht, sondern eine Reihe von sieben Visionen. Diese sieben Visionen werden von der redaktionellen Überschrift 1,7 auf den 24. Schebat des 2. Jahres Darius' datiert. Also in einer bestimmten Nacht im Februar 519[22] empfing der Priester Sacharja ben Iddo in Jerusalem folgende sieben Visionen[23]:

I. 1,8–15. Ich sah in dieser Nacht: Siehe, jemand ritt auf rotem Roß und hielt zwischen den Myrten im Abgrund[24]; hinter ihm rote Pferde, hellrote[25] und | weiße. Ich sagte: Was sind diese, mein Herr? Und der Engel, der mit mir sprach, sagte:

---

[20] Das *wajjar'ent* findet in den Nachtgesichten nur bei der Visionsfortsetzung Verwendung.

[21] Nach *A. Jepsen*, Kleine Beiträge zum Zwölfprophetenbuch III, ZAW 61, 1945/48, S. 95–114, 95f vgl. *D. Deden*, De Kleine Profeten, BOT 12, 1953, S. 329; *K. Elliger*, Das Buch der zwölf Kleinen Propheten II, ³1956, S. 120; *K. Galling*, Studien zur Geschichte Israels im persischen Zeitalter, 1964, S. 110.

[22] Der Zeitpunkt bereitet, wie oft erkannt, nicht geringe Schwierigkeiten, wenn man in den Visionen den unmittelbaren Niederschlag politischer Ereignisse sieht. Nach den vergangenen unruhigen Jahren kann man eigentlich kaum davon sprechen, daß die Erde sich nicht rühre (1,11), aber es könnte auch sein, daß die Beurteilung dessen, was man als Unruhe erhofft, von vornherein nicht in den Horizont revolutionärer Aktivitäten paßt.

[23] Man kann natürlich grundsätzlich sich bemühen, den historischen Hintergrund jeder einzelnen Vision gesondert zu bestimmen, weil es möglich ist, daß jede als Einzelvision einmal für sich existiert hat (vgl. *Galling*, aaO S. 109 ff), aber es ist eine andere Frage, wie die Zusammenstellung als solche verstanden werden soll. Und wenn diese Zusammenstellung in den jetzt vorliegenden Visionsinhalten selbst begründet ist, müßte sie auf Sacharja zurückgehen, wenn die Visionen nicht ohnehin das Ergebnis einer einzigen nächtlichen Offenbarung sind.

[24] Das Wort bezeichnet den mythischen Ort der Okeanostiefe und damit den Eingang zur Unterwelt (vgl. Ps 88,7) und darf hier nicht kurzerhand zu »Talgrund« o. ä. entmythisiert werden. Wenn der Beschreibung des neuen, eschatologischen Exodus Sach 10,11 die »Tiefen« des Nils austrocknen, so liegt auch hier eine Jes 51,10 entsprechende Vorstellung des Exodus als Sieg über das Chaoswasser vor.

[25] KBL s. v. *H. W. Hertzberg*, »Grüne« Pferde, ZDPV 69, 1953, S. 177–180 denkt »an eine helle Farbe . . ., die zwischen einem Grüngelb und einem Rotgelb hin und her geht« (180). Wenn man auch etymologisch um die Komponente Rot nicht herumkommt, so ist doch richtig, daß es sich jedenfalls um eine *helle* Farbe handelt.

Ich selbst zeige dir, was diese sind[26]. Er hob an[27] und sagte: Diese sind die, die Jahwe gesandt hat, die Erde zu begehen. Sie hoben an[28] und sagten: Wir haben die Erde begangen, siehe, die ganze Erde rührt sich nicht. Er[28] aber hob an und sagte: Jahwe Zebaoth, wie lange noch willst *du*[29] dich nicht erbarmen Jerusalems und der Städte Judas, denen du nun schon siebzig Jahre zürnst[30]. Da sagte Jahwe zu dem Engel, der mit mir sprach, gute Worte, tröstliche Worte. Es sagte zu mir der Engel, der mit mir sprach: Verkündige: So hat Jahwe Zebaoth gesprochen:
Ich eifere um Jerusalem und um Zion mit großem Eifer.
Aber mit großem Zorn zürne ich den sorglosen Völkern,
die, als ich ein wenig zürnte, zum Bösen halfen.

Lassen wir zunächst den seltsamen Ort, die Myrten, die in der Tiefe des Okeanos sind, und die seltsamen Pferde in den drei Farben auf sich beruhen – deutlich ist die Aufgabe der Reiter: sie sollten die Erde durchziehen[31]. Diese totale Auskundschaftung der Ökumene führt zu dem Ergebnis, daß die Erde sich nicht rührt: alles bleibt im Grunde, wie es | war, Unterdrückung und Herrschaft, und Gottes Heilswille wird nicht befolgt. Die menschliche Geschichte ist ohnmächtig, das Heil zu bringen. Gott allein kann durch transzendenten Eingriff in diese Geschichte das Heil bewirken, und die Bitte des Engels führt zur Heilsansage Gottes: Es ist an der Zeit, der eifernde Liebeswille Gottes gilt Jerusalem, aber der Zorn den Völkern, die nur zum Unheil geholfen haben. Das Heilswirken Gottes geschieht nicht wie in der alten Prophetie im Rahmen der Geschichte durch das

---

[26] Mit diesem ersten, einführenden Satz stellt sich der Engel in seiner Funktion als angelus interpres vor.

[27] V. 10aβ ist aus Mißverständnis von V. 9b (s. Anm. 26) hinzugefügt: Man hat es später als störend empfunden, daß nach der Rede des angelus interpres in V. 9 seine Rede in V. 10 neu einsetzt, und hat demzufolge den Reiter selbst sich und die Seinen vorstellen lassen; vgl. *Elliger*, aaO und BHS z. St. (Im folgenden wird, wenn die Kommentierungen Eingang in BHS gefunden haben, auf Einzelnachweise verzichtet.)

[28] Die wahrscheinlich sekundäre Einführung des *măl'ăk JHWH* (s. BHS) möchte die Meldung und die Reaktion auf die Meldung verobjektivieren und den Visionär samt dem angelus interpres als beobachtenden Teil abtrennen.

[29] Betont durch vorangestellte pronominale Explikation.

[30] Die berühmten siebzig Jahre von Jer 25,11; 29,10 (vgl. 2Chr 36,21 = Esr 1,1), die auch später in der Apokalyptik eine so wichtige Rolle spielen (Dan 9,2).

[31] Das erinnert an die persische Post, von der Herodot (VIII, 98) schreibt: »Es gibt nichts Schnelleres unter den Sterblichen als diese Boten, so geschickt haben die Perser das eingerichtet. Man sagt, daß für jeden Tag des ganzen Weges besondere Pferde und Leute bereitstehen. Jeder Tagereise ist ein neues Pferd und ein neuer Bote zugeteilt. Weder Schnee noch Regen, weder Hitze noch die Nacht halten sie ab, die vorgeschriebene Wegstrecke aufs schnellste zurückzulegen. Der erste Eilbote übergibt die Nachricht dem zweiten, der zweite dem dritten. So geht sie von einem zum anderen wie der Fackellauf, den die Hellenen dem Hephästos feiern. Diese reitende Post heißt bei den Persern Angareion.«

geschichtsmächtige Gotteswort, sondern Gott macht mit der menschlichen Geschichte ein Ende durch seinen transzendenten Eingriff. Der alte Äon ist am Ende, es ist an der Zeit. So kann sich daran die zweite Vision von der Beseitigung der mythischen Weltmächte anschließen.

II. 2,1–4. Ich erhob meine Augen und sah: Siehe, da waren vier Hörner. Ich sagte zu dem Engel, der mit mir sprach: Was sind diese? Er sagte zu mir: dies sind die Hörner, die Juda[32] und Jerusalem zerstreuten. Und Jahwe ließ mich sehen vier Schmiede. Ich sagte: Was kommen diese zu tun? Er sagte: Diese sind gekommen, abzuwerfen[33] die Hörner der Völker, die das Horn gegen das Land Juda erhoben, es zu zerstreuen.

Das Horn ist das einzige Glied des natürlichen, tierischen Körpers, das nur als Waffe dient; das Horn ist daher die schöpfungsmäßige Urwaffe. Und in der Mythologie der alten Kulturen und auch hier in dieser späten Überlieferung ist das Horn das Symbol der Weltmacht. Entsprechend den vier Winden, den vier Ecken der Welt (diese Vorstellungen gehen auf die antike Vierdimensionalität der Fläche zurück)[34], sind die vier Hörner sämtliche Weltmächte, und sie alle werden als gegen Juda-Jerusalem gerichtet aufgefaßt. Nur der mit einem Handwerkszeug umgehende Handwerker kann ein Horn entfernen, absägen. In der transzendenten, zeichenhaften Wirklichkeit vollzieht sich analog einem solchen Bild die Entmachtung der Mächte des alten Äons. Daran schließt sich die dritte Vision an, der Bau der vor den Feinden schützenden Mauer Jerusalems.

III. 2,5–9. Ich erhob meine Augen und sah: Siehe, da war jemand, in dessen Hand eine Meßschnur war. Ich sagte: Wohin geht er[35]? Er sagte zu mir: Jerusa-|lem auszumessen, zu sehen, wieviel seine Breite, wieviel seine Länge. Und siehe der Engel, der mit mir sprach, ging los und ein anderer Engel ging ihm gleich entgegen. Und er[36] sagte zu ihm: Lauf, rede zu dem Burschen da:
> Als offenes Land soll Jerusalem siedeln
>      wegen der Fülle an Mensch und Tier darin.
> Ich selbst, ist der Ausspruch Jahwes,
>      will ihm eine Feuermauer ringsum sein,
>      und zur Doxa werde ich in seiner Mitte.

---

[32] »Israel« ist ergänzende Glosse (BHS), wie sich aus V. 4 ergibt (man beachte auch das fehlende Waw), »Jerusalem« müßte dagegen nicht gestrichen werden (so nach *J. Wellhausen*, Die Kleinen Propheten, ³1898, z. St. viele Kommentatoren), da meristischer Stil vorliegt.

[33] Es ist zu lesen *'ellā ba'û l°jăddôt* (BHS). In den Text wurde die Deutung der Hörner von V. 2 wiederaufgenommen und erklärt, und ebenso wurde das Bild der Amputation um eine allgemeine Deutung *(l°hăh°rîd 'otam)* ergänzt.

[34] Vgl. 2,10.

[35] Man lese *zǣ* oder *hû'* (BHS); eine Anrede durch den Visionär fiele aus dem Rahmen, konnte aber textgeschichtlich leicht entstehen.

[36] Natürlich der angelus interpres, der hier wie in 1,14 das Gotteswort verkündet und nicht in der Szene umherzulaufen braucht.

Eine Stadtgründung vollzieht sich durch die Festlegung, Ausmessung der Mauer; erst innerhalb des Mauerrings können Häuser gebaut werden. Jerusalem wird aber größer als jedes Maß sein. Die Mauer wird durch die undurchdringliche Lohe des Gottesfeuers gebildet, und in der Mitte erstrahlt die Doxa der Königsherrschaft Gottes: Gott selbst wohnt in der Stadt. Daß sich viele Anhänge an diese großartige Vision anschließen, die das seit Deuterojesaja traditionelle Motiv entfalten, ist verständlich.

Die vierte Vision ist die mittlere der Siebenerreihe. Sie ist in mehrfacher Hinsicht herausgehoben. Zunächst fällt auf, daß es einer besonderen Aufweckung bedarf, einer Bewußtseinserweiterung des Visionärs, mit der er zur Tiefenwahrnehmung vordringen kann.

> IV. 4,1–6aα. 10b–14. Und wieder war da der Engel, der mit mir sprach, und er weckte mich auf wie jemanden, den man vom Schlaf aufweckt.

Der Text fährt fort:

> Er sagte zu mir: Was siehst du? Ich[37] sagte: Ich sehe, siehe, da ist ein Leuchter, ganz golden, und eine Kugelschale[37] darauf und sieben Lampen[37] daran und je sieben Tüllen an den Lampen darauf. Und zwei Ölbäume daneben, einer rechts der Kugelschale und einer links davon. Ich hob an und sagte zu dem Engel, der mit mir sprach: Was sind diese, mein Herr?

Nach Beschreibung der Wahrnehmung kommt es aber nicht ohne weiteres zur Deutung durch den Dolmetschengel:

> Der Engel, der mit mir sprach, hob an und sagte zu mir: Weißt du nicht, was diese sind? Ich sagte: Nein, mein Herr. Er hob an und sagte zu mir:[38] Diese | Sieben sind die Augen Gottes. Sie durchschweifen die ganze Erde. Ich hob an und sagte zu ihm: Und was sind die beiden Ölbäume rechts des Leuchters und links davon?[39] Er sagte: Weißt du nicht, was diese sind? Ich sagte: Nein, mein Herr. Er sagte: Diese sind die beiden Ölsöhne, die vor dem Herrn der ganzen Welt stehen.

---

[37] Siehe BHS.

[38] Die auf Serubabels Tempelbau bezogenen prophetischen Sprüche V. 6aßb bis 10a (bis *zᵉrubbabæl*), in zwei Spruchreihen V. 6f und V. 8–10 angeordnet, unterbrechen die Vision, um entsprechend der Einarbeitung des auf Josua bezogenen Kapitels 3 auch für Serubabel die göttliche Heilsverkündigung vor der Deutung der Vision, die ohne ein Wissen um die Stellung von Josua und Serubabel unverständlich bleiben muß, einzuarbeiten. Jedoch scheint es die masoretische Akzentuation in V. 10 den »Abtrennungsstein« (lies *hâbbadîl*), nämlich vom Heiligen und Profanen als das Ende des heiligen Bezirks markierenden Grenzstein (im Gegensatz zum »Anfangsstein« der Grundsteinlegung; vgl. V. 7) mit dem Diadem von 3,9, der 3,4ff ergänzenden Fortsetzung der Investitur, identifiziert zu haben. Auf die umfangreiche Diskussion der Identifizierung dieser drei Steine kann hier nicht eingegangen werden.

[39] Daß V. 12 ergänzendes Detail ist, wird seit *Wellhausen* (a Anm. 32 aO z. St.) allgemein angenommen. Wichtig ist die Theologie dieser Ergänzung: erst durch den Tempelkult wird die Verbindung der göttlichen Doxa mit der Erde hergestellt.

Es bedarf also einer jeweiligen Nachfrage vor der Deutung, ob das Verstehen nicht auch ohne deutende Worte möglich ist, d. h. ein besonderer Geheimnisschutz ist hier nötig. Schließlich ist diese Vision dadurch herausgehoben, daß die Deutung selbst wiederum geheimnisvoll bleibt: was sind die Augen Gottes, und wer sind die Ölsöhne?

Inhalt der Vision ist ein Kultständer, ein κέρνος[40], das als Leuchter sieben Lampen zu je sieben Flammen ermöglicht. In einer anderen und höheren Weise als der siebenarmige Leuchter des Tempels, in der höchsten damals bekannten Steigerung der Zahl Sieben als Quadratzahl erscheint das Licht der 49 Flammen, das nach ältester Theophanietradition die Doxa der göttlichen Erscheinung ausmacht, Licht, das Gewand der Gottheit[41], die Erscheinung schlechthin. Der kultische Leuchter ist das zeichenhafte Sein der göttlichen Epiphanie. Und daß die Deutung dann geheimnisvoll von den sehenden Augen Gottes spricht, ist verständlich: Gott sieht man nicht, sondern man wird von ihm gesehen, waren doch auch schon für Ezechiel die göttlichen Wesen voller Augen[42]. Licht ist das Medium des Sehens, im Zeichen des kultischen Lichtes wird Gott angesichtig, und die beiden Gesalbten repräsentieren die neue Kultgemeinde, den Priester und den davidischen Tempelbauer, den neuen Kultus, durch den Gott seine Doxa in die Welt ausstrahlt.

Mit der fünften Vision begeben wir uns wieder auf das Niveau der übrigen Visionen zurück:

V. 5,1–4. Und wieder erhob ich meine Augen und sah: Siehe da war eine fliegende Buchrolle. Er sagte zu mir: Was siehst du? Ich sagte: Ich sehe eine fliegende Buchrolle, ihre Länge zwanzig Ellen, ihre Breite zehn Ellen. Er sagte | zu mir: Dies ist der Fluch, der über die Oberfläche des ganzen Landes[43] ausgeht. Ja, jeder, der stiehlt – wer ist[44] ihm entsprechend schuldlos? Und jeder, der (falsch) schwört – wer ist[44] ihm entsprechend schuldlos? Ich habe ihn ausgehen lassen, ist der Ausspruch von Jahwe Zebaoth, und er kommt in das Haus des Diebes und in das Haus dessen, der bei meinem Namen falsch schwört, und nächtigt in seinem Haus und verzehrt dessen Holz und Stein.

Eine ungeheuer große Fluchrolle verbreitet zeichenhaft einen Fluch, der die Existenz und Wohnung all derer zerstört, die im sozialen Bereich Schaden stiften, die Besitz und Recht des Nächsten schädigen, die durch Diebstahl und falschen Eid im Gerichtsverfahren

---

[40] R. *North*, Zechariah's Seven-Spout Lampstand, Bibl 51, 1970, S. 183–206.
[41] Vgl. Ps. 104,1b.2a.
[42] 1,8; 10,12 (evtl. sekundär); vgl. Apk 4,6.8.
[43] Ohne den Gedanken an die ganze Erdoberfläche ausschließen zu wollen, liegt es näher, unter 'æræṣ hier das (heilige) Land zu verstehen; vgl. *Galling*, a Anm. 21 aO S. 119.
[44] = *mî ẓǣ*.

sich vergehen, allgemein also diejenigen, die das Gebotspaar des Dekalogs, das den mitmenschlichen Bereich betrifft[45], übertreten, besonders – das wird im Hintergrund stehen – die die Exulanten um ihr
heimatliches Erbe bringen, indem sie ihre Grundstücke in Juda längst
in Besitz genommen haben und auch trotz eines Gerichtsverfahrens
nicht herausgeben. Es geht hier nicht um äußere Feinde der Gemeinde, sondern um die innere Bedrohung durch die soziale Schädi-
gung.

In der sechsten Vision verlassen wir den himmlischen Bereich:

VI. 5,5–11. Da ging der Engel, der mit mir sprach, los[46]. Er sagte zu mir:
Hebe deine Augen auf und sieh den Scheffel[47], der dort loszieht. Ich sagte: Was
ist das?[47] Er sagte: Dies ist ihre Schuld[48] im ganzen Land[49]. Und siehe, da hob
sich eine Bleiplatte ab, und nun saß ein einzelnes weibliches Wesen inmitten des
Scheffels. Er sagte: Dies ist die Bosheit, und warf sie in den Scheffel zurück und
warf den Bleistein auf dessen Öffnung. Und ich erhob meine Augen und sah, siehe,
da zogen zwei weibliche Wesen los, Wind war in ihren Flügeln, und sie hatten
Flügel wie Storchenflügel, und sie hoben den Scheffel auf zwischen Erde und
Himmel. Ich sagte zu dem Engel, der mit mir sprach: Wohin bringen sie den
Scheffel? Er sagte zu mir: Um ihr einen Tempel zu bauen im Land Sinear, sie
stellen sie[48] dort auf ihr (Götter-)Podest.

Die Vision ist insofern eine Fortsetzung der vorhergehenden, als es
auch hier um eine innere Reinigung, um eine Sündenbefreiung geht.
Dem negativen Fluch entspricht die positive Sammlung der gesamten |
Schuld in das Epha-Maß. Das Epha, unser Scheffel, ist ein Urmaß, das
es in allen Kulturen gibt. Zwischen 25 bis über 40 Liter schwankend
je nach der physischen Konstitution eines Volkes ist es das Maß, das,
mit Korn oder Mehl usw. gefüllt, jemand ohne allzu große Mühe
gerade noch tragen kann, das große Getreidemaß, das an der Trag-
fähigkeit des Menschen orientiert ist[50]. In dieses Urmaß wird die
menschliche Schuld, die Bosheit gesammelt. Auffälligerweise erscheint
hier für »Bosheit« nicht das geläufige und übliche maskuline Wort

---

[45] *H. Gese*, Der Dekalog als Ganzheit betrachtet, ZThK 64, 1967, S. 121–138,
133.137 [= o. S. 74f. 78f.].

[46] Der Engel geht los und fort, weil sich das Folgende nicht mehr im Jenseits-
bereich, sondern auf der Erde abspielt, wo die Sünde eingesammelt und nach
Babel transportiert wird.

[47] Statt *mā* ist *ha'êpā* zu lesen, und V. 6bαβ ist zu streichen (BHS); denn V. 6bγδ
beantwortet V. 6a. Die Texterweiterung möchte wie in den vorhergehenden
Fällen 5,2 und 4,2 das Objekt erst vom Visionär angesprochen wissen.

[48] Siehe BHS.

[49] Siehe Anm. 43.

[50] Daß mit dem (leeren) Maß auf eine Dürre und Hungersnot verwiesen wäre
(*L. Rost*, Erwägungen zu Sacharjas 7. Nachtgesicht, ZAW 58, 1940/41, S. 223 bis
228 [= Das kleine Credo und andere Studien zum Alten Testament, 1965, S. 70
bis 76]), hat im Text weiter keinen Anhalt.

*ræšāʿ*, sondern das feminine *rišʿā*. Daß die Bosheit als Frau vorgestellt wird, kann also nicht durch das Genus des Wortes »Bosheit« veranlaßt sein. Diese Frau der Bosheit ist keine Allegorie. Warum ist sie aber in der Symbolwelt der Vision weiblich? Wir müssen davon ausgehen, daß sich Sacharjas Prophetie an die Männer wendet, und zunächst ist eben auch die Bosheit der männlichen Welt gemeint. Ebenso wie nun in der symbolischen Vorstellung Weisheit und Torheit als weibliche Personen erscheinen, weil sie als personales Pendant dem Mann begegnen – man denke an die Darstellungen enger personaler Verbindung in Spr 1–9 –, so auch die Bosheit: der intime Personalbezug zum Mann läßt die personal verstandene Bosheit des Menschen im Symbol als Mensch, und zwar als Frau erscheinen. Dementsprechend sind es weibliche Wesen, die dieses Urmaß der Sünde weit wegtragen, und zum Zeichen, daß sie das auf das zuverlässigste und sorgfältigste tun, haben sie Storchenflügel; denn der Storch, die avis pia der Antike, die *ḥᵃsîdā*, der »treue« Vogel, ist der Zugvogel, der über ungeahnte Entfernungen hinweg treu seine Bahn zieht. In Mesopotamien, im Land Sinear, d.h. selbstverständlich in Babel, wird die Bosheit deponiert. Hier wird ihr ein Tempel gebaut, auf ein Götterpodest wird die bemessene Bosheit gestellt. Die Hure Babylon der Apokalyptik ist geschaffen[51].

Die letzte Vision hat Ähnlichkeit mit der ersten, auch hier geht es um Pferde, diesmal aber nicht um Reitpferde, sondern um Wagenpferde; diesmal kommen sie nicht aus der Welt ins Jenseitsgelände, sondern gehen aus dem Jenseits in die Welt hinaus. |

VII. 6,1–8. Und wieder erhob ich meine Augen und sah: Siehe ‚da zogen vier Wagen heraus zwischen den beiden Bergen; die Berge waren eherne Berge. Am ersten Wagen waren rote Pferde, am zweiten Wagen waren schwarze Pferde, am dritten Wagen waren weiße Pferde, und am vierten Wagen waren gescheckte Pferde (es waren starke)[52]. Ich hob an und sagte zu dem Engel, der mit mir sprach: Was sind diese, mein Herr? Der Engel hob an und sagte zu mir: Dies sind die vier Winde des Himmels, sie ziehen jetzt aus, nachdem sie erschienen waren vor dem Herrn der ganzen Welt. (Woran die schwarzen Pferde waren, die zogen

---

[51] Daß diese Vorstellung der Bosheit primär an Ischtar orientiert ist, ist wenig plausibel; erstens ist der Ischtarkult kein Spezifikum Babylons, zweitens gibt es genug andere Götzen, die ein Vorbild hätten abgeben können. War erst einmal die Vorstellung von der »Götzin« in Babel da, konnte man sie natürlich nach dem Ischtarbild ausmalen, das aber nur paradigmatisch ist.

[52] Die Punktation setzt hier wie in V. 7 eine Farbe voraus: eine unter dem Eindruck des Kontextes leicht verständliche Entwicklung. Aber das *’mṣjm* von V. 7 muß alle Himmelspferde zusammen meinen, und in Analogie zu Jes 28,2 können diese Wesen, die die Kraft der Stürme repräsentieren, eben die »Starken« (*’ᵃmmiṣîm*) genannt werden. Eine Glosse hat das wohl auch den Konsonantentext in V. 3 angefügt.

nach Nordland, die weißen zogen nach Westen[53], die gescheckten zogen nach Südland.)[54] Die Starken[52] zogen los, und sie wollten losfahren, die Welt zu durchziehen. Da sagte er: Los, durchzieht die Welt; da durchzogen sie die Welt. Er aber schrie mir zu[55], sagte zu mir: Sieh, die da ausziehen ins Nordland, sie lassen meinen[56] Geist im Nordland nieder[57]. |

Es handelt sich um die vier Winde, die sich natürlich nicht als Reiter auf der Erde, sondern im kunstvollen, mythischen Wagengefährt in der Luft bewegen. Sie treten aus dem Ostpunkt des Horizontes, dem Sonnenaufgangspunkt zwischen den mythischen Bronzebergen hervor, in die Welt hinein. Sie bringen Gottes Hauch, *rûaḥ*, Gottes Geist in die Welt, und mit diesem pfingstlichen Ereignis beginnt der neue Äon. Die gesamte Menschheit der Ökumene wird von diesem in alle

---

[53] Ursprünglich wird hier *'æl 'aḥªronîm* (vgl. Sach 14,8) vorausgesetzt werden müssen. Aber wieso konnte man das in den jetzigen Text umlesen? Da, wie wir sehen werden, der schwarze Südwind der furchtbare Sturm vom Sinai ist (Sach 9,14), wurde die im hiesigen Zusammenhang konkurrierende Ostwindtradition (Ex 14,21; Jes 27,8; Ez 27,26; Hos 13,15; Jon 4,8; Ps 48,8 u.a. Stellen) aufgenommen, und diese beiden Traditionen vom Jahwe-Sturm wurden so zusammengeordnet, daß der Ostwind wenigstens mit dem Südwind in die gleiche Richtung, wenn auch hinterher, zieht.

[54] V. 6 möchte für die einzelnen Winde die Himmelsrichtungen angeben, wobei der erste Wind, der natürlich in die erste Himmelsrichtung, nach Osten, zieht, nach der Manier der ergänzenden Glosse, sich auf das äußerste zu beschränken, ausgelassen ist. Daß der ursprüngliche Text diese Angaben höchstwahrscheinlich nicht enthalten hat, legt die Formulierung des Skopus in V. 8 nahe, wo der nach Babel (vgl. 2,10) ziehende Wind herausgegriffen ist. Auch in der ersten Vision werden die Farben nicht verteilt, der geographisch-meteorologisch Gelehrte kennt sich ja ohnehin aus.

[55] Das hier auffällig gebrauchte *zᶜq* hi. kann offenbar die terminologische Bedeutung der Proklamation haben, so das öffentliche Zusammenrufen des Heerbanns Ri 4,10.13; 2Sam 20,4.5, die königliche Fastenproklamation Jon 3,7; Hi 35,9 liegt dagegen ein Gebrauch wie der des q. vor.

[56] Die suffigierte Form ist stilistisch gemäß der Jahwe-Verkündigung des Engels von 1,14f; 2,8b.9; 5,4 durchaus möglich.

[57] Die Deutung des *henîaḥ rûaḥ* ist umstritten. Im Sinne des ezechielischen *henîaḥ ḥemā* (5,13; 16,42; 21,22; 24,13) wäre mit LXX hier an Zornstillung zu denken (vgl. z. B. *Deden*, a Anm. 21 aO z. St.), also an die Ankündigung eines Gerichtes über Babel. Aber wenn auch *rûaḥ* gelegentlich den zornigen Geist bedeuten kann, so ist doch *rûaḥ* in der Verbindung mit *henîaḥ* in diesem Sinn nur schwer verständlich, zumal der auffahrende Sturmbraus der Vision gerade nicht zu einer »Geist«- Beruhigung paßt, ja das gerade Gegenteil darstellt. So wird man hier seit *H. Ewald* (Die jüngsten Propheten des Alten Bundes, 1868, S. 204; vgl. *Galling*, a Anm. 21 aO S. 121) mit vielen Kommentatoren an ein Niederlegen (wobei nicht unbedingt nötig ist, *hinnîaḥ* zu punktieren) des Geistes im Nordland denken, was dann auch den Anschluß an 6,9ff verständlich macht (vgl. V. 15). Die Deutung *Horsts* auf die Ruhe des neuen Weltensabbats (*F. Horst* u. *Th. H. Robinson*, Die Zwölf Kleinen Propheten, HAT I 14, 1964, S. 237) paßt nicht zum unruhevollen (vgl. V. 7) Drängen des visionären Vorgangs.

vier Himmelsrichtungen ausgesandten Geist ergriffen, besonders aber die Hauptmasse der jüdischen Exulanten in Babel; denn der hier am Ende besonders erwähnte, nach Norden gehende Wind zieht nach Babel, das für Sacharja[58] im Norden liegt.

Es muß hier nun noch auf die seltsamen Pferdefarben eingegangen werden; denn sie zeigen ein sehr wichtiges Charakteristikum dieser Prophetie, nämlich regelrechte Wissenschaft: eine Windlehre und eine Kontinentenlehre, und beides hängt in der antiken Geographie ja aufs engste zusammen. Bei der antiken Farbsymbolik haben wir zunächst zu beachten, daß eigentlich nur mit Schwarz, Weiß und Rot, vielleicht noch mit einer vierten Farbe gearbeitet wird[59], daß aber die genauen Farbunterschiede, wie wir sie haben, unbekannt sind. Das antike Rot umfaßt viel mehr als unser Rot, es reicht von Orange bis Violett. Wörtlich übersetzt wäre das hebräische Wort für Rot eigentlich Braun, Erdfarbe, Humusfarbe. Hinter der Bezeichnung der Winde mit Farben steckt einfach eine Meteorologie des westlichen Mittelmeergebietes. Daß der Westwind, der von Oktober bis April den Regen bringt, die Farbe der fruchtbaren Erde trägt, verwundert nicht; daß der aus der syrisch-arabischen Wüste wehende trockene Ostwind der weiße ist, weiß wie die erntereifen Felder der beginnenden Trockenzeit[60] (wir würden es gelb nennen), ist ebenso verständlich. Der Nordwind, der bei dem Etesienklima mehr oder weniger das Hochdruckgebiet der trockenen Sommerzeit bestimmt, ist auch weiß; aber ebenso führt er auf der Rückseite der ersten Zyklone, die im Oktober ostwärts ziehen, kalte nordeuropäische Luft heran, die zu den ersten Regenfällen führt, wie auch Spr 25,23 lehrt (»Nordwind bringt Regen«, obwohl er nicht der eigentliche Regenwind | ist), und er bringt den Regen von den mittelsyrischen Gebirgen in den Süden (Jer 47,2: »Siehe, es kommen Wasser heran von Norden, sie werden zum reißenden Strom werden...«). Der Nordwind hat also doppelten Charakter, seine Pferde sind gescheckt, weiß und braun. Furchtbar ist der Wind des Südens, denn er ist nicht nur heiß, sondern auch feucht (vom Roten Meer), er ist der Schirokko Palästinas (Lk 12,55: »Und wenn ihr den Südwind wehen seht, so sagt ihr: es wird heiß werden«; Hi 37,17: »Du, dem die Kleider heiß werden, wenn das Land stilliegt unter dem Südwind«). Es ist auch der Wind vom Sinai, schwarz von Staubmassen und mit Gewittern einhergehend (Sach 9,14: »Jahwe wird über ihnen erscheinen, und seine Pfeile werden ausfahren wie der Blitz, und Jahwe wird in das Horn stoßen und

---

[58] 2,10. Der Reiseweg führt von Palästina aus nach Norden.
[59] *H. J. Rose*, Colours, Sacred (Oxford Classical Dictionary, 1949, 214f).
[60] Vgl. Joh 4,35.

wird einherfahren in den Stürmen vom Südland«). Dieser Wind ist schwarz und zieht nach Babel[61].

Die Pferdefarben des ersten Nachtgesichtes dürfen nicht mit denen des letzten verwechselt werden. Diese Pferde durchstreifen die Erde und nicht den Luftraum, und wenn es hier drei Farben gibt, darf man den Text nicht nach der siebenten Vision ändern, sondern muß fragen, welche Dreiteilung der Erde zur Zeit Sacharjas vorliegt. Es ist die Lehre von der Existenz der drei Kontinente, die wir etwa bei dem älteren Zeitgenossen Sacharjas Hekataios von Milet finden[62], nachdem zu Beginn des 6. Jahrhunderts das Eryträische Meer genauer bekannt wurde, vielleicht sogar ganz Afrika von den Phöniziern zu Beginn des 6. Jahrhunderts umschifft worden ist, wie Herodot berichtet[63]. Gegenüber den beiden alten Kontinenten Asien, dem Land des Ostens, und Europa, dem Abendland[64], hatte man den dritten Kontinent entdeckt, Λιβύη, den erst die Römer Africa nannten. Nach der alten Geographie, die auf solche ordnenden Einteilungen den größten Wert legt, weil sie darin die zu- | grunde liegende Struktur greifen kann, scheinen solche Teilungen sich auch auf das Wesen der Kontinente zu erstrecken: die Kontinente haben grundsätzliche Charakteristika. Dabei gilt nun Asien als äußerst fruchtbar, während Europa, vor allem durch seinen kalten Norden, weniger gesegnet ist, und Libyen-Afrika ist – trotz aller bekannten Ausnahmen – der Typus des unfruchtbaren Landes[65]. Wenden wir diese Überlieferung auf die Farben der ersten Vision an, so werden sie uns verständlich, auch in der Reihenfolge ihrer Nennung: Braun, Hellrot, Weiß für Asien, Europa und Afrika, den jüngsten der drei Kontinente; und daß der die

---

[61] Als Reihenfolge der Wagen bzw. Richtungen ergibt sich Osten, Süden, Westen, Norden, und das ist auch bei der Orientierung nach Osten und der Bevorzugung der rechten Seite zu erwarten.

[62] *F. Jacoby*, Hekataios (3) von Milet (PW VII, Sp. 2703); *F. Gisinger*, Geographie (PW Suppl. IV, Sp. 553).

[63] IV, 42. Gerade der Zweifel Herodots an dem Phänomen der im Norden stehenden Sonne ist ein Argument für die Wahrheit der Überlieferung.

[64] Der Begriff der Kontinente ergibt sich aus der Schiffahrt in einer Inselwelt, eben zwischen Europa und (Klein-)Asien, deren Landblöcke unterschieden werden können. Daß dabei die früh hochentwickelte phönizische Seefahrt auch namengebend eine Rolle gespielt hat, ist anzunehmen. Demnach könnte man beim Namen Asien an die Wurzel *jṣʾ*, beim Namen Europa an *ʿrb* denken und demzufolge Osten (wo die Sonne herausgeht) und Westen (wo die Sonne hineingeht) unterschieden sehen. Aber diese ebenso plausible wie beliebte Etymologie bleibt natürlich unsicher.

[65] *F. Laserre*, Kontinente, Lexikon der Alten Welt, 1965, Sp. 1591; vgl. z.B. Herodot IV, 198; Strabo XVII, 3,1.

Meldung erstattende Reiter Asien repräsentiert, bedarf keiner Erklärung[66].

Geographisch wird auch der mythische Ort zu verstehen sein, an dem die Reiter, aus der Welt kommend, das Jenseitsgelände erreichen. So wie die Wagen am Ostpunkt in die Welt hineingehen, so stehen wir in der ersten Vision am Westpunkt, und der seltsame Begriff der Okeanostiefe wird hier begreiflich. Der im antiken Kult mit den Mysterien von Hochzeit und Tod verbundene Myrtenstrauch[67] wird bei Sacharja den Gärten der Persephone entsprechen, dem Apfelbaum der Hesperiden, der am Eingang zum Jenseitsgelände im äußersten Westen steht. Der Priester und Prophet Sacharja hat in seine Visionen in erstaunlicher Weise die Wissenschaft seiner Zeit eingearbeitet, und die dazugehörigen mythischen Elemente wurden selbstverständlich akzeptiert. Dieser weisheitlich-wissenschaftliche Charakter der Nachtgesichte darf nicht ignoriert werden.

Wir übersehen jetzt das Ganze der sieben Visionen[68]: Die mittlere Vision ist formal und der Stellung nach aus der Reihe der anderen Visionen herausgehoben. Eine besondere Aufweckung ist zum Offenbarungsempfang nötig, und die Deutung wird als Geheimwissen nur | nach einer Rückfrage gegeben; dabei ist die Deutung selbst indirekt und bildhaft: die Augen Gottes und die beiden Ölsöhne. Aufeinander bezogen sind das vor dieser Zentralvision stehende Visionspaar (II und III), das die äußere, politische Befreiung ansagt, und das folgende Visionspaar (V und VI), das die innere, Sündenbefreiung zum Thema hat. Das zeigt sich nicht nur im Gesamtinhalt, sondern auch im einzelnen: jeweils die erste Vision hat negativen Inhalt (Beseitigung der mythischen Weltmacht der Völker und Reiche als der äußeren Feinde – Beseitigung der sozialen Übeltäter als der inneren Feinde durch Fluch), die zweite positiven Inhalt (Gott ist in Jerusalem – die »Götzin« in Babel), und während das Heil der dritten Vision in der unmeßbaren Größe Jerusalems besteht, besteht es nach der sechsten Vision in der abmessenden Einsammlung der Bosheit. Aufeinander bezogen sind

---

[66] Über das allgemeine geographische Interesse im Perserreich zu dieser Zeit vgl. *H. S. Nyberg*, Das Reich der Achämeniden, Historia Mundi III, 1954, S. 56 bis 115, 84.

[67] *J. Wiesner*, Myrte, Lexikon der Alten Welt, Sp. 2038f.

[68] Nachträglich stelle ich fest, daß schon *Jepsen* 1943 (a Anm. 21aO S. 96f) auf den kompositionellen Zusammenhang der sieben Visionen hinweist: »Diese sieben Gesichte sind engstens durch die gemeinsame Form verbunden: Das, was der Prophet schaut, wird vom Dolmetschengel ihm im Wechselgespräch ausgelegt. Im einzelnen zeigen sich manche Abweichungen, und es wäre gewiß falsch, diese nach einem bestimmten Schema auszugleichen; aber eine gewisse Symmetrie ist deutlich erkennbar und wohl auch beabsichtigt.« Und er zeigt dann die Symmetrie des Siebenerschemas durch die besondere Stellung der mittleren Vision.

| I. $1_{8-15}$ | II. $2_{1-4}$ | III. $2_{5-9}$ | IV. $4_{1-6a\alpha \cdot 10b-14}$ | V. $5_{1-4}$ | VI. $5_{5-11}$ | VII. $6_{1-8}$ |
|---|---|---|---|---|---|---|
| Reiter und Pferde | Hörner und Schmiede | Maß Jerusalems | Leuchter und Ölbäume | Fluchrolle | Bosheit im Epha | Wagen und Pferde |
| Ort: Westpunkt Reiter, aus der Welt kommend | | | Besondere Aufweckung Rückfrage: Geheimwissen | | | Ort: Ostpunkt Wagen, in die Welt gehend |
| [Kontinentenlehre] | negativ: Beseitigung der mythischen Weltmacht der Völker und Reiche | positiv: Gott in Jerusalem | Nur indirekte Deutung: | negativ: Beseitigung der sozialen Übeltäter durch Fluch | positiv: Abmessende Sammlung der Bosheit: die »Götzin« in Babel | [Windlehre] |
| Gottes Entscheidung zum Eingriff in die Welt wird verkündet: | (äußere Feinde) | Jerusalem größer als jedes Maß | »Die Augen Gottes und die beiden Ölsöhne« | (innere Feinde) | Sünde bemessen | Gottes Eingriff in die Welt erfolgt: |
| Zorn → Liebeseifer | | | | | | ruaḥ-Ausgießung |
| Abend (Heimkehr d. Boten) | äußere, politische Befreiung | | Mitternacht | innere, Sünden-Befreiung | | Morgen (Belebung) der Welt |

Eine                    Nacht

ebenso die Anfangs- und Schlußvision. In der Anfangsvision kommen am Westpunkt die Reiter und Pferde aus der Welt, in der Schlußvision gehen am Ostpunkt die Wagen und Pferde in die Welt. Steht hier eine Windlehre im Hintergrund, so dort eine Kontinentenlehre. Wird in der ersten Vision Gottes Entscheidung zum Eingriff in die Welt verkündet, so vollzieht sich in der letzten Vision Gottes Eingriff in die Welt als *rûaḥ*-Ausgießung. Als Gesichte *einer* Nacht können wir die Heimkehr der Boten in der ersten Vision dem Abend zuweisen, die Geistausgießung, die Weltbelebung in der letzten Vision dem Morgen; dann käme der mittleren Vision die Mitternacht zu: in der Tiefe der Nacht strahlt das transzendente Gotteslicht auf.

Wir stellen fest, daß hier nicht eine Sammlung von sieben Visionen vorliegt, sondern ein *System* von sieben Gesichten einer Nacht, und ich meine, daß das eine vollständige Apokalypse ist, ein System siebenfacher Offenbarung vom Einbruch des neuen Äons, der βασιλεία τοῦ θεοῦ. Die qualitativ andere Zeit des neuen Äons wird bestimmt durch den transzendenten Eingriff Gottes. Die angebliche Geschichtslosigkeit der Apokalyptik ist bedingt durch die Totalität des Heils; dieses kann nur durch das alleinige Handeln Gottes erreicht und als jenseitiger Einbruch verstanden werden. Gegenüber dem total Neuen und Anderen des göttlichen Heils ist die menschlich erfahrbare und geschichtlich kontingente Welt nur eine vordergründige Wirklichkeit. Der Seher kann das wahre Sein nur esoterisch-geheimnisvoll im Symbol fassen, dem aber seine weisheitlich-wissenschaftliche, gedankliche Wahrheitsfindung als sublimierte Erfahrung des Seins entspricht. Der Transzendentalismus der Seinserfahrung ist keine hybrid anmutende universale Gnosis, sondern von existentialer Bedeutung. Hic et nunc hat Gott seine Stätte in Jerusalem, und die Bosheit hat ihren Tempel in Babel. Gerade der Dualismus | fordert den Menschen zur Entscheidung, und der Prophet ruft zur Flucht aus Babel auf (2, 10 f).

J. Schreiner hat in seiner Einführung in die alttestamentlich-jüdische Apokalyptik eine Reihe von formalen und inhaltlichen Charakteristika aufgestellt[69], die sich zwar nicht alle zugleich in der Apokalyptik finden, aber doch jeweils in größerer Zahl. Vergleichen wir diesen Katalog mit den Nachtgesichten Sacharjas, so bestätigt sich unsere These. 1. Formale Charakteristika: Pseudonymität – liegt nicht vor; Geheimwissenschaft, Visionsschilderung, Deuteengel, Bild- und Symbolsprache, Unbestimmtheit der Sprache – lassen sich in den Nachtgesichten belegen; Geschichtsüberblicke in Futurform, Abschiedsrede – liegen nicht vor. 2. Inhaltliche Charakteristika: Vorstellung von den zwei Äonen, Jenseitshoffnung und Naherwartung,

---

[69] Alttestamentlich-jüdische Apokalyptik, 1969, S. 73–110 und S. 111–164.

Vorherbestimmtsein aller Geschichte und jeglichen Sichereignens[70], Verbindung von universaler und individueller Eschatologie – sind wenigstens in Ansätzen zu finden; Engel- und Geisterwesen[71], Messias, Heilsort und Stätte des Unheils – werden erwähnt oder behandelt. Was an Charakteristika fehlt, läßt sich traditionsgeschichtlich leicht erklären. Erst nach Abschluß des Prophetenkanons vor Ende des 3. Jahrhunderts war es nicht mehr möglich, im Rahmen der prophetischen Überlieferung die Apokalyptik zu tradieren. Erst danach, im 2. Jahrhundert, wird von der Möglichkeit der Pseudepigraphie Gebrauch gemacht, bei der die Autorisierung durch eine bewußte, künstliche Anknüpfung an die Gestalten der alten Weisen erfolgt, in deren Tradition stehend man sich versteht. Bei den Geschichtsüberblicken in Futurform ist zu beachten, daß sie zunächst nur die Zeit vom 6. Jahrhundert an umfassen[72], obwohl geschichtliche Überlieferungen aus der Zeit davor genügend vorhanden sind. Es geht also hier ursprünglich nicht um die Geschichte an sich, sondern um die Zeit seit Aufkommen der eschatologischen Weissagung und Erwartung, daß mit der Vernichtung des bestehenden Reiches das Gottesreich einbricht. D. h. diese Überblicke entstehen aus dem Drang, das Sich-verschieben der eschatologischen Erfül- | lung mit einem Geschichtssystem zu erklären. Traditionsgeschichtlich setzen sie also eine längere Geschichte der Apokalyptik voraus, und ihr Einsatzpunkt mit Nebukadnezar bzw. dem chaldäischen Reich[73] entspricht dem sacharjanischen Fixpunkt in 1,12[74]. Von diesen späten apokalyptischen Charakteristika, die durch die weitere traditionsgeschichtliche Entwicklung und durch den kanongeschichtlichen Umbruch vor Ende des 3. Jahrhunderts bedingt sind, abgesehen, finden wir alles Wesentliche bei Sacharja.

Man könnte ferner auf einzelnes der Nachtgesichte hinweisen, das in späteren Apokalypsen wieder von Bedeutung wird: Jeremias siebzig

---

[70] Man vergleiche dazu die Umformung der Erkenntnisformel auf die Autorität des Propheten: »Erkennen, daß Jahwe mich zu euch (o. ä.) gesandt hat« (2, 13.15; 4,9; 6,15). Sie taucht jeweils nach historisch präzisen Voraussagen auf, die nachgeprüft werden können.

[71] Man beachte die neuartige Stellung des Satan in 3,1f. Das wiederholte $g^c r$ »anschreien«, »schelten« ist der Terminus des (geistigen Wort-)Kampfes Gottes gegen den Chaosdrachen oder die chaotischen Mächte; vgl. *G. Liedke*, $g^c r$ ,THAT I, Sp. 429–431, 430f. Der Satan ist also hier zum ersten Mal wirklich ein Gegner Gottes.

[72] Erst bei Henoch rückt die gesamte Weltgeschichte in den Gesichtskreis.

[73] Dan 2,37f; 7,4.

[74] In dem Bericht von der Zeichenhandlung in Sach 11,4ff handelt es sich ebenfalls um einen Geschichtsüberblick in Futurform; vgl. dazu unten S. 231 ff und Anm. 84.

Jahre, die Hörner der Weltmächte, die apokalyptischen Reiter, die Hure Babylon. Aber es soll genug sein. Die Nachtgesichte des Sacharja sind die älteste uns bekannte Apokalypse – und wir können gleich fortfahren –, sie sind die erste Apokalypse. Denn bei den Vorläufern der beiden früheren Generationen Ezechiel und Deuterojesaja finden wir trotz mancher Ansätze noch keine ausgeformte Apokalyptik; sie sind der Gegenbeweis. Die zeitlichen Umstände der frühesten nachexilischen Zeit, die Erfahrung einer Heilserfüllung, die nur schattenhaft dem hochgespannten Ideal der Heilserwartung entsprechen konnte, der sicherlich bitter erfahrene Auseinanderfall von Gegenwart und Hoffnung, die in der politischen Konsolidierung liegende Gefahr eines Verlustes von eschatologischer Erwartung mögen dazu beigetragen haben, gerade jetzt über die einfache Heilsweissagung hinaus den heilsgeschichtlichen Plan, das transzendente System, die jenseitige Wirklichkeit zu bedenken, deren Anfang nur man verspürt hat. Allein so blieb man weiter auf dem Weg.

Können wir mit Recht in Sacharja den ersten Apokalyptiker sehen, so ergeben sich für das Verständnis der Apokalyptik wichtige negative Konsequenzen.

1. Sacharja war Prophet. v. Rads These von der Herleitung der Apokalyptik aus der Weisheit ist nicht zu halten. In der prophetischen Überlieferung begegnet uns die erste Apokalypse. Richtig an v. Rads These ist der erstaunliche Einfluß der Weisheit in der Apokalyptik; das fanden wir hier bei Sacharja bestätigt. Weisheitliche Tradition ist ein wesentlicher Bestandteil der Apokalyptik, aber diese ist in erster Linie eine Fortbildung der Prophetie.

2. Sacharja war Priester. Plögers These von dem Ursprung der Apokalyptik in kleinen Kreisen, die in den Gegensatz zur Priesteraristokratie | und der offiziellen, angeblich uneschatologischen Theologie treten, ist nicht zu halten. Sacharja gehörte zur Priesteraristokratie, er unterstützt den Tempelbau. Die Apokalyptik wird zuerst von einer Persönlichkeit vertreten, die man sich sozusagen offizieller gar nicht vorstellen kann (die Verbindungen Sacharjas zum Hohenpriester Josua sind deutlich zu greifen). Bei einem Propheten, der sowohl die engsten Beziehungen zum Priestertum als auch zur Weisheit hat, gleichsam im Zentrum der alttestamentlichen Traditionsbildung, taucht die Apokalyptik auf. Sie ist kein Randphänomen, nicht soziologisch, nicht historisch, nicht theologisch, sie wird von der Mitte des Alten Testaments getragen. Es wäre im Gegenteil zu fragen, ob wir uns des uneschatologischen Charakters priesterlicher Theologie so sicher sein können. Wir sollten hier wenigstens in der frühen nachexilischen Zeit mit einer größeren Variationsbreite rechnen. Natürlich soll nicht die Möglichkeit ausgeschlossen werden, daß sich der

apokalyptische Traditionsstrom später weit außerhalb der offiziellen Theologie – was immer das ist – bewegen konnte. Aber das Wesen der Apokalyptik läßt sich so nicht bestimmen.

3. Sacharja steht am Beginn der persischen Zeit. Eine These von dem Ursprung der Apokalyptik durch den Untergang des persischen Reiches, durch das Auftreten Alexanders ist nicht zu halten. Daß die neuartigen politischen und religiösen Verhältnisse des Hellenismus auf die weitere Ausbildung der Apokalyptik stark eingewirkt haben, soll damit natürlich nicht bestritten werden.

4. Ein iranischer Ursprung der Apokalyptik ist ebenso abzulehnen. Von der Religion der Achämeniden wissen wir sehr wenig, und Elemente des Zoroastrismus hier vorauszusetzen, heißt reinen Hypothesen folgen[75]. Aber was auch immer die Perser im 6. Jahrhundert religiös vertreten haben mögen, die Zeit einer Einwirkung auf die Exulanten um Serubabel im Exil ist viel zu kurz gewesen, um tiefgreifend das Denken der | konservativen und gelehrten Priester zu beeinflussen. Vielmehr zeigt der Weg über Ezechiel und Deuterojesaja, wie stark das Kontinuum der Tradition gewesen ist. Wir haben also die Apokalyptik als genuin alttestamentliche Tradition anzuerkennen.

Wenn man die Sacharja-Apokalypse mit der späten Apokalyptik vergleicht, könnte man ein inhaltliches Element vermissen: es fehlt die Darstellung der »Wehen« der Endzeit, die Beschreibung der Kämpfe, die der Einbruch des neuen Äons erzeugt. Gewiß, es wird bei Sacharja vom entbrennenden Eifer Gottes für Jerusalem, vom Zorn über die Völker gesprochen, wir sehen den furchtbaren Fluch und sind Zeuge der Entmachtung der geschichtlichen Gewalten. Aber das tritt uns alles sehr pauschal entgegen. Bei Sacharja liegt noch nicht das Gewicht auf der dramatischen Beschreibung des Kampfes. Die Existenz des Menschen zwischen den Zeiten wird eher grundsätzlich gefaßt und

---

[75] Vgl. die Darstellung der altpersischen Religion von *G. Widengren*, Die Religionen Irans, RM XIV, 1965, S. 117 ff. Besonders sei auf die ausführliche Behandlung des Problems verwiesen, ob wir bei den Achämeniden den Zoroastrismus voraussetzen können (S. 142 ff). *Widengren* schließt seine Darstellung mit dem Urteil (S. 149): »Überblickt man die Diskussion, so erkennt man sogleich, daß auf seiten derjenigen, die den Zoroastrismus der Achämeniden verneinen, auf Tatsachen verwiesen wird, während die Verfechter der gegenteiligen Ansicht sich auf kein einziges reales Faktum – den Gottesnamen Ahura Mazdā ausgenommen – stützen, keinen einzigen wirklich zoroastrischen Zug nennen können, sondern auf indirekte Schlüsse und vage Vermutungen angewiesen sind. Bis neue wirkliche Tatsachen entdeckt werden, die für einen Zoroastrismus der Groß-Könige sprechen, bleibt es also so gut wie absolut sicher, daß die Achämeniden keine Zoroastrier waren.«

hat noch nicht die Gestalt kämpferischer Krisis angenommen. Eben das aber tritt uns in Sach 9 ff entgegen.

Die anerkannte traditionsgeschichtliche Bedeutung Sacharjas brachte es mit sich, daß sich Anhänge an diese Überlieferung anschlossen, Sammlungen weiterer apokalyptischer Ausgestaltungen, deren erster Komplex in c. 9–11, deren zweiter in c. 12–14 vorliegt. Man spricht gern von Deutero- und Tritosacharja, auch wenn man hier nicht an einzelne Autoren, sondern an Sammlungen unterschiedlichen Stoffs denken muß, die durch die Redaktion, durch Überschriften in diesen beiden Komplexen zusammengefaßt werden. Deuterosacharja beginnt mit einem Stück, das den siegreichen Zug Alexanders gegen das persische Großreich beschreibt und diesen Zusammenbruch des ökumenischen Imperiums der Perser als die Wirkung des Jahwewortes, als Eingriff Gottes in die Geschichtswelt erklärt[76]. Wenn das Stück beginnt mit dem Hinweis »Denn der Herr hat ein Auge, das auf die Menschen und auf alle Stämme Israels sieht« (V. 1b) und schließt mit dem Jahwewort »Denn jetzt sehe ich mit meinen Augen« (V. 8b), so wird hier der Bezug auf die mittlere Vision der Nachtgesichte deutlich[77]. Dieser Umbruch der weltgeschichtlichen Situation durch Alexander, die Entstehung der hellenistischen Welt, gilt als Beginn der Endzeit, und später hat dann die Apokalyptik im Hellenismus wenigstens das Ende des alten Äons zu | sehen versucht. Man bemüht sich in der Apokalyptik, die Geschichte weisheitlich-wissenschaftlich zu durchschauen, und der für den modernen Leser oft entstehende Eindruck unzulässiger Geschichtssystematisierung, ja eines Determinismus geschichtlicher Ereignisse, berücksichtigt nicht das am Typischen und Zeichenhaften orientierte Denken einer Wissenschaft, die im Phänomen nur den Abglanz des wahren, transzendenten Seins, die in der äußeren Wirklichkeit nur die Abschattung der Wahrheit sehen konnte.

Wichtiger scheint uns das in Deuterosacharja nun zutage tretende neue Verständnis der menschlichen Existenz zwischen den Zeiten zu sein. Es wird in gewaltigen Bildern der kämpferische göttliche Einbruch des neuen Äons vorgeführt, und hierbei wird die Existenz des Menschen notwendig eine kämpferische. Der Mensch wird zur Waffe Gottes[78], mit der die Gewalten des Bösen besiegt werden, ja Israel wird geradezu zum Streitroß Gottes selbst[79], zum Träger der göttli-

---

[76] Vgl. *K. Elliger*, Ein Zeugnis aus der jüdischen Gemeinde im Alexanderjahr 332 v. Chr. Eine territorialgeschichtliche Studie zu Sach. 9,1–8, ZAW 62, 1950, S. 63–115.

[77] Diese angeblich unpassenden Texte zu ändern, besteht also kein Anlaß.

[78] 9,13 ff.

[79] 10,3.

chen Kraft, die den Äonenwandel herbeiführt. *gibbôr* »Held« wird
zum Motiv- und Stichwort[80].

Entsprechend verändert tritt uns auch die Messiashoffnung entgegen (9,9 f). Der eine Messias ist Repräsentant ganz Israels, er zieht als
Sieger in Jerusalem ein. Der eschatologische Zionshymnus, der früher
die Rückkehr Gottes als König auf den Zion bejubelte[81], richtet sich
jetzt auf diesen Messias: »Siehe, dein König kommt zu dir!« Aber
dieser König ist nicht Sieger aus eigener Kraft, es ist der von Gott
Errettete und Gerechtgemachte[82], er ist der »Arme«, der schon seit
der prophetischen Verkündigung des 8. Jahrhunderts als einziger
durch das göttliche Gericht hindurchgerettet wird[83]. Als der Frie-
denskönig zieht dieser durch das Gericht Hindurchgerettete auf dem
königlichen Esel ein wie die davidischen Könige der alten Zeit zur
Thronbesteigung. Und seine Herrschaft ist ewiger Frieden, nachdem
alles Kriegsgerät zerbrochen ist. Sach 9,9 f ist die messianische Kern-
stelle der Apokalyptik im ausgehenden 4. Jahrhundert, und darauf
hat das Neue Testament nicht nur hinweisend und zitierend Bezug genommen, sondern dieses vaticinium im historischen Bericht als erfüllt dargestellt. Zu Beginn der Passionswoche zieht der Siegermes-
sias als der durch das göttliche Gericht Gehende ein, | und alles, was
dann hier in Jerusalem sich vollzieht, wird von dieser Antizipation
des österlichen Sieges bestimmt.

Der deuterosacharjanische Abschnitt schließt mit dem Bericht einer
Zeichenhandlung, die einen umfassenden historischen Rückblick bein-
haltet, der bis zum Ende des 4. Jahrhunderts reicht, und die Existenz
Judas unter dem bösen ptolemäischen Hirten tritt am Ende nur in den
Horizont[84]. Aber die Existenz in der ptolemäischen Zeit des 3. Jahr-

---

[80] 10,5.6.7.

[81] Vgl. Jes 12,6; Zeph 3,14f; Sach 2,14.

[82] Jahwe ist der *'el ṣäddîq ûmôšîᵃᶜ* (Jes 45,21), der König hier *ṣäddîq wᵉnôšaᶜ*
(ni.!). Es ist fraglich, ob LXX (σώζων) einen anderen Text voraussetzt, die aktive
Uminterpretation lag nahe.

[83] Man vergleiche etwa Jes 3,14f; 10,2, bes. 14,32b; Zeph 3,12; (Deutero-)
Jes 41,17; 49,13; 51,21; 54,11.

[84] Wir müssen kanongeschichtlich davon ausgehen, daß Jesus Sirach das ab-
geschlossene Zwölfprophetenbuch um 200 v. Chr. voraussetzt (49,10; vgl. die
mehrfache Erwähnung der abgeschlossen erscheinenden Größe »Propheten« im
Prolog des Enkels), wozu auch, höchstens von glossatorischen Einzelsätzen und
Worten abgesehen, alle ergänzenden Teile gehört haben müssen, wenn der letzte
Zusatz zu Maleachi, Mal 3,23, im Eliaslied Sir 48,1–11 in V. 10 zitiert wird.
Und die älteste uns fragmentarisch erhaltene Zwölfprophetenbuchhandschrift
4QXIIᵃ scheint sich wohl auf 150/125 v. Chr. datieren zu lassen (*F. M. Cross*,
The Ancient Library of Qumran, 1961, S. 105). Jeder Versuch, die Details von
Sach 11 und 12 ff aus der uns besser bekannten Zeit des 2. Jh.s zu verstehen, muß
grundsätzlich ausgeschlossen werden. – Beginnt der Komplex Sach 9–11 mit

hunderts ist dann der historische Hintergrund des zweiten Anhangs, Tritosacharjas (c. 12–14), und hier fällt der Stimmungsumschwung gegenüber Deuterosacharja bald auf. Der apokalyptische Kampf spielt sich in Jerusalem ab. Dieses Zentrum der Welt ist das Objekt des Kampfes, gegen Jerusalem ziehen alle Weltmächte, und aus der Existenz des Menschen | im siegreichen Kampf wird die im Martyrium. Gewiß handelt es sich bei diesem Völkersturm gegen den Zion um ein altes Motiv[85], das uns schon bei Jesaja im 8. Jahrhundert belegt ist. Aber während der alte Zionsmythus lehrte, daß Gott die gegen den kosmischen Mittelpunkt heranziehenden Chaosmächte mit Bewußtlosigkeit schlägt, so daß sie erstarren angesichts dieses Kosmos, wird bei der Aufnahme dieses Motivs in der Apokalyptik des 3. Jahrhunderts die Gefahr für Jerusalem herausgekehrt und der Opfergang der apokalyptischen Existenz im Martyrium für Gott beschrieben.

In Sach 12,10 ff[86] wird dargestellt, wie nach dem heroischen Kampf,

---

dem Hinweis auf den Umbruch der Alexanderzeit in 9,1–8 und schließt sich ein Komplex in c. 12–14 an, der aus den eben genannten Gründen nicht jünger als das 3. Jh. sein kann, so ist der Spielraum der Datierung des Geschichtsüberblickes in dem Bericht von der Zeichenhandlung 11,4 ff gering. Der Zeichenhandlungsbericht besteht erstens aus V. 4–14, Befehl und Ausführungsbericht mit allen Details; es wird hier also gut bekannte, vergangene Geschichte abgebildet, und eine Deutung kann deshalb auch fehlen. Zweitens besteht er aus V. 15 f, ohne Ausführungsbericht, aber mit Deutung, wo auf die unmittelbar bevorstehende Zukunft gewiesen wird, deren Anfang man verspürt hat. Unter diesem neuen bösen Hirten die noch nicht lange währende, seit kurzem angebrochene ptolemäische Herrschaft zu verstehen, ist eigentlich die einzige historische Möglichkeit, die sich bietet. Dem entsprechen die wesentlichen Daten in V. 4–14: V. 10–11a, der Bruch des Bundes mit den Völkern kann schwerlich auf etwas anderes verweisen als auf den Zusammenbruch der persischen Ökumene, während V. 14 sich am ehesten auf das samaritanische Schisma, die endgültige Abtrennung von der Beziehung zum jerusalemischen Tempel, deuten läßt (vgl. *Elliger*, a Anm. 21 aO S. 163 f), wozu die Nachricht vom Bau des Tempels auf dem Garizim zur Zeit Alexanders (Josephus, Ant. XI, 321 ff) paßt. Der Zeichenhandlungsbericht stellt also einen Geschichtsüberblick dar, der von Sacharja, der ja mit dem die Zeichenhandlung durchführenden Propheten gemeint sein muß, bis ca. 300 reicht. Der Komplex c. 12–14, der erst nach Abschluß des ca. 330 bis 300 zu datierenden Komplexes c. 9–11 entstanden sein kann, muß also der ptolemäischen Zeit des 3. Jh.s angehören.

[85] Vgl. im einzelnen jetzt *H.-M. Lutz*, Jahwe, Jerusalem und die Völker. Zur Vorgeschichte von Sach 12,1–8 und 14,1–5, 1968, passim.

[86] Es soll nicht übersehen werden, daß 12,1–8 in starkem Gegensatz zu 14, 1–5 steht, daß Jahwe nach 12,1–8 den Völkersturm am heiß umkämpften, aber uneinnehmbaren Jerusalem zusammenbrechen läßt, während nach 14,1–5 Jerusalem dem Völkersturm erliegt und Jahwe erst nach diesem Gericht an Jerusalem das Gericht über die Völker vollzieht (vgl. *Lutz*, aaO S. 11–32). Aber durch die Zusammenstellung mit 12,9–13,9 wird dieses ältere Traditionsstück 12,1–8 im Sinne von c. 14 wenigstens dahin umgedeutet, daß der Opfergang Israels in den Vordergrund rückt.

bei dem auch der matteste Jerusalemer wie David gekämpft hat und die Davididen wie eine Gottheit, eine große kultische Trauerfeier veranstaltet wird. Auf den Jerusalemer (es wird in diesem Abschnitt immer auffällig singularisch, also kollektiv formuliert[87]) wird für diese Klagefeier der Geist der Ergriffenheit und des Flehens ausgegossen, und man wird dann auf ihn[88] schauen, auf den, der getötet[89] worden ist, und um ihn wie um den Einzigen, wie um den Erstgeborenen klagen. Nach dem Zusammenhang zu urteilen, kann es sich eigentlich um niemand anderen handeln als um den im Kampf Gefallenen. Historische Anspielungen in Form eines vaticinium ex eventu scheiden ohnehin völlig aus, da das Ganze sich ja abspielt *nach* den Kämpfen der Endzeit und der Vernichtung der gottfeindlichen Mächte. Die Sippen, die nun nacheinander die | geistgewirkte Totenklage halten, sind[90] 1. das Haus David – als wäre der Gefallene ein judäischer Davidide; 2. das Haus des Nathan, des jerusalemischen Propheten, der für die Thronbesteigung Salomos gesorgt hat, der sozusagen die jerusalemische Linie und das Recht Salomos zur Zeit Davids vertritt[91] – als wäre der Gefallene ein Jerusalemer; 3. das Haus

---

[87] Vgl. *jôseb jᵉrûšalem* 12,7.8.10.

[88] Man lese *'elaw* statt *'eläj*; die Umdeutung auf Jahwe ist nach der Erwähnung des »Geistes der Ergriffenheit und des Flehens« verständlich. Man beachte aber die fortgesetzten Parallelismen feierlichster Prosa, wobei »sie werden auf ihn schauen« mit »den, den man getötet hat« einen vorzüglichen Parallelismus ergibt: *wᵉšpktj 'l bjt dwjd .. w'l jwšb jrwšlm – – rwḥ ḥn .. wthnwnjm – – whhbjtw 'lw .. 't 'šr dqrw – – wspdw 'ljw kmspd 'l hjhjd .. whmr 'ljw khmr 'l hbkwr*.

[89] Wie Sach 13,3 zeigt, ist *dqr* unspezifisch gebraucht: »töten«, nicht (nur) »durchbohren«. Dazu paßt, daß es mit dem sonst üblichen *hll* »erschlagen«, »töten im Kampf« parallel gebraucht werden kann (Jer 51,4). Jer 37,10 werden die im Kampf Verwundeten allgemein *mᵉduqqarîm* genannt. Es ist also (allgemein) der im Kampf Gefallene gemeint.

[90] Identifikationsschwierigkeiten bereiten Nathan und Simei, und es ist fast communis opinio, wegen der Nennung nach David bzw. Levi und der bekannten Parallelität von Davidide und (Hohem-)Priester (vgl. Sach 4; Jer 33,17 f 22) Nathan und Simei den beiden Zweigen unterzuordnen und in Nathan den neunten Sohn Davids (2Sam 5,14) und in Simei den zweiten Sohn des Levisohnes Gerson (Num 3,18) zu sehen. Aber man kann weder erklären, wieso gerade diese genannt werden, noch den Widerspruch auflösen, der in der deutlichen Nebenordnung der Sippen liegt. Das Targum Cod. Reuchlin. hat Nathan auf den berühmten jerusalemischen Propheten gedeutet und Simei auf den aus 2Sam 16,5 ff; 1Kön 2,8.36 ff bekannten benjaminitischen Widerpart Davids bezogen. Daneben zeigt die rabbinische Exegese die Tendenz, beide zu Davididen zu machen (Nathan und Schammua 2Sam 5,14), was im Falle Nathans auch in das Targum Cod. Reuchlin. zusätzlich eingedrungen ist; vgl. Raschis Hinweis z. St. auf beide Auslegungsversuche.

[91] Vgl. 1Kön 1. Der jerusalemische Prophet Nathan spielt nur im Zusammenhang mit Salomo (und seiner Vorgeschichte) eine Rolle, er ist *der* Prophet Salomos; vgl. *H. Gese*, Der Davidsbund und die Zionserwählung, ZThK 61, 1964, S. 10–26, 19 f 25 [= o. S. 122f, 127].

Levi – als wäre der Gefallene ein legitimer Priester oder Levit, der diesem Stamme angehört; 4. Simei, der berühmte benjaminitische Widersacher Davids, der das Recht der Sauliden bzw. Benjamins zur Zeit Davids vertritt[92] – als wäre der Gefallene ein Benjaminit.

In vierfacher Weise wird also der Gefallene in Hinsicht auf die Erbbesitzzugehörigkeit[93] im nachexilischen Juda durch die hervorragendsten Sippenvertreter (bezogen auf die Davidzeit als die Urzeit) bestimmt: er ist Judäer, er ist Jerusalemer, er ist Benjaminit, er ist als Levit erb- | besitzlos. Von daher ergibt sich mit größter Wahrscheinlichkeit, daß hier in der Tat an das Kollektiv des gefallenen Juden gedacht ist, der das Martyrium der Endzeit erlitten hat und eben einer der vier Gruppen angehören kann. Irgendeine bestimmte geheimnisvolle politische Persönlichkeit kann hier nicht gemeint sein[94]. Aber auffällig ist der Vergleich dieser Totenklage mit der des Hadad-Rimmon-Kultes bei Megiddo[95]: »An jenem Tag wird die Totenklage in Jerusalem groß sein wie die Totenklage über Hadad-Rimmon in der Megiddo-Ebene.« (V. 11) Wir wissen aus dem etwa mit unserem Text gleichzeitigen chronistischen Werk[96], daß man bis in diese Zeit Totenklage für den berühmten König der deuteronomischen Reform, Josia, hielt, der in Megiddo ums Leben kam. So wie unter der phönizischen Bevölkerung der Gegend von Megiddo der Tod der sterbenden Vegetationsgottheit in kultischer Klage und in Auferstehungshoffnung beweint wurde, so wird die Klage über die im Endkampf gefallenen Märtyrer in Jerusalem vollzogen, die dem in Megiddo gefallenen gerechten König Josia gleichen. Der Märtyrer wird als Josias redivivus verstanden, und in der Apokalyptik ist fortan der Megiddo-

---

[92] Vgl. 2Sam 16,5ff, wo der Saulide, für die Blutschuld am Hause Sauls sich rächend, David (unter dessen ausdrücklicher Duldung) verflucht, und 2Sam 19,17ff, wo er als Anführer der benjaminitischen Delegation erscheint. Man kann schwerlich aus Davids späterer Königszeit andere Vertreter Jerusalems und Benjamins benennen als die beiden hier Erwähnten. Wenn man sich an der negativen Rolle Simeis stößt und die Hervorhebung einer solchen geschichtlichen Persönlichkeit im 3. Jh. für unwahrscheinlich hält, so wird man durch das dem nächsten Jahrhundert entstammende Estherbuch (2,5) eines Besseren belehrt. Hier wird Mardochai von diesem Simei hergeleitet, und wir erfahren darüber hinaus, daß Simei zum Haus Kis', des Vaters Sauls, gehört. Wir werden also auch für unseren dem 3. Jh. entstammenden Text dieses saulidische Verständnis Simeis voraussetzen müssen.

[93] Daß die Erbbesitzzugehörigkeit beim Begräbnis und damit bei den Trauerzeremonien eine Rolle spielt, bedarf keiner Diskussion.

[94] Etwas anderes ist eine sich später konsequenterweise ergebende messianische Deutung dieses Textes, die das Kollektiv durch das dieses Kollektiv repräsentierende messianische Individuum ersetzt.

[95] Vgl. *H. Gese*, Die Religionen Altsyriens, RM X,2, 1969, S. 220f.

[96] 2Chr 35,25.

berg Harmagedon[97] der Antitypus zum göttlichen Zionsberg, der
Berg der dämonischen Mächte, die nur durch den Märtyrerkampf
überwunden werden[98].

Im Gefolge dieser Apokalyptikentwicklung, die ganz von dem Gedanken des Martyriums bestimmt ist und die in Sach 14 sogar zu der
Ansage eines vernichtenden Krieges aller Völker gegen Jerusalem
führt, bei dem Jerusalem erobert und geplündert wird, die Frauen
vergewaltigt werden und von der übriggebliebenen Bevölkerung die
Hälfte das Los endgültiger Verbannung ertragen muß, hat sich nun
auch die messianische Vorstellung gewandelt. Nach Sach 13,7ff geht
der davidische König der Endzeit zusammen mit seinem Volk durch
ein Martyrium, das von Jahwe selbst veranlaßt ist, in Analogie zu der
berühmten ezechielischen Zeichenhandlung von der Eroberung Je-
rusalems in Ez 5. In der | Endzeit vollzieht sich auch das Gericht des
alten Äons noch einmal, aber im Gegensatz zum ersten Gericht trifft
es jetzt nicht den Sünder, sondern den Märtyrer, es ist nicht Strafe,
sondern es ist der Geburtsschmerz des neuen Israel: »Erhebe dich,
Schwert, gegen meinen Hirten, gegen den Mann meiner Sippengenossenschaft, ist der Ausspruch von Jahwe Zebaoth.« Der »Mann
meiner Sippengenossenschaft«, das ist der aus der davidischen Zions-
konzeption sich ergebende Ehrentitel des wahren Davididen, der auf
dem Sippenerbland des Zion, der Jahwe gehört, als Gottessohn
inthronisiert ist[99]. Gegen ihn, den wahren Hirten[100], und die Herde
richtet sich das verzehrende Schwert, das den alten Äon vertilgt und
dann aus der Krisis, aus der Reinigung durch das Feuer[101] den Rest
hervorgehen läßt, mit dem Jahwe den neuen Bund des neuen Äons

---

[97] Apk 16 16. Wieso der Name ein solches Rätsel darstellen soll (z. B. *J. Jeremias*, ThW I, S. 468), ist nicht ganz einzusehen.

[98] Es lag bei dem engen Zusammenhang von Israel und Israel repräsentieren-
dem Messias (vgl. Sach 9,9f) nahe, diese kollektive Märtyrergestalt später indivi-
duell zu interpretieren, aber das ist ein weiterer, wenn auch auf Grund von
Sach 13,7ff konsequenter Schritt.

[99] Vgl. *H. Gese*, Natus ex virgine, Probleme biblischer Theologie (Festschr.
G. v. Rad), 1971, S. 73–89, 78–82 [= o. S. 130ff, 134–139].

[100] Nur eine historisierende Exegese kann geneigt sein, hinter der mit den
Ehrentiteln »mein Hirte«, »Mann (vgl. Gabriel!) meiner Sippengenossenschaft«
bezeichneten Person eine dann doch wieder verworfene Gestalt zu finden, die
zum falschen Hirten wird, obwohl bei einer solchen Gerichtsansage diese wenig
stereotypen Ehrentitel höchst unpassend sind. Hinter der nach Ez 5 konstruier-
ten Gerichtsbeschreibung verbirgt sich aber nicht ein bestimmtes historisches
Ereignis, sondern diese berühmte Zeichenhandlung von der Katastrophe Jerusalems in Ez 5 (sie übertrifft die drei partiellen Zeichenhandlungen in Ez 4) konnte
in der apokalyptischen Geschichtssystematik zum Typus werden: so wie hier
das erste Gericht über Jerusalem dargestellt wird, so vollzieht sich das letzte.

[101] V. 9; vgl. Jes 48,10; Jer 9,6; Ps 17,3; 26,2 und bes. 66,10.

schließt: »Er wird meinen Namen rufen, und ich werde ihm antworten, ich werde sagen: Er ist mein Volk; er wird sagen: Jahwe, mein Gott[102].« Das Neue Testament hat diese Konzeption des leidenden Messias, der das zur Erlösung führende Endgericht als Märtyrer erleidet, übernommen. An der entscheidenden Stelle, auf dem Gang nach Gethsemane wird Sach 13,7 von Jesus zitiert (Mk 14,27; Mt 26,31). Es geht hier nicht darum, einen Abfall der Jünger als vorherbestimmt zu entschuldigen[103], sondern um die Einleitung der Passion selbst, zu der das Zerstreuen der Herde von vornherein hinzugehört[104]. |

Mit der Vorstellung einer Märtyrerexistenz in der Endzeit, mit der Vorstellung eines Märtyrermessias hat die Apokalyptik im 3. Jahrhundert eine theologische Tiefe erreicht, die im Rahmen apokalyptischer Traditionsbildung kaum gesteigert werden kann; ein gewisses Endstadium war erreicht. Gewiß war die Entwicklung damit nicht abgeschlossen. Bei der weiteren Entwicklung der apokalyptischen Texte – vom 2. Jahrhundert an nun als selbständige Schriften in der Form der Pseudepigraphie in dem noch in Entstehung begriffenen dritten Kanonteil – begegnet uns neben allem quantitativen Wachstum der Tradition auch eine neue Interpretation der Errichtung der Gottesherrschaft als Übergabe der Basileia an den Menschensohn. Dieser Menschensohn kommt als überirdische Gestalt auf den Theophaniewolken und übernimmt die ewige Gottesherrschaft auf Erden (Dan 7,13f). Wie immer man die Herkunft dieser Menschensohngestalt erklärt, man muß hinsichtlich des traditionsgeschichtlichen Kontinuums der Apokalyptik im Menschensohn die neue Form der messianischen Gestalt im 2. Jahrhundert sehen, auch wenn sie ihrerseits keinen davidischen Bezug aufweist. Wie aber läßt sich eine traditionsgeschichtliche Kontinuität zum 3. Jahrhundert anders erkennen, als daß der Märtyrermessias (und das Märtyrer-Israel) in der

---

[102] Vgl. Hos 2,23.25.

[103] Vgl. z.B. *E. Haenchen*, Der Weg Jesu, 1966, S. 487f.

[104] Es bedarf wohl keiner besonderen Erklärung, daß die neutestamentliche Vorstellung von Passion und Tod Jesu weit unterschieden ist von dem rein passiv verstandenen Erdulden des Endgerichts durch den Märtyrerdaviden. Trotzdem ist es erstaunlich, daß nicht nur die Exegese die große theologische Bedeutung von Sach 13,7–9 weithin aus den Augen verlor, sondern daß auch in der Liturgiegeschichte sich derselbe Verdrängungsprozeß abzeichnet. So wurde er als zweiter Lektionstext der Messe von Karmontag früh verdrängt (*J. Pascher*, Das liturgische Jahr, 1963, S. 123), und nur noch die zweite Laudesantiphon am Karmontag im Breviarium Romanum erinnert an den Text; aber auch das gehört seit dem Vatikanum II der Geschichte an (in das so umfangreiche neue Lektionar ist er, nach den mir zugänglichen Ausgaben zu urteilen, nicht aufgenommen worden). Im protestantischen Raum spielt der Text m.W. schon lange keine Rolle mehr.

Auferstehungsexistenz des neuen Äons[105] als überirdischer Mensch erscheint, als Menschensohn[106]? Und die Deutung in Dan 7,22.25.27 auf das Volk der Heiligen[107] bestätigt das. Auf jeden Fall bedürfte das Menschensohnproblem einer gründlichen Behandlung unter dem Aspekt der Apokalyptik des vorausgehenden 3. Jahrhunderts. Es soll hier nur | darauf verwiesen werden, daß unausgesprochen dem Märtyrerverständnis in Sach 12f eine wie auch immer geartete Auferstehungserwartung zugrunde liegen muß, wenn die Totenklage mit der einer sterbenden und auferstehenden Gottheit verglichen wird; und schließlich steht Tritosacharja ja nicht allein. Spätestens vor dem Ende des 3. Jahrhunderts muß auch die Jesajaapokalypse verfaßt sein, in der die Auferstehung des in der Endzeit leidenden wahren Israel in 26,19 expressis verbis verheißen wird. So wird man sagen können, daß sich mit der Lehre von der Martyriumsexistenz und der Vorstellung eines Märtyrermessias bei Tritosacharja das Ende, das Ziel der Apokalyptik ankündigt. Das Sacharjabuch, einem Traditionsprozeß von zwei bis drei Jahrhunderten entstammend, läßt uns in einzigartiger Weise Anfang und Ende der Apokalyptik umgreifen.

Das neutestamentliche Geschehen ist ohne seine apokalyptische Basis unverständlich. Und es gibt m. E. gar keine andere Möglichkeit, das neutestamentliche Geschehen zu verstehen, als den in der biblischen Theologie vorgezeichneten Weg zu gehen: Die neutestamentliche Traditionsbildung gründet sich auf die alttestamentliche und bringt sie zu ihrem unüberbietbaren Abschluß. Die Offenbarung ist ein Prozeß, nur im dynamischen Prozeß auf das Telos hin sich entfaltend kann sie verstanden werden.

---

[105] Vgl. die Aufnahme der Märtyrerapokalyptik in Dan 7 in der Beschreibung der Tiere oder z. B. in dem kurzen zusammenfassenden Stück 12,1–3, hier nun mit ausdrücklicher Aufnahme der Auferstehungsvorstellung.

[106] Bei der Behandlung der Frage der Herkunft der Bezeichnung Menschensohn sollte nicht so leicht eine Erklärung aus der alttestamentlichen Tradition abgewiesen werden. Ist es bei Ezechiel und in Dan 8,16 die Bezeichnung des in den höchsten Offenbarungskreis aufgenommenen Menschen, der als solcher des Kontaktes mit der Transzendenz gewürdigt wird (die übliche Erklärung als Niedrigkeitsaussage greift wohl zu kurz; man ist versucht, von einer Paradoxieaussage zu sprechen, wenn nicht auch das zu negativ wäre), so ist eine Entwicklung denkbar, die zum Menschensohn von Dan 7 führen konnte (vgl. *H. Gese*, Erwägungen zur Einheit der biblischen Theologie, ZThK 67, 1970, S. 417–436, 423f) [= o. S. 11ff, 17f].

[107] Vgl. Ps 34,10. Es sei hier auf die Auseinandersetzung *Plögers*, Das Buch Daniel (KAT 18), 1965, S. 117f mit *M. Noth*, »Die Heiligen des Höchsten«, Ges. Studien zum AT (ThB 6) ³1966, S. 274–290, verwiesen.

# NACHTRAG:
## DIE DEUTUNG DER HIRTENALLEGORIE SACH 11,4ff

Im Sacharjabuch bereitet besondere Schwierigkeiten die Deutung des Textes 11,4ff, dessen allegorische Züge im einzelnen verstanden werden wollen, und es mag im Anschluß an den vorhergehenden Aufsatz angebracht sein, sich dem hier gegebenen Problem über die generellen Bemerkungen in Anmerkung 84 hinaus kurz zuzuwenden. Der der Gattung des Zeichenhandlungsberichtes zugehörige Text teilt sich, wie wir sahen, in V. 4–14 und V. 15ff, denn in V. 15 ergeht gegenüber V. 4 ein Befehl zu einer neuen Zeichenhandlung an den Propheten, und diese beiden Hälften unterscheiden sich grundsätzlich: große Detailliertheit im Ausführungsbericht und fehlende Deutung in V. 4–14 lassen auf die Darstellung gut bekannter Geschichte schließen, während umgekehrt in V. 15f der Ausführungsbericht wegfällt und die Deutung (V. 16) als Hinweis auf die unmittelbar bevorstehende Zukunft das entscheidende Element ist; verständlicherweise bildet ein Weheruf gegen den (gegenwärtig und zukünftig regierenden) bösen Hirten der zweiten symbolischen Handlung in V. 17 den Abschluß.

Das eigentliche Problem des Textes liegt in der Deutung der allegorischen Züge des großen ersten Teiles, der den Geschichtsüberblick bis in die Zeit Deuterosacharjas (Sach 9–11), also bis zur Alexanderzeit (vgl. 9,1–8) enthält. Verschaffen wir uns zunächst einen Überblick über den komplizierten Aufbau! Nach der Einleitungsformel V. 4a[1] wird in V. 4b.5 der Befehl zur Zeichenhandlung gegeben. Der eigentliche Befehl liegt in V. 4b vor: »Weide die Schafherde der Schlachtung!«; aber der dunkle Ausdruck »Herde der Schlachtung« wird in einem dreiteiligen Relativsatz[2] in V. 5 expliziert: »deren Käufer sie (pl.) schlachtet, ohne schuldig zu werden, deren Verkäufer sagt: ›Preis sei Jahwe, daß ich es zu Reichtum gebracht‹, und

---

[1] Zwar nimmt man wegen der Parallelen V. 13.15 statt des *'ælohaj* gerne ein ursprüngliches *'elaj* an (BHS z. St.), jedoch ist zu Beginn des Zeichenhandlungskomplexes ein Ausdruck der engen Verbundenheit von offenbarendem Gott und Prophet durchaus am Platze.

[2] Rhythmus 4+4+4.

deren Hirte sich nicht ihrer erbarmt«[3]. Der lediglich an den letzten Teil anschließende V. 6 nimmt in der Gottesrede das negative Endergebnis in einer allgemeinen apokalyptischen Bemerkung über das göttliche Gericht durch den zerstörenden Menschen vorweg. Sehr wahrscheinlich ist V. 6 eine spätere Ergänzung[4]; auf jeden Fall findet der göttliche Befehl V. 4b.5 in dem Bericht über die Ausführung V. 7ff seine Fortsetzung.

V. 7 handelt generell von der Ausführung der göttlichen Weidung der Herde für die Schafhändler[5] mit den beiden Stecken »Huld« und »Verbindung«, V. 8a gibt die negative Konsequenz an, die Beseitigung der drei (früheren) Hirten in einem Monat. Dagegen wird in V. 8bff dargestellt, daß Gott, bzw. der Prophet, diese Weidung wieder aufgibt. Der göttliche Hirt wird ungeduldig, weil die Herde diese Weidung für nicht voll genießbar hält[6] (V. 8b). In einem dreiteiligen poetisch formulierten[7] Wort wird der göttliche Entschluß, die Weidung aufzugeben, formuliert (V. 9), sodann wird das Zerbrechen des Stecken »Huld« vermerkt (V. 10a), sowie dessen zeichenhafte Bedeutung (Bruch des Gottesbundes mit allen Völkern, V. 10b) samt der historischen Realität dieser Bundesannullierung (V. 11a). Ein davon abhängiges Geschehen schließt sich an: An diesen historischen Vorgängen erkennen die Händler[8] die Weidung als Werk Jahwes (V. 11b), und es wird ihnen darum anheimgestellt, den Gott gebührenden

---

[3] In der Textüberlieferung liegen einige Schwierigkeiten. 1. Die femininen Suffixe 3. pl. konnten oft durch entsprechende maskuline Formen ersetzt werden. Der Fall ist hier bei *weroʿêhæm* eingetreten, und mit einigen Handschriften ist *weroʿêhæn* zu lesen. 2. Da die Pleneschreibung bei den Nomina auf -*æ* (Partizipien der Verba III inf.) unregelmäßig ist, könnten *qonêhæn* und *roʿêhæn* sowohl singularisch als auch pluralisch sein. Wegen *jaḥmôl* muß aber ein Singular (trotz der drei Hirten von V. 8a) gemeint sein (kollektiv). Daß die Textgeschichte zum Plural tendiert, ist verständlich. 3. Schwierigkeiten bereitet *jaḥærgun*, denn ein Suffix 3.f.pl. ist bei den Imperfektformen 3.pl. unbekannt (BL § 48j), weil eine Verwechslung mit dem Nun paragogicum eintreten kann. Wir werden also *jaḥærgen* zu punktieren haben (»er tötet sie [pl.f.]«). Die pluralische Interpretation hat a. *jæʾšamû* statt *jæʾšam* (Dittographie), b. unter Angleichung an die anderen Partizipien *ûmokeʿrêhæn* statt *ûmokerhæn* (BL § 29p) nach sich gezogen.
[4] Vgl. z.B. *K. Marti*, Das Dodekapropheton, 1904, S. 438, *W. Nowack*, Die Kleinen Propheten, ³1922, S. 384, *K. Elliger*, Das Buch der zwölf Kleinen Propheten II, ³1956, S. 159 Anm. 4, *F. Horst* (*-Th. H. Robinson*), Die Zwölf Kleinen Propheten, ³1964, S. 253.
[5] Wie in V. 11 ist mit LXX *kenaʿᵃnijjê* zu lesen.
[6] *bḥl*, pi., bezeichnet im nachbiblischen Hebräisch die früheste Stufe des Reifeprozesses, was eine q-Bedeutung voraussetzen könnte wie »für erst halbreif halten«, »für noch nicht eßbar empfinden«, »für noch ungenießbar halten«. Das paßt auch für das in Sach 11,8 vorliegende Subjekt *næpæš*.
[7] Rhythmus 3. 3 + 3. 3 + 3.
[8] Vgl. Anm. 5.

Hütelohn zu zahlen (V. 12a). Sie haben aber für Gott nur den Sklavenpreis[9] von 30 Silberlingen übrig (V. 12b), die auf göttlichen Befehl dem Tempelschatz durch Einschmelzung einverleibt werden[10] (V. 13). So wird auch der zweite Stecken »Verbindung«, der die Bruderschaft zwischen Juda und Israel symbolisiert, zerbrochen (V. 14).

Der detaillierte Ausführungsbericht mit seinen allegorischen Elementen macht eine besondere Deutung der Zeichenhandlung im Text überflüssig, denn es handelt sich um bekannte, vergangene Geschichte, die als von Sacharja[11] zeichenhaft vorher abgebildete Geschichte verstanden wird. Es ist ein Geschichtsüberblick als Vaticinium in der besonderen Form einer angeblichen Zeichenhandlung des Propheten, und dieser Geschichtsüberblick erklärt die Verschiebung der eschatologischen Erwartung von der Zeit Sacharjas Ende des 6. Jahrhunderts bis in die Alexanderzeit und darüber hinaus. Denn wegen der sicheren Datierung von 9,1ff auf die Geschehnisse von 332 v. Chr. und des redaktionellen Zusammenhangs des Komplexes c. 9–11 werden wir bei dem Einschnitt zwischen Vergangenheit und Gegenwart-Zukunft (zwischen 11,4–14 und V. 15ff) am wahrscheinlichsten an eine Zeit nicht lange nach Alexander denken müssen.

Dazu passen nun die beiden am leichtesten zu deutenden Elemente des Textes V. 4–14 vorzüglich, das vom Text selbst interpretierte Zerbrechen der beiden Stecken »Huld« und »Verbindung«. Der erste Stecken soll den Jahwe-»Bund« mit allen Völkern, also den allgemeinen Friedenszustand der (persischen) Ökumene meinen. Das Zerbrechen »an jenem Tage« wird sich demnach auf den schnellen, fast plötzlichen Zusammenbruch des persischen Großreiches beziehen. Mit Alexander hängt nach dem Zeugnis des Josephus (Ant. XI, 321ff) auch die endgültige kultische Trennung der Samaritaner, der Bau eines eigenen Tempels auf dem Garizim, zusammen. Nur diese Trennung kann sich hinter dem Zerbrechen des Stecken »Verbindung« verbergen, der als Bruderschaft zwischen Juda und Israel gedeutet wird. Wenn Samaria hier den ehrenvollen Namen Israel führt, so ist das angesichts der dabei vorausgesetzten legitimen Teilnahme am Jerusalemer Jahwekult nicht verwunderlich, denn der Jahweverehrer gilt a priori als Israel.

---

[9] Ex 21,32.

[10] Vgl. *C. C. Torrey*, The Foundry of the Second Temple of Jerusalem, JBL 55, 1936, S. 247–260, *M. Delcor*, Deux passages difficiles: Zach. XII 11 et XI 13, VT 3, 1953, S. 67–77.

[11] In Anbetracht der ausdrücklichen Verbindung, die Sach 9,1ff zu Sacharja herstellt (s. oben S. 223f, 224 Anm. 84) kann der in Sach 11,4 auftretende Prophet zumindest im Sinne der deuterosacharianischen Redaktion kein anderer sein als Sacharja.

Zwischen dem Zusammenbruch des persischen Reiches und dieser endgültigen kultischen Trennung wird in unserem Text ein Zusammenhang hergestellt: man ist nicht bereit, für das göttliche Hirtentum mehr als einen Sklavenpreis zu zahlen. Durch die Zerschlagung des persischen Reiches ist der alte staatliche Unterhalt des Jerusalemer Tempelkultes (vgl. Esr 7,17 ff, bes. 21 f) weggefallen, und bei einer Neuorganisation eines solchen Unterhaltes, die im einzelnen nicht durch allerhöchsten Machtspruch, sondern durch die mannigfachen Interessen im Rahmen der syrischen Provinzverwaltung entschieden wurde, mußten bei dem durchaus nicht spannungsfreien Verhältnis von Juda und Samaria sich Schwierigkeiten fast zwangsläufig einstellen. Wenn nur ein »Sklavenpreis« als staatliche Unterstützung an den Jerusalemer Tempel gezahlt wird, so weist das darauf hin, daß man diesem Heiligtum nur lokale Bedeutung zugesteht. Die Nachricht des Josephus, daß Alexander den Bau eines eigenen samaritanischen Tempels auf dem Garizim genehmigt[12], gibt hierfür die beste Erklärung.

Damit können wir uns der Hauptfrage zuwenden, welches historische Ereignis mit der Übernahme der Weidung der Schlachtschafe für die Händler durch Gott gemeint ist. Kein Zweifel kann nach dem bisher Festgestellten daran bestehen, daß die Schlachtschafe das nachexilische Juda der persischen Zeit meinen und die »kanaanäischen« Händler ihre persischen Oberherren der Provinz Transeuphratene. Der elende Zustand einer allgemeinen politischen Unterdrückung wird mit dem Bild des Kaufens und Verkaufens der Herde, d. h. mit der allgemeinen wirtschaftlichen Nutznießung drastisch, aber klar gekennzeichnet. Unter ihrem eigenen Hirten (kollektiv in V. 5b, eine Dreiheit in V. 8a), der erbarmungslos im Auftrag der Oberherren herrscht, müssen wir die Regierungsvertreter von Juda in Jerusalem verstehen. Es ist auch nicht schwer, das entscheidende Ereignis der persischen Zeit zu benennen, das die »Gottesherrschaft« an die Stelle der Jerusalemischen Regierung setzte: es ist die Begründung der Theokratie unter Esra, wobei für den Gesichtspunkt der Alexanderzeit, wie unser Esra-Nehemia-Buch lehrt, die Mission Nehemias, die Begründung einer eigenen, von Samaria unabhängigen Statthalterschaft von Juda innerhalb der Provinz Transeuphratene, und die theokratische Reorganisation unter Esra schon fast zusammengesehen wird, und wie im Esra-Nehemia-Buch scheint auch hier als der eigentlich entscheidende Wandel die Neuorganisation des judäischen Staates unter Esra angesehen worden zu sein.

---

[12] § 324.

Daß die esranische Reform theokratisch verstanden wird, bedarf keiner Begründung. Rätselvoll scheinen aber die Detailangaben von V. 8a zu sein, die Absetzung der drei eigenen Hirten innerhalb eines Monats. Bei den drei Hirten kann es sich schwerlich um ein Nebeneinander sich ablösender Regierenden Judas handeln, denn der Text impliziert, daß sie zusammen beseitigt werden: würde einer an die Stelle des anderen treten, hätte eben das göttliche Hirtentum erst mit der Beseitigung des letzten Hirten eingesetzt. Es muß also an ein Nebeneinander gedacht werden, und die Formulierung »*die* drei Hirten« läßt am ehesten ein bekanntes Nebeneinander judäischer Ämter erwarten. Ein solches Dreiämtersystem macht nun in der Tat die Verfassung des judäischen Staates vor Esra aus. Dem offiziellen Schreiben der Elephantinejuden an den Statthalter Bagoas entnehmen wir, daß man drei Regierungsstellen zu unterscheiden hat: »Wir sandten einen Brief (1) an unseren Herrn (= der Statthalter Judas Bagoas als oberste Instanz) (2) und an Johanan, den Hohenpriester, und seine Genossen, die Priester, die in Jerusalem sind, (= die geistliche Vertretung Judas) (3) und an Ostanes, den Bruder des Anani, und die Adligen *(ḥorîm)* von Juda (= die weltliche Vertretung Judas)«[13]. Neben dem von der persischen Regierung eingesetzten Statthalter von Juda stehen also ein Priesterkollegium mit einem Hohenpriester an der Spitze und ein Adelskollegium unter der Leitung einer bekannten Persönlichkeit, die sich wahrscheinlich aus dem davidischen Geschlecht herleitete (der *naśî'*)[14]. Diese Dreiheit von Hirten muß in V. 8a gemeint sein, denn nur diese drei sind als eigene »Hirten« Judas nebeneinander denkbar.

Die Reform des Esra sehen wir veranlaßt durch die kritische Situation, die unter dem Statthalter Bagoas entstanden war (vgl. Josephus, Ant. XI, 297 ff): ein entweihter Tempel, eine besondere, den Kultus einschränkende Opfersteuer, ein nicht mehr amtsfähiger Hoherpriester Johannes, der seinen eigenen Bruder Jesus, dem Bagoas das Hohepriesteramt verschaffen wollte, im Tempel ermordet hatte[15]. Die von der persischen Oberherrschaft legitimierte Regierungsgewalt in Juda wurde von Esra unter das mosaische Gesetz als judäi-

---

[13] *A. Cowley*, Aramaic Papyri of the Fifth Century B.C., 1923, Nr. 30 Z. 18f.
[14] Vgl. *H. Gese*, der Verfassungsentwurf des Ezechiel, 1957, S. 117f. Noch unter Nehemia können wir eine solche davidische Persönlichkeit nennen, die dem Osttor des Tempels gegenüber wohnt (vgl. Ez 44,3; 46,12): Semaja ben Sekanja (Neh 3,29, vgl. 1Chr 3,22). Die bedeutende Rolle der *ḥorîm* ist bei Nehemia oft zu greifen (Neh 2,16; 4,8.13; 5,7; 6,17; 7,5; 13,17); die daneben genannten *seganîm* sind Verwaltungsbeamte.
[15] Vgl. im einzelnen *K. Galling*, Bagoas und Esra, Studien zur Geschichte Israels im persischen Zeitalter, 1964, S. 149–184.

sches Staatsgesetz gestellt (vgl. Esr 7,14.25f[16]). Eine ungebundene, freie Regierungstätigkeit eines Statthalters war damit nicht mehr möglich. Einen besonderen Statthalter scheint es danach auch nicht mehr gegeben zu haben, wenn auch der Titel *pæḥā / pḥw'* noch auftreten konnte, aber, wie die Namen zeigen, aller Wahrscheinlichkeit nach bei Hohenpriestern, die die alten Statthalterfunktionen mit wahrnehmen mußten[17]. Auch die Laienvertretung konnte unter dem mosaischen Gesetz nicht mehr eine von dem Priesterkollegium völlig unabhängige politische Größe sein, vielmehr mußte es zur Bildung eines Senats (Gerusia) kommen, wie wir ihn in hellenistischer Zeit bezeugt finden. Daß das Hohepriestertum von Esra erneuert werden mußte, ergibt sich aus der Situation unter Bagoas von selbst. So wurde tatsächlich durch Esra das System der drei judäischen Ämter ersetzt durch eine neue Verfassung, die nicht nur auf dem Gottesgesetz beruhte, sondern auch nur der Durchsetzung, dem Lebensvollzug dieses Gottesgesetzes dienen sollte.

Die temporale Angabe, daß diese Beseitigung der drei Hirten in *einem* Monat geschah, ist nicht leicht zu deuten. Nach der Darstellung des Esra-Nehemia-Buches trifft Esra im 5. Monat in Jerusalem ein (Esr 7,8f) und kann am 1. Tag des 7. Monats die feierliche Verlesung des Gesetzes im Zusammenhang mit den Neujahrsfestfeierlichkeiten durchführen (Neh 8,2). Legt man diese Angaben zugrunde, so mag man daran denken, daß es Esra gelang, zwischen diesen beiden Grenzdaten innerhalb eines Monats die Reform zu bewerkstelligen, so daß mit dem Neujahrsfest die neue Ära beginnen konnte. Aber wozu bedarf es einer solchen Angabe überhaupt, wieso sollen die Vorbereitungsarbeiten einer neuen Verfassung zeitlich bemessen werden, warum tritt statt der Angabe des Zeitpunktes, an dem sich der Verfassungswechsel vollzieht, eine solche der Dauer auf? Vor allem ist zu beachten, daß die Angabe *bejæræḥ 'æḥad* nicht einen abstrakten Zeitraum von 29/30 Tagen meint, sondern die Zeit eines Mondumlaufs vom Neumond an, also den Mondmonat als natürliche

---

[16] Die Echtheit von V. 25f ist kein Problem, wenn wir hier die Selbstverwaltung der synagogalen Gemeinde gemeint sehen, die ihre inneren Angelegenheiten selbständig regeln kann.

[17] Vgl. *Y. Aharoni*, Excavations at Ramat Raḥel, BA 24, 1961, S. 109–112, Ders., Excavations at Ramat Raḥel, Seasons 1959 and 1960, 1962, S. 56–59. Der Notiz Neh 11,24 kann man kaum entnehmen, daß es auch nach Esra noch besondere persische Statthalter in Jerusalem gegeben habe (so Galling aaO S. 182), denn weder wird hier der offizielle Titel gebraucht, noch erscheint die Erwähnung dieses höchsten Amtes nach V. 22f am Platze; es wird sich vielmehr um einen höheren Beamten handeln, der die persische Regierung in Jerusalem vertritt *(lejād hammælæk)* und die politischen Maßnahmen kontrolliert *(lekāl dabar laᶜam).*

und kultische Größe. Nun ist aber gerade ein solcher Monat die Zeit
der feierlichen Annahme und anerkennenden Inkraftsetzung des Gottesgesetzes gewesen, jedenfalls in der Darstellung von Neh 8f: Die
Verlesung des Gesetzes beginnt am 1. des Neujahrsmonats (8,2) vor
dem ganzen Volk, sie wird am 2. des Monats (8,13) vor den Fa-
milienoberhäuptern und dem geistlichen Stand fortgesetzt im Hin-
blick auf die Vorbereitung des Laubhüttenfestes Mitte des Monats,
das dann vom 15. bis zum 21. des Monats, zusätzlich der Abschluß-
feier am 22. des Monats (8,17f) durchgeführt wird, wobei täglich im
Gesetz gelesen wird. Schließlich findet zu Beginn der letzten Woche
des Monats, am 24. (9,1), eine große Bußfeier mit Gesetzesverlesung
statt. Auch dieser letzte Akt hat noch konstitutive Bedeutung[18] und
soll eine neue Ära einleiten. Folgen wir der Darstellung von Neh 8f,
so wird also dieser Neujahrsmonat insgesamt der Feier der Gesetzes-
anerkennung geweiht, die neue Zeit wird durch die Heiligung der
umfassenden Zeiteinheit eines Monats zu Anfang eines neuen Jahres
begonnen. Abgesehen von der Frage, wie es sich historisch zugetra-
gen hat, ist es verständlich, daß es Neh 8f so darstellt[19] und daß der
zeitlich davon nicht ferne Text Sach 11,8a mit der kurzen Angabe
ganz Wesentliches zum Ausdruck bringt.

Die Zeit einer von den Persern legitimierten Theokratie war mit
ca. 65 Jahren knapp bemessen. Der Zusammenbruch des persischen
Reiches brachte die Unterdrückung der Eroberer mit sich und die
Einschränkung der theokratischen Staatsform nach dem Belieben der
neuen Machthaber. So folgt V. 8bff unmittelbar auf V. 8a. Der neuen,
schlimmen Zeit des bösen Hirten ist eine zweite Zeichenhandlung
in V. 15f gewidmet. Hier erscheint in V. 16[20] eine ausführliche Deutung, die das Erleben der ungesicherten Gegenwart, der Zeit nach
Alexander, und die düstere Zukunftserwartung widerspiegelt. Der
allgemeine und symbolische Charakter des Inhalts des angehängten
Weherufs in V. 17 zeigt, daß eine längere Erfahrung der ptolemäischen
Herrschaft noch aussteht.

---

[18] Man beachte, daß der Redaktor daran Neh 10 anschließen konnte!

[19] Es erklärt sich von daher auch, daß Neh 8f als Darstellung der konstituierenden Vorgänge bei der Verbindung mit der Nehemiaüberlieferung aus dem
Zusammenhang mit Esr 8 und 9 herausgelöst werden konnte, und es erledigt
sich die Frage, warum trotz der besonderen Bedeutung des Laubhüttenfestes
dieses in die Darstellung der Gesetzeseinführung noch hineingezogen wurde.

[20] Es ist mit LXX *hānnaᶜot* statt *hānnāᶜär* zu lesen (zu dem Gebrauch von *nûaᶜ*
»sich umhertreiben«, »umherschweifen« hier vgl. bes. Ps 59,16). V. 16aβγb zeigt
poetische Form (wie V. 5 und 9): aβ die vermißten Schafe (pl. Obj.) 3+3, aγbα
das bei der Herde verbliebene Kranke und Gesunde (sgl. Obj.) 3+3, bβγ die
Aufzehrung des Besten 3+3.

Sach 11,4ff steht mit Recht am Ende des deuterosacharianischen Abschnitts c. 9–11. Die Zeit ist von der eschatologischen Ankündigung durch Sacharja im 2.–4. Jahr des Perserkönigs Darius bis an das Ende des 4. Jahrhunderts fortgeschritten. Mit dem Beginn der hellenistischen Zeit wird in Deuterosacharja die eschatologische Hoffnung verknüpft, die sich auf Sacharjas Prophetie gründet. Deswegen kann man Sacharja in einer prophetischen Zeichenhandlung diesen Zeitwandel darstellen und durch Vorabbildung heraufführen lassen. In dieser Geschichtsschau mußte der theokratischen Esrareform, auf die sich die Heilserwartungen so stark gerichtet hatten, eine entscheidende Stelle zukommen. Es ist für uns wichtig zu erkennen, daß diese Esrareform durchaus in einen apokalyptischen Geschichtsrahmen einfügbar war und daß die Apokalyptik sich nicht unberührt und unbeeinflußt von der theokratischen Idee entwickelte.

# NAMEN- UND SACHREGISTER

Hebräische Wörter sind in einem Anhang auf S. 245ff aufgeführt. Hochgestellte Zahlen verweisen auf die Anmerkungen.

## HEBRÄISCHE WÖRTER

geᵇbûl 72[29]
gibbôr 224
gnb 76.78
gᵉʿr 220[71]
grš 101

dabar 21f
däʿät ʾælohîm 26
dqr 226[89]

hæbæl 168[1].179
hêkäl jhwh 136[18]
hinnabeʾ 147
häṣneaʿ lækæt 26
hištahᵃwôt 67[14]

zæbäh 190.199f
zǣ sînäj 33
zkr 190
zekær 190.197.199
zʿq 214[55]

hozæ (hämmælæk) 147ff
häkmä 29
hll I pi. 75
hll II 226[89]
helæq 179
hmd 75
hᵃsîdä 213
hæræb (mithäppækæt) 104f.112[53]
horîm 235

ṭôb 178

jäm sûp 50[10].54ff
jôm (Weglängeneinheit) 50[11]
jdh hi. 190
jadôn 111
jld 141
jælæd 141
jšʾ 216[64]
jirʾät haʾælohîm 178
ješûᶜä 134

kabôd 28.65.133
kinnôr 152
kôs ješûʿôt 200
kišrôn 175

mizmôr 163f
mælæk 115[7]
meᵉnûhä 119f.136.144

mässekä 67[14].74
mṣʾ 41f
maqôm 118f.126f
miqrǟ 172
mærkabä 105
maštᵃh 29
môsîaʿ 224[82]

nebæl 152
nagîd 115f.126f
neᵈdabä 190[18]
nwh hi. 89[34]
nähᵃlä 72[29].136f
nissä 32[10]
nsk 138f
näᶜᵃrä 145
našîʾ 97.235
nôšaʿ 224[82]

seᵉganîm 235[14]
skk 139

ʿæbæd (jhwh) 21f.27f.29.114
ʿzb 180
ʿæljôn 132
ʿôlam 177ff
ʿälmä 142f.145
ʿäm 26.142[37]
ʿml 168[1]
ʿamal 168[1]
ʿnh 168[1]
ʿᵃnijjîm 26
ʿinjan 168[1]
ʿrb 216[64]
ʿet 177f

pæsæl 67[14]
pqd 89[34]

ṣaddîq 173.224[82]
ṣædæq 170.173.176
ṣeᵈdaqä 173.178f

miqqædæm 106f
qdš pi. 75
qôl 195
qaraʾ beᵉšem jhwh 75f

rûᵃh 132f.146.214f.219
räʿ 168[1]
reaʿ 74f.77
raʿä 89.170f

rṣḥ 76f.179
rš' hi. 89³⁴
ræsä' 170.173.212f
riš'ā 212f

(läš)šaw' 75f
šîr 163f
škn 133.139²⁶

šlḥ 101
šalôm 66.79.190.197

täbnît 25
tôdā 190ff.196ff.199ff
tᵉhillā 186.190f.197.199
tôrā 26f.28f

# BIBELSTELLENREGISTER

| | |
|---|---|
| 22,29 | 73[37] |
| 23,12 | 72[30] |
| 23,14 | 72[30] |
| 23,15–17 | 72[30] |
| 23,31 | 50[10] |
| 24 | 200 |
| 24,1f.9–11 | 38[33] |
| 24,3ff | 40 |
| 32,15 | 80 |
| 33,19f | 42 |
| 34 | 13.63.64[4] |
| 34,1b | 64[4] |
| 34,14–26 | 72.73 |
| 34,14ff | 64[4] |
| 34,14 | 67[14] |
| 34,17 | 67[14].74[41] |
| 34,19a+20bβ | 73 |
| 34,27f | 63[2] |
| 34,28 | 72 |
| 40,35 | 133.139[26] |

*Leviticus*

| | |
|---|---|
| 7,12ff | 190.197 |
| 7,14 | 200[36] |
| 10,2 | 24[27] |
| 18,7–17a | 69 |
| 18,21 | 76 |
| 19,3–12 | 64[3].70 |
| 19,3 | 78[56] |
| 19,12 | 75 |
| 19,13–18 | 64[3].70[25] |
| 20,3 | 76 |

*Numeri*

| | |
|---|---|
| 3,18 | 226[90] |
| 10,12 | 55 |
| 10,35 | 118 |
| 11,35 | 53.55 |
| 12,1 | 50[9] |
| 12,6 | 55 |
| 12,7f | 21 |
| 12,16 | 53 |
| 13,26 | 53 |
| 13,33 | 109.112[52] |
| 14,25 | 50[10] |
| 16 | 156f |
| 16,8–11 | 157 |
| 20,1 | 53 |
| 21,4 | 50[10].55 |
| 21,10 | 55 |
| 21,11 | 55 |
| 21,12 | 55 |

| | |
|---|---|
| 21,16ff | 55 |
| 21,21ff | 55 |
| 26,24 | 37 |
| 26,58a | 155[33].156 |
| 33 | 50[10].53ff |
| 33,10 | 56 |
| 33,12f | 54[26] |
| 33,17 | 53 |
| 33,18–35 | 54.56 |
| 33,35 | 50 |
| 33,36f | 54[26] |
| 33,36 | 53 |
| 33,38f | 54[27] |
| 33,41f | 54[26] |
| 33,45f | 54[26] |

*Deuteronomium*

| | |
|---|---|
| 1–3 | 50.53 |
| 1,2 | 50.52.54[26] |
| 1,40 | 50[10] |
| 2,1 | 50[10] |
| 2,8 | 55 |
| 2,10f | 109 |
| 2,20f | 109 |
| 2,24ff | 55 |
| 4f | 38 |
| 4,10 | 46 |
| 4,13 | 47 |
| 4,15 | 46 |
| 4,19 | 40[46] |
| 4,23 | 47 |
| 4,34 | 45[58] |
| 4,45 | 45[59] |
| 5 | 46.65.78[56] |
| 5,2f | 47 |
| 5,20ff | 44[53].47 |
| 5,21 | 75[42] |
| 6,4–9,6 | 44 |
| 6,6 | 45[59] |
| 6,10ff | 45 |
| 6,13 | 77[55] |
| 6,16f | 45[59] |
| 6,18 | 45 |
| 6,20–24 | 47f |
| 6,20 | 45[59] |
| 6,21f | 45 |
| 6,23 | 45 |
| 6,25 | 45[59] |
| 7,1ff | 45 |
| 7,2 | 44[54] |
| 7,8 | 44[55].45 |
| 7,9 | 44 |

54 *Erhardt Güttgemanns. Offene Fragen zur Formgeschichte des Evangeliums.* Eine methodologische Skizze der Grundlagenproblematik der Form- und Redaktionsgeschichte. 2. Auflage. 280 Seiten. Kartoniert DM 26.—

55 *Heinrich Kasting. Die Anfänge der urchristlichen Mission.* Eine historische Untersuchung. 160 Seiten. Kartoniert DM 12.80

56 *Dem Menschen zugute.* Christliche Existenz und humane Erfahrung. Theologische und literarische Anstöße. Götz Harbsmeier zum 60. Geburtstag. Herausgegeben von Knud Ejler Lögstrup und Ernst Wolf. Aus dem Dänischen. 160 Seiten. Kartoniert DM 16.80

57 *Dan Otto Via. Die Gleichnisse Jesu.* Ihre literarische und existentiale Dimension. Aus dem Amerikanischen. Herausgegeben von Erhardt Güttgemanns. 220 Seiten. Kartoniert DM 24.50

58 *Henning Graf Reventlow. Rechtfertigung im Horizont des Alten Testaments.* 164 Seiten. Kartoniert DM 24.50

59 *Horst R. Balz. Heilsvertrauen und Welterfahrung.* Strukturen der paulinischen Eschatologie nach Römer 8, 18–39. 148 Seiten. Kartoniert DM 19.—

60 *Erhardt Güttgemanns. studia linguistica neotestamentica.* Gesammelte Aufsätze zur linguistischen Grundlage einer Neutestamentlichen Theologie. 2. Auflage. VIII, 244 Seiten. Kartoniert DM 23.—

61 *Eberhard Jüngel. Unterwegs zur Sache.* Theologische Bemerkungen. 300 Seiten. Studienausgabe kartoniert DM 26.—, Leinen DM 33.—

62 *Jochen Tolk. Predigtarbeit zwischen Text und Situation.* 164 Seiten. Kartoniert DM 14.—

63 *Wolf-Dieter Hauschild. Gottes Geist und der Mensch.* Studien zur frühchristlichen Pneumatologie. 312 Seiten. Kartoniert DM 40.—

65 *Hans Conzelmann. Theologie als Schriftauslegung.* Aufsätze zum Neuen Testament. 244 Seiten. Leinen DM 27.—

CHR. KAISER VERLAG

# Alttestamentliche Forschung im Chr. Kaiser Verlag

*Joachim Begrich. Gesammelte Studien zum Alten Testament.* Herausgegeben von Walther Zimmerli. 280 Seiten. Kartoniert DM 22.—

*Joachim Begrich. Studien zur Deuterojesaja.* Herausgegeben von Walther Zimmerli. 2. Auflage. 180 Seiten. Kartoniert DM 14.50

*Karl Elliger. Kleine Schriften zum Alten Testament.* Herausgegeben von Hartmut Gese und Otto Kaiser. 276 Seiten. Kartoniert DM 22.—

*Siegfried Herrmann. Geschichte Israels in alttestamentlicher Zeit.* 428 Seiten. Leinen DM 45.—

*Hans-Joachim Kraus. Gottesdienst in Israel.* Grundriß einer alttestamentlichen Kultgeschichte. 2. Auflage. 288 Seiten. Leinen DM 21.—

*Martin Noth. Gesammelte Studien zum Alten Testament.* Band I: 3. Auflage. 396 Seiten. Kartoniert DM 22.— / Band II: Herausgegeben von Hans Walter Wolff. 220 Seiten. Kartoniert DM 18.—

*Probleme alttestamentlicher Hermeneutik.* Aufsätze zum Verstehen des Alten Testaments. Herausgegeben von Claus Westermann. 3. Auflage. 368 Seiten. Kartoniert DM 20.—

*Probleme biblischer Theologie.* Gerhard von Rad zum 70. Geburtstag. Herausgegeben von Hans Walter Wolff. 692 Seiten. Leinen DM 60.—

*Gerhard von Rad. Gesammelte Studien zum Alten Testament.* Band I: 4. Auflage. 352 Seiten. Kartoniert DM 20.— / Band II: Herausgegeben von Rudolf Smend. 328 Seiten. Kartoniert DM 24.—

*Gerhard von Rad. Theologie des Alten Testaments.* Band I: 6. Auflage. 512 Seiten. Leinen DM 36.— / Band II: 5. Auflage. 476 Seiten. Leinen DM 36.—

*Theologisches Handwörterbuch zum Alten Testament. Zwei Bände.* Herausgegeben von Ernst Jenni unter Mitarbeit von Claus Westermann. Band I: XLIV, 472 (944 Sp.) Seiten. Leinen DM 68.—, in Subskription DM 60.—. In Gemeinschaft mit dem Theologischen Verlag Zürich. Band II erscheint 1974

*Julius Wellhausen. Grundrisse zum Alten Testament.* Herausgegeben von Rudolf Smend. 140 Seiten. Kartoniert DM 12.—

*Claus Westermann. Grundformen prophetischer Rede.* 4. Auflage. 156 Seiten. Kartoniert DM 14.80

*Claus Westermann. Der Segen in der Bibel und im Handeln der Kirche.* 120 Seiten. Kartoniert DM 9.80

*Hans Walter Wolff. Anthropologie des Alten Testaments.* 364 Seiten. Leinen DM 34.50

*Hans Walter Wolff. Gesammelte Studien zum Alten Testament.* 2. Auflage. 460 Seiten. Kartoniert DM 27.—

*Hans Walter Wolff. Die Stunde des Amos. Prophetie und Protest.* 2. Auflage. 216 Seiten. Kartoniert DM 16.—

*Walther Zimmerli. Gottes Offenbarung.* Gesammelte Aufsätze zum Alten Testament. 2. Auflage. 336 Seiten. Kartoniert DM 20.—